信頼を考える

リヴァイアサンから人工知能まで

小山 虎［編著］
Koyama Tora

勁草書房

はじめに

小山　虎

1 ● 本書の目的

本書の中心的テーマは，タイトルにも含まれている「信頼」である。「信頼」という言葉を見たことも聞いたこともないという人を見つけるのは，なかなか難しいだろう。たとえば，テレビでニュースキャスターが「科学技術に対する信頼が揺らいでいる」と言っているのを見たことはないだろうか。あるいは，上司や先輩から「仕事には信頼関係が大事だよ」などと言われたことはないだろうか。人によっては，インターネットで検索していて，偶然『安心社会から信頼社会へ』というタイトルの本を見かけた，という経験すらあるかもしれない。本書で念頭に置かれているのは，これら，さまざまな文脈で登場する「信頼」である。

さて，仮に誰もが信頼について見聞きしたことがあり，なんらかのイメージを持っているとしても，それは信頼がまったく明らかなものであるということを意味しない。実情はむしろ逆である。改めて信頼について考えてみると，いろいろな疑問がすぐに浮かぶのではないだろうか。たとえば，どのような状況であれば信頼が成立していると言えるのだろうか。どのようなときに信頼は成立するのだろうか。何をすれば信頼が成立するのだろうか。安心や協調といった類似した現象と信頼はどのように異なるのだろうか。そもそも信頼とは何だろうか。これらの疑問に答えるために行なわれる研究活動のことを本書では「信頼研究」と呼ぶ。

本書を手に取ったあなたは，信頼研究は心理学で取り組まれており，上記の疑問についてもある程度明らかにされているのでは，と思っておられるかもしれない。あるいは，心理学ではなく，社会学で（あるいは心理学と社会学の両方で）取り組まれていると思っておられるかもしれない。そのどちらでもなく，経済学の範疇ではと思っておられるかもしれないし，もしかすると哲学や倫理学だと思っておられるかもしれない。どの分野についてであれ，そのように思っておられるのであればある程度正しい。信頼研究は上記の分野すべてで取り組まれているからである。しかし，心理学であれ社会学であれ，どれか一つの分野で中心的に取り組まれている（そしてかなりのことが明らかにされている）と思っておられるのであれば，それは正しくない。信頼は，心理学や社会学などの個別の分野にとどまらず，そして人文社会系だけでなく理工系分野にまでも及ぶ，幅広い分野において研究されているテーマだからである。

信頼研究がそのような幅広い分野で行なわれていることの大きな理由として，信頼にさまざまな（むしろ，かなり雑多な，と表現すべきかもしれない）側面があることが挙げられる。心理学的手法では，信頼の心理的側面は明らかにすることができるかもしれないが，それ以外の側面，たとえば社会的側面や倫理的側面まで明らかにすることは期待できない。そこで必要となるのが，本書のもうひとつのテーマである「学際」である。つまり，信頼にはさまざまな側面があるため，「信頼とは何か」という根本的な疑問に答えるためには，心理学や経済学のような個別分野における研究によって明らかにできることだけでなく，各分野の研究によって得られるさまざまな知見を総合的に検討する必要があるのである。

しかし，さまざまな分野の知見を総合的に検討するということは，実はどの学問分野にとってもあまり得意なことではない。一つの学問分野が成り立つには，研究対象や研究手法を一つに定めるか，少なくともある程度限定する必要がある（もちろん定めたからといって成り立つわけではない。他にも条件があるからだ）。たとえば，もちろん境界例もあるが，生物学の研究対象は生物であり，ロボット工学の研究対象はロボットである，と言ってしまってよいだろう。また，心理学の研究手法には心理実験，歴史学の研究手法には史料調査という代表例がある。このような研究対象や研究手法の限定は，他分野との違いを明確化するということであり，一般的に言えば，特定の分野に慣れれば慣れるほど，他の分野のことがわかりにくくなるという帰結を伴う（当然ながら，さまざまな事情できわめて近い分野もあるので，一概にわかりにくくなるとは言えない）。研究者であれば「学際化」や「異分野融合」といった言葉を目にする機会は少なくないと思うが，それは個別分野の専門化が進んだ現在では学際化が難しくなっているからである。

以上で本書の目的がある程度見えてきたかと思う。信頼はわれわれが社会生活を営むうえで不可欠なものであるが，その詳細は決して明らかではなくさまざまな分野において研究されている。しかし，個別の分野における信頼研究は知らず知らずのうちに特定の側面のみに注目してしまっていたり，それ以外の側面を見逃してしまいがちである。だから信頼についてさらに進んだ理解を得るためには，信頼に関わるさまざまな分野の研究者が集まり，お互いの知見を総合することが必要なのだが，研究者は専門家であるがゆえに他分野の研究を適切に評価することがどうしても難しい。こうした状況を打開し，「信頼とは何か」という根本的な疑問の答えに近づくには何が必要だろうか。一つの回答は，学際化のための共通理解や土台となるような，分野をまたいだ見取り図である。本書は，そのような見取り図となることを目指して企画された。本書では，さまざまな分野における信頼研究の状況が，その共通点や相違点がなるべく浮き彫りになるような仕方で整理されている。これは，信頼について関心のある研究者が学際的な研究を行なう際にガイドブックのように役立てられることが念頭に置かれているからである。

2 ● 本書作成の経緯

このような，分野をまたいだ見取り図やガイドブックを目指すという少々変わった目的を持った本書を作成することになったのは，「安心信頼技術研究会」という研究会の存在が大きい（https://sites.google.com/view/philosophy-trust/）。この研究会については本書でしばしば言及されるため，簡単に説明しておきたい。

安心信頼技術研究会は，本書の編者である小山が，科学技術に関する安心や信頼について学際的な研究を進めるために，旧知の研究仲間に声をかけて設立したものである。2014 年 2 月に第 1 回の研究会を大阪で開催して以来，定期的に研究会やワークショップ，シンポジウムを開催している。本書の各章の執筆者は，この研究会のメンバーであったり，ワークショップやシンポジウムで発表してくださった方である。

同研究会は本書の執筆者を集める場であっただけではなく，学際的な信頼研究を行なうために何が必要かついての議論も行なわれた。分野ごとに微妙に異なる信頼の定義を収集しようというのも研究会での議論の結果であり，収集した定義を分析して共通点や相違点を抽出したり，分野ごとの違いがすぐに見て取れるような「信頼チャート」の作成も研究会にて行なわれた（詳しくは，コラム 2 を見ていただきたい）。つまり本書は，同研究会が信頼研究の学際化を促すという目的でこれまで行なってきた活動の成果報告という一面を持っている。

ただし，本書が単なる研究会の発表原稿をまとめた論文集ではないことには注意を促しておきたい。どの章も前述のワークショップ等での発表にもとづいたものではあるが，元の発表から内容が大きく変更されたものも多い。さらに，多様な信頼研究を概観するガイドブックとして役立つ書籍にしたいという編者の強い意向を受け，どの章も，研究会を通じて判明したそれぞれの発表の関連性がフィードバックされており，他の各章との連関が意識された内容になっている。編者としては，本書は研究会を通じて執筆者全員で作り上げたものだと考えている。

3 ● 本書の内容

ここで本書の内容を簡単に紹介しておこう。第 I 部「信頼研究の始まり」では，社会学者パーソンズによって定式化された，自己の利益を追求する個々人が他人と協調して社会的秩序を構築できるのはなぜかといういわゆる「ホッブズ問題」を現代の信頼研究の始まりと位置付けたうえで，その前史が語られる。第 1 章の「ホッブズにおける信頼と『ホッブズ問題』」（稲岡大志）では，これまで社会学を中心として議論されてきたホッブズ問題の詳細が，その名称の由来である17世紀の哲学者ホッブズ自身の著作に基づいて提示される。そのうえで，信頼研究の萌芽として位置付けられるホッブズの社会契約説においてすでに，個人同士の協調は信頼という要素が密接に関与していることが示される。第2章の「ヒュームとカントの信頼の思想」（永守伸年）では，ホッブズ以降の社会契約説の伝統において信頼がどのように問われうるのかが主題となる。18世紀を代表する哲学者であるヒュームとカントの思想に焦点がしぼられ，社会的秩序の形成と，その維持という二つのトピックが検討される。両者の思想からは，現代の信頼研究につながる論点も抽出される。第3章の「エスノメソドロジーにおける信頼概念」（秋谷直矩）では，エスノメソドロジーの成立過程で信頼概念が果たした役割と，にもかかわらず現代のエスノメソドロジーではあまり信頼研究が見られない理由が論じられる。エスノメソドロジーを作り上げたガーフィンケルはパーソンズに続いて「ホッブズ問題」に取り組み，信頼概念を経由することでエスノメソドロジーの成立へと至る。しかし，その後信頼概念が背景へと退いていくことが示される。

第II部「秩序問題から行動科学へ」では，20世紀にパーソンズによってホッブズ問題というかたちで社会学に導入された信頼研究が，1950年代から60年代にかけて行動科学の隆盛から影響を受けて確立されたことが提示される。まず，第4章の「行動科学とその余波——ニクラス・ルーマンの信頼論」（酒井泰斗・高史明）では，現代の信頼研究でもひんぱんに言及される社会学者ルーマンの信頼論が行動科学，とりわけ，信頼を「協調」や「紛争（解決）」の下位課題として位置付ける1960年代のドイッチの社会心理学研究から直接的な影響を受けていたことが示される。第5章の「政治学における信頼研究」（西山真司）では，1960年代のアメリカで行動科学によって，それまで政治学では扱われてこなかった個人間の信頼関係から政治学における制度に関する信頼研究への橋渡しが整備され，それが現代の政治学における信頼研究の源流となることが示される。そのうえで，現在の政治学における信頼研究において制度と個々人の間での信頼がどのようにモデル化されているかが示される。第6章の「社会心理学における信頼」（上出寛子）では，第4，5章で示されたような，社会学や政治学における信頼研究に多大な影響を与えた社会心理学において，現代ではどのような信頼研究がなされているのかがサーベイされる。

第Ⅲ部「信頼研究の多様化」では，ホッブズの社会契約説から始まり，社会心理学，社会学，政治学といった領域に波及した信頼研究が，現在さらに広範な分野において議論されていることが具体的に示される。第7章の「ビジネスにおけるステークホルダーのあいだでの信頼関係——経営学での組織的信頼の研究の整理とその含意」（杉本俊介）では，組織内信頼と組織間信頼の先行研究が「信頼チャート」に沿って整理され，組織の信頼構築や企業パフォーマンスへの寄与，そして道徳的観点との結びつきが示される。第8章の「教育学における信頼——非対称的人間形成力としての信頼」（広瀬悠三）では，ルソーやカントの教育論にさかのぼったうえで，教育学において信頼に焦点があてられる歴史的過程が整理され，現実の学校教育において信頼について考える意義が示される。第9章の「医療における信頼」（菅原裕輝）では，医療の現場において患者と医師や看護師といった医療従事者とのあいだにどのような信頼関係が構築されているのかを測定する既存の実証研究が整理され，現状の問題点と課題が提示される。第10章の「機械・ロボットに対する信頼」（笠木雅史）では，機械やロボットの機能が単に人間を補助するという段階を超えて高度化かつ多様化する現状を踏まえ，機械やロボットに対する信頼についての研究の背景と概略が示される。

第Ⅳ部「信頼研究の明日」では，それまでとは異なり，まだ信頼研究が盛んであるとは言えないものの，萌芽的に信頼が議論されているような分野において，現状の報告や，今後いかなる信頼研究が可能であるのかの見通しが示される。第11章の「障害者福祉における信頼」（永守伸年）では，信頼に対する情動論的アプローチが提示されたうえで，障害者と介助者のあいだに結ばれる信頼関係の可能性が示される。第12章の「ヘイト・スピーチ　信頼の壊しかた」（和泉悠・朱喜哲・仲宗根勝仁）では，現在社会問題にもなっているいわゆるヘイト・スピーチが，当事者間の信頼関係だけではなく，市民一般に対する信頼およびそれに支えられる公共財としての安心をも壊す可能性があるという点が言語哲学の観点から議論される。第13章の「高等教育における授業設計と信頼」（成瀬尚志）では，主に大学教育を念頭に置いたうえで，高等教育での授業設計を教員と学生とのあいだの信頼という観点を取り入れて構想する利点が具体的に提示される。第14章の「HAI研究と信頼」（大澤博隆）では，社会的にも広く注目を集めているロボットや人工知能といった人工物と人間との関わりを研究するヒューマンエージェントインタラクション（HAI）と呼ばれる分野における信頼研究が論じられ，人と人工物との信頼関係と人間同士の信頼関係との相違点などが扱われる。

以上見たように，本書は4部から構成されている。したがって，本書を手に取ったあなたが最初から順に最後までお読みになることで，いままさに学際化されている過程にある信頼研究に関心を持っていただくことが編者および執筆者一同にとって望外の喜びであることは言うまでもない。とはいえ，各章は独立に読まれることを意図して執筆されたものであるため，読者はご自身の興味にしたがって，章立てを気にすることなく本書を自由に読んでいただいて構わない。ただし，その際には，まずこの「はじめに」とコラム1をお読みになって，信頼研究のおおまかな歴史と現状を把握されたうえで，各章に移ることをおすすめする。

【目　次】

はじめに

第Ⅰ部　信頼研究の始まり

第1章　ホッブズにおける信頼と「ホッブズ問題」……………稲岡大志　3
1. 信頼研究の源泉としてのホッブズ　3
2. ホッブズにおける信頼と信頼性　4
3. 自然状態から社会契約へ　7
4. 信頼と社会契約　13
5. むすび　21

第2章　ヒュームとカントの信頼の思想…………………………永守伸年　25
1. はじめに　25
2. ヒューム　26
3. カント　38
4. 結論　49

第3章　エスノメソドロジーにおける信頼概念　………………秋谷直矩　53
1. はじめに　53
2. 社会秩序はいかに可能か　54
3. ガーフィンケルにおける信頼　58

コラム1　信頼研究の系譜　……………………………………小山　虎　75

第Ⅱ部　秩序問題から行動科学へ

第4章　行動科学とその余波
——ニクラス・ルーマンの信頼論……………………酒井泰斗・高史明　81
1. はじめに——本章の課題　81
2. 例と規定　83
3. モートン・ドイッチの信頼研究　88
4. ニクラス・ルーマンの信頼論　98
5. おわりに　104

第5章　政治学における信頼研究……………………………………西山真司　111
1. はじめに　111
2. 政治学における信頼研究の問題構成　112
3. 行動科学時代の政治文化論　119
4. 制度はいかにして信頼関係を醸成するのか　124
5. 政治学における信頼研究の可能性　131

第6章　社会心理学における信頼……………………………………上出寛子　137
1. はじめに　137
2. 社会的認知　138
3. 説得とリスクマネジメント　140
4. 情報技術に関する信頼　145
5. 信頼に値すること（trustworthiness）と信頼すること（trust／trustfulness）　146
6. 信頼に関するその他の研究　151

コラム2　信頼の多様性……………………………………………小山　虎　157

第Ⅲ部　信頼研究の多様化

第7章　ビジネスにおけるステークホルダー間の信頼関係
——経営学での組織的信頼研究の整理とその含意…………杉本俊介　163
1. 本章の目的と概要　164
2. 組織的信頼のタイプ分け　165
3. 信頼がない場合，ビジネスのなかでいかに作られるか？　170
4. 組織的信頼がもたらすパフォーマンスの研究　172
5. 企業や経営者はいかにして信頼関係を構築すべきか　175

第8章　教育学における信頼
——非対称的人間形成力としての信頼…………………………広瀬悠三　181
1. はじめに　181
2. 教育における信頼の芽生え——18世紀を中心に　183
3. 信頼の現出——生の肯定と学びの促進　185
4. 教育の基盤をなす信頼——教育人間学と子どもの人間学の視点から　189
5. これからの教育における信頼　201

第9章　医療における信頼……………………………………………菅原裕輝　207
1. 導入　207
2. 医療においてどのような実践が行われているか　209
3. 医療実践のなかにはどのような関係性が存在するか　212
4. 医療実践のなかからどのようにして信頼関係が構築されるか　216
5. 概念整理　218
6. 結論　219

第10章　機械・ロボットに対する信頼…………………………笠木雅史　225
1. 本章のねらい　225
2. 機械・ロボットに対する信頼を論じる前に　226
3. 機械・ロボットに対する信頼研究の背景　230

4. 機械・ロボットに対する信頼の定義と測定方法 233
5. 機械に対する信頼に影響する諸ファクター 237
6. 機械に対する信頼と人間に対する信頼の相違 242

コラム3 信頼と安心 ……………………………………小山 虎 253

第Ⅳ部 信頼研究の明日

第11章 障害者福祉における信頼 ……………………………永守伸年 259
1. はじめに 259
2. 障害者福祉における「自律」 261
3. 情動的態度としての「信頼」 265
4. 信頼と相互理解 268
5. 信頼のコストとその削減 273
6. おわりに 276

第12章 ヘイト・スピーチ
——信頼の壊しかた ………………和泉悠・朱喜哲・仲宗根勝仁 281
1. はじめに 281
2. ヘイト・スピーチとは何か 283
3. ヘイト・スピーチと信頼 286
4. 信頼の壊しかた 290
5. おわりに 302

第13章 高等教育における授業設計と信頼……………………成瀬尚志 305
1. 二つの事例 305
2. 大学では信頼関係は問題になりにくい——信頼よりも授業手法 307
3. アクティブラーニング型授業の効果と問題点
——ディープ・アクティブラーニング 309
4. 指示と主体性のパラドックス 311

5. 学生をいかに信頼するか　313
6. 事例の検討　314
7. まとめ　320

第14章　人工的な他者への信頼――HAI研究における信頼……大澤博隆　323
1. 信頼を生みだす人工物とは　323
2. ヒューマンエージェントインタラクション研究とは何か　325
3. エージェント研究における信頼生成の技術例　333
4. おわりに　334

あとがき
索引
執筆者略歴

信頼研究の始まり

第1章
ホッブズにおける信頼と「ホッブズ問題」

稲岡　大志

1 信頼研究の源泉としてのホッブズ

信頼（trust）概念が今日さまざまな分野で研究されているに至る歴史的経緯を辿っていくならば，17世紀イングランドの哲学者トマス・ホッブズ（1588-1679）の名前をその直接的な源泉の一つとして定めることができるだろう。実際，なぜ利己的に行動する各人が，社会的秩序を構築することができるのか，という，20世紀アメリカの社会学者タルコット・パーソンズによって「ホッブズ問題」ないし「ホッブズ的秩序問題（Hobbesian problem of order）」と名付けられ（Parsons 1937, p. 86（邦訳：p. 148）），その後理論社会学を中心に取り組まれた問題は，ホッブズが『法の原理』，『市民論』，『リヴァイアサン』といった著書で問うた，自身の生存，すなわち自己保存を目的として行動する人間が，なぜ生まれながらに所有する権利を部分的に放棄することを必要とする国家の樹立を達成することができるのかという問題に由来している。パーソンズ自身は，ホッブズ問題は，各人が共通の価値を内面化し，さらにそれが社会制度に組み込まれることで解決されると考えていた[1]。本書が全体として提示するように，ホッブズ問題は，自己保存のための戦争状態の回避という局面に限らず，さまざまな場面で「人と人（あるいは，人と制度，人とロボット，など）は，いかにして信頼関係を結ぶことができるか？」という問題として議論されている。したがって，さまざまな学問分野において展開されている信頼研究の歴史・現状・未来を提示する本書の幕開けとして，本章では信頼研究の始まりをホッブズにおける「ホッブズ問題」として位置付け，これはどのような問題なのかをホッブズの著作にそくして提示し，さらに，信頼概念との繋がりを示すことで，後に多様化する信頼概念が思想史の舞台に登場する現場を再構成してみたい[2]。

2 ● ホッブズにおける信頼と信頼性

信頼とは，自分が望む行為をする能力を持ち，また，その能力を自分のために行使する意図を持つ他人に対して期待する態度として捉えることができる[3]。ホッブズもまた，他人の属性に基づく態度として信頼を捉えている。より具体的には，1651 年に書かれた『リヴァイアサン』第 7 章「論究の終末すなわち解決について」では，「ある人を信仰する（faith）とか信頼する（trust）とか信用する（believe）とかいうのは，同じこと，すなわち，その人の誠実さについての意見を，あらわす」（L7: 1.120）とされ，信仰，信頼，信用という三つの態度が同じものを指すとされたうえで，それらは他人の誠実さに関する態度であるとされる[4]。これらのうち信用に関しては，さらに，「したがって，信用

1　パーソンズ自身によるホッブズ問題の展開，およびパーソンズを批判的に継承するエスノメソドロジーにおける信頼概念については本書第 3 章（秋谷論文）で詳細に論じられる。

2　信頼の社会学の基礎を近代思想に求める立場から，自然法論の観点から歴史的背景を含めて，ホッブズや紙幅の都合で本章では扱うことのできなかったジョン・ロックやアダム・スミスを論じる文献および哲学史における信頼概念のごくおおまかな見取り図を提示する文献としては佐々木（2014，第 1，2 章）がある。

3　信頼概念の定義および定義をめぐる諸問題については，本書コラム 2 を見よ。

4　岩波文庫版（水田洋訳）では trust を「信用」，believe を「信頼」とそれぞれ訳しているが，他の箇所では前者が信頼，後者が信用と訳されることもあるため，注意が必要である（たとえば 1.155)。同様の問題は他の訳書にも見られる。たとえば，『市民論』2 章 9 節について，本田訳はラテン語 credo を「借りがある」と訳しているが伊藤・渡辺訳は「信用」である（おそらく英訳の trust を踏まえているものと思われる)。

(Belief) のなかには二つの意見があって，ひとつはその人がいうこと (saying) について，もうひとつは彼の徳性 (virtue) についての意見である」(L7: 1.120) というように，それが他人の発言の内容と他人の道徳的性質に対する肯定的態度であることが明示されている。他人が徳性を持つとき，その人の発言は虚偽ではないことが期待でき，したがって，発言の内容を信頼することができる。同様の見解は続く第10章でも提示され，「相手に対して，信頼し，信用し，頼りにするのは，名誉にすることであって，彼が徳性と力を持っているという意見のしるしである。信用せず，信頼しないのは，不名誉にすることである」(L10: 1.155) とされる。ここでも，ある人を信頼することがその人の徳性と力についての意見を持つということとされる。どちらの箇所も，他人への信頼はその人の徳性や能力に基づくものであり，無根拠に可能であるものではないことを含意するが，後に見るように，不特定多数の個人に対する権利放棄を含む社会契約が実現困難であることの要因の一つには，無条件で他人を信頼することはできないというホッブズの見解がある。

『リヴァイアサン』では信仰，信頼，信用は同義とされているが，これに十年ほど先立って書かれた1640年の『法の原理』第1部第9章「精神の情念について」では，信頼は他人への信用から生じる情念であるとされる。「信頼とは，われわれが善のための期待や希望を抱く人を信じることから生じる情念 (passion) であり，同じような善を獲得するために追求するにはその他に道はないという程度に信用していることである」(E1-9-9: 1193)。ここでも信頼は特定の条件のもとで他人に対して持つ心の働きであるとされる。

以上から，信頼についてのホッブズの定義は信頼チャート (コラム2を参照) にしたがって以下のように定式化することができるだろう。

	関係項		対象				結果
	関係項1	関係項2	能力	行為	動機	動機の内容	
ホッブズ	信頼者	被信頼者	✓		✓	善のための期待や希望	

研究史においては，ホッブズにとって信頼概念は社会契約説における重要概念とは見なされていなかったと長らく解釈されてきたように思われる (Baumgold 2013)。こうした評価が一定の妥当性を持つことは，信頼概念が『人間論』を含むホッブズの主要著作の目次に立項されて扱われていないことや，先に見たように，信仰や信用といった概念と（少なくとも用語法の上では）区別せずに用いられていることからもうかがえる。しかし，近年，信頼に関する哲学・倫理学研究やゲーム理論研究の進展の影響下で，信頼概念や囚人のジレンマといったモデルの原型を提示したと位置付けられるホッブズを現代の視点から再解釈するという研究傾向があらわれている（Weil 1986: Friend 2002: Baumgold 2013 など）。実際，社会契約が可能となるためには相互信頼が必要であることは『法の原理』『リヴァイアサン』でも主張されている。したがって，ホッブズ問題は，ホッブズ自身にとっても，いかにして人は人を信頼することができるのか，という問題でもあると考えることが可能である。

たとえば，人間同士の信頼関係が成立するための条件の一つとして，現代の信頼研究が提示する，他人から信頼されるために個人が持つであろうと予測される性質である「信頼性」を，ホッブズは自然法によって保証されるもの，すなわち，市民が守るべき義務として捉えているとする解釈もある（Anderson 2005, p. 60）。『市民論』第 3 章「その他の自然法について」1 節では，第一の自然法である「平和が見つけられうるところでは，平和を探求し，それが見つけられえないところでは，戦争のための仲間を求めよということ」およびその系「すべての事物に対するすべての人々の権利は保持されるべきではなく，一定の権利は，譲渡もしくは放棄されるべきであるということ」から導かれる第二の自然法「約定（paciis）は固く守られるべきである」あるいは「信約は守られなければならない」が提示される（DC 3: 69）[5]。『リヴァイアサン』では第三の自然法として「契約は履行されなくてはならない」とある。次で見るように，イングランドのコモンローの影響が残るホッブズの時代の契約概念は，同時に行なわれる権利の相互譲渡を念頭に置いたものであり，時間の経過を伴う契約は「信約」とされる。片方が権利を譲渡したとき，もう片方も未来において信約を破棄せずに自らの権利を譲渡することが自然法によって義務付けされてい

5　ここでは fideo が「信約」とされている（本田訳）が，1651 年に刊行されたホッブズ自身によって手がけられたとされている英訳では trust である。

るのである。このことを言い換えると，最初に権利を譲渡する者は，他方が信頼性を持つことを，当の本人の性質ではなく自然法によって確証するのである。しかし，次節以降で見るように，自然法によって定められる信頼性によってでは社会契約を実現させるには十分ではない。これがホッブズ問題の核となっている。

3 自然状態から社会契約へ

ホッブズは一連の著作で自然状態にある人々がいかにして国家を設立するに至るのかという問題に対して，社会契約説という独自のアイデアによる解決を試みている。では，ホッブズの国家設立のシナリオはどのようなもので，信頼概念はいかなる役割を担わされているのだろうか。まずホッブズの国家観を見た後，自己保存の欲求を生まれながらに持つ人間がいかにして自然権を譲渡するに至るのかを概観してみたい。

3.1. ホッブズの機械論的世界観と国家観

『法の原理』『市民論』『リヴァイアサン』でも一貫してホッブズは個人としての人間を中心とした国家論を構築している。この背景の一つとしては，『リヴァイアサン』冒頭の献辞において，本書はあまりにも強大な権力を欲する人々とあまりにも強大な自由を求める人々の和解を目指したと明示されているように，当時のイングランドでの王党派と議会派の対立に配慮して，政治的権力者である国王と宗教的権力者である教皇という二種類の権威のどちらの側にも与せずに国家論を論じる必要があったという事情もあるが（田中2016，p. 34），国家が存在せず，自然状態にある人間の集団がいかにして国家の設立に至るかという筋書きを描くためには，まずは人間本性に関する考察に基づく他ないからでもあろう。『物体論』では伝統的なスコラ哲学の質料と形相という概念対が延長と運動に還元され，ホッブズ独自の機械論的世界観が提示されるが，人間もまた外部の対象から受ける作用に対する抵抗として感覚を持つ存在とされる。同じ感覚が繰り返し起こることで人間はそれを想像するようになり，これが意志的運動のもとになる。ホッブズは，あるボールが別のボールに衝突してそれを動かすという物体同士の衝突運動のモデルを人間の身体の内部に持ち込んで，感覚，想像，意志，情念といった現象の説明に適用するのである。

こうした機械論的世界観に基づき，ホッブズは国家を一つの有機体，もっと言えば人体に擬えて理解する。『リヴァイアサン』序説では以下のように述べられる（以下断りのない限り強調は原文）。

> 主権は全身体に生命と運動を与えるのだから，人工の魂であって，為政者たちとその他の司法と行政の役人たちは，人工の関節である。賞罰は神経であって，自然の身体においてと，同じことをする。すべての個々の構成員の富と財産は，力であり，人民福祉はそれの業務であり，それが知る必要のあるすべてのことを，それに対して提示する顧問官たちは，記憶であり，公正と諸法律は，人工の理性と意志であり，和合は健康，騒乱は病気で，内乱は死である。（L Introduction: 1.37-8）

一人の人間としての国家の人格を担うものが主権者であり，その他の人間は臣民である。ただし，すべての臣民は，自らの「平和と共同防衛に好都合」である限り，自分たちが保有する権利を利用し，国家の行ないを自分の行ないであるかのようにみなす信約を交わしている（L17）。すなわち，国家は人間が自己保存する手段なのである。もちろん，個人が集まるだけでは国家は設立されない。人間の集まりを国家にするためには「生命と運動」を与える主権者が必要である。では，主権者はいかにして選ばれるのだろう。

3.2. 自然状態

ホッブズは国家が存在しない「自然状態（state of nature）」を想定する。ホッブズによれば，人は生まれながらにして「自己保存の欲求」を持つ。「コナトゥス（conatus）」や「努力（endeavour）」とも呼ばれ，スピノザやライプニッツといった哲学者たちに大きな影響を与えるこの概念はホッブズにおいては，人間が歩いたり話したりするときの，「人間の身体のなかにあるこれらの小さな運動の端緒」（L6: 1.98）を意味し，欲求や嫌悪の源であるとされる。こうした自己の生存を求めるコナトゥスにしたがって行動する人間同士が，利害衝突を起こすことになる。

> もしだれかふたりが同一のものごとを意欲し，それにもかかわらず，ふたりがそれをともに享受することができないとするなら，かれらはたがいに敵となる。そして，かれらの目的への途上において，たがいに相手を滅ぼすか屈服させるかしようと努力する。(L13: 1.208)

食料や土地などの生存に必要な資源は有限であり，したがって，同じ資源を複数の人間が求めて争うという事態が起こりうる。ホッブズによれば，人間は性別や年齢の差があるにも関わらずみな同じ欲求と同じ能力を持つとされるが，自分の欲求が充足されないことは絶望を生み，恒常的に絶望状態が続くことは相互の不信を生む（L13: 1.208)。この状態では他人と協調関係に入ることができない。したがって，有限の資源を公平に分け合うといった協調関係を構築することもできなくなる。また，人間間の能力差がないので，特定の個人が他人を圧倒することも起こりえない。

ここから人間同士の争いが不可避的に発生する。すなわち，自己の生存のために他人を滅ぼして資源を独占しようと各人が欲することで，争いが勃発するのである。よく知られている「人は人に対して狼である（homo homini lupus.)」「すべての人によるすべての人に対しての戦い（bellum omnium contra omnes.)」という警句はこうした事態を指している。ホッブズは，実際に人間同士で争いが起きていないとしても，起こる可能性がある状態もまた戦争状態に含めている（L13: 1.213)。したがって，自然状態に置かれている個々人はつねに戦争状態に置かれていることになる[6]。

6　後にジョン・ロックは『統治二論』でこの点を批判し，自然状態と戦争状態は異なるものであり，前者では，上位に立つ支配者が存在しないにも関わらず，人々は理性的に生きると考える。「人々が理性にしたがってともに生活しながら，しかも，彼らのあいだを裁く権威を備えた共通の上位者を地上に持たない場合，これこそがまさしく自然状態に他ならない。しかし，実力行使それ自体や，他人の身体に対する実力行使の公然たる企図が存在しながら，それからの救済を訴えるべき共通の上位者が地上にいない場合，それは戦争状態である」(Locke 1690, II-III（邦訳：p.315))。

3.3. 自然権と自然法

自然権とは，人間が自己保存の目的に適うという意味での善を求める権利を指している（DC1-7）。「自然は各人にあらゆるものごとに関する権利を与えた」（DC1-10: 41）とされるように，自然状態においては，各個人はどんなものに対しても自分の望むようにすることが許されている。生存のために必要な食料や住居を確保する権利をすべての人は自然権として持つ。しかし，こうした万物に対する権利は有用ではない。なぜなら，「誰かがあらゆるものについて，これはわたしのものであると言うことが可能であったとしても，等しい権利と等しい力によってその同じものを自分のものと主張する隣人のせいで，それを享受することはできなかったであろうから」（DC1-11: 44）。個々の人間が自分の自然権を活用することを欲したとしても，他人の欲求と衝突することで望み通りの結果を得ることができなくなるのである。こうした事態が人と人との争いに発展することは容易に予想できる。自然状態から脱するためにホッブズが描くシナリオは，人は死を回避するために自然権を放棄する（たとえば，武器を放棄するなど），というものである。ではなぜ自然権を放棄しなければならないのだろう。『リヴァイアサン』14章では「理性によって発見された戒律」（L14: 1.216）である自然法（law of nature）が関与するという見通しが立てられる。

自然法とは「生命と肢体の可能な限り永続的な保持のために行なうべき，もしくはやめておくべきことに関しての，正しい理の命令」（DC2-1: 50）であり，「それによって人が，自身の生命を破壊するようなこと，もしくは生命を守るための手段を奪い去るようなこと，そして生命をもっともよく守ることを怠ることを禁ぜられる」（L14: 1.216）ところのものである。『市民論』と『リヴァイアサン』ではともに自然法の項目が列挙されているが，その数は異なっている。しかし，両書でも「根本的な自然法」「理性の戒律すなわち一般的規則」とされる内容は共通している。すなわち，「平和を得ることが可能な場合は平和を求めなければならず，平和を得ることが不可能な場合は，防衛を求めなければならない」（DC2-2: 51）。ここから，「あらゆるものに対する権利は保持されるべきではない」「平和のためには自然権を放棄しなくてはならない」という自然法が導かれる。こうした自然法は人間の同意によって制定されたものではなく，永遠不変な道徳法則であると考えられる（DC3-31, L15）。かくして，自然法に基づき人は自らの権利を部分的に放棄して権力主体に委譲する約束を取り交わす可能性が模索される[7]。

3.4.　信約と契約

道徳法則としての自然法は個々人に自然権の部分的放棄を求める。しかし，自然法のみでは人は戦争状態を脱することはできない。なぜなら，自己保存に適うことを善とする人間にとって，自然法にしたがって自然権を放棄することは善を放棄することを意味しているからである。実際，『市民論』でも『リヴァイアサン』でも，自然法のみでは自然権の放棄という効果は期待できないことが主張されている。

> 法に遵うよりも違反することによって，自分により大きな善かより小さな悪が生じてくることになると思われる場合には，そのつど人々は故意に法に違反するものである。（DC5-1: 117）

> 自然法が，なにかの権力の威嚇なしに，それ自身だけで守られるようになるということは，われわれの生まれつきの情念に反する。（L17: 2.26-7）

『リヴァイアサン』14章ではこうした自然法の無力さが，契約の分析によって示されている。権利を委譲する契約が二者間で交わされると想定しよう。こうした契約は，契約と履行を区別することで三種類に分類することができる。すなわち，契約と履行が同時に行われるケース，契約から履行まで時間があり，片方のみが履行しているケース，契約から履行まで時間があり，どちらも履行していないケース，の三種類である。第二と第三のケースのように，契約と履行が同時ではないときの契約をホッブズは「信約（covenant）」呼ぶ。こうし

7　理性の命令であるとされた自然法が，『市民論』4章では聖書の権威によって基礎付けられていることから，理性の法則としての側面と聖書の権威としての側面のどちらを優先させて理解するべきかという自然法解釈をめぐる議論が研究史では展開されている。

た信約は実際には履行には至ることができない。

> さらに，契約者の一方が，かれの側では契約されたものをひきわたして，相手を，ある決定された時間の後にかれのなすべきことを履行するまで放任し，その期間は信頼しておく（in the meantime be trusted）ということも，ありうる。そしてこの場合，かれにとってのこの契約は，協定または信約と呼ばれる。あるいは，双方が現在契約して，これから履行するということもありうる。この場合，きたるべきときに履行するはずの人は，信頼されている（being trusted）のだから，かれの履行は約束の遵守あるいは誠実と呼ばれ，不履行は，それが意志的なものであるとするならば，誠実の破棄と呼ばれる。（L14: 1.222）

仮に自分が先に履行した場合，契約から相手側が履行するまでのあいだ，相手を信頼できるのであれば，すなわち，相手が契約を反故せずに履行するという徳性を持つことに確信があるならば，それは自分が契約を結んで権利を譲渡することの動機付けとなる。実際，自然法では「結ばれた契約は履行されなくてはならない」とされるが，先に述べたように，自然法のみでは人を従わせるには不十分である。すなわち，契約の相手にとっては，自分が履行しないことでより大きな善を得る見通しがある場合，契約を履行する動機付けは消失する。したがって，自然法以外に契約の履行を強制する権力主体が必要となる。

> 当事者のいずれも現在は履行せず，相互に信頼するという，信約が結ばれるとすれば，まったくの自然の状態（それは各人の各人に対する戦争の状態である）においては，なにかもっともな疑い（any reasonable suspect）があれば，それは無効になる。しかし，もし双方のうえに，履行を強制するのに十分な権利と力をもった共通の権力が設定されていれば，それは無効ではない。すなわちはじめに履行する者は，相手が後で履行するであろうという保証を何ももたない［……］。（L14: 1.226）

履行を強制する権力があれば，片方がはじめに履行をすることができる。しかし，「履行を強制する権力」こそ，双方の履行によってのみ成立するものである。したがって，契約と履行に時間差のある場合，片方が先に履行することができなくなり，自然状態が継続してしまうのである。

各個人が自分の善を最大限に保持するように行為した結果，全体として望ましくはない状況に陥ってしまうという囚人のジレンマと同型のジレンマを社会契約に見出すホッブズは，解決策として，『リヴァイアサン』18章「設立による主権者の諸権利について」で，主権設立のために人々が集会に集まって多数決投票を行い，主権者を一人選出するという状況を想定する。多数決により全員の代表者として主権者が選ばれ，自分以外の者すべてがあたかも契約を履行したかのように自分に迫ってくる。これにより，自分も契約を履行することになる。これが，構成員全員にそれぞれ起こる。その結果，契約は履行される。しかし，「自分以外の者すべてが契約を履行している」という状態が全員に起こりうるだろうか。構成員の人数にもよるだろうが，ある一定数を越えると同時の履行を想定することが非現実的となることは疑いようがない。したがって，全員が同時に権利譲渡することが望めない以上，誰かが第一に自分の自然権を放棄しなければならない。しかし，自分以外の何者も権利を譲渡しておらず，また，この先譲渡するという確信も得られていない状況下で進んで権利を放棄する者はいないだろう。したがって，投票による主権者の選出という手続きを経ても上記のジレンマは解消されないのである。

4 ● 信頼と社会契約

では，前節で素描した自然状態から社会契約へと至るシナリオに信頼概念がどう関与しているのだろうか。先に引用した『リヴァイアサン』14章のように，ホッブズは，相手を信頼するとしても契約には至らないと考えているように思える。しかし，この点はより慎重に考察すべきとする解釈もある（Oakeshott 1975; Weil 1989など）。2節でも触れたように，ホッブズ自身は『リヴァイアサン』で信頼を意味する複数の語（faith, trust, believe）を用いて，現代の信頼概念に近い規定を提示するが，それらは人間の本性を探求する第1部「人間について」に登場するものであり，社会契約説が本格的に展開される第1部

13 章以降や第 2 部「コモンウェルスについて」において，信頼に焦点をあてた議論を展開しているわけではない。実際，ホッブズに関する解説書や研究書で信頼に着目するものは多くはない。しかし，本節で示すように，信頼研究の萌芽であるホッブズの議論を信頼という観点から捉え直し，信頼という概念が社会契約においては重要な役割を担っていることを示すことができる。

社会契約がうまくいかない理由として，ホッブズは，契約と履行との時間差がある信約のケースを挙げていた。二人の個人のあいだで契約が交わされるとして，契約と履行が同時に行なわれないとき，双方にとって先に契約を履行する動機付けがないという問題である。したがって，ホッブズ問題とは，誰が「第一の履行者（the first performer）」（Oakeshott 1975, pp. 135-6（邦訳：pp. 161-3））になるべきかという問題でもある。この問題は『リヴァイアサン』15 章でも端的に表現されている（L15: 1.254）。ホッブズ研究では，この問題への解決として，大きく分けて三つの解釈が提示されてきた。死への恐怖が契約を履行させるというレオ・シュトラウスに代表される解釈，神からの命令としての自然法を強調し，自然法によって契約を履行することが義務付けられているとする「テイラー・ウォレンダーテーゼ」と呼ばれる解釈，人間の共同性によって契約が履行されるというマイケル・オークショットの解釈である。いずれもホッブズのテキストに論拠を持つが，決定的なものではない（重田 2013，p. 64）。そこで以下では，ホッブズ自身がホッブズ問題を解決したかどうか，という観点ではなく，ホッブズ問題とはどのような問題であるのか，言い換えると，人はなぜ「第一の履行者」になることができないのか，をホッブズ自身のテキストにそくして，信頼の観点から考察してみたい。

4.1. 信頼と協調

自然状態において互いにとって第一の履行者として行為することが合理的ではなく（すなわち，自分の利益を最大化するためには履行しないことが合理的であり），結果として双方が履行せず，自然状態が継続するという全体としては望ましくない帰結になってしまう。先ではこうした社会契約の困難は囚人のジレンマとして理解できると述べた。ホッブズの議論をゲーム理論の観点からモデル化する議論はデイヴィド・ゴティエ以降盛んになされ，さまざまなモデルが提案されている（Gauthier 1969）。そうした先行する議論の詳細には踏み入れられないが[8]，以下では，ホッブズの議論を綿密に検討するとホッブズ問題を囚人のジレンマとして解釈する評価は正当ではないことを示したい。なぜなら，囚人のジレンマは相手がどのような行動に出るのかが互いに不明である状況下でなされるゲームであるが，ホッブズの場合，契約に関与する相手の行為がまったく予測できない，言い換えると，相手が自然権を譲渡してくれると信頼することができない，という論証を提示しているわけではないからである。むしろ，自己保存の欲求にしたがって行動する個人同士が協調行動を取ることは可能であることをホッブズは認めている。この指摘は，『市民論』第1章3節および『リヴァイアサン』13章で，人は生まれながらにして平等であることを主張する議論で登場する。順に引用しよう（以下の強調は引用者）。

> わたしたちが成熟した人間たちを観察し，人間身体（これがだめになると人間の力も強さも知恵も滅んでしまう）がいかに脆弱であるか，またもっとも弱い者にとっても自分より強い者を殺すことがいかに容易であるかに気付くならば，誰も自分の力を信頼するあまり，自分は本性上からして他の人々よりも出来がすぐれていると思い込むようなことはないからである。お互いに対して同等のことをなしうる人々は平等である。（DC1-3: 37-8）

> 肉体の強さについて言えば，もっとも弱い者でも，密かなたくらみによって，あるいは彼自身と同じ危険にさらされている他の人々との共謀によって，もっとも強いものを殺すだけの強さを持つのである。（L13: 1.207）

「自然は人々を心身の諸能力において平等につくった」とホッブズは述べるが，自然状態において人間はすべて平等であるという主張を，たとえば，巨視的に見れば個人の能力差は捨象可能であるという議論によって根拠付けてはいない。自然状態にある人は，たとえ個人としての能力は弱いとしても，自らの生存を

8　ゲーム理論からのホッブズ解釈（およびそうしたアプローチの正当性）に関しては，エガーズが先行研究を批判的に総括している（Eggers 2011）。

脅かす強い力を持つ者を，自分と同じように生存を脅かされている他人たちと協力して殺すことができる。こうしたことが現実に起こったかどうかはともかく，起こる可能性があることに気付くとき，人は自らが自然状態にあることを自覚する[9]。すなわち，自然状態において人は平等であるという主張は，個人の身体能力差が捨象できることではなく，「他人同士が協調行動を取って自分を倒しに来る」事態が各個人にとって十分に起こりうるものであると考えられることに基づく[10]。自然状態であっても，人は他人と協調することができること，言い換えると，互いの利害が一致する状況下では相手を信頼できる可能性があることをホッブズは否定しないのである。囚人のジレンマのように，他人と協調するかどうかを選択する場面では協調しないことがつねに合理的であるとは限らないのである。もちろん，力の強い者に集団で立ち向かうことは自然権の部分的放棄という行為を含むとは限らない。むしろ，この議論は自然状態における人間の平等という想定を正当化するための議論であることを考えると，この局面ではホッブズは集団を統制する権力者の設立を想定してはいないだろう。しかし，自然状態において人間同士が強者を打倒するために協調行動を取るに際して他人への信頼という要素がまったく含まれないと言い切ることもできないはずである。

これより，自然状態における他人同士の信頼関係は，以下のように，自己保存が善であるという態度に基づき，自分たちの生存を脅かす者を排除する意図で結ばれるものであると整理することができる。

9　本文で引いた『リヴァイアサン』13章の続く箇所では，精神の能力について，すべての人が，自分は大衆（vulgar）よりも賢明であるという「うぬぼれ（conceit）」を持ち，ここから，他人と同じものを欲したとき，他人を滅ぼすことができるという自信が生じるとされる。能力の平等から希望の平等が生まれるのは，うぬぼれに基づく自信をすべての人が持つことの帰結でもある（Eggers 2011, p. 200）。

10　実際に集団に倒される経験を経るのではなく，そうした可能性にリアリティを感じるだけで平等であることが認められるという議論は，後にスピノザが『国家論』で展開した，自分以外の「残りの者」が自分に契約を履行するように迫るという構図を思わせる（上野 2011）。

	関係項		対象				結果
	関係項1	関係項2	能力	行為	動機	動機の内容	
ホッブズ	信頼者	被信頼者		✓	✓	自己保存としての善へのコミットメント	生存を脅かす敵の排除

この点を踏まえると，信約においては何者も第一の履行者になる動機付けを持たないという問題を囚人のジレンマとして理解することはホッブズ自身の議論からも正当化されえない。むしろ，たとえば，相手を信頼できる場合と信頼できない場合とでは最適解としてのナッシュ均衡が異なってくる「安心ゲーム（assurance game）」として理解する方が適切であろう[11]。安心ゲームとは，囚人のジレンマの設定を修正したもので，プレイヤー同士が協力することが各プレイヤーの利益を最大化するという点では囚人のジレンマと変わらないが，片方が協力し，もう片方が協力しない場合は前者のプレイヤーの利益は最小となり，双方のプレイヤーが協力しない場合は，双方が協力する場合に次いで高い利益になる，という状況下での意思決定のモデルである。実際，一人で強い者に立ち向かう場合，負ける可能性があるため，何もしない状態よりも期待でき

11　ホッブズの社会契約を囚人のジレンマとして捉えることの不適切さは先行研究でも指摘されている。たとえば，ピイイリマエは，『リヴァイアサン』15章において，ホッブズが自らの生存のために信約を破棄することを厭わない愚者（the foole）は理性に反していないとは言えないとする箇所に基づいて，裏切りを協調よりも上位選好とする者は短期的視点で考えており，長期的視点で見るならば選好順位は逆転するため，囚人のジレンマはモデルとしてはふさわしくないとする（Piirimäe 2006）。モラーは，この場合は第一の履行者問題がクリアされている必要があるため，「誇り（glory）」を求めるという側面を動機付けとして組み込んだモデルを提案する（Moehler 2009）。そのうえで，モラーはホッブズの自然状態における契約は，長期的視点で合理的に行動する個人だけではなく，短期的視点でしか合理性を持たない個人を含むものとして拡大解釈するとしても安心ゲームによってモデル化されるべきとする。バウムゴルドは，社会契約だけではなく奴隷と主人に関しても同様の安心ゲームが成立するとする（Balmgold 2013）。こうしたゲーム理論を用いた解釈に対して，エガーズは，その正当性や意義は認めつつも，囚人のジレンマやチキンゲームや安心ゲームといったさまざまなモデルのうちどれがホッブズ解釈として正当かという問いは，ホッブズ自身がたとえば選好順序や効用値といった要素を特定していないことから，ホッブズのテキストのみからでは決定できないとする（Eggers 2011）。

る利益は下がるが，二人で立ち向かうならば，強い者を倒す可能性が高まり，したがって，期待できる利益も高いものとなるという想定は自然状態においては妥当なものである。自然権の放棄に関する意思決定も，相手が信頼できるかどうかによって利益を最大化させる選択肢は変動する。すなわち，ホッブズが提示した状況は，契約に関与する二人がともに裏切りを選択することのみが合理的な均衡点であるのではなく，相手が信頼できるのであれば協調行動が可能となる余地を排除していないことから，ナッシュ均衡が一つに限定されないという意味で安心ゲームとして理解する方が適切であると考えられる[12]。

4.2. 信頼と言語

自然状態にあっても個人間で協調行動が不可能というわけではないとする以上の解釈がホッブズ解釈としても妥当であることは，人間と動物の違いという観点からも示すことができる。動物は人間とは異なり，約定を結んだり統治に服したりするような理性を持たないものの，同じものを欲求し，同じものを忌避することで，共通の目的に向かうことができる。動物がこうした協調行動を取ることが容易に可能である理由の一つとして，ホッブズは，動物は言葉を使わないという点を挙げる（DC5-5)。言葉を用いることで人間は，まだ実現していない状況，すなわち未来について発言することができる。また，言葉の力によって善を悪と偽ったり悪を善と偽ったりすることもできる。言葉による信約が信頼できないのは，こうした架空ないし虚構の状況とそうでない状況を言葉のレベルでは区別できず，それゆえに人は人の言葉に欺かれることがあるためである。しかし，契約と履行に時間差がある場合，未来のある時点で自分が自然権を放棄することは言葉でしか約束できない。このことは，人間が信約を通じて社会契約を結んで国家を設立することができるのは言葉を用いる能力を持つためであること，そして，そうした契約が信約のかたちを取るならば困難なものになることも言葉に由来するものであることを示している。しかし，未来についての約束がつねに偽っているとは言えない。すなわち，人が社会契約を結ぶことのできる条件の一つである言葉の使用は，同時に，契約を困難なものにする条件でもあるが，ここから**つねに契約が不可能であること**まで帰結するわけではない。実際，先にも触れたように，ホッブズの自然状態の想定は人間が平等であることが前提であるが，この前提は人が他人の協調を脅威に感じることにその要点があったのである。

ここから，社会契約の困難さについてのホッブズの議論は，その困難さを成立させる前提に含まれる議論にこの困難さを解決する鍵が含まれていると考えることができる。**他人同士の信頼関係**を仮想的に想定することで成立する自然状態から社会契約に至るためには**他人への信頼**が必要となるのである。ホッブ

12　以下に囚人のジレンマと安心ゲームの二つのゲームを図示しておく。二人のプレイヤーＰとＱは，協調（C）と裏切り（D）の二つの行動のうちどちらかを選択することができる。表の数値は選択した行動に対応する利益を表示している。表１の囚人のジレンマでは，Ｐにとっては，Ｑが協調を選択した場合と裏切りを選択した場合の双方を考慮した結果，いずれの場合でも裏切りを選ぶことになる。Ｑにとっても同様であり，したがって，両者は裏切りを選ぶことになる。表２の安心ゲームでは，自分が協調を選ぶとき，相手が協調するか裏切るかで利益は異なってくる。仮に相手が裏切りを選択したとき，自分の利益は最小となるため，相手が協調を選んでくれるかどうかに応じて最適解は変わってくる。すなわち，相手が協調行動を取る確率が高いことがわかっているのであれば自分も協調することが最適解であり，そうでない場合は裏切りを選ぶことが最適解となる。もちろん，ここで示したモデルはプレイヤーが二名の単純なものであるため，実際の自然権放棄の局面がそうであると思われる，複数のプレイヤー間での契約での意思決定のモデルとはなっていない。『リヴァイアサン』での契約概念の分析が二者間での契約を想定していることから，こうした単純化はホッブズ解釈としては正当化されるとしても，信頼研究としては検討を要するだろう。

	Q		
P		C	D
	C	4, 4	−2, 6
	D	6 −2	0, 0

表１　囚人のジレンマ

	Q		
P		C	D
	C	4, 4	−2, 3
	D	3, −2	0, 0

表２　安心ゲーム

ズ問題を囚人のジレンマとして理解する限り，ナッシュ均衡は一つしか存在せず，協調行動が実現する余地はないが，本節で示したように，安心ゲームとして理解することができるならば，ナッシュ均衡は二つ存在し，相手を信頼できる場合にはお互いが自然権を放棄することが合理的行動として実現可能なのである。

2節でも触れたように，『法の原理』では，信頼は相手が善を求める人であると信じることから生じる情念であった。人間にとっては自己の生存につながることが善である。もちろん，ある人にとっての善が別の人にとっては悪であることはありうるが，つねにそうであるわけではない。社会契約を結ぶためであれ，共通の敵を倒すためであれ，人は信頼と恐怖の情念から協調行動を取ることができる。人間が持つさまざまな情念のうち，ホッブズが名指しして社会契約を守るために重要であるとするのは，恐怖と誇りの二つであるが，後者が発揮される機会はまれであり，あてにならない。むしろホッブズが強調するのは「見えない精神の力（the power of spirits invisible)」と「[履行しないことによって］怒る人々の力（the power of those men they shall therein offend)」への恐怖（L14: 1.233）である。ホッブズにとって自然状態での人間の力の優劣は「戦ったあとでなければ見分けられない」。つまり，人間の力は戦闘の後，遡行的に帰属されるものでしかなく，それゆえに，戦争が起こっていない状況下では，他人の力を正確に見積もることはできないため，恐怖の情念を持ってしまう[13]。ホッブズ自身は明示的には語ってはいないものの，恐怖が可能となるのは「他人が他人を信頼して協力して自分を倒す」という想像が意味を持つためであると考えられる。こうした想像がプレイヤーにとって有意味である条件を考察すること，言い換えれば，他人同士が信頼関係を結ぶことができると想定できる根拠は，自分が他人を信頼できる根拠とどのように関連しているかを明らかにすることが，第一の履行者という問題のさらなる理解をもたらすだろう[14]。

本節では，ホッブズ問題の困難さの一つとされている，なぜ人は人を信頼で

13　人間の能力はそれ自体ではなく他人によって評価されることによってはじめて確定されるというホッブズ独自の能力観は『リヴァイアサン』10章でも提示されている。

きないか，という点に関して，その前提となっている自然状態を成立させる条件それ自体に人間相互の信頼関係が含まれていること，すなわち，人が人を信頼できる可能性は排除されていないことを明らかにした。人が第一の履行者になるための条件はこの点に関わっていると考えることができる[15]。

5 ● むすび

これまで概観したように，ホッブズの政治哲学において信頼が重要であるのは，各人にとって自らの生存を脅かす戦争状態をいかにして脱するかという局面においてであった。ホッブズの社会契約説においては，信頼は自然権の放棄というコモンウェルス設立のための契約を履行するために必要な要素であり，かつ，社会契約を必要とする自然状態の想定にも必要な要素であった。確実性

14　実際，ゴティエとハーディンは，それぞれ他人の能力や行動をまったく予測ができないのでもなく，完全に予測できるわけでもない，中間の段階にあるからこそ，信頼が意味を持つというホッブズの見解を展開させて，協調行動が可能となる条件を提示している。ゴティエは暗黙ないし明示的な契約が信頼性を生み，協調を生むとする。各人の動機が互いに完全にわかっているのでも完全に隠れているのでもない半透明の状態（translucency）でこそ，行為者は信頼性を持つ。したがって，行為者に契約の履行を義務付ける絶対権力は不要であるとする（Gauthier 1988）。これに対してハーディンは，信頼性は社会契約によって基礎付けられるとする（Hardin 1996）。

15　オークショットは，二人が信約を結ぶというモデルではたしかに第一の履行者になることは期待できないが，実際の社会契約は多数の人間のあいだでなされるものであり，そうした場合，こちらの信頼に報いてくれる人が十分な数だけ存在する，という期待を持つことは合理的であり，自分が第一の履行者になることもまたある程度は合理的であるとする（Oakeshott 1975, pp. 133-40（邦訳：pp. 160-7））。もちろん，オークショット自身も認めるように，ホッブズ問題が求めるのは，プレイヤーが二人の場合でも第一の履行者になることが合理的であるとする論証であるので，この解釈は決定的なものではない。

16　ひとたび社会契約が結ばれ，秩序が設立された後も，秩序をいかにして維持するのか，という新たな問題が生じる。ホッブズ自身もこの問題を自覚しており，『市民論』では国家設立後の市民教育の重要性を説いている（DC13.9）。創設された秩序の安定性をめぐる問題は本書第2章（永守論文）で「ルソー問題」として定式化されたうえで，これに対するカントの見解が論じられる。

と不確実性のあいだで人間は他人の言葉を信頼するかどうかを判断するしかない。現代の信頼研究では二者間にはとどまらない多様な局面での信頼関係が研究されているが，ホッブズ解釈でモデル化される二者間の信頼関係はこうした多様な信頼関係の基盤となっており，この意味で，ホッブズにおける「ホッブズ問題」は信頼研究の始まりとなっていると言えるのである[16]。

文献

ホッブズの著作からの引用は以下の略号を用いる。引用箇所は『法の原理』は部，章，節，『市民論』は章と節，『リヴァイアサン』は章で示し，それぞれ邦訳の該当箇所も示している。

『法の原理』（1640）＝E

Hobbes, Thomas.（1994）*The Elements of Law, Natural and Politic*, ed. J. C. A Gaskin, Oxford University Press.

『市民論』（1642）＝DC

Hobbes, Thomas.（1983）*De Cive: The Latin Version*, ed. Howard Warrender, Oxford University Press.

『リヴァイアサン』（1651）＝L

Hobbes, Thomas.（2012）*Leviathan*, ed. Noel Malcolm, Oxford University Press.

邦訳は以下を参照させていただいたが，表記等を改めた箇所もある。

『リヴァイアサン』全4巻，水田洋訳，岩波文庫，1992年．（参照は「巻数．頁数」で示している）

『市民論』，本田裕志訳，京都大学学術出版会，2008年．（『市民論』の翻訳参照はこの翻訳へのもの）

『哲学原論／自然法および国家法の原理』，伊藤宏之，渡部秀和訳，柏書房，2012年．（『法の原理』の翻訳参照はこの翻訳へのもの）

その他の文献

Anderson, Christopher.（2003）“Hobbes, Locke, and Hume on Trust and the Education of the Senses”, *New England Journal of Political Science*, 1(1), 7–36.

Baumgold, Deborah.（2013）“Trust” in Hobbes's Political Thought”, *Political Theory*, 41(6), 838–55.

Eggers, Daniel. (2011) "Hobbes and Game Theory Revisited. Zero-Sum Games in the State of Nature", *The Southern Journal of Philosophy*, 49(3), 193–226.

Friend, Celeste M. (2002) "Trust in the First Place", *The Southern Journal of Philosophy*, 40, Issue 1, 21–39.

Gauthier, David P. (1969) *The Logic of Leviathan: The Moral and Political Theory of Thomas Hobbes*, Clarendon Press.

Gauthier, David P. (1988). "Hobbes's Social Contract", *Noûs*, 22(1), 71–82.

Hardin, Russell. (1996) "Trustworthiness"', *Ethics*, 107, Issue 1, 26–42.

Kavka, Gregory S. (1983) "Hobbes's War of All Against All", *Ethics*, 93(2), 291–310.

Locke, John. (1690) *Two Treatises of Government*. (邦訳：ジョン・ロック（加藤節訳）(2010)『完訳　統治二論』，岩波文庫.）

Moehler, Michael. (2009) "Why Hobbes' State of Nature is Best Modeled by an Assurance Game", *Utilitas*, 21(3), 297–326.

Oakeshott, Michael Joseph. (1975) *Hobbes on Civil Association*, Blackwell. (邦訳：マイケル・オークショット（中金聡訳）(2007)『リヴァイアサン序説』，法政大学出版局.）

Parsons, Talcott. (1937) *The Structure of Social Action*, the Free Press. (邦訳：タルコット・パーソンズ（稲上毅，厚東洋輔訳）(1976)『社会的行為の構造』第1巻，木鐸社.）

Piirimäe, Pärtel. (2006) "The Explanation of Conflict in Hobbes's Leviathan", *Trames*, 10(1), 3–21.

Weil, Frederick D. (1986) "The Stranger, Prudence, and Trust in Hobbes's Theory", *Theory and Society*, 15(5), 759–88.

上野修（2011）「残りの者――あるいはホッブズ契約説のパラドックスとスピノザ」，『デカルト，ホッブズ，スピノザ　哲学する十七世紀』，講談社学術文庫，20–57.

佐々木正道（編）(2014)『信頼感の国際比較研究』，中央大学出版部.

重田園江（2013)『社会契約論　ホッブズ，ヒューム，ルソー，ロールズ』，ちくま新書.

田中浩（2016)『ホッブズ――リヴァイアサンの哲学者』，岩波新書.

第2章 ヒュームとカントの信頼の思想

永守　伸年

1 はじめに

前章に引き続き，本章は社会契約論をめぐる思想史の観点から「信頼」について考えてみたい。主として検討されるのは18世紀を生きた哲学者，デイヴィッド・ヒュームとイマヌエル・カントである。

社会契約論の系譜に位置づけられる哲学者のなかでも，どうしてこの二人に注目するのか不思議に思われるかもしれない。理由はいくつかある。第一に，二人の哲学者は社会秩序の創出をめぐる問題，いわゆる「ホッブズ問題」がトマス・ホッブズ以降の思想史においてどのように展開されたのかを教えてくれる。よく知られているように，ヒュームとカントはホッブズの社会契約論の忠実な継承者というよりは，むしろその思想をよく理解したうえで，それを批判的に再考した哲学者だった。具体的には，ヒュームは「コンヴェンション」，カントは「根源的契約」という概念を導入することによって，ホッブズとは異なる観点から社会秩序の問題を捉えなおそうとしたのである。そこには社会秩序と信頼に関する洞察が豊かに含まれている。

第二に，ヒュームとカントの思想には，信頼を考えるにあたって重要なアプローチの異同を見出すことができる。ホッブズの社会契約論を受けとめた二人の哲学者は，社会秩序をめぐる問いをある側面では同様の仕方で，しかしまたある側面では対照的な仕方で発展させていった。そのアプローチを注意深く比較するならば，二人のテキストからは「秩序の創出と秩序の安定」，「感情と理性」といった，現在の信頼研究においてなお有意義な論点を抽出できるはずである。

こうした見通しのもと，本章は前半にヒューム，後半にカントの思想を検討する。いずれの場合も，それぞれの哲学者の論述を整理することからはじめて，（ときには煩瑣に見える）解釈史にも立ち入り，最終的には信頼研究に寄与するような知見をとりだすことを目的としたい。検討に先立って，あらかじめ断っておくならば，ヒュームとカントは「信頼」なるものを正面から論じているわけではなく，そもそも「信頼」という言葉を用いることさえけっして多くはない。だが，本章の目的が達成されたならば，二人の哲学者はやはり社会秩序をめぐるホッブズ以来の難問に取り組んでいたのであり，そこには信頼と呼ばれるべき現象についての思想が含まれることが示されるだろう。この意味で本章の試みは，信頼の概念を一つの軸として，ヒュームとカントの哲学に新たな光をあてようとするものでもある。

2 ● ヒューム

2.1. ヒュームと社会契約論

本書は社会契約論を，社会秩序の創出に関する思想の系譜として捉えてきた。第1章で述べられたように，このような秩序問題の所在をはっきりと示し，その解決を試みたのがアメリカの社会学者，タルコット・パーソンズである。パーソンズは社会契約論の始祖としてのホッブズを参照しつつ，社会秩序の創出に関する問題を合理的な個人のおりなす相互行為の局面から明らかにしようとする（Persons 1937）。そうした個人は，ひっきりなしに生まれる情念に衝き動かされ，それぞれの目的，すなわち欲求充足と自己保存のためには手段を選ばない。ここに人為的な抑制機関の不在，資源の希少性といった条件が加わると，目的を達成するためのもっとも効果的な手段として「暴力と欺瞞（force and fraud）」が帰結してしまう。この「ホッブズ問題」を中心に据えるならば，社会契約論の理論的な課題は「暴力と欺瞞」から脱却し，「秩序」と呼ばれる状態が成立する社会的メカニズムを提示することにあると言えるだろう。

ただし，この課題に対するアプローチは，社会契約論の系譜においてさまざまである。おおまかに言えば，それぞれの理論の出発点としての「自然状態」，あるいはそのような状態にある人々の「自然本性」をどのように描出するかによって，契約のあり方もまた異なってくる。この点，たとえばホッブズ自身はパーソンズとはやや異なり，あらかじめ人間の自然本性に誇り（glory），自尊心（pride），あるいは権力を獲得しようとする欲求をたたみこんでいる。『リヴァイアサン』で描き出されるのは，いかなる政治的，宗教的権威も存在しない環境にあって権力欲に動機づけられる諸個人の，お互いの生存をかけた相互不信の状況にほかならない。

他方，ヒュームはそれほどシビアな状況を念頭に置いているわけではない。ヒュームの出発点は（彼の生きた時代を反映して）おだやかなものになっている。ヒュームの『人間本性論』では，社会の成り立ちをもとめてさかのぼっても，ある程度の平和がすでに実現された環境，つまりは小規模であれ，家族や友人との信頼関係ならば醸成された状況が想定されている。だからこそ，この小規模な関係を離れて見知らぬ他人と「正義の規則」を創出しようとしても，諸個人は社会契約によって一挙に問題の解決をはかろうとはしない。性急に解決をはかる必要がない，と言ってもよい。むしろ，じっくりと時間をかけて協調の可能性を探りあてようとする余裕を持っている。ここに「ホッブズ問題」に対するヒューム固有のアプローチがある。

では，そのアプローチの内容を見ていこう。それは『人間本性論』において「正義の規則」，具体的には所有物の安定，所有物の移転，約束の履行に関する規則の成立にそくして論じられている（T3.2.6.1）[1]。(1) まず，これらの規則は前述したような小規模な関係から自然に生まれるわけではない。ヒュームによると，これらの規則の成立は（i）人間の利己心と限られた寛大さ，（ii）資源の希少性とその所有の不安定性を前提とする（T3.2.2.18）。(2) また，人間は

1　ヒュームのテキストの引用に当たっては，ノートン版（Hume, David. (2000), *A Treatise of Human Nature*, David F. Norton and Mary J. Norton (eds.), Oxford University Press）の巻数・部・節・段落の各番号を示す。日本語訳にあたっては，邦訳を参照した。

一人では自分の欲求を満たすことはできず，他人と協調することによってのみ十分な資源を得ることができる（T3.2.2.3）。(3) だが (1) の前提を受け入れるならば，人間は自身の利己心と資源の希少性ゆえにそれぞれの欲求を満たすことができない。それどころか，不安定な資源の獲得をめぐる争いはいっそう過酷なものになる（T3.2.2.12）。(4) ならば，利己心を抑制させ，争いを回避するためにはどうすればよいか。ヒュームは，「コンヴェンション（convention）」を形成することによって，人間は利己心をみずから抑制することができると考える（T3.2.2.9）。

> [コンヴェンションとは,] 共通利益についての一般的な感覚にすぎない。社会の全成員はこの感覚を互いに表現しあい，この感覚に誘われて，各自は自分の振る舞いを一定の諸規則のもとに規制するようになる。わたしは，今後わたしに関して他人がわたしと同じ仕方で行為する場合に限り，他人が財を保有するに任せておくのが自分の利益になるだろうことを見てとる。他人もまた，自分の行為を規制することが同様に自分の利益になることに気がつく。利益に関するこの共通する感覚が互いに表現され，互いに知られるようになると，その感覚は適切な決意と振る舞いを生み出すのである（T3.2.2.10）。

引用部では，「自己利益」から出発して「共通利益についての一般的な感覚（a general sense of common interest）」に至るプロセスが示されている。たとえ見知らぬ他人であったとしても，他人が自分と同様に行為するならば，他人の所有を認めることが自己利益にかなう。他人もまた，同様の推論によって自己利益を見出す。ただし，これらの利益の感覚が「互いに表現され，互いに知られるようになる（mutually express'd, and is known to both）」にはそれなりの試行錯誤を要する。それゆえ時間もかかる。コンヴェンションとはこうした試行錯誤を経て徐々につくられる「一致（agreement）」であるが，それはホッブズの主張したような言語による「約束（promise）」ではない。むしろ，コンヴェンションの「一致」は言語，正義，貨幣，約束といった諸制度に先行し，それらの制度の形成を説明する秩序創出の原理として導入されている。

他方，この試行錯誤のプロセスには悩ましい問題もある。それは引用部の複雑な表現，「今後わたしに関して他人がわたしと同じ仕方で行為する場合に限り（provided he will act in the same manner with regard to me）」という但し書きに関わる。なるほど，わたしは他人が同様に行為すると期待する限り，そして他人はわたしが同様に行為すると期待する限り，「共通利益についての一般的な感覚」を介してコンヴェンションに至るかもしれない。だが（詳細は次節で述べるけれども），このように期待を介した行為選択が相互になされる場合「二重の条件依存性（double contingency）」と呼ばれる問題が生じてしまう。つまり，自分の行為選択が他人の行為選択によって決まる一方，その他人の行為選択もまた自分の行為選択によって決まる場合，それぞれの行為選択が相互に依存する堂々めぐりに陥ってしまい，行為の決定に至ることができない。ホッブズの社会契約論の根本問題はここにあった。わたしは「他人が同様に武器を放棄する限り」武器を放棄する。「他人」もまたわたしと同様の但し書きをもってかれ以外の他人と相対する。すると，結局のところわたしたちはみな互いの先制攻撃をおそれて睨みあう膠着の状況，根深い相互不信の状況から脱却することができないのである。

以上をまとめよう。ヒュームはホッブズやロックとは異なり，「約束」によって一挙に成立する社会契約論の立場をとらない。その背景には小規模な社会の前提がある。すなわち，身近な人々との信頼関係がある程度は醸成されている社会が，ヒュームの主張には前提とされている。他方，ヒュームはこの小規模な社会を離れて段階的に創出される社会秩序のありようを，コンヴェンションの形成という論点に関して問いかけてもいる。そしてこの形成プロセスにおいては，「他人もまた自分と同様に行為するならば」という但し書きがきわめて重要になる。家族関係，友人関係を離れて見知らぬ他人と交わる場合，人間はこの但し書きを充足するだけの信頼関係をいまだに持ちあわせていないように思われる。この状況に立たされたとき，問われているのは社会秩序の創出と信頼関係の醸成をめぐる難問なのである。

2.2. コンヴェンションの形成

この難問に取り組むために，さまざまな研究がさまざまに前節の引用部を解釈してきた。そしてコンヴェンションの解釈史とも表現すべきこの議論の蓄積には，じつのところ，信頼を考えるうえできわめて興味深い解釈のコントラストを見出すことができる。それは，コンヴェンションを（ｉ）もっぱら合理的な推論を介して到達されるものとみなすか，それとも（ⅱ）感情的な態度に促されて結ばれるものとみなすか，という解釈の相違である。これらの解釈はそのまま「信頼とは何か」という根本問題に対する有力な二つのアプローチとして理解することもできる。本章は 1.2 において（ｉ），1.3 において（ⅱ）の妥当性をそれぞれ検討していきたい。

まず，（ｉ）の路線のヒューム解釈がしばしば注目してきたのは，「調整ゲーム」にそくしてコンヴェンションの形成を論じる方法だろう。調整ゲームとは自分であれ他人であれ，もし誰かが一人でも違う行為をしていたならば誰もが状態がよくならないという性質を持つような，少なくとも二つの安定均衡を有するゲームである（Sugden 2004, p. 34（邦訳：p. 42））。このゲームでは安定均衡が二つ以上あるために，相手がいずれの均衡を目指して行為するか予測することが難しい。たとえば明確な交通規則の存在しない状況において，道路のいずれの側を走行すればよいか迫られているとしよう。この状況では，ドライバーは他のドライバーが右側を走行する限り自分も右側を走行したほうがよいし，他のドライバーが左側を走行する限り自分も左側を走行したほうがよい。いずれを走行しても得られる利益は同様であるため，いずれの側をどれだけのドライバーが選択するか，その期待の「一致」が問われることになる。

デイヴィッド・ルイスは，こうした調整ゲームの解として見出される行為の規則性をコンヴェンションとして理解した[2]。前節で述べたように，ヒュームにとってコンヴェンションは「せえの」で取り交わされる約束でも，「上からの」指示によって課される設計でもない。それは個人の相互行為を通じて段階的に形成されるような，ハイエク的な意味での自生的秩序の性格をそなえてい

2　ただし，ルイスはコンヴェンションの理論をヒュームのテキスト解釈として提示しているわけではない。むしろルイスの理論的動機としては，当時の言語哲学における規約主義（conventionalism）を捉えなおそうとする意図があったとみてよいだろう。本章がルイスを取りあげるのは彼がヒューム研究者だからではなく，彼のコンヴェンションの理論が多くのヒューム研究者にきわめて大きな影響を与えてきたからである。

る。ルイスもまた，ドライバーの相互行為を通じて段階的に形成される交通規則のように，時間をかけてつくりだされ，安定的に継続する行為の規則性としてコンヴェンションを捉えようとした。それは暫定的には次のように定義される（Lewis 1969, p. 58）。

ある集団Pにおいて，その成員が再起的に生じる状況Sの行為主体であるとき，その成員の行動の規則性Rは以下の場合，そしてそのときに限りコンヴェンションである。すなわち，Pの成員間のいかなる状況Sにおいても，

(1)　全員がRに同調する。
(2)　全員が，他の誰もがRに同調すると期待する。
(3)　Rは調整問題であって，一貫してRに同調することがSにおける調整均衡であるから，全員が，他の誰もがそうするという条件のもとでRに同調することを選好する。

さて，注意したいのは，コンヴェンションが行為の単なる規則性にとどまらないことである。(2) に明記されているように，他人もまた同様に行為するだろうという「期待」を介した行為の規則性だけがコンヴェンションと呼ばれる。さしあたってXとYの二者関係で考えれば，XはYが「XはAするだろう」と期待するだろうことを，期待する。そしてXがそのように期待するだろうことを，Yもまた同様に期待する。こうして，期待に対する期待，いわば「高階の期待」によって行為Aが繰り返され，明示的な契約なしに行為の規則性Rが生まれてくる。

ただし，このように期待が入れ子構造をなすように相互に依存する限り，ここにも「二重の条件依存性」が生じてしまう。条件 (3) の「但し書き」を考えてほしい。この条件によれば，各成員は「他人もまたそうする（Rに同調する）限り」Rに同調する。とするとPの成員Xは，たとえ他の全成員が自分と同様に「他人もまたそうする（Rに同調する）限り」Rを同調することを知っていたとしても，なおRを同調することに踏み出せない。なぜなら，この状況では成員間の期待が相互に依存しあい，それぞれの期待の根拠が失われて

しまうからである。たとえばXがRへの同調を選好するためには，少なくともPの他の成員YがRへの同調を選好することを知っていなければならない。そこで当の成員Yの選好に目を転じると，こちらもやはり「他人もまたそうする（Rに同調する）限り」という仮定が満たされなければ成立しない。しかしこの仮定を満たそうとすると，Yは少なくともXに関して，先ほどXがYに関しておこなったのと同様の推論をおこなうはめになる。こうした推論がX，Yの間，さらにそれ以外の全成員間で繰り返されるならば，条件（1）の再起的な成立はいつまでも保証されない。

では，いかにして「二重の条件依存性」を乗り越えコンヴェンションに至ることができるだろうか。この問いに対する先行研究の応答を，ヒューム解釈における妥当性と有用性の観点からざっと検討してみよう。

まず，「二重の条件依存性」に対するパーソンズの方策を確認しておきたい。おおまかに述べるならば，パーソンズは期待を介した相互行為にあたってなんらかの「共通の規範」が行為者に共有されている必要があると考えた（Parsons 1951）。こうした共有がなされるならば，行為者間の期待は規範を制度的に構造化した「役割期待」にそくして安定し，相互行為は長期的に維持され「均衡的秩序」がもたらされる。注目されるのは，このように「共通の規範」に訴えるパーソンズ流のアプローチが，しばしばヒュームのコンヴェンション解釈においてもなされてきたことである。そしてヒューム解釈の観点からすると，このアプローチはそれほど魅力的なものではない。たとえば「健康の回復」や「医療の援助」に関する規範の共有によって，「医師」や「患者」といった役割期待が安定することを受け入れるとしよう。これらの役割期待は医師・患者関係のみならず，「健康の価値」や「病院の経営」をはじめとする社会規範や社会制度とも整合的に関係していなければならないだろう。だが，こうして制度的に統合された社会を前提とすればするほど，ヒュームの「小規模な社会」からは遠ざかる。繰り返し述べるならば，ヒュームは強固な社会規範や社会制度を前提とすることなく，それらに先行する自生的秩序としてコンヴェンションを捉えていたのである。

続いて，ルイス自身の提案はどうだろうか。ルイスは前述のコンヴェンションの定義に条件（4）を付け加えることによって問題の解決をはかる。よく知られているように，それは条件（1）から（3）までを「共通知識」とするアイデアである。共有知識の概念にはさまざまな曖昧さが指摘されているが，さしあたってこれを「あることを誰もが知っており，かつ誰もが知っていることを誰もが知っており，さらにこのことを誰もが知っている…」といった，高階の「誰もが知っている」が成立した事態として理解しよう（盛山 1995，p. 107）。ただし，たとえ条件（4）の共通知識によって「P の全成員が R に同調すること」そのものが全成員に知られており，条件（1）の同調行為が再帰的に実現することを認めるとしても，このアプローチはヒューム解釈としては問題を含んでいる。もっともシンプルな指摘として，そもそもヒュームの「小規模な社会」にこうした共通知識の前提を許容するような状況は見出せない。また，コンヴェンションの形成プロセスにおいてヒュームが重視していたのは高階の知識におよぶ信念の構造ではなく，相互行為の動機づけをめぐる情念の問題であるとする批判もある（Snare 1991, p. 218）。

ルイス以降も，かれのコンヴェンション研究によって触発された「現代的ヒューム解釈」は数多く提示されてきた（Snare 1991）。ラッセル・ハーディンの近年の研究をはじめ，その成果はゲーム理論の進展，とりわけ進化ゲームの洗練とともに蓄積されているが，ここではその詳細に検討を加えるだけの余裕はない（Hardin 2007）。だが，いずれにせよ指摘できるのは，それらの解釈にはやはりヒュームの発想との乖離が認められることである。最後にその論点だけを整理しておこう。第一に，「自己利益」の内容が異なる（林 2015，p. 139）。多くの解釈が「個人一人の利益」の追求を前提するのに対し，ヒュームは自己利益を「その家族や友人等，その個人にとっての身近な人々の利益」として捉える（T.3.2.2.12）。第二に，「共通利益」の内容が異なる。ゲーム理論に基づく解釈が相互行為の結果としてのパレート最適において共通利益を理解するのに対し，ヒュームは共同利益が「互いに表現され，互いに知られるようになる」なかで相互行為が継続すると考える（T3.2.2.10）。第三に，第一，第二の論点に関連して，「行為者」の内容も異なる。すでに述べたように，ヒュームはゲーム理論で前提される合理的行為者のモデルとは異なり，想像力を発揮し，情念によって動機づけられる行為者のありようをコンヴェンションの担い手として示唆するのである（T3.2.2.8）。

2.3. ヒュームと信頼

これまで，ルイスの研究を一つの軸として，ヒュームの議論がどのようなもので「ない」かを示してきた。そして先行研究の検討を通じて明らかにされたのは，コンヴェンションの成立に関してヒュームが想定する次のような特徴である。(a) 行為者は知性によって推論や計算をするだけでなく，想像力によって類似する諸対象を関係づけ（T1.4.5.12），状況に応じてさまざまな情念を抱く（T2.2.1.1）。(b) そうした行為者は小規模であれ相互に交流しており，家族や友人との関係はすでに成立している（T3.2.2.4）。(c) この小規模な社会において，それぞれの行為者は自身に近しい人々を含む仕方で利益を追求する（T3.2.2.12）。(d) 利益の追求は（ｉ）人間の利己心と限られた寛大さ，（ⅱ）資源の希少性とその所有の不安定性によって脅かされるため（T3.2.2.18），行為者は時間をかけて利益が「互いに表現され，互いに知られるようになる」状況をつくりだす（T3.2.2.10）。以上の特徴を踏まえると，以下のような解釈の見込みがある。

まずは調整ゲームにそくした解釈から考えなおしてみよう。前節で述べたように，このゲームでは合理的選択理論が一般的に直面する問題，すなわち「二重の条件依存性」の困難が認められる。他方，ヒュームのテキストから特徴 (a) を抽出するならば，ゲームの参加者は道具的合理性を有するプレイヤーとして切り詰められることなく，想像力（imagination）をそなえた生身の主体として捉えなおされる。この点に関する古典的著作，トマス・シェリングの『紛争の戦略』では，行為者間の期待の一致が推論のみならずゲームの状況における突出した（salient），あるいは顕著な（prominent）特徴によって可能となる場合があることが指摘されていた[3]。そしてシェリングによれば，この顕著性

3　わたしたちはある状況において顕著な特徴を把握することで，演繹的な推論とは異なる仕方でお互いの行為を調整することができる。シェリングはいくつかの例をあげているが，たとえば任意の正の整数を記すよう二人の被験者にもとめた実験はわかりやすいだろう（二人が同じ数を記せば賞金が得られる）。このゲームの場合，正の数は無限にあるにもかかわらず，40% の被験者が「1」を選び，賞金を得ることに成功した。ここでは，「1」という最小の数が正の整数において「顕著な（prominent）」特徴をもっていると感じられたのである。

は，部分的には状況の類似性を把握する想像力によって把握される（「わたしたちは論理と同時に想像力も考察しなければならない」）（Schelling 1960, p. 58）。たとえば，あるドライバーが数ヶ月間ある国の田舎道を走行して，交差点では右からやってくる車に道を譲る傾向があることに気づいたとしよう。このドライバーは，たとえ大都市の，より複雑な交差点にさしかかったとしても，過去に通過した交差点との類似性から状況の顕著な特徴を把握できるかもしれない。そしてこの顕著性は，同じく想像力をそなえた多数のドライバーをすばやく引きつけ，それぞれの期待を「一致」に向けて調整してゆく。ロバート・サグデンは，こうしたシェリングの主張は『人間本性論』の解釈に適合しており，ヒュームもまた顕著性と同様のアイデアを抱いていたと考える（Sugden 2004, p. 96（邦訳：p. 113））。

もちろん，ヒューム自身がコンヴェンションの形成にあたって想像力にそれほどの役割を認めていたかは異論があるだろう。ドン・ギャレットが注意を促すように，ヒュームの論じる想像力は文脈に応じてさまざまに定義されており，顕著性を把握する能力として単純に特徴づけられるものでもない（Garrett 2002, pp. 11-40）。だが，シェリングを援用するサグデンの解釈で興味深いのは，顕著性の想像的な把握には自然的な基盤もまたありうることを指摘したところにある。たとえば，いまだ「共通の言葉」を持たないにも関わらず形成される「イギリス人探検家ジェームズ・クック」と「現地の人々」とのコンヴェンション形成にあって，両者の仕草が発する「自然なシグナル」の役割に注目してほしい。「人々がコミュニケーションしようとするときには，自然なシグナルが手がかりを与え，その突出性は共通の言語があらかじめ存在するかどうかに依存しない。そのような手がかりは，言語が発達するための種子なのである」（Sugden 2004, p. 195（邦訳：p. 225））。

こうした「自然なシグナル」への着目は共感（sympathy）に基づくコンヴェンション解釈の可能性にも結びつく。前述のシェリング流の議論は（a）想像力のポテンシャルを引き出しつつも，なお「共通利益」を調整ゲームの解として出現するような「一致」として捉えるものだった。それに対して，さらにコンヴェンション以前の（b）小規模な交流（c）自己利益の拡張，そして（d）相互表現を重視するのが共感に基づく解釈である。ヒュームによれば共感とは，目の前の他人の「声や身振り」といった表現を情念のシグナルとして受けとり，あらためて自分の胸の中にそれを再現する心の働きである（T3.3.1.7)。通常，この働きはコンヴェンションの形成以前ではなくそれ以後，形成されたコンヴェンションに対する道徳感情に寄与するものと解釈されてきた（T3.2.2.25)。だが近年では，コンヴェンションの形成以前の状況にすら「道徳性に関するわたしたちの自然で粗野な観念（our natural uncultivated ideas of morality)」の言及があることを手がかりとして（T3.2.2.8)，この原初的状況に共感に基づく情念のネットワークを読みこもうとする研究も認められる。たとえば「他者の利益の感覚が自らの中に取り込まれ，それがある程度までは生き生きとした情念に転換され，それが自らの利益とのあいだで，あるいは衝突して打ち消し合い，あるいは一致して強めあうプロセス」として共感を解釈することは一つの方法だろう（森 2013，p. 88)。これらの研究は共感における情念の結合として「共通利益」を解釈することによって，ルイス以降の「現代的ヒューム解釈」とは異なる道を模索している。

ここでは共感をめぐる解釈の錯綜には踏みこまない。重要なのは，共感のきっかけとしての他人の「声や身振り」もまたコンヴェンション形成にとっての「自然なシグナル」となりうることである。この点についてアネット・バイアーは，利益が「互いに表現され，互いに知られるようになる」仕方は「非言語的な表現」でなければならず，この「相互に理解可能な表現が根源的（第一の）コンヴェンションにおいて本質的な役割を担う」と解釈する（Baier 1991, p. 229)。もし表現が既存の慣習や制度に依拠するならば，それを取り交わすことができるのは家族や友人を中心とする小規模な関係にとどまる。しかし，もし表現の理解可能性が（少なくとも部分的には）自然的基盤に基づくならば，たとえ見知らぬ他人と初めて出会ったとしても，彼，彼女との時間をかけたコンヴェンション形成の余地はなお残されている。「自然なシグナル」は相互行為を継続する誘因をつくりだし，相手の「利益の感覚」の手がかりを与えてくれる。

ただし，この解釈は共感によって自他の期待に関する共有知識を埋めようとするものではない。どれほど情念のネットワークを強固なものにしても共有知識に到達することはできない。むしろ共感をはじめとするヒュームの情動（affective）論的側面に注目することで見えてくるのは，コンヴェンションの形成プロセスを合理的な根拠を有する推論ではなく，無根拠な，あるいは証拠不十分な期待に動機づけられた相互行為として捉えなおそうとする発想である。前節で示したように，「他人がわたしと同じ仕方で行為する場合に限り」という但し書きには「二重の条件依存性」の罠がある。それは「ホッブズ問題」の根本問題と言えるだろう。それに対してヒューム自身のテキストは，人間が不確実な状況下にあってなお「他人がわたしと同じ仕方で行為するだろう」という無根拠な期待に動機づけられる可能性を示唆している。探検家の比喩を用いるならば，かれの「自分と同様に相手もまた武器をおろしてくれるだろう」という期待は，部分的には「現地の人々」の「声や身振り」によって直観的かつ自動的に引き起こされる。そしてこの期待，「情動的態度としての楽観」こそ信頼と呼ばれるものにほかならない（Jones 1996）[4]。

以上の議論から，次のような「ヒュームの信頼の思想」が抽出される。ヒュームはホッブズと同じく所有の規則をはじめとする社会秩序の創出を問いかけ，コンヴェンション論をもってそれに答えようとした。ただしコンヴェンションの形成はホッブズの契約論とは異なり，時間をかけた相互行為のプロセスとして特徴づけられる。このプロセスはまた，小規模な関係からはじまって，見知らぬ他人とのあいだに結ばれる信頼関係の段階的な醸成としても理解できるだろう。たとえどれほど相互行為を重ねても不確実性を払拭することはできない。だがヒュームの提示する情動論，そして想像力と共感によって期待をとりかわしてゆく人間社会の描出は，根拠のない期待によってむしろ継続する相互行為の可能性を示している。

4　このような情動的アプローチを先駆的に提示したのが，ヒューム研究者でもあるアネット・バイアーである（Baier 1995）。この意味で，現代の信頼研究とヒュームの発想は偶然に類似しているわけではもちろんなく，ヒュームのコンヴェンションを一つの思想的な源流として，バイアーの研究を端緒とする哲学的信頼研究は切り開かれたのである。

3 ● カント

3.1. カントと社会契約論

続いて，カントを考えよう。カントの思想を，ホッブズにはじまりヒュームを経由する社会契約論の系譜に位置づけることは容易ではない。なぜなら，ホッブズを捉えていた秩序問題に対する関心が，そもそもカントのテキストに見出されるかどうかが問われてきたからである。結論を先取りするならば，本章では「カントは『秩序はいかにして創出されるか』という問題をホッブズのように問いかけることはなかったが，『秩序はいかにして安定するか』という問題には取り組んでいた」という解釈を提示してみたい。後者の問題にも信頼は関与するのである。

さて，このような見通しに反するようだが，カントが社会契約に関してホッブズとほとんど同様の見解を持っていたとみなす解釈もある。この解釈はまるで無理筋というわけではなく，人間本性に関するカントの洞察，いわゆる「非社交的社交性（ungesellige Geselligkeit）」の洞察に支えられている。さしあたっては，この「ホッブズ的カント解釈」の妥当性を考えてみよう。

非社交的社交性とは，人間理性の歴史的な発展を描き出そうとするときに，カントが訴える人間本性のありようである。人間は孤独をつらぬくことはできないものの（社交性），他人と交わるとうまくいかないことも多い（非社交性）。だから「一緒にいるのは嫌だけれど，放ってもおけない仲間」と小競りあいを重ねながら生きることになる（8: 21）[5]。この小競り合いは人間理性を刺激し，発展させるけれども，他方では社会関係にとって深刻な亀裂をもたらすだろう。（i）カントによれば，非社交的社交性から「他人と比較することでのみ自分の幸・不幸を判定する自己愛」が育まれ，自己愛から「他人の意見において自分に価値を与えようとする傾向性」が生まれる（6: 27）。（ii）また，資源や空間の有限性の事実が指摘される（6: 352）。カントは人間社会を，有限な空間において多様な目的を有する行為者が衝突しうるような場所として描き出す。（iii）これらの前提に加えて，人為的な抑制機関の不在が仮定される。たとえ

5　カントからの引用ページの表記はアカデミー版の巻数を記したのちに頁数を示す。

ば歴史哲学に関する著作では，「法にかなった市民的体制」がいまだに成立していない原初的状況が仮構される（8: 22）。（iv）（iii）の状況を仮定した上で（ i ）人間の利己性と（ ii ）資源の有限性を受け入れると，相互不信と暴力に満ちた「敵対関係（Antagonism）」が帰結する。人間はこうした敵対関係の危機に直面して「必要に迫られて［…］拘束状態に入らざるをえなくなる」（8: 22）。

なるほど，このように（ i ）からの（iv）の主張だけを抜き出してくれば，そこにはほとんど「ホッブズ問題」と同様の関心があるように思われる。しかし，この「ホッブズ的カント解釈」が見落としているのは，非社交的社交性から独立して行使される理性の力である。カントは，人間を欲求によって動かされるだけでなく，理性によってみずからを律することもできる「理性的動物（animal rationale）」として考えていた。この前提に立つならば，ホッブズやロック，ヒュームとも異なる，カント独自の契約論が見えてくる。それが「根源的契約（ursprüngliche Vertrag）」の主張である。

では，その内容を簡潔にたどってみよう。（1）人間は理性的存在者であるかぎり，欲求から独立して自らのあるべき方針を定めることができる（4: 432）。道徳であれ法であれ，万人にひとしく受け入れられうるような決まりごとを立法することができる。（2）他方，前述の主張（ ii ）と同じく，資源や空間の有限性の事実が前提とされる。人間は身体をそなえた感性的存在者でもある限り，限定された空間においてそれぞれの追及する目的をめぐって衝突しうる。（3）ただし，それぞれの目的のために他人を手段としてのみ用いる事態は，（1）に基づく法の立法によって調停される（6: 230）。おおまかに言えばその立法の内容は，あらゆる人の自由が両立していることを法的に正当な状態とみなすものである。（4）ところで，このような法の立法は道徳の立法とは異なり，法に従う内面の動機を問うものではない（6: 214）。つまり，「他人の自由と折り合いがつくように行為せよ」という法の要請は外的な強制力，たとえば刑罰に対する恐怖心から遵守されるものであってよい。（5）そうすると，外的な強制力が保証されていなければ，（3）の法の要請を認めたとしてもそれは不安定なままにとどまる。この不安定から脱却するには，人間は自らを強制力のある国家の成員とみなし，その法を遵守することを公共的に承認する必要がある。それが根源的契約である。

> 根源的契約に従って，人民におけるすべての人（全員と一人一人 omnes et singuli）は，一つの公共性の構成員として，つまり国家をなす人民の（全体の universi）構成員として，自分たちの外的自由をすぐに，再び受け取るために放棄する。その際，国家のなかにいる人間は，自分の生得的な外的自由の一部だけを特定の目的のために犠牲にした，と言うことはできない。そうではなく，かれは粗野で無法則な自由を完全に放棄することによって，およそ自分の自由というものを法律への服従によって，つまり法的状態において，減らされることなく再び見出すことになる。というのも，この服従はかれ自身の立法的な意志から生じるからである（6: 315–316）。

もちろん，契約をめぐるカントの思想を主張（1）から（5）に凝縮することはいささか無理があり，テキスト解釈としては異論も寄せられるだろう。だが，ここで確認しておきたいのはカントの契約論の独自性である。カントの場合，自然状態から脱却しなければならないのは法の要請が保証されないからであって，自己保存が脅かされるからではない（6: 312）。また，この要請を実現するための契約は（無時間的な）理念に過ぎず，相互行為によって（時間をかけて）形成されるコンヴェンションではない（6: 313）。こうした理念的性格について，ヴォルフガング・ケアスティングは「契約という基準には，実定的な法律について，その違法性を認識させることができるに過ぎない」ことを指摘する（Kersting 2007（邦訳：p. 16））。とすると，この契約論には「いかなる法が正当か」という関心はあっても，「法の秩序はいかにして創出されるか」という問いは認められないことになる。したがってカントに「ホッブズ問題」を読みこむことは難しい。

とはいえ，だからといってカントに信頼に関する思想が見出せないわけではない。むしろカントの著作には，「ホッブズ問題」とは異なる観点から信頼を問いかける洞察がある。それは契約による秩序の創出ではなく，その後，すなわち契約後の秩序の維持をめぐる問題である。この問題は前述の主張（4），法は行為者の内面に立ち入らないという主張を前提としている。なるほど根源的契約にしたがって「法的状態」に入るならば，わたしたちは他人の自由と両立するような行為をおこない，限られた空間において共生することができるのかもしれない。だが，ここに至って「非社交的社交性」の洞察が加わる。たとえ行為の外面において適法性を保っていたとしても，その内面において非社交的社交性にとらわれるならば，人間社会はどうなるだろうか。社交のよそおいに反して，文明は内側から腐敗し，いずれ法の秩序さえ脅かされるのではないか。ここに，カントがルソーから受け継いだ文明批判の視角がある。

以上をまとめよう。カントの契約論はホッブズやヒュームとは異なり，理念的，無時間的な性格を持っている。そこで問われているのは法の秩序の創出というよりも，その秩序の正当性にすぎない。ただし，非社交的社交性をめぐるカントの洞察は，そうした秩序の安定性にするどい問いを投げかけてもいる。ルソーの文明批判を継承したカントは，非社交的社交性によってわたしたち人間が「自己愛に基づく敵対関係」に陥る可能性を主張した。この敵対関係は「法的状態」にあってなお相互不信を増幅させ，「社会をたえず分断するおそれのある一般的抵抗」となる（8: 20）。本章ではこの問題を「ルソー問題」と呼ぶことにしたい。

3.2.　二つの自然状態

ならば，カントは「ルソー問題」にどのような応答を試みたのだろうか。前もって確認しておきたいのは，カント自身は契約以後に想定される「敵対関係（Antagonism）」を「不信（Misstrauen）」という言葉で表現したわけではなかったし，また，そこからの脱却を「信頼（Vertrauen）」にそくして語ったわけでもなかったことである。だが，にもかかわらず，カントのテキストには「不信の危機」あるいは「信頼の醸成」と形容されるべき論点が含まれている。この点について，晩年の著作『単なる理性の限界内の宗教』から引用しよう。

> 法的自然状態が万人の万人に対する戦争状態であるのと同様に，倫理的自然状態もまた，どの人間のうちにもある善の原理が，やはり人間のうちに，そして同時にほかのどの人間のうちにも見出される悪により（前述のように）つねに戦いをしかけられる状態であって，人間たちは相互に相手の道

> 徳的な素質を腐敗させあい，個々人それぞれには善意志があってもなお，彼らを統一する原理がないので，あたかも悪の道具になったかのように，相互のトラブルによって善の共同体的な目的から遠ざかり，逆に相手への支配を手中に収めようとして，互いに相手を危険に陥れあってしまう（6: 96-97）。

引用部では自然状態が「法的自然状態（juridischer Naturzustand）」と「倫理的自然状態（ethischer Naturzustand）」に区別され，二種類の自然状態からの二段階の脱却が主張される。カントによれば「存立している政治的公共体において，すべての政治的市民はそれとしては倫理的自然状態にあり，そこにとどまる権利も与えられている」(6: 95)。つまり，仮に法的自然状態から脱却したとしても，人間はなお「内的な没道徳的状態（Zustand der innern Sittenlosigkeit）」としての倫理的自然状態のただなかにありうる（6: 97)。「相手への支配を手中に収めようとして，互いに相手を危険に陥れあう」という記述に明らかなように，非社交的社交性の影響が市民に対する法的な強制力をそなえた「法的状態」において排除されないからである。「法的状態」にあってなお「互いに相手を危険に陥れあう」可能性にさらされたこの状態を，本章では「相互不信」と解釈したい。

そしてカントの著作には，この相互不信から脱却するためのいくつかの手がかりを見出すことができる。やはり前もって見通しを述べるならば，一つは人々の相互行為に注目するミクロな視点（2.2 で検討)，もう一つは社会制度の信頼性を問いかけるマクロな視点である（2.3 で検討)。

まず，前者の視点，人々の相互行為に着目した考察の一つとして，『人間の歴史の憶測的始元』をとりあげよう。この小さな著作では，一種の思考実験によって人間の歴史の「始元」にまでさかのぼり，歴史的に達成された制度や役割を捨象したうえで，人々がどのように振る舞い，いかにして社会秩序が生まれてくるのかが記述されている。カントによれば，たとえそのような原初的状況を想定したとしても，わたしたち人間は動物のように本能のおもむくまま生きることはなく，理性を怜悧に働かせ，自分たちの目的を定めつつ社会関係を結んでゆく（8: 113)。ここで理性の「怜悧（Klugheit)」とは，それぞれの目的に対して最適な手段を選択するような道具的理性にとどまるものではない。それは社会関係においてお互いの目的を比較し，そこから自己愛と，自己愛に基づく敵対関係をもたらす「実用的素質」である（7: 322-323）。したがって，理性によって社会関係が結ばれるならば，そこには必然的に「比較する自己愛」が生まれ，人間は「名誉欲，支配欲，所有欲」に衝き動かされてしまう。つまり，非社交的社交性にとらわれてしまう。「理性が自分の仕事をはじめ，いかに脆弱であったとしてもそれに抗う動物性との全力をつくした格闘に入ったとき，そこには災悪が発生せざるをえなかった」（8: 115）。そしてカントは，このように社会関係とともに生じる「災悪」の克服こそ，『エミール』，『学問芸術論』といったルソーの著作の課題であったと考える（8: 116）。

では，この「ルソー問題」はどのように克服されうるのだろうか。たしかに，一つの応答は，理性的存在者としての人間が法を自ら立法し，不法な行為をきびしく規制することにあるだろう。実際，すでに述べたように，カントはまさにそのような立場から「根源的契約」を主張していたのだった。それに対して『人間の歴史の憶測的始元』では，「根源的契約」のように無時間的な理念が主張されるのではなく，あくまで時間の経過において交わされ，継続してゆく人々の相互行為のありようが考察されている（カントの批判哲学の構造にそくして表現するならば，ここでは法的な秩序の正当性に関する「形而上学」ではなく，秩序の安定性に関する「人間学」の観点が採用されていると言ってよいだろう）[6]。すなわち歴史の渦中にあって，怜悧な社会関係からいかに道徳的な協調関係が生じてくるかが問われているのである（8: 116）。このときカントが着目するのは，自ら立法する理性ではなくその手前の能力，すなわち「想像力（Einbildungskraft）」の行使である。たとえば人間の性的な関係をめぐる次の引用からは，社会関係において行為者が互いに想像力を働かせあい，それぞれの非社交的な「名誉欲，支配欲，所有欲」を抑制する可能性を読みとることができる。

6　カントの批判哲学を解釈するときにはその多層的な構造に注意を払わなければならない（御子柴 2011，p. 62）。実践哲学の領域に限っても，道徳性の最高原理の可能性を論じる「批判」，最高原理からアプリオリな体系を導出する「形而上学」，そして体系化された諸原理の実際的な遂行が問われる「人間学」の段階を区別することができる。

> […] 想像力は対象が感官から遠ざかるにつれていっそうの節度を保ちながら，同時にいっそう持続的に，そして調子を乱すことのないままに自分の仕事にあたり，これによって単なる動物的欲望の満足につきものの，あの倦怠感が防止されることになる。[…] なぜなら，傾向性の対象を感官から遠ざけることによって，その傾向性をいっそう内発的で持続的なものとすることにはすでに，理性が衝動を支配する意識がいくぶんかは認められるからである (8: 112-113)

カントの人間学的な洞察によれば，人間の性的欲求は動物の本能的衝動とは異なる。ひとたび社会関係に入ったならば，この欲求は相手を性的に支配しようとする非社交的な行為に結びついてしまう。対して引用部で示されるのは，想像力によってこのように不当な欲求から反省的な距離をとることの意義である。想像力は，欲求や傾向性を喚起する対象を直接的に表象するのではなく，反対に「傾向性の対象を感官から遠ざけることによって，その傾向性をいっそう内発的で持続的なものとする」。そしてこの働きには，「すでに理性が衝動を支配する意識がいくぶんかは認められる」というのである。カントはここに「あらゆる真の社交性の本来的基盤」を見出す (8: 113)。それは非社交的社交性を抑制し，相互行為を継続するための「基盤」となる。

もちろん，こうした主張は「歴史物語」にそくした一種の思考実験に基づいており，これをすぐさま「倫理的自然状態」における相互不信からの脱却に結びつけることはできない (8: 109)。しかしこの主張には，法の秩序の正当性をめぐる根源的契約の理念とは異なる，契約後の秩序の安定性に関するアイデアを見てとることができる。この安定性に寄与しているのは，ときに「目的の国」とも形容されるような理性的存在者の（無時間的な）コミュニティの理念ではない。そうではなく，さまざまな欲求にとらわれつつも，想像力を行使しながら（時間をかけて）社交を継続しようとする，いわば生身の人間の相互行為である。そして，この相互行為に非社交的社交性を抑制する知見が含まれているならば，それは法的状態においてなお解消されない相互不信に対するカントの応答にもなりうるだろう。本章にはこの論点をこれ以上追求するだけの紙幅は残されていないが，カント晩年の著作，とりわけ『判断力批判』には生身の，すなわち身体と感性をそなえた判断主体のおりなす社会関係もまた示唆されている。ここにカントと信頼をめぐる手がかりを認めることもできるかもしれない。

3.3. カントと信頼

ここまでの議論をまとめよう。一見すると，カントは社会秩序に関して無時間的な契約の理念だけを考えていた。根源的契約の理念を支えているのは法の要請であって，合理的な諸個人の利益追求ではない。したがってこのアイデアは社会秩序の創出をめぐる「ホッブズ問題」とは関わりを持たないように思われる。しかしカントが契約に基づく法の形而上学だけでなく，法に従い，法のもとで交流する人々のありようにも思考をめぐらせていたことを考慮するならば，秩序問題の異なる側面も見えてくる。すなわち，社会秩序はいかに維持され，安定するかという問題である。そして前節では，この問題に対するカントの一つの応答として，想像力の行使によって相互行為を継続しようとする『人間の歴史の憶測的始元』の論述を検討した。

こうしてみると，（通俗的なイメージに反して，）ヒュームとカントが部分的には同様の思考をたどっていたことがわかる。二人の哲学者はいずれも，欲求に動かされ，社会関係を結びながら利益を追求する「怜悧な」人間本性を見据えつつ，「共感」，あるいは「想像力」を働かせることによって人々のあいだに信頼を醸成する余地があると考えていた。それはホッブズには認められない論点である。

ただし，ここであらためて確認しておきたいのは，ヒュームが契約以前の信頼の醸成を探っているのに対して，カントはあくまで契約以後，いちどは社会秩序が成立した後の信頼の醸成，ないしは不信の回避を想定することである[7]。ヒュームの場合，契約以前の状況を前提とするからこそ，自然的な基盤を有する「共感」が「情動的態度としての信頼」（Jones 1996）を促すと解釈されたのだった（1.3参照）。他方でカントの場合，契約以後の状況をも考察するために，

7　本書第12章（和泉・朱・仲宗根論文）ではまさに，社会秩序が成立した後に信頼を壊すものとしてヘイト・スピーチを理解することが論じられている。

信頼を結ぶ当事者にはすでに「制度」や「役割」といった人為的な秩序，社会的な規範がすでに課せられている。この違いに目を転じるならば，わたしたちはカントの哲学を通じて「情動的態度としての信頼」とは異なる信頼のありかたに光をあてることができるだろう。それは「生身の」人々の交わす情念のネットワークではなく，そうした相互行為をいわば外側から統制するような「制度」や「役割」をこそ問いかけるアプローチである。

このアプローチをカントのテキストから抽出し，カント主義の信頼の理論として発展させてきたのがオノラ・オニールである。ここでは彼女の多数の著作にまたがる，その主張の骨子だけを概観しておこう。まず，オニールはカントの出発点として，有限な空間において有限で脆弱な人々が相互行為をなす状況を想定している。この状況を前提するならば，フェアな「法」はそのように有限で脆弱な人々によって普遍的に採用されうる原理（正確には，普遍的には採用されえない行為のタイプを禁止する原理）でなければならない。たとえば損害，暴力，強制，虚偽といった行為のタイプを禁止する抽象的原理である。これらの抽象的原理は実定法そのものではなく，むしろ既存の実定法の正当性をチェックするような，批判的な役割を果たすことができる。ここまでをカントの思想として受け入れた上で，さらにオニールは前述の抽象的原理が社会制度や役割に「埋めこまれる（embodied）」という主張を展開する[8]。この主張によれば，法と呼ばれる原理は強制力をもって人々の行為を調停するだけではない。原理はそれ自体としては抽象的だが，さまざまな社会制度に埋めこまれることによって特殊化され，より具体的な行為を導くための指針となる（たとえば虚偽を禁止する原理は，医療の諸制度においてはインフォームド・コンセントの指針として特殊化される）。人々は一方では特殊化された法に服しつつ，他方ではデモクラシーの原理にしたがって新たな立法をおこない，共生の可能性を探りあててゆく。オニールは，このようなプロセスによって原理を埋めこまれた社会制度，そして制度のもとに生きる人々が信頼に値するものになると考えるのである。

もちろん，「制度」や「役割」に注目するのはオニールだけではない。エイ

8　オニールは（O'Neill 1989）以来この主張を一貫させているが，その内容を明確に説明している個所としては，（O'Neill 1996, pp. 146–152; 2000, pp. 61–62）を参照。

ミー・ムリンも同様のアプローチをとっている（Mullin 2005）[9]。彼女によれば，

AがBはCすると信頼するのは，
(1) AはCの配慮にあたってBがある社会的規範に内的にコミットしていると期待し，
(2) Aは「BがCの配慮にあたってAによって想定されている社会的規範を認識し，また，その規範が何を要求しているかを理解することができる」と確信しており，
(3) AはBが自分に課せられた規範に従って行為することができると信じているときである。

この定義で注目されるのは，信頼される側の内面に道徳的な動機が問われていないことである[10]。たとえば医療の分野において，「インフォームド・コンセント」に関する諸規則として特殊化された社会的規範をみずからに課している医師について考えてほしい。そうした社会的規範に対するコミットメントは道徳的に賞賛されるような動機に由来するかもしれないし，あるいはそうでないかもしれないが，いずれにせよこの医師は信頼に値すると考えられる。そしてまた，この医師に対する患者の信頼もまた，「共感」や「楽観」のみによって促されるような情動的態度に尽きるものではない。ムリンの定義によれば，患

9　ただし正確には，オニールとムリンは信頼に関与する「社会的規範」に関して異なる立場を取っている（Mullin 2005, p. 316）。オニールが「社会的規範」を普遍化可能な道徳的原理とみなすのに対して，ムリンはこれを所与の社会において共有される相対的原理に過ぎないと考える。つまりムリンの場合，たとえばマフィアのコミュニティにおける（道徳的には邪悪な）原理に対するコミットメントは，少なくともマフィア間の信頼には寄与するとみなす。

10　ここで提示される「信頼の制度論的アプローチ」（Mullin 2005）を，本書のコラム2で提示される「信頼チャート」にそくして整理すると，次のようになるだろう。

	関係項		対象				結果
	関係項1	関係項2	能力	行為	動機	動機の内容	
Mullin 2005	信頼者	被信頼者	✓	✓	✓	社会的規範に対するコミットメントと認識	

者の信頼は「この医師はたしかにインフォームド・コンセントに関する諸規範を認識し，それに従っている」という信念に基づくのである。このようなムリンの指摘と同じように，オニールも「情動的態度としての信頼」を打ち出すヒューム主義の信頼の理論を批判してきた（O'Neill 2002, p. 13）。それは「制度」や「役割」のなかで醸成される信頼を捉えることができないというのである。

しかし，これまでの本章の検討を踏まえるならば，信頼に関するヒュームとカントの，あるいはヒューム主義とカント主義の見解の相違は，両者をとらえている哲学的関心の違いとして理解することもできるだろう。ヒューム主義が信頼の自然的基盤に着目するのは，「制度」や「役割」を無視しているのではなく，むしろそれらを前提とせずに，それらの社会秩序がいかにして創出されるかを考えているからである。それは「ホッブズ問題」に対するヒュームの応答，すなわちコンヴェンションをめぐる『人間本性論』の考察に根ざした信頼の思想と言ってよいだろう。それに対して，カント主義は秩序の創出ではなく，すでにある社会秩序における信頼の醸成に目を転じる。こちらは「ルソー問題」に対するカントの応答，「倫理的自然状態」をめぐる人間学的洞察に支えられた信頼の思想である。このように，ヒュームとカントは社会秩序の異なるレベルに光をあて，異なる信頼のありかたを明らかにする。

最後に，やはり繰り返し述べるならば，これまで抽出してきた信頼の思想はカントによって直接的に表明されたわけではない。だが，「法的自然状態」と「倫理的自然状態」の区別から示唆されるように，信頼に関する問題はカントの哲学，その啓蒙思想にたしかに内在している。カントはルソーの文明批判を継承しつつも，人間の堕落は文明のたえざる前進によって克服できるとも考えていた。そしてこの前進は個人の努力ではなく，社会関係を結ぶ人間の集団的かつ歴史的な啓蒙によってのみ可能であるとも主張している（「個々の人間ではなく公衆が自らを啓蒙することは可能であり，無論自由が与えられさえすればそれはほぼ避けがたいものになる」(8: 36)）。わたしたちはこの啓蒙のプロジェクトにおいて，社会秩序の安定，そして相互不信からの脱却をめぐるカントの思想を見出すことができるだろう。

4 ● 結論

本章は，ヒュームとカントの哲学から信頼に関わる思想を抽出することを目的として議論をすすめてきた。結果，二人の哲学者が信頼概念を一つの軸として比較検討されただけでなく，この比較を通じて現在の信頼研究にも貢献しうるような知見が見出された。結論に代えて，その成果を整理しておこう。

第一に，二人の哲学者のテキストを検討するなかで，信頼のレベルの違いとも言うべき論点が示された。社会契約論の枠組みにそくして述べるならば，(a) ヒュームは契約以前に想定される「コンヴェンション」の形成において (1.2 節)，(b) カントは契約以後も残存する「倫理的自然状態」からの脱却において (2.2 節)，それぞれの観点から信頼の醸成に関わる考察を与えている。このレベルの違いは，(a) 信頼を自然的基盤によって促される相互行為の局面，いわば生身の人間の情念のネットワークに探ろうとするか，それとも (b) 信頼を制度や役割といった社会的規範がすでに与えられた状況，すなわち成熟した社会における秩序の安定に見出そうとするか，という問題関心の違いに由来する。現在の信頼研究では学際的な協同が問われるからこそ，このような信頼概念の多層的性格を確認しておくことは重要と思われる。

第二に，社会秩序の異なるレベルにおいては，当然のことながら異なる信頼のありようが抽出された。(a)「共感」に基づく情念のネットワークでは「情動的態度」としての信頼 (1.3 節)，そして (b) 制度や役割に関する信頼では「社会的規範に対するコミットメント」に対する信頼を (2.3 節)，それぞれ認めることができるだろう。本章ではこれらの信頼を具体的に論じることはできなかったが，本書第7章では障害者福祉の文脈においてその内容を再考してみたい。

第三に，信頼概念を軸にテキストを比較することによって，ヒュームとカントの主張の違いだけでなく，(意外な) 共通点もまた明らかになった。たしかに，第一の成果として振り返ったように，カントの主張からは制度や役割にそくした信頼の理論をとりだすこともできる (O'Neill 2002)。だが他方，カントには想像力を用いて相互不信を克服しようとする，生身の人間に注目するような人間学的考察もまた含まれている (2.2 節)。そしてこの洞察は，明示的な契約以前の相互行為に信頼の芽生えを見出そうとする，ヒュームの思想にも通底すると言ってよいだろう。二人の哲学者はいずれも，想像力と共感といった人間の心身の働きに，相互不信に抗い，これを克服することができるだけの潜在的な力を認めていたのである。

参考文献

Baier, Annette, C. (1991) *A Progress of Sentiments: Reflections on Hume's Treatise*, Harvard University Press.

Baier, Annette, C. (1995) *Moral Prejudice: Essays on Ethics*, Harvard University Press.

Cassirer, Ernst. (1932) "Das Problem Jean-Jacques Rousseau", in *Archiv für Geschichte der Philosophie*, Berlin: Carl Heymann Verlag, pp. 177-213.

Garrett, Don. (1997) *Cognition and Commitment in Hume's Philosophy*, Oxford University Press.

Hardin, Russell. (2002) *Trust and Trustworthiness*, New York: Russell Sage Foundation.

Hardin, Russell. (2007) *David Hume: Moral and Political Thought*, Oxford University Press.

Höffe, Otfried. (1990) "Zur vertragstheoretischen Begriindung politischer Gerechtigkeit: Hobbes, Kant und Rawls im Vergleich", in *Ethik und Politik*, Frankfurt, pp. 195-226.

Hume, David. (1978) *A Treatise of Human Nature*, L. A. Selby-Bigge (eds.), 2nd ed., Oxford: Clarendon Press.（邦訳：ディヴィッド・ヒューム（木曾好能，石川徹，中釜浩一，伊勢俊彦訳）(2011-2012)『人間本性論第 1 巻-3 巻』，法政大学出版局.）

Hobbes, Thomas. (1996) *Leviathan*, Richard Tuck (ed.), revised student edition, Cambridge University Press.（邦訳：トマス・ホッブズ（永井道雄訳）(1997)『リヴァイアサン』，『世界の名著 23　ホッブズ』，中央公論社.）

Jones, Karen. (1996) "Trust as an Affective Attitude", *Ethics* 107(1), 4-25.

Kant, Immanuel. (1910-) *Kant's gesammelte Schriften*, Königlich-Preußische Akademie der Wissenschaften (Hg.), Berlin: G. Reimer.（邦訳：イマヌエル・カント（坂部恵，有福孝岳，牧野英二編集）(1999-2006)『カント全集』，岩波書店.）

Kersting, Wolfgang. (1984) *Wohlgeordnete Freiheit. Immanuel Kants Rechts- und*

Staatsphilosophie, de Gruyter.（邦訳：ヴォルフガング・ケアスティング（舟場保之，桐原隆弘，寺田俊郎，御子柴善之，小野原雅夫，石田京子訳）(2013)『自由の秩序カントの法および国家の哲学』，ミルヴァ書房）

McLeod, Carolyn. (2000) "Our Attitude towards the Motivation of Those We Trust", *Southern Journal of Philosophy*, 38(3), 465-80.

Mullin, Amy. (2005) "Trust, Social Norms, and Motherhood", *Journal of Social Philosophy*, 36, (3) 316-330.

Lewis, David. (1969) *Convention: A Philosophical Study*, Harvard University Press.

O'Neill, Onora. (1989) *Constructions of Reason: Explorations of Kant's Practical Philosophy*, Cambridge University Press.

O'Neill, Onora. (1996) *Towards Justice and Virtue: A Constructive Account of Practical Reasoning*, Cambridge University Press.

O'Neill, Onora. (2000) *Bounds of Justice*, Cambridge University Press.

O'Neill, Onora. (2002) *Autonomy and Trust in Bioethics*, Cambridge University Press.

Parsons, Talcott. (1937) *The Structure of Social Action: A Study in Social Theory with Special Reference to a Group of Recent European Writers*, McGraw-Hill.（邦訳：タルコット・パーソンズ（稲上毅，厚東洋輔，溝部明男訳）(1974-1989)『社会的行為の構造』全五巻，木鐸社.）

Parsons, Talcott. (1951) *The Social System*, The Free Press.（邦訳：タルコット・パーソンズ（佐藤勉訳）(1974)『社会体系論』，青木書店.）

Rousseau, Jean-Jacques. (1964) *Discours sur l'origine et les fondements de l'inégalité parmi les hommes*, in Œuvres complètes, La Pléiade III.（邦訳：ジャン・ジャック・ルソー（原好男訳）(1978)「人間不平等起源論」，『ルソー全集第四巻』，白水社.）

Schelling, Thomas C. (1960) *The Strategy of Conflict*, Harvard University Press.

Simpson, Thomas W. (2012) "What Is Trust?", *Pacific Philosophical Quarterly*, 93 (4), 550-569.

Snare, Francis. (1991) *Morals, Motivation and Convention: Hume's Influential Doctrines*, Cambridge University Press.

Sugden, Robert. (2004) *The Economics of Rights, Co-operarion and Welfare*, 2nd ed., Palgrave Macmillan.（邦訳：ロバート・サグデン（友野典男訳）(2008)『慣習と秩序の経済学―進化ゲーム理論アプローチ』，日本評論社.）

奥田太郎（2012）「コンヴェンション／共感モデルの構想：現代倫理学のヒューム主義へのオルタナティヴとして」，『アカデミア』，第3号，117-130.

重田園江（2013）『社会契約論　ホッブズ，ヒューム，ルソー，ロールズ』，筑摩書房.

盛山和夫（1995）『制度論の構図』，創文社.

林誓雄（2015）『襤褸を纏った徳―ヒューム社交と時間の倫理学』，京都大学学術出版会.

御子柴善之（2011）「カントにおける規範的人間学の可能性」，『生命倫理研究資料集V：生命・環境倫理における「尊厳」・「価値」・「権利」に関する思想的的・規範的研究』，61-83.

水谷雅彦（2005）「コミュニケーションと倫理学（上）」，『哲学研究』，579，29-48.

森直人（2013）「コンヴェンション再考：ヒュームにおいて正義の規則は自己利益のみによって形成されるのか」，経済学論究経済学論究，67(2)，75-99.

第3章 エスノメソドロジーにおける信頼概念

秋谷　直矩

1 ● はじめに

本章の目的は，エスノメソドロジーにおける信頼概念の取り扱いについて，エスノメソドロジー成立までの議論の変遷のうちに，その特徴を見出すことである。なお，ガーフィンケルは1963年に，「安定した協調的行為の条件としての『信頼』の概念と実験」という論文で信頼概念を中心的に検討した一方で，その後は信頼概念を自身の議論のなかに登場させることはなかった。その初期においてなぜガーフィンケルは信頼概念を必要とし，そして，エスノメソドロジー成立の過程においてそれを使用しなくなったのか。この経路を明確にすることは，エスノメソドロジーが何であるかを説明することにもなる。

以下，本論の目的にのっとり，パーソンズによって社会学的根本問題として定式化されたホッブズ問題について概説し，それに対するオルタナティヴの提示を出発点とした，ガーフィンケルによるエスノメソドロジー成立までの議論の変遷とその後の展開を概説する。それにより，エスノメソドロジーにとって信頼概念が何であったのか，そしてその現代的意義はいかなるものなのかを明らかにする。

2 ● 社会秩序はいかに可能か

2. 1. パーソンズ的ホッブズ問題

ガーフィンケルがエスノメソドロジーを作り上げる過程において，パーソンズの行為論はその出発点であり，かつ乗り越えるべき対象であり続けた。とくにその初期の議論においては，『社会的行為の構造』（Parsons 1937＝1976）でパーソンズによって定式化されたホッブズ問題をめぐって議論が展開された。ホッブズ問題とは，パーソンズが「社会秩序はいかに可能か」という問いをホッブズの『リヴァイアサン』（Hobbes 1651＝1979）の記述のうちに見出し，定式化したものである。なお，本章ではパーソンズによって定式化されたホッブズ問題を「パーソンズ的ホッブズ問題」と呼ぶ。このような呼称を採用する理由は，『リヴァイアサン』におけるホッブズ自身の議論を誠実にパーソンズが受け止めたのではなく，あくまでもパーソンズ自身がイメージするところの功利主義的社会秩序論を論難するために「利用した」と言うのが正確だからである。

『リヴァイアサン』におけるホッブズ自身の力点は，明らかに近代社会におけるコモンウェルスの重要性と主権の正当性の主張にある。しかし，パーソンズはホッブズ問題をそのように取り扱わない。この点は，ガーフィンケルが自身の行為論を彫琢し，エスノメソドロジーを成立させる過程の議論を理解するために非常に重要なので概説する。

パーソンズ的ホッブズ問題はおおむね以下のように説明できる。まず，ホッブズは，各人が実質的に平等な力を持っていて，自己保存の欲望をもっとも効率的に追求する存在であるとする。このような前提に立った場合，「この能力の平等から，目的達成にさいしての希望の平等が生じる。それゆえ，もしも二人の者が同一のものを欲求し，それが同時に享受できないものであれば，彼らは敵となり，その目的にいたる途上において，たがいに相手をほろぼすか，屈服させようと努める」（Hobbes 1651＝1979, p. 155）――すなわち，「万人の万人に対する闘争」である。

この論証に，パーソンズは功利主義的前提を見出す。それは，ランダムに目的を選択し，個人主義的科学的合理性にもとづいてその目的を達成する手段を選択するという功利主義的行為観である[1]。このような個人の行為の集計は，上述のとおり論理的に「カオス」を導く。こうした論理的帰結が導かれる以上，「厳密に功利主義的な仮定に従うならば，行為の完全な体系は，社会的条件の下にあってはホッブズのいう『戦争状態』に逢着する他ない」(Parsons 1937＝1976, p. 153）のである。これがパーソンズ的ホッブズ問題の基本的な図式である。

ホッブズ自身は，「社会契約」にその解を見出すわけだが，パーソンズは「ここでの議論の要点は，社会契約のアイディアによってこの重大な問題を解決したホッブズ自身のやり方にあるのではない」(Parsons 1937＝1976, p. 154）し，「(ホッブズ自身による解決策は）余りに根本的なものだったから，［秩序］問題の真正な解決は，厳密に功利主義的な基盤の上では決して成就されなかった」(Parsons 1937＝1976, p. 154）と述べる。

そして，パーソンズは，自身がそれに解を与えるための準備作業として，まず，パーソンズ以前の社会学者による社会理論を「実証主義的行為理論（マーシャル，パレート，デュルケム等)」と「理想主義的行為理論（ウェーバー等)」の二つの系譜に大別する。前者はホモ・エコノミクスの前提，すなわち目的合理的行為の観点による行為理論である[2]。後者は，行為を「価値や規範によってなされる価値合理的なもの」として捉えているものとされる。そして，パーソンズは，功利主義の典型例であるホッブズ問題は実証主義的行為理論に包含されうるものだとする[3]。したがって，実証主義的行為理論もまた，「社会秩序

1　盛山は，合理的手段として導かれるのが「暴力と欺瞞」であるとすることについて，それが合理的である理由をパーソンズは必ずしも用意しておらず，この点についてはむしろホッブズ自身によるもののほうが周到であると指摘している（盛山 1995, p. 36)。

2　このようなパーソンズのまとめに対して，友枝は，デュルケムによる「集合意識」の議論とウェーバーによる「エートス」のそれとの相同性を見出し，ゆえにデュルケムはむしろ「理想主義的行為理論」に近いのではないかと指摘している（友枝 1996, pp. 29-30)。

3　こうした定式化は，今日において理解されている道徳哲学としての功利主義像とは大きく異なっており，その点においては注意が必要である（Camic 1979)。この点については，本書第1章（稲岡論文）および第2章（永守論文）を参照のこと。

はいかに可能か」という問いに対しては，ホッブズ問題と同様の問題を抱えているとする。以上の作業を進めたうえで，パーソンズは解決策として，理想主義的行為理論の規範的要素をホッブズ問題に導入する。それは「共通価値」である。人びとが特定の価値の規範を共通して持つという仮定のもとでは，行為者の目的・手段の選択においてそれが参照されるので，功利主義的行為――ランダムな目的の選択と個人主義的科学的合理性に基づいた行為の選択――は制限される。それゆえ，「万人の万人に対する闘争」は回避されることとなる。これがパーソンズによる，1937 年時点でのパーソンズ的ホッブズ問題の解決である。

2.2. パーソンズ批判：パーソンズ的ホッブズ問題に対するオルタナティヴ

こうしたパーソンズの素朴な内面化論に対しては後にさまざまな批判がなされたが，ガーフィンケルによるそれは，パーソンズによるホッブズ問題の定式化それ自体に向けられた批判であったという点で他と一線を画している。それは，間主観的同一性の問題に着目したことである。ガーフィンケルは，現象学的社会学者であるアルフレッド・シュッツによる同一説，すなわち具体的対象を知覚された対象と同一のものとして見る立場を採用した。この立場からすれば，闘争状態に人びとが陥る際の対象物の知覚の同一性がいかにして可能になっているのかという，世界の複数性に関する問いが導かれる（浜 2006，p. 274)。ホッブズもパーソンズも，この間主観的同一性の問題についてはトピック化することなく，議論の暗黙の前提としてしまっている。ガーフィンケルのこの問題提起は，ホッブズ的秩序問題そのものの成立可能性を根底から揺るがすものであった。

このようなガーフィンケルの議論がまとまりを見せるのは，1952 年に提出されたガーフィンケルの博士論文『他者の知覚』（Garfinkel 1952）である。しかし，この段階では，ガーフィンケルは自身が問題提起した秩序問題における間主観的同一性の問題に対しては正面から取り組まなかった（浜 1996; 2006)。『他者の知覚』において，ガーフィンケルは，個人のものの見方の前提としてある間主観的同一性を探求対象としており，その点において個人主義的・認知主義的（Lynch 1993＝2012，Ch. 4；中村 2015，p. 25）である。こうした個人主義的・認知主義的側面については，『他者の知覚』に収録されている違背実験の事例に見ることができる。

『他者の知覚』では，第一部では同一説の立場から上述のパーソンズによる秩序問題の検討と批判を行なったあと，第二部で違背実験の一つである「医学生偽面接実験」に紙幅を割いている[4]。この実験は，ハーバード大学の医学生に偽の面接試験の録音を聴かせることから始まる。その録音中の被面接者は態度が悪く，およそ面接に通りそうもないことを話す人物である。録音を聴いた被験者である医学生は，被面接者を礼儀知らずとして知覚する。そこでガーフィンケルは，被験者である医学生に，面接に出席した面接官は録音中の被面接者を高く評価したこと，後で録音を聴いた他の六人の面接官も同様の評価をしたこと，医学生偽面接実験に参加した他の学生もほとんど同じ意見であったことを伝えた。もちろん，面接官や他の被験者の評価はでっちあげである。ところが，そのようなことを聞いた被験者の医学生は，当然誰もが礼儀知らずとして知覚しているに違いないという間主観的同一性が揺るがされたことになり，混乱に陥った。以上の実験により，ガーフィンケルは，秩序問題の検討に際し，間主観的同一性の問題を素朴に前提として議論を組み立てることはできないとしたのである。

ただし，先述のとおり，複数の人びとのあいだでの間主観的同一性の問題について，ガーフィンケルはこの時点では取り扱えていない。この点については，1963年に発表された「安定した協調的行為の条件としての『信頼』の概念と実験」論文（以下，信頼論文）で進展を見せる。

4　なお，医学生偽面接実験は1948年に実施された（Koschmann 2012）。1948年は，2006年にA・ロールズの編による“Seeing Sociologically”（Garfinkel 2006）として出版された博士予備論文が執筆された時期でもある。

3 ● ガーフィンケルにおける信頼

3.1. ガーフィンケル（1963）「安定した協調的行為の条件としての『信頼』の概念と実験」

信頼論文の価値は，『他者の知覚』では実際には扱われなかった間主観的同一性の成立の問題に取り組んだ点にある[5]。要点は，それがさしあたり達成される条件として，信頼（trust）に人びとが指向していること，このことを発見し，主題化したことである。ここで「さしあたり」と述べたのは，間主観的同一性の成立条件として，人びとは，日常生活上のさまざまな規則・規範における諸仮定の間主観的妥当性に対する信頼に指向しており，そうであるからこそ間主観的同一性成立の問題がたいていの場合は主題化されずに日常生活を送ることができているという点にガーフィンケルが注目したことによる。以下，信頼論文の概要をまとめる[6]。

ガーフィンケルはまず，信頼論文の冒頭で，「協調的行為の諸様相の維持と連続に関する説明において，通常，社会学者は，諸活動の組織の安定的な特徴のセットのいくつかを選んでそれらの安定性に寄与する諸変量を問う。（しか

5　信頼論文は1963年に公刊されたが，ロールズによると，公刊に至るまで，10年ほど何度も書き直され，さまざまなバージョンが存在しているとのことである（Rawls 2013）。時期的には，『他者の知覚』刊行直後から信頼論文の執筆に取り組み始めたということになる。なお，1963年以降の公刊物上でガーフィンケルは信頼概念を主題化することはなかったが，それ以降の講義のなかでは，後に続く研究者らの信頼論文の誤読の指摘も含めて取り扱われていたとのことである（Rawls 2006, pp. 94-95）。

6　主著である『エスノメソドロジー研究』で，“distrust” について若干触れている。なお，この箇所は，当時ランド研究所に所属していた社会システム論者のボーグスローらへの謝辞が付されているところでもある。信頼論文中でガーフィンケルは三目並べ実験を中心的に取り上げているが，ガーフィンケルは50年代にチェスにおける合理的選択と意思決定に関する研究をボーグスローらと共同で行っていたことはそれと無関係ではないだろう。ちなみに，ボーグスローとガーフィンケルの共同研究は共著として論文化されていないものの，「複雑な状況下での意思決定：とあるチェストーナメントの分析」という題で1958年のアメリカ行動科学学会大会にて発表はなされており，その概要についてボーグスロー本人のレビューが残されている（Boguslaw 1965＝1972，pp. 22-23）。ランド研究所については，本書第4章（酒井・高論文）の注14も参照のこと。

し）別のやり方のほうがより経済的であろう。すなわち，安定した諸特徴を有するシステムから出発し，何が混乱を引き起こすのかを問うことである」（Garfinkel 1963, p. 187）と述べている。

ここでの「混乱が引き起こされた状態」は，パーソンズ（1937＝1976, p. 152）が言うところの「何らかの所与の規範的秩序の崩壊」すなわち「カオス的状態」と，ホッブズが言う「万人の万人による闘争状態」と対応していると見ることができる。「ルーチン化された諸行為の経過において，アノミックな状態は瞬間的で，それが持続する時間は短く，個人の相互行為の生活史を通して，また社会の諸構造の中でも，不規則的に分布している」（Garfinkel 1963, p. 189）とガーフィンケルはみなしており，それゆえ，操作的に「人びとが，いったい何が起きているのかが『把握』できなくなるような状態」（Garfinkel 1963, p. 189）を作り出そうとする。それが違背実験である。

ガーフィンケルは，「安定した諸特徴を有するシステム」の一例として，ゲーム場面を選択する。そして，以下三つの特性がいずれのゲームにおいても見出しうるとし，それらをまとめて「構成的諸期待（constitutive expectancies）」と呼んだ。

(1) プレイヤーの観点から，ゲームの選択領域，プレイヤーの数，指し手のシークエンスといったもののなかから，彼の欲望，環境，計画，関心，あるいは彼我いずれの選択の結果にかかわらず，彼らは選択することを期待する一定の集合を形成する
(2) プレイヤーは，自身を拘束している同一の要求された選択肢の集合が，彼自身を拘束しているように，他のプレイヤーも拘束していることを期待する。
(3) プレイヤーは，彼が相手方に上記を期待すると同様に，相手方がそれを彼に期待すると期待する。プレイヤーは，他のプレイヤーに対して上記について期待しているのと同様に，他のプレイヤーが彼に対してそれを期待するということを期待する。（Garfinkel 1963, pp. 190–91）

ゲームでは以上の構成的諸期待を性質とするルールの集合が構成される。そ

れを「基本的諸ルール（basic rules）」と呼ぶ[7]。基本的諸ルールに包含されうるもの（プレイヤーの人数，指し手のシークエンス，位置等）それぞれに構成的諸期待は割り当てることができる。いったん割り当てられた構成的諸期待は，基本的には他のものには割り当てられない。もしそれが成された場合は，「別のゲーム」が生み出されることになる。このように構成的期待を付与することを「構成的アクセント（constitutive accent）」とガーフィンケルは呼んだ。

このような構成的諸期待によってプレイヤー個々の環境の取り扱いが支配されている状態を指して，ガーフィンケルは「彼らはお互いに信頼しあっている」と述べる[8]。ここにパーソンズ的ホッブズ問題に対してガーフィンケルが『他者の知覚』において指摘した，複数人のあいだの間主観的同一性の問題に対する解決が提示されたと見ることができるだろう。すなわち，秩序問題の検討において，パーソンズによる共通価値の共有という解決ではなく，日常生活において規則を共有していると人びとが仮定し期待しているということ，これに問題の解決を見出すのである。

このような主張について，ガーフィンケルは，ゲーム場面を対象とした違背実験（三目並べをやっている途中でガーフィンケルの意を含んだプレイヤーが指し手のルールを故意に破る実験）の結果より導出可能であることを例証する。

次いでガーフィンケルは実際の日常的場面を対象とした違背実験の分析を進めるわけだが，ここで「『構成的アクセント』は，『実際の』生活における出来事に対しても見出しうるものなのだろうか？　わたしは，ゲームの基礎的ルー

7　ガーフィンケルは，「基本的諸ルール（basic rules）」という用語の利用について，ゲーム理論を提唱した von Neumann & Morgenstern（1947＝2009）を参照している。ただし，「私たちの言い方では，ゲームは構成的期待が付与された基本的諸ルールの数え上げによって定義される」（Garfinkel 1963, p. 191）とし，その差異を強調している。ロールズも指摘するように，信頼論文はゲーム理論に対するオルタナティヴの提示という側面がある（Rawls 2008b, pp. 43–44）。

8　ガーフィンケルは，同様に基礎的ルールに従っている状態も「信頼」と呼んでいる。なお，浜は，構成的期待は放棄せず，構成的アクセントを移し，基本的諸ルールのみを修復するケースがあることを指摘し，それゆえ，ガーフィンケルの議論においては，まさに「ゲーム秩序が立ち上がる瞬間」を逃してしまっていると指摘している（浜1996）。

ルを定義する三つの特性は，ゲームに特有なのではなく，アルフレッド・シュッツが日常生活の状況の構成的現象学に関する彼の取り組みのうち，彼が『日常生活の態度（attitude of daily life)』と呼んだ，『いくつかの仮定』の特徴としても見出しうるということを提案したい」（Garfinkel 1963, p. 209）と述べている。シュッツによる「日常生活の態度」については，先にガーフィンケルが述べた構成的期待の三つの特性と同質のものとして説明されている。

こうした態度を維持することができるのは，「立場の交換可能性の仮定」と「レリヴァンスの一致の仮定」によって「視界の相互性の一般定立」が成立するからである，とシュッツ（1962＝1985）の議論をそのまま援用するかたちでガーフィンケルは説明する。「立場の交換可能性の仮定」とは，他我の立場が交換されたとしても，両者が同じ典型的なやり方で事象を見るということを，当たり前のものとして仮定しているということである。「レリヴァンスの一致の仮定」とは，(1) 人びとがそれぞれ異なる生活史的を有していることから生じる相違が同じものを選択し解釈するという目下の課題にかかわりがないということと，(2) 同じやり方で同じものを選択し解釈しているということを，参与者それぞれが想定していると仮定しているということである。「視界の相互性の一般定立」とは，「共同体の真の成員に共通して知られている」（Garfinkel 1963, p. 214）ということによって間主観的同一性が成立していることである。しかし，それを成立させる「立場の交換可能性」「レリヴァンスの一致」がいずれも「仮定」とされていることが示すように，間主観的同一性は，（シュッツとガーフィンケルにとっては）構成的期待が割り当てられているということを参与者間が期待することによってかりそめに成立するものなのである。それが維持されるのは，「同一の世界は，事実的世界によって賦課された偶発的事象のもとで，立場の交換可能性という仮定を維持する人びとの『能力（ability)』によって保証される」（Garfinkel 1963, p. 213）からなのである。

ガーフィンケルによる違背実験は，「立場の交換可能性」と「レリヴァンスの一致」を操作的に破棄させることによって，間主観的同一性を「仮に」成立させているものを炙り出そうとした取り組みだったと言える。

3.2. 信頼と能力

	関係項		対象				結果
	関係項1	関係項2	能力	行為	動機	動機の内容	
ガーフィンケル	信頼者	被信頼者	✓	✓	✓	社会的規範に対するコミットメント	

近年の信頼論文に対する概説では，「能力（competence）の提示もまた，信頼の提示である」（Rawls 2008a, p. 713）」といった説明がなされることがある。エスノメソドロジー（もといガーフィンケル）における能力（competence）概念は，「『実際に観察されたこと』と『誰もが知っていること』とを一致させていく熟練した能力」（山田 1981, p. 67）と説明されることがある。「誰もが知っていること」とは，「真の社会成員であれば知っている，社会的に公認された社会生活上の事実」（Garfinkel 1967, p. 76）のことである。ここで言われている「事実」には，文字通り「誰でも」知っていると期待される常識的なことから，「職種特定的・職場特定的・規律特定的」（Garfinkel 2002, p. 113）なものまで包含される。

ここで注目したいのは，「一致させていく」という言い方がなされていることである。そこには，やり取りにおいて，参与者間の立場の交換可能性が成立すると人びとが前提的に期待しているということだけではなく，間主観的同一性を確保し維持するための辻褄合わせ（glossing）または修正（collect）を行う相互行為的能力を有していることが含意されている（Garfinkel and Sacks 1970）。現在，エスノメソドロジーでは「能力（ability）」はほぼ使用されず，「能力（competence）」が用いられることがほとんどであるが，それは，以上のような社会生活における協調的活動への人びとの指向と，それを可能にし，規則に正しく従って／適宜調整して行為・活動を成し遂げる実践的方法の存在を強調しようとする現れであると思われる。この論点について理解を深めるために，コシュマンらの分析事例を検討する（Koschmann et al. 2011）。

コシュマンらが事例として取り上げるのは，専門医（Attending：ATT）と研修医（Resident：RES）と学生（Clerk：CLK）と複数人の看護士（下記トランスクリプトには登場しない）が参与者である，肝臓周辺を対象に腹腔鏡手術を行っている場面である。患者を治療するための手術を行うことと，学生を教育するという目的でそれは行なわれている。

執刀しているのは研修医である。患者の体内に挿入された内視鏡を通して映し出された体内の映像と実際の手術がなされているところを専門医と学生は見ている。専門医は学生に対する教育的説明と，手術を安全に進めるための研修医のアシストを行っている。学生は腹腔鏡手術を見るのは初めてであり，手術の対象であるカロー三角およびその周辺の臓器について，教科書的な知識は有しているものの，実際に進行中の手術のなかで見た経験もない。そのような学生に対して，専門医は，進行中の手術において，いま自身が何をしていて，何をどのように見ているのかをことあるごとに説明し，参与者間で共有しようとする。それに対して学生も，進行中の手術に対して，ときおり自分の理解を開陳し，それが専門医によるそれと同一かどうか確認しようとする。

断片 3c（Koschmann et al. 2011, p. 529）[9]

24 CLK: Can you see the cystic artery yet? ［まだ胆嚢動脈は見えますか？］
25 　　　I [(　　　)
26 RES: [It's↑ri::ght back in there ［そこの右後ろ］
27 　　　(2.1)
28 ATT: °(He)'ll° get it out here in a minute. ［彼はすぐにここから出すよ］
29 　　　(0.2)
30 RES: ＞see it right there?＜ ［ここの右側に見えますか？］
31 　　　(0.2)
32 CLK: U:: mmmmm＝ ［うーん］
33 RES: Ri: ght (0.2) [there ［ここの右］
34 CLK: 　　　[Okay yeah (.) yeah ［オーケー，はい，はい］

断片 3c の直前では，進行中の手術において，研修医が自身の見立てを言い，それに対して専門医が肯定的な評価を与えつつ，胆嚢動脈（cystic artery）を取り除く作業が残されていることをリマインダする，というやり取りがなされている。コシュマンらは，そうしたやり取りを経て後に学生が発した“Can you see the cystic artery yet?” という発言に注目する（断片 3c: 24 行目）。

学生はこの自身の発話に “yet” を入れることによって，胆嚢動脈について，いままさに進行中の手術において見るべきものがそれであること自体はわかっていることを示している。同時に，自分自身にとっては，胆嚢動脈はこの時点で見えなくなってしまったのだが，それが本当に見えなくなったのか，あるいは自分の「胆嚢動脈を見る能力」がないゆえに，本当はまだ見えているのに，自分だけが見えなくなっているのか確信をもって判断することができない状態であるということも示している。さらに，専門医と研修医はそれを判断できるほどの「胆嚢動脈を見る能力」を有していると学生が期待していることもまた示している。

ここには二つのレベルの信頼がある，とコシュマンらは述べる（Koschmann et al. 2011, p. 539）。まず，学生は専門医と研修医が胆嚢動脈を見ることが可能な能力を有していることを期待し，その能力に頼っている。つまり，いまここで「見聞きしているもの」について，「手術場面」と結びつけて特定の対象を「胆嚢動脈」として認識することができるという，医者ならば有していると期待される能力について，学生は信頼している。

そして，“yet” が示すように，活動の流れのなかにおいて参与者全員が胆嚢動脈を利用可能にする手続きそのものに対しても学生は信頼している。つまり，専門医と研修医がこの発話以前に胆嚢動脈を概念的存在ではなく具象のものとして対象化し実際にアクセスできていたことと（retrospective: 過去把持的），未来においてもそうであろうことを学生は期待し，そして，「胆嚢動脈が見える

9　トランスクリプト中の記号の意味は以下のとおりである。

[　　複数の参与者の発話が重なっていることを示している。
(　)　　聞き取り不可能だった箇所を示している。
::　　直前の音が延ばされていることを示している。
(n.m)　　沈黙の時間を示している。
°°　　相対的に音が小さいことを示している。
＞＜　　相対的に発話のスピードが早くなっていることを示している。
↑　　音調が極端に上がっていることを示している。
＝　　直後の発話との間断がないことが示されている。
(.)　　0.2 秒以下の短い沈黙があったことを示している。

かどうか」というここで学生が直面している課題に，専門医と研修医が理にかなったやり方で適切に参与してくるであろうという信頼である（prospective: 未来予期的)。

これらの点について，かつてガーフィンケルは「通常の談話の特質として公認されていることは，相手は理解をしてくれるものだと予期すること，それぞれの表現はその場限りのものであること，指示にはそれ固有の曖昧さがあること，現在の出来事には過去把持的・未来予期的な意味があり，したがって前に意味されたことを確認するためには次に何が語られるかを待たねばならないこと，こういったことなのである――略――要するに，このような特質が，見られてはいるが気づかれないままに存在しているからこそ，成員たちは，このことを利用しながら，自分たちの日常会話の茶飯事を支障なく処理してゆく資格を得ることができるのである」（Garfinkel 1964＝1995, p. 41）と述べていた。コシュマンらが分析した事例は，まさにこうしたことが，実際のやり取りにおいて，人びとによって指向されていることを示そうとしたものなのである。

しかし，ここにはひとつの問題がある。それは，ガーフィンケルやコシュマンらが言うように，信頼とそれに対する指向がつねに社会生活に遍在している状態が通常であるならば，信頼それ自体の存在を指摘することだけでは，特定の状況・場面の規範，そこでの参与者の言語運用や振る舞いの管理・制御の技法といったもののユニークネスは明らかにならず，結果として分析者は分析対象とした社会なるものを一向に理解することができないということである。

なお，信頼論文自体は，ガーフィンケルの思考が「現象学からエスノメソドロジーへ」（vom Lehn 2014, Ch. 4）と展開していく流れのちょうど狭間に位置付けられるものである。このような位置付けは，たとえば，以下のように説明される。「…ガーフィンケルは現在，社会秩序を，それを支える信頼を明らかにすることなしに，『観察可能かつ報告可能（observable-and-reportable)』にする行為を通して継続的に産出されるものとして考えている」（vom Lehn 2014, p. 75）[10]，と。ここに，先の「問題」に対するガーフィンケルの解決を見ることができる。次節では，「信頼を明らかにすることをしなくなった」という「変更」について説明する。

3.3. 現象学の影響の希薄化

	関係項		対象				結果
	関係項1	関係項2	能力	行為	動機	動機の内容	
エスノメソドロジー	信頼者	被信頼者		✓			秩序

この「変更」は，エスノメソドロジー成立の過程において，シュッツを経由した現象学の影響が薄れていったことと関係している。中村和生によれば，ガーフィンケルは『他者の知覚』で取り扱われたような個人主義的・認知主義的観点により間主観的同一性の問題にアプローチする方向性（Garfinkel 1964）から，自然言語に習熟しているものなら誰でも観察・報告可能な日常性の基盤（Garfinkel 1967; Garfinkel and Sacks 1970）の解明へと方針変更をしたとされる（中村 2015）。こうした方針変更について，中村はガーフィンケルの実験——とりわけ，中村が名付けるところの「会話明確化実験」——の変遷にその理由を見出している。以下，中村の議論をまとめる。

会話明確化実験とは，被験者に対して，用紙の左側に実際になされた会話のトランスクリプトを書かせ，さらにその右側に会話の当事者が理解しているだろう内容について書かせるというものである。たとえばそれは，次のようなものである（Garfinkel 1964＝1995, pp. 37-8）。

10　エスノメソドロジー研究を長らく牽引してきたアンダーソンとシャロックらの近年の研究（Anderson and Sharrock, 2014）では「信頼」が主題として扱われているが，そこでは研究手法としてエスノメソドロジーではなく，現象学的な一人称研究を提案していることは示唆的である。

夫：今日，ダナは抱き上げてやらなくてもパーキング・メーターにうまいこと１ペニー入れたよ	私の４歳になる息子のダナは，以前はいつもパーキング・メーターの高さまで抱き上げてやらねばならなかった。でも，私が彼を幼稚園から連れ帰った今日の午後，車を駐車場に留めた時には，息子はメーターの高さに十分に手が届き，上手に１ペニーを投入することができた。
妻：あなた，あの子をレコード屋に連れて行ったの？	息子がメーターに１ペニーを入れたのなら，あの子が一緒の時に，あなたは寄り道をしていたのだ。息子を連れに行く途中か，それともその帰り道のどちらかで，レコード店に立ち寄ったに違いない。帰り道に寄ったのであの子はあなたと一緒だったのか？　それとも，迎えに行くまで途中でレコード店に寄り，帰り道にはどこか別の所に寄ったのか？
夫：そうじゃないよ。靴の修理屋に寄ったんだ。	いいや。僕は息子を迎えに行く途中でレコード店に寄り，彼と一緒に帰る途中で靴の修理屋に立ち寄ったんだ。
妻：どうして？	私は，靴の修理屋にあなたが立ち寄らねばならない理由を一つ知っている。でも，実際はなぜか？
夫：新しい靴ひもを何本か買ったんだ。	僕の茶色のオックスフォードの片方のひもが切れているのを知っているだろう。だから，何本か新しいひもを買うために寄ったんだ。
妻：あなたのローファーの運動靴，かかと新しくしなくちゃ。いたんでいるわよ。	私が考えていたのは，あなたの買った物とは別のことだ。いたんでいるから，かかとを直さねばならない黒のローファーをもって行くことができたのに。すぐにでもそれを直した方がいい。

この会話明確化実験は，ガーフィンケルの著作において３回登場するが，初回（Garfinkel 1964）を除き，他２回（Garfinkel 1967; Garfinkel and Sacks 1970）ではいくつかの点で変更が加えられている。

Garfinkel（1964）での会話明確化実験では，被験者自身の会話が対象となっている。そして，その会話の理解可能性について，生活史の参照を含め，会話の当事者にしかわからないことあるという当事者主義が強調される。こうした観点はシュッツによる「自然的態度の構成的現象学」（Schutz 1932＝1982, pp. 57-60）の議論と対応している。自己意識の対象化という点で言えば，『他者の知覚』における違背実験もまた同様である。

ところが，Garfinkel（1967）とGarfinkel and Sacks（1970）では，会話の当事者とそれを聞いて記述する被験者が分けられ，それを記述する被験者に対する課題として，記入用紙の左右の関連付けを延々とさせるという形式に変更されていた。これは，同じような実験でありながら，1964年のものとは実験の意味からして変わってしまったことを意味する。

まず，1967年以降の実験は，会話の記述者・解釈者が会話の当事者でなくなっているという点で当事者主義的観点は破棄され，そこで何が言われていて，どのような会話がなされているのか理解できるという意味での「会話がわかる」ことに注目点が移っている。そこでは，第三者でも観察可能で報告可能な(Garfinkel 1967, p. 1)，他者との社会生活を可能にする「実践的方法」が焦点化されているのである。

以上のように，ガーフィンケルの初期の歩みにおいて，構成的現象学からエスノメソドロジー成立へと至る流れのちょうどあいだに信頼概念はあり，構成的現象学の色彩が薄れていく過程でそれは使われなくなるのである。とはいえ，信頼論文は過去のもので，エスノメソドロジー成立の現在において価値がないというわけではない。むしろ，(1) 信頼概念それ自体の論理文法分析に至る発展可能性と，(2) エスノメソドロジー研究の基本的方針を理解するための入り口としての価値を有していること，以上二点について，いまもなお見るべき点がある。最後に，ワトソンの議論を適宜参照しつつ，これらの点について検討する。

3. 4.　信頼論文の現代的価値

上述のエスノメソドロジーにおける信頼概念をめぐる展開は，社会学におけるそれとは対照的である。社会学においては，ベックやルーマン，ギデンズらによる議論をひとつのきっかけとして，リスク論の文脈で信頼概念に関する議論が積み重ねられている[11]。

ワトソンは，リスク概念と信頼概念を結びつけたリスク論について，以下のように述べる。「ある意味では，信頼とリスクを結びつけることは，信頼それ

11　ルーマンのリスク論については，本論第4章（酒井・高論文）3-3を参照のこと。

自体の欠如を通して信頼を探求するという，よく見られるテクニックの変種かもしれない。しかし，ガーフィンケルによる信頼の観点を採用するならば，それ自体の『リスキー』な特質に関係なく，すべての協調的な行為における推定要素として取り扱うこととなる」（Watson 2009, p. 484）[12]。

信頼概念がリスク概念と結びつくこと自体は直観的に問題があるようには思えない。しかし「（リスク論における信頼概念）自体が信頼の一般的性質を構成するものではない」（Watson 2009, p. 484）。信頼概念は，リスク概念にのみ結びつくものではないのである。かつてクルターは，概念同士の連関について，「それぞれの概念は一定範囲の他の諸概念とは有意味な・理解可能なしかたで結びつくのに，別の諸概念とはそのように結びつくことがない」と述べ，「さまざまな概念について，それぞれの概念がどの概念とどう結びつくのかを示すこと」（Coulter 1979＝1998, p. 11）が重要であると主張した。この方針に基づいた研究プログラムを論理文法分析と呼び，エスノメソドロジー研究の一つのあり方だとした。このクルターの提言を踏まえ，研究者によって信頼概念の定義をアプリオリに設定したうえで研究を進めるやり方ではなく，人びとによって信頼概念が実際にどのように用いられていて，そして，それによって何が成し遂げられているかを探求せよとワトソンは言う。この提案は，構成的現象学の影響が薄れた，現在のエスノメソドロジー研究の方針に即した「エスノメソロジカルな信頼研究」の再構成的提案となっている。

では，信頼論文それ自体の現代的意義はどのようなものでありうるか。まず，信頼論文において，あらゆる協調的行為の組織において「信頼」がその安定性を維持する基盤となっていることが示された点は，社会学者にとって非常に重要である。そこからは，いかにトリヴィアルな行為や活動であろうとも，それが社会生活において人びとによって営まれているものである限り，社会学的根本問題のひとつである「社会秩序はいかに可能か」という問いを検討する対象となるという観点が導かれる。

かつてガーフィンケルは，『エスノメソドロジー研究』の冒頭で，「この研究

12　同型の批判は，アンダーソンとシャロックによって，社会心理学における信頼研究に対して宛てられている（Anderson and Sharrock 2014）。

は，実際に生じる活動やその周りの環境，そして実際になされている社会学的推論を経験的な研究の主題として扱い，これまでたいていは異常な出来事に向けられてきた研究関心を日常生活のもっともありふれた諸活動に向けることによって，実際に生じる活動やその周りの環境，そして実際になされている社会学的推論について，それ自体の権利において生じた現象として探求する」(Garfinkel 1967, p. 1) と述べた。この宣言の含意を理解するものとして，信頼論文を読むことが可能なのである。ただし，特定の状況・場面の規範，そこでの参与者の言語運用や振る舞いの管理・制御の技法といったもののユニークネスの解明はその前提的理解の先にある。

もうひとつは，「人びとが，いったい何が起きているのかが『把握』できなくなるような状態」(Garfinkel 1963, p. 189) に注目することの価値を示したことにある。特定の状況において，混乱，当惑，躊躇，不安，緊張が人びとによって経験されているならば，そこでは社会の安定性がなんらかの事情で揺るがされている可能性がある。そして，人びとは，そのような状態を再び安定的なものにするために，つじつま合わせしたり，修正を試みたりする。これらの記述的研究によって，社会の安定性を共同的に生み出すもの――たとえば「ルーチン」の存在と，それを維持，あるいは生み出す方法，これらが明らかになる。これは，「社会秩序はいかに可能か」という問いに対する，人びと自身のその都度の解として理解することができる。つまり，トラブル場面は，逸脱事例として棄却すべきものなのではなく，むしろそこにおいて「普通であることをすること」(Sacks 1992) が何であったのかを，当該場面の参与者とそれを観察する研究者の双方に理解可能にするものとして，非常に重要な出来事であることを見出したのである。

以上のように，信頼論文において提示された論点は，エスノメソドロジー研究の基本方針を理解するための入口としての価値を有しているのである。

参考文献

Anderson, Bob, and Sharrock, Wes. (2014) "The Inescapability of Trust: Complex Interactive Systems and Normal Appearances", in R. Harper, (ed.), *Trust,*

Computing, and Society, Cambridge University Press, 144-171.

Boguslaw, Robert.（1965）*The New Utopians*, Prentice-Hall.（邦訳：R・ボーグスロー（大友立也訳）（1972）『システムの生態――組織・社会の哲学』，ダイヤモンド社.）

Camic, Charles.（1979）"The Utilitarians Revisited", *American Sociological Review*, 85(3), 516-550.

Coulter, Jeff.（1979）*The Social Construction of Mind: Studies in Ethnomethodology and Linguistic Philosophy*, Macmillan.（邦訳：ジェフ・クルター（西阪仰訳）（1998）『心の社会的構成――ヴィトゲンシュタイン派エスノメソドロジーの視点』，新曜社.）

Garfinkel, Harold.（1952）*The Perception of the Other: A Study in Social Order*, Cambridge, Massachusetts, Harvard University.

Garfinkel, Harold.（1963）"A Conception of and Experiments with 'Trust' as a Condition of Stable Concerted Actions", in O. Harvey, (ed.), *Motivation and Social Interaction*, Ronald Press, 187-238.

Garfinkel, Harold.（1964）"Studies in the Routine Grounds of Everyday Activities", *Social Problems*, 11(3), 225-250.（邦訳：ハロルド・ガーフィンケル（西阪仰，北澤毅訳）（1995）「日常活動の基盤」『日常性の解剖学』，マルジュ社，31-92.）

Garfinkel, Harold.（1967）*Studies in Ethnomethodology*, Prentice-Hall.

Garfinkel, Harold.（2002）*Ethnomethodology's Program: Working Out Durkheim's Aphorism*, Rowman & Littlefield Publishers.

Garfinkel, Harold.（Edited and Introduced by Anne W. Rawls）(2006), *Seeing Sociologically: The Routine Grounds of Social Action*, Paradigm Publishers.

Garfinkel, Harold, and Sacks, Harvey.（1970）"On Formal Structures of Practical Actions", in J. McKinney and E. Tiryakian, (eds.), *Theoretical Sociology*, Appleton Century Crofts, 337-366.

Hobbes, Thomas.（1651）*Leviathan*.（邦訳：ホッブズ（永井道雄，宋片邦義訳）（1979）『リヴァイアサン』，中央公論社.）

Koschmann, Timothy.（2012）"Early Glimmers of the Now Familiar Ethnomethodological Themes in Garfinkel's "The Perception of the Other"", *Human Studies*, 35, 479-504.

Koschmann, Timothy, LeBaron, Curtis, Goodwin, Charles, and Feltovich, Paul.（2011）"Can You See the Cystic Artery Yet?" A Simple Matter of Trust", *Jour-*

nal of Pragmatics, 43, 521-541.

Lynch, Michael. (1993) *Scientific Practice and Ordinary Action*, Cambridge University Press.（邦訳：マイケル・リンチ（水川喜文，中村和生監訳）（2012）『エスノメソドロジーと科学実践の社会学』，勁草書房．）

Parsons, Talcott. (1937) *The Structure of Social Action*, Free Press.（邦訳：タルコット・パーソンズ（稲上毅，厚東洋輔訳）（1976）『社会的行為の構造：第1分冊』，木鐸社．）

Rawls, Anne W. (2006) "Respecifying the Study of Social Order: Garfinkel's Transition from Theoretical Conceptualization to Practices in Details", in Garfinkel (2006), 1-97.

Rawls, Anne W. (2008a) "Harold Garfinkel, Ethnomethodology and Workplace Studies," *Organization Studies*, 29, 701-732.

Rawls, Anne W. (2008b) "Editor's Introduction by Anne Rawls", in H. Garfinkel (Edited and Introduced by Anne W. Rawls), *Toward a Sociological Theory of Information*, Paradigm Publishers, 1-100.

Rawls, Anne W. (2013) "The Early Years, 1939-1953: Garfinkel at North Carolina, Harvard and Princeton," *Journal of Classic Sociology*, 13(2), 303-312.

Sacks, Harvey, (1992) *Lectures on Conversation*, Blackwell.

Schutz, Alfred. (1932) *Der Sinnhafte Aufbau der Sozialen Welt: Eine Einleitung in die Verstehende Soziologie*, Springer.（邦訳：アルフレッド・シュッツ（佐藤嘉一訳）（1982）『社会的世界の意味構成』，木鐸社．）

Schutz, Alfred. (1962) *Collected Papers I*, Martinus Nijhoff.（邦訳：アルフレッド・シュッツ（渡部光，那須壽，西原和久訳）（1985）『社会的現実の問題［II］（アルフレッド・シュッツ著作集第2巻）』，マルジュ社．）von Neumann, John, and Morgenstern, Oskar. (1947) *Theory of Games and Economic Behavior*, Princeton University Press.（邦訳：J・フォン・ノイマン，O・モルゲンシュテルン（銀林浩，橋本和美，宮本敏雄，阿部修一訳）（2009）『ゲーム理論と経済行動』I・II・III，筑摩書房．）

vom Lehn, Dirk. (2014) *Harold Garfinkel: The Creation and Development of Ethnomethodology*, Routledge.

Watson, Rod. (2009) "Constitutive Practices and Garfinkel's Notion of Trust: Revisited", *Journal of Classic Sociology*, 9(4), 475-499.

友枝敏雄（1996）「社会体系と秩序問題」，北川隆吉，宮島喬（編）『20世紀社会学理論の検証』，有信堂，17-40.

中村和生（2015）『ポスト分析的エスノメソドロジーの展望と展開——科学実践の理解可能性の探究』，博士論文，明治学院大学．
浜日出夫（1996）「ガーフィンケル信頼論再考」，『年報筑波社会学』，7，55-74．
浜日出夫（2006）「羅生門問題——エスノメソドロジーの理論的含意」，駒井洋（編）『理論社会学の可能性』，新曜社，271-289．
盛山和夫（1995）『制度論の構図』，創文社．
山田富秋（1981）「エスノメソドロジーの論理枠組と会話分析」，『社会学評論』，32（1），64-79．

コラム 1
信頼研究の系譜

小山　虎

第Ⅰ部では，信頼研究のはじまりを確認することを目的に，信頼研究の源泉とされる 17 世紀イングランドの哲学者，トマス・ホッブズにまでさかのぼり，20 世紀後半に到るまでの信頼研究の状況を時代順に眺めてきた。ここでアメリカの社会学者タルコット・パーソンズが重要な役割を演じていたことに注目したい。彼が「ホッブズ問題」と呼んだ問題は，そもそもは秩序についての問題であり，信頼と大きく関わってはいるものの，信頼が中心的に論じられていたわけではなかった。この点は，ホッブズからルソー，ヒューム，カントに至るまで，時代を経ても同様である。しかし，パーソンズが「ホッブズ問題」と名付けた後，20 世紀後半のアメリカで，信頼概念はパーソンズ批判の文脈で注目されることになる。つまり，信頼は当初の社会哲学の文脈では影に隠れていたが，パーソンズの手によりアメリカの社会学の文脈に登場したことをきっかけに注目を集めるようになったのである。

だが，どうしてアメリカの社会学に登場した結果，信頼が注目されることになったのだろうか。鍵となるのは，20 世紀後半のアメリカに登場した行動科学運動である。本書で直接論じられることはないが，行動科学運動が信頼研究に与えた影響は大きく，行動科学運動なしには現在のような信頼研究はありえなかったと言ってもよいほどである。

行動科学運動について詳細に説明することは本コラムのような限られたスペ

ースでは不可能だが（詳しく知りたい読者は本書第4章（酒井・高論文）を見ていただきたい），おおまかに述べると，人間の行動を科学的に予測・制御することを目的とした計算機科学，数学，心理学，経済学，社会学，意思決定理論などによる学際的な研究ムーブメントのことである。現在では「行動科学」という名称はそれほど目にしなくなったが，冷戦期のアメリカでは米軍やフォード財団などによる大規模な予算投下があったため哲学から物理学に至るまであらゆる分野に影響を及ぼし，その結果として，人工知能や認知科学などの新しい分野が誕生した。特に1944年に発表されたゲーム理論は，行動科学に関係するさまざまな分野で活用されており，信頼研究でゲーム理論がしばしば用いられるのはこうした事情も影響している。人間の行動をゲームによってモデル化することは当時のアメリカでは一般的に行なわれており，本書第3章（秋谷論文）で述べられているように，エスノメソドロジーを確立したガーフィンケルが信頼概念に着目したのも，ゲーム場面を題材にしてパーソンズ（彼の指導教員でもあった）を批判するという文脈だった。

現在ではあまり知られていないが，20世紀前半のアメリカはドイツの影響を強く受けており，大学もその例外ではなかった。パーソンズもドイツに留学し，マックス・ヴェーバーやゲオルグ・ジンメルといった当時のドイツを代表する社会学者の薫陶を受けている。彼らドイツの社会学者は「新カント派」と呼ばれる哲学者と近しかった。つまり，パーソンズは，ホッブズにはじまり，カントから新カント派を通じてドイツの社会学に引き継がれた問題意識をアメリカ社会学に持ち込んだとも言えるのである。

パーソンズが「ホッブズ問題」と呼んだ時点では，この問題は哲学・社会学の枠内に収まっており，また信頼よりも秩序についての問題だった。20世紀後半のアメリカに登場した行動科学運動という学際的ムーブメントのおかげで，この問題は心理学やゲーム理論と結びつき，第Ⅱ部で見るような，信頼研究へとつながったのである。

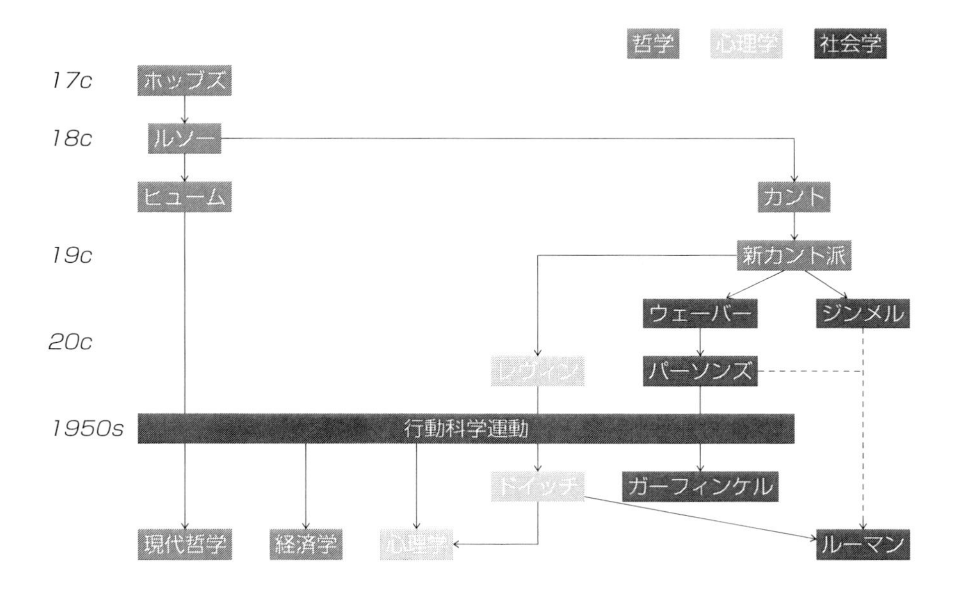
哲学
心理学
社会学
17c
ホッブズ
18c
ルソー
ヒューム
カント
19c
新カント派
ウェーバー
ジンメル
20c
レヴィン
パーソンズ
1950s
行動科学運動
ドイッチ
ガーフィンケル
現代哲学
経済学
心理学
ルーマン

秩序問題から行動科学へ

第4章
行動科学とその余波
——ニクラス・ルーマンの信頼論

酒井　泰斗・高　史明

1 ● はじめに——本章の課題

ニクラス・ルーマンの『信頼』(第一版1968年, 第二版1973年) は, とくに日本では著名な倫理学者を翻訳者に得たこともあって, ルーマンの数多い著作のなかでも分野を超えて広く読者を獲得した著作である。信頼に関する多領域の研究を概観しようとする本書にルーマンの章を設けることになったのも, そうした事情によるのだろう。ところで社会学において信頼というトピックがさかんに論じられるようになったのはとくに90年代に入ってからのことであって, ルーマンの研究は長らく孤立した存在であったし[1], 現在もトレンドの中心にはいない。『信頼』は, 刊行されて数十年も経ってから, 過去を振り返るかたちで取り上げられるようになったのである (たとえばギデンズ (1993; 2005))。したがって本章は, ルーマン信頼論の紹介によって「社会学における信頼研究の紹介」[2] に代えようとするものではない。

本章で取り上げるのは行動科学[3] の利用者としてのルーマンであり, またそ

1　たとえば『信頼』における, 信頼という論題に直接にかかわる社会学分野の参照文献はジンメル (2016), パーソンズ (1973/1974), そしてガーフィンケル (本書第3章 (秋谷論文) を参照) のものくらいしかない。

こで利用されている行動科学的議論（に登場する信頼論）である。とくにモートン・ドイッチによって1960年前後に行なわれた社会心理学的実験研究は現代的な信頼研究の端緒の一つでもあり，本章では「ドイッチを読むルーマン」に定位することで1960年代における信頼研究のあるローカルな研究文脈を紹介したい。『信頼』は，概して難解だと言われることの多いルーマンの著作のなかでは「まだ読みやすい」との世評もあるようだが，しかし我々の見るところ，むしろ他の著作よりははるかにつきあい方の難しい著作に属する。ルーマンが行動科学的知見をどう利用したかを示すことで，この著作とどのようにつきあったらよいのか，その方針も併せて示すことができるはずである[4]。

2　社会学における信頼論は，いわゆるリスク社会論のサブトピックとして登場してきた。リスク社会論ならびにそれらとルーマンのリスク論（またその前提である信頼論）との関係については小松（2003）を見よ。社会学分野のレビューでモートン・ドイッチの議論の検討を含むものは非常に少ないが，例外として千葉（1996）がある。社会心理学分野については与謝野ほか（2017）を見よ（注14，本書第6章（上出論文）も参照のこと）。

3　行動科学運動については山川（1982）第二章を見よ。語「行動科学」は，国立科学財団の創設（1950年）を巡って生じた，心理学・人類学・社会学を中心とする非自然科学系の学界を横断的に連合した政治的圧力活動のために1940年代末に作られたものである。学問的には，それは人間に関する新しい総合科学の理念を掲げた統一科学運動であった（山川1982，p. 41）。

4　紙幅の理由から本章ではルーマン信頼論そのものの詳しい紹介はできない。これについては政治学におけるソーシャル・キャピタル論との接点を探すかたちで最初期から後期までのルーマンの論考を丁寧にフォローしている小野（2006）を参照してほしい。また社会学における信頼論の古典（ジンメル）と90年代の研究（ギデンズ）とルーマン信頼論を比較検討したものとして三上（2008）がある。

ところで小野は，ルーマン理論の中で初期には重要だった信頼の位置が後期になると下落していったと判断しており，また三上も「リスク社会の現実が明らかになるに従って，ルーマンは信頼に疑いを持ち始めたように思われる」（三上2008，p. 13）と，その見解の変化を主張している。我々はこの双方について判断を保留しておくが，三上と小野が似たような見解をとるのは，そもそも初期ルーマン理論における信頼の位置を高く見積もり過ぎだからであるようには思われる。これに対して本章は，ルーマンが信頼とリスクを同じスタンスにおいて扱いえたことの方に照準する（→4-3）。現在までに与えられているルーマンのテクストは初期から後期まで整合的に読むことができるのだから，我々はさしあたりその点に定位し，見解の変化に関するそれ以上の詮索は新資料を用いた将来の研究に任せたい。

2 ● 例と規定

信頼は，「情報不足を内的に保証された確かさで補いながら，手持ちの情報を過剰に利用し，行動予期を一般化する」ことによって「社会的な複雑性を縮減する」[176][5]。これが『信頼』最終章最終段落におけるルーマン自身のまとめであり，ルーマン信頼論が紹介されるときにもしばしば参照される規定である（以下これを【規定1】と呼ぼう）。しかしこれは信頼が何であるかを述べたものではなく，〈第三者的に観た場合，信頼する・されることは何をしていることになるのか〉について特定の学的観点から再記述したものである。そこでまずは，ルーマンがどのような事柄に対してこの再記述を与えたのかを知るために，『信頼』4章で挙げられている例いくつかを見るところから我々の議論を始めることにしよう。

2. 1.　三つの例から

2. 1. 1.　政治家や指導的管理職を任命する

一つ目の例は哲学者ブレイブルック[6]から引かれたものである。Braybrooke (1964) と『信頼』[43] を参照して要約すると：

> 通常の社員の任命は服務規程によってコントロールされるのに対し，企業の指導的管理者や政治家は成果によってコントロールされる。成果はそれを目指した一連の行為の後になってようやく現れるものである。つまり行為は成果に先立って遂行されなければならない。信頼はこのギャップを橋渡しする。信頼する側はあらかじめ，信頼された側が状況を上首尾に切り抜けるであろうことを信頼する。そして信頼された側は，まさにこの信頼を基盤として，実際に上首尾に進める大きなチャンスを得ることになる。このようにして，見通しえない複雑性は，双方の側に分割され・サイズを

5　本章では，頻繁に参照する『信頼』に限り訳書頁数を角括弧で記す。

6　注8で触れる「行政学における増分主義（incrementalism 漸進主義，漸変主義）」を提唱したチャールズ・リンドブロムとの共著『決定の戦略』（Braybrooke and Lindblom 1963）がある。

> 縮小されたうえで処理されるとともに，未来において期待を裏切られる事態が生じたとしても，信頼する側の体面は保護される。

この例では，信頼する側によって「リスクを賭した成果の前払い」[39][77] が行われ，信頼される側もそれを知っていることによって協力関係が成り立っていることが見てとりやすい。この「前払い」においては，未来にならなければ判明しない結果が・あたかもすでに実現されているかのように現在において先取りされており，この点で信頼は，未来における特定の結果の単なる予測や，その実現を準備する計画とは異なっているのである。

2.1.2. 国家予算を編成する

二つ目の例は行政学者ウィルダフスキーから引かれたものである。同様に，ウィルダフスキー（1972）と『信頼』[50-51] を参照して要約すると：

> 国家予算の編成は膨大なステップと関与者を持つきわめて複雑な，しかも厳格な時間制約をもった過程である。たとえばここには議員が行政官から予算案の説明を受ける過程が含まれるが，およそこうした事案の一つ一つについて――たとえば，「ルース肉腫ウィルスに対する中和抗体と内臓リンパ球増多に対する抵抗と敏感性との関係に関する研究」の予算額に比して「血液細胞形成に関する諸事実とその構造の研究」の予算額は多すぎないだろうか（ウィルダフスキー 1972，p. 12）――，議員がその適否を判断するための十全な知識を備えることはほとんど不可能である。この予算過程の複雑性[7]は，典型的にはまず，前年度との違いに注意を集中する（同 p. 18）とか，単純な代替的指標を使う（原子力施設の費用を直接取り扱うかわりに，人件費や行政費，固定資産の取引などに注目する（同 p. 16））とか，最適解ではなく最悪を避けた受容可能な範囲にある解（＝満足解）をめざす（同 p. 17）といったかたちで大雑把に縮減される[8]。そのうえでさらに参加者たちは，多様な副次的手段・戦略を組み合わせて用いて，個々の局面で扱いうるサイズにまで残余の複雑性を圧縮するのである。
>
> 　ウィルダフスキーの研究において「信頼」は，この箇所に，副次的戦略

の一つとして登場する（同 p. 101）。目を通すことすら難しいほど膨大にある予算要求の個々の細目を詳細に検討することができない議員たちは，行政の細部を統括している行政官たちの人格的な誠実性を頼りにするしかない。そして行政官の方も「細部に通じており，勤勉であり，簡潔であり，率直であり，自分の仕事に献身的である」（同 p. 102）といった自己呈示によって議員の信頼を得ようとする。これは議員たちが，判断に必要な情報の詳細を得ようとする代わりに，議員自身が抱く行政官への信頼を制御して，それをつうじて間接的に情報を制御していることを意味する。そして彼らは，環境を，信頼に値するかどうかにかかわる徴候でもって構造化し，ごく些細な不誠実性の徴候に対しても，信頼することをやめたり何らかのサンクションを行使したりして，非常に感情的に反応するのである。

この例では「複雑性」に対する「信頼」の位置が見てとりやすい。予算の策定にあたっては，政策目標の優先順位を決め[9]・目標を達成するための政策選択肢を総合的にリストアップして比較検討したうえで・採用すべき個別の政策が要する費用を算定することが望ましいように思われるし，そうであるからには，限られた資源の最適配分を担保するような情報の収集と分析手法の開発・採用こそが予算策定におけるもっとも重要な課題の一つだと考えたくなるのも自然であろう。しかしまさにそうした総括的で合理主義的な方向で複雑性を縮

7　ウィルダフスキーは，予算過程の複雑性を人間の計算能力の有限性と相関した問題だととらえているが（ウィルダフスキー 1972 p. 17），これはハーバート・サイモンに由来する発想である（この箇所ではサイモン（1970）が参照されている）。ルーマンもこれを継承しているが，ルーマンはさらにこの発想を，行動科学の知見を現象学と突き合わせるかたちで検討する際の比較観点（＝参照問題）としても使っている。

『信頼』の場合，複雑性-有限性というこの蝶番は，第1章でまずいったん，体験の間主観的類型性という現象学的トピックを――ホッブズにおける支配，パーソンズにおける二重条件依存性，サイモンにおける意思決定，フォン・ノイマンらのゲーム理論などと並べて――複雑性の下位問題として把握した上で［09］，つづいて第3章において，体験の志向的構造というかたちで具現する人間の能力の有限性のほうから複雑性をとらえなおす［12］，といった仕方で登場する。このように，行動科学と現象学とを照らし合わせてそのつど一方を用いて他方を批判的に検討しながら，最終的な優先権はどちらにも与えないところに，ルーマンの仕事の進めかたの一つの特徴がある。

減することが難しい――個々の関与者は予算過程全体を俯瞰することはできないし，かかわりうるのは予算過程のうちの断片だけであり，与えられた状況を大きく動かすことはできそうになく，専門的知識は不十分であり，代替案の比較も結果の予測も難しい――からこそ，議員は「信頼」という代替手段を使う

8　複雑性という問題へのこうしたかたちでの対処を，行動科学的な行政学や予算理論では「増分主義」と呼ぶ。これはハーバート・サイモンの「限定合理性」の発想にも示唆を受けて，政策決定のあり方に関してリンドブロムらが提唱したものであり，ウィルダフスキーの研究はそれを（その規範的含意を抜いて）予算編成に関する経験的研究へと応用したものだといえる。リンドブロムたちは，政策決定に関して既存の規範的行政学が提唱してきた総括的な（synoptic）やり方――政策目的すべてをリストし，それを実現するためのすべての政策案を包括的に検討し，政策目的を最もよく実現する政策案を採用するといったやり方――は実行不可能なものであり，実際に行なわれているのは，現行政策から少しだけ変更する政策案を変更にかかわる部分に集中して検討するものであるとの指摘を行なった。ウィルダフスキーが調査を行なった時期は，この総括的な方針を体現するかに見えた経済学的な予算編成アプローチ（PPBS: planning-programming-budgeting system 事業計画別予算編成方式，企画計画予算方式）がランド研究所によって開発され，1961年にはロバート・マクナマラによって国防総省に，さらに65年にはジョンソン大統領により全省庁に導入された時期であったため，ここにPPBSを推進する「総括派」とウィルダフスキーら「増分派」による予算編成をめぐる論争が生じたのであった。行政学におけるサイモンの影響については橋本（2005），サイモン自身の研究発展史における行政学の位置については高（1995，第1章），リンドブロムについては中村（1968），小島（1970），森田（1981），ウィルダフスキーについては真淵（1983，1984），また行動科学的予算編成理論を概観したものとして野口ほか（1979，第2章）を参照せよ。

山川は，「サイモンがランドと関係が深かったことは注意しておいてよい。ランドの意思決定論は，システム分析と費用・便益（有効度）分析［を組み合わせたPPBS］によって知られているが，それはいわばランドの顕教的側面であって，サイモンや増分主義的決定戦略を説くC・E・リンドブロムの意思決定理論は，ランドの密教的側面といえるであろう」（山川 1980，p. 106，［　］内は引用者）と指摘している。ルーマンは『信頼』周辺時期の諸著作で双方の議論を参照しているが，ルーマン自身の軸足はもちろん「増分派＝密教」側にある。

9　これはたとえば，さまざまな事業計画のうち，高速道路にかかわる事業計画は，レクリエーション施設や国防，学校などにかかわる事業計画と比べてどれほど重要なのか（ウィルダフスキー 1972，p. 14）を決めなければならない，ということである。これに形式的で一般的なやり方で解を与えることはできない（にもかかわらず決めなければならない！）からこそ，予算編成は「政治的」な過程だと呼ばれるのである。

のである。一方でそれは「予算に直接かかわる事実・情報」ではなく「人柄を推察する徴候」に指向している限りで政治過程につきものの不合理性の印象を与えるが，他方でしかしそうした補助戦略があるからこそ予算策定作業を開始し・維持し・個別局面におけるゴールまでなんとかたどり着けるのだから，その限りでそれは予算過程にとって合理的だともいえる[10]。

2.1.3.　ベビーシッターを頼む

三つめの例は社会心理学者モートン・ドイッチ[11]から引かれたものである。Deutsch（1958）と『信頼』［40］を参照して要約すると：

> ベビーシッターが自らの仕事を適切にこなすことを信頼できるなら，養育者は赤ん坊をベビーシッターに預けて外出し，赤ん坊の世話を自らするときには得られない自由な（もしくは労働の）時間を得ることができる。他方，ベビーシッターが仕事を怠った場合，養育者は手酷い報いを受けることになってしまう。そうなったときには，養育者はベビーシッターに赤ん坊を預けず自分で世話していた方がよかったと後悔することになる。

この例では，信頼がリスクをはらんだ際どい選択にかかわることが見てとりやすい。信頼することは単に希望することとは異なっているのである。

2.2.　信頼の規定

以上の例で信頼の契機とされていることは，モートン・ドイッチの次の定義（以下【規定2】と呼ぼう）におおむね含まれている（付番は引用者）。

10　こうした，形式的な合理性基準では扱いにくいものの合理性を取り上げるためにルーマンが用いる術語が「システム合理性」である［164］。詳しくは三谷（2012）を見よ。

11　ドイッチはグループ・ダイナミクス研究の創始者クルト・レヴィンの最後の弟子の一人であり，レヴィン学派共通の課題であった「協力と競争」や「紛争」に関する研究を発展させた。注12も見よ。

【規定2a】ある出来事の生起を予期しており，その予期の通りになればポジティブな結果が生じるが，予期の通りにならなければそれより大きなネガティブな結果が生じるような行動を取るときに抱いているもの。(Deutsch 1958, p. 266)

【規定2b】とくに他者の行動についての信頼には他者の行動への予期がかかわる。また「AはBを信頼している」というときには，単に行動を予期しているだけでなく，この「信頼」に応える何らかの意味での責任が相手にあると感じているのが普通である。(Deutsch 1958, p. 267)

ルーマンは，ドイッチのこの【規定2】から出発し，それに対して社会システム理論などの語彙を用いた再記述（【規定1】）を与えたのである。そこで次にドイッチの研究を概観したうえで（3節），ルーマンがそれをどのように利用したかを見ることにしよう（4節）。

3 ● モートン・ドイッチの信頼研究

3.1. ドイッチの研究課題：紛争と協力

ドイッチの主たる研究課題は，社会の構成メンバー間での利害の不一致から生じる紛争（conflict）を解決し，メンバー間の協力関係を発展させる術を探ることであった。ルーマンが引用したドイッチの諸論文（1958; 1960a; 1960b; 1962）はその初期のものであり，とくに信頼にもとづく協力について検討したものである[12]。

社会において，構成メンバー間にはさまざまな依存関係が存在する。たとえば会社の事業目標を達成しようとする従業員同士は一方の目標達成が同時に他方の目標達成を意味する促進的依存関係にあり，協力が生じやすい。一方，スポーツで対戦するプレイヤー同士は一方の目標達成が同時に他方の目標達成を阻止するような妨害的依存関係にあり，相手を出し抜いて利益を得ようとする競争が生じやすい。

こうした依存関係には，自分の行動の結果が他者の行動によってポジティブにもネガティブにも転びうるものがある。先に記したベビーシッターの例は(→2-1-3)，ベビーシッターの行動次第でまったく異なる結果が生じるものの典型例である。ドイッチはこのような依存関係にある場合に，養育者が望ましい結果を――赤ん坊の世話を自らするときには得られない時間を――得るために，信頼が役立つことがあると考えた。

3.2.　手法：二者間の非ゼロサムゲーム

ドイッチの各論文で用いられた「二者間の非ゼロサムゲーム」という手法については，現在ではよく整理された教科書やオンラインのテキストが多数存在するため，本章では最小限の説明に留める。

このゲーム状況において，相互作用を行なう二人のプレイヤーは，それぞれ複数（典型的には二つ）の選択肢を持ち，お互いが選んだ選択肢の組み合わせに応じて，異なる利益もしくは損失を受ける。一方の利益が他方の損失に等しくなるゼロサムゲームとは異なり，非ゼロサムゲームでは選択の組み合わせ次第で，双方が得をすることも双方が損をすることもありうる。

二者間の非ゼロサムゲームの最も有名なものは，「囚人のジレンマ」である[13]。このゲームでは，プレイヤーそれぞれは相手の選択にかかわらず「非協力」を選んだ方が大きな利得を得られるのだが，両者が「非協力」を選んだ場合には両者が「協力」を選んだ場合よりも利得が小さくなってしまう。したがって，局所的には大きな利得が見込めるという意味で「合理的」な選択は，協力すれば得ることができる最大の利得を得られるかという意味では，「合理的」

12　ドイッチにとって信頼は，協調・協力へ向けて紛争を緩和する三つの契機（調整・取引・信頼）のうちの一つであった（ドイッチ 1995, p. 53)。ドイッチの紛争研究についてはドイッチ（1995）を見よ。概観にはドイッチほか編（2009 序章）が好便である。
なお，本章で紹介する一連の研究を経てドイッチは，行動科学研究・一般システム理論研究の中心地であったミシガン大学に創設された紛争解決研究センター（The Center for Research on Conflict Resolution：CRCR）を中心とする行動科学的紛争研究グループに合流したあと，1986年にはコロンビア大学大学院に創設された協調・紛争解決国際センター（The International Center for Cooperation & Conflict Resolution: ICCCR）の所長に就任している。

ではないのである。ドイッチはこのような状況下で，後者の意味での合理的な選択は，相互の信頼なしには不可能であると考えた。つまり，囚人のジレンマのような二者間の非ゼロサムゲーム状況下で，実験参加者が相手の選択次第では損をするかもしれない（しかし相手が期待通りに振る舞えば得をする）選択を取る傾向を測定し比較することにより，信頼という内的な過程を客観的に観察し分析することができると考えたのである。

3.3. 仮説

Deutsch（1958）は，信頼が報いられるという確信が強まるほど信頼にもとづく行動は増えると考え，そうした確信を強める要因として，（1）相手の意図の性質の認知，（2）相手が持つ望ましい結果を引き起こす能力の認知，（3）自分と相手の勢力バランス，のそれぞれの認知と，（4）信頼を発展させるための

13　ドイッチの信頼研究は「囚人のジレンマ」を社会心理学実験に利用した最初期の例のひとつである。「囚人のジレンマ」はランド研究所の顧問であった数学者アルバート・タッカーによって1950年に定式化・命名されたものだが，ランド研究所員であったダンカン・ルースとハワード・ライファの著作『ゲームと意思決定』（Luce & Raiffa 1957）に記載されたことによって広く世に知られるようになった（パウンドストーン 1995，第6章）。ドイッチも1950年代初頭にライファから直接に教えを受けたようである（Deutsch 1999）。1948年にアメリカ空軍の肝いりで創設され，のちに合衆国の軍事的技術開発・戦略研究の一大拠点となったランド研は，やはり戦略研究への関心から1940年代末～1950年代初頭におけるゲーム理論研究の中心地でもあった（アベラ 2011，第3章）。パウンドストーン上掲書によれば，所員たち（数学者や経済学者）は，単に数理的な研究だけでなく，実際のゲームを用いた社会心理学風の素人実験も（同僚を被験者にして）数多く行なっており，「囚人のジレンマ」もそうしたなかから生まれたのだという。なおナサー（2013，第18章）では同じ時期にランド研に所属していたジョン・ナッシュがゲーム理論を使って行なった実験が紹介されており，また本書第3章（秋谷論文）注6では少しあとの時期にガーフィンケルもランド研究所員ボーグスローとボードゲームを使って研究していたことが記されているが，パウンドストーンは，当時ランド研に出入りしていた数学者・経済学者たちが単にゲームについて研究していただけでなく，かなりハードなゲームプレイヤーであったことを描いている。20世紀諸学におけるモデル――特に人間関係のモデル――としてのゲームとゲーム文化との関係はこれまであまり検討されてこなかった重要な科学史的論題であるように思われる。

コミュニケーション，(5) 二者間の信頼の発展に影響する第三者の影響，(6) 信頼の準備状態に影響する自己評価，を指摘した[14]。

3.4. 実験

信頼の形成には認知された意図が重要な役割を果たすという仮説を検証するために，Deutsch (1958) は次のような実験を行っている。ドイッチは1試行の囚人のジレンマ状況を用いた実験において，各プレイヤーが持つべき目標を教示によって変化させた。協力志向動機条件では自分の幸福だけではなく他者の幸福も重視すること，個人主義動機条件では他者のことは考えず自分の利益だけを追求すること，競争志向動機条件では自分の利益を追求しまた相手に勝つこと，が与えられた目標であった。同時に実験参加者には，ゲームの相手にも同じように教示したことが知らされた。

これに加えて，二者がどのように選択を行なうかという要因も操作された。こちらは，コミュニケーション無し条件（両者が同時に，秘密に選択を行なう），コミュニケーション有り条件（両者が同時に，秘密に選択を行なうが，それに先立ってコミュニケーションができる），非同時選択条件（一方が選択を行ない，他方はその選択を知らされたうえで選択する），変更可能条件（両者が同時に，秘密に選択を行なうが，その後相手の選択を知らされたうえで自分の選択を何度でも変更できる。最後にどちらかが変更を行なってから30秒間変更が無ければ，終了する）の四つの条件が設けられた。

14　ここでドイッチが考慮している要因には，①送り手の要因，②受け手の要因，③相互作用を取り巻く状況の要因，のいずれもが含まれていることに注意されたい。送り手の要因は「信頼」の問題，受け手の要因は「信頼性」，すなわち他者からの信頼に報いる性質の問題として分離して検討することも可能である。ドイッチは Deutsch (1958) で信頼と信頼性を区別して議論した上で，Deutsch (1960b) において，他者の選択に自分の損得がかかっているときに相手を信頼する傾向と，自分の選択に損得がかかっている他者に対する反応で示される信頼性とがかなりの程度一致することを実験で明らかにし，両者が共通の，内面化された相互作用システムに根ざしていることを論じている。ただし，一般的な囚人のジレンマの実験設定では実験参加者の信頼と信頼性とを分離できないという批判が後年なされている。与謝野ら (2017, pp. 50-52) も参照。

この実験により，誘導された動機が協力志向動機の場合には選択のしかたにかかわらず協力によりともに大きな利得を得るという結果に至りやすく，競争志向動機の場合には選択のしかたにかかわらず非協力によりともに損失を受けるという結果に至りやすいことが示された。つまり，利他的なプレイヤー同士の場合と利己的なプレイヤー同士の場合では，信頼とそれにより到達する結果が大きく異なることが示されたのである。

これに加えてこの実験では，個人主義動機を誘導した条件下では，コミュニケーション無し条件と非同時選択条件では協力率が低かったのに対して，コミュニケーションが可能であったり，相手の選択を見てから自分の選択を変更できたりすると，協力率が大幅に向上することが示されている。

また Deutsch（1958）は，選択に先立つコミュニケーションでどのような情報を伝えることで協力が増加するのかについても検討している。この実験では，繰り返しのある囚人のジレンマ・ゲームで個人主義動機を誘導したうえで，コミュニケーションできる情報を，（1）相手が協力してくれると思っているという期待，（2）自分が協力しようと思っているという意図，（3）相手が期待を裏切った場合それ以降自分も協力しないという罰の意図，（4）一度協力関係が破壊された場合に修復する手段，の順に段階的に増加させた。その結果，コミュニケーションする情報が増えるにしたがって，協力率も増加することが示された。

これらの個人主義動機条件についての知見は，従来経済学などで想定されてきたような自分の利益にのみ関心を持つエージェント同士の間でさえ，選択を取り巻く状況次第では相互の信頼とそれによる協力が可能であるということを示している。

以上紹介したドイッチの信頼研究から本書「チャート」の形式に重なるところを取り出せば次のようになる。

	関係項		対象				結果
	関係項1	関係項2	能力	行為	動機	動機の内容	
ドイッチ	信頼者	被信頼者	✓	✓	✓	好意動機，交換動機，第三者動機，良心動機，内発的動機など[15]	競争・紛争の緩和 協力関係の構築

3.5.　実験の含意――ルーマン・山岸と対比して

次に，信頼研究のもう一つのマイルストーンである山岸（1998）の議論とも比較しながら，ドイッチの立場についてより詳しく解説する。既に述べたように，ルーマン『信頼』はドイッチの一連の研究に多くを依っている。また，山岸（1998）はルーマンを批判的に引用しているのだが，ドイッチを直接には引用していない。そして，社会心理学者である山岸の議論は，同じく社会心理学者であったドイッチの議論と多くの共通点もありながら，相違点もある。そこで，今日の社会心理学から振り返ってドイッチとルーマンを考察することは，ドイッチの研究がどのようなものであったのか，そしてそれがルーマンにどのように受け継がれたのかの理解に資するだろう[16]。

山岸はまず，ルーマンが信頼という語で自然的秩序と道徳的社会秩序の両者を表そうとしたことに疑問を呈している。山岸の解釈によれば，ルーマンが用いたもっとも広い定義においては，信頼という言葉は，他者がかかわるかかかわらないかを問わず，世界一般の不確実性を受忍可能な水準まで引き下げるメ

15　順に以下のような場合に被信頼者が抱く行為への動機（Deutsch 1960a, pp. 125-126）。信頼者に対する好意により利益を与えること自体が目的となる場合。信頼者から何かを受けたり避けたりするために被信頼者の行為が条件であると思われる場合。信頼者と被信頼者以外の第三者から何かを受けたり避けたりするために被信頼者の行為が条件であると思われる場合。他者の信頼に応えることが自分自身に起因する何かを得たり避けたりする条件であると思われる場合。行為自体が満足感をもたらすような場合。

16　ただし山岸については本書第6章（上出論文）でより詳しく扱うため，ここでは本章の目的に照らして必要最小限の記述に留める。

カニズムを指していた。他者に対する信頼と自然現象に対する信頼はこの点では同一の機能を果たしているものと考えられたのである。他者という他の主体が加わることは，不確実性をいっそう増大させしたがってそれを縮減するための信頼の必要性も増大させる要因ではあるのだが，信頼の必要条件ではなかった。これに対して山岸は，単に自然現象について「確信している」という意味での信頼と対人的な信頼はその原因および社会的な役割が根本的に異なっていることを指摘し，後者のみを信頼と呼ぶものと定義している。

しかし，この点について山岸とルーマンのあいだに実質的な差異があるとみなすことは難しい。「信頼」は，日常的に物にも人にも同様に使われる語である一方で，物に対する信頼と人に対する信頼には実質的な違いもある。ルーマンがその違いについて論じていなければ山岸の認定はもっともらしいが，もちろんそうではないのである。『信頼』はどちらについても論じており[17]，しかも（副題は「社会的複雑性の縮減メカニズム」であるし，紙幅のほとんどは社会的秩序に割かれていることからしてもわかるように）議論の中心は後者にある。

このようなルーマンの議論のしかたは，ドイッチまで遡ることができる。Deutsch（1958）は，信頼の語は自然現象や機械などの予測可能性にも用いられていることを指摘し，他者への期待にも他の事物への期待にも適用可能な定義を採用している（【規定 2a】）。そのうえで，他者についての信頼には他の事物についての信頼とは明確に異なる機能があることも指摘している（【規定 2b】）。それは，我々が「ある人物（人物Ⅰ）が，他者（人物Ⅱ）がある行動を取ると信頼している」というときには，人物Ⅱは人物Ⅰに信頼されていると自覚していること，その信頼に沿った行動をしなければ人物Ⅱは人物Ⅰに損失を与え失望させること，それゆえに人物Ⅰは人物Ⅱにはある種の応答責任があると感じていること，など，他者のかかわらない事物への信頼にはない側面をも含意するのが普通であるということである。さらに，信頼はしばしば相互に抱かれる——相手を信頼し，相手からの信頼も認識している——ものであるとい

---

17 （4-2）で紹介する類型を先取りして使えば，「馴れ親しみ・情緒的な信頼」においては共通性を視野に入れている一方で（たとえば［87］），「人格システムへの信頼」については相違が論じられている（たとえば［37］）。

う側面が強調される。そのうえで彼は，他者の行動への信頼に限定して，実験的に検討している。個人間あるいは集団間の協力を成立させる要件としての信頼に関心があったドイッチにとって，他者への信頼とそれ以外の事物への信頼の違いは決定的に重要であった。

次に山岸は，道徳的社会的秩序の存在に対する期待の中には，他者がその役割を遂行できるという能力への期待と，相互作用の相手が信託された責務と責任を（場合によっては自身の不利益になるとしても）果たす選択をするという意図への期待の二つが含まれ，信頼と呼ばれるべきなのは本来後者のみであると指摘している。

この意図に関してであるが，Deutsch（1958）は先に述べたように，信頼にもとづく行動が増える要因として，信頼の相手が持つ意図と，信頼の相手が望ましい結果をもたらす能力とを明確に区別している。そのうえで，Deutsch（1960a）において，認知される意図にどのような側面があるかを詳細に議論している。たとえば意図の源泉は，他者の役に立ちたいという内発的動機なのか，自分の特定の行動を条件として他者から何かを得たいという交換動機なのか，それとも他のさまざまな動機によるものなのか，といった具合にである。プレイヤー双方の取りうる選択肢とその選択肢対における相互の利得・損失が明確に定義されているゲーム状況を実験に用いたドイッチにとって，協力する意図の欠如は，能力の欠如とは区別して検討しうる，そしてすべき，問題であった。

ルーマンも，個人の選択によるコントロールの及ばないシステムの働きについての信頼や，システムの挙動を決定する専門家の能力への信頼を議論しており，信頼の意味を意図にもとづく選択には限定していない。ただしこれは，意図に対する信頼と能力に対する信頼を単に混同してしまったことによるものではない。ルーマンが，「他者の行為の選択性」[40] とか，「(信頼を発展させるための) 学習過程が進行するのは，ひとえに，信頼されるようになるであろう人が，信頼を裏切る機会を与えられ，そしてそれを利用しないときなのである」[83] といった表現を用いていることからも，それは明らかである。

したがって，信頼という現象を考える際には他者の行動意図への期待が重要であるという点においては，信頼という語をこの意味に限って定義して他の語と区別するか，それとも信頼という語自体は比較的広く定義したうえでその下位概念として扱うかという差はあるものの，山岸（1998）の呈示した論点は既にドイッチ，そしてそれにもとづくルーマンの議論において見られるものである。

ドイッチおよびルーマンと，山岸とのあいだのより大きな差異は，状況要因により誘導される相手の行動意図への期待をどのように扱うかに認められる。ドイッチは，Deutsch（1960b）ではアドルノのF尺度[18]と囚人のジレンマ・ゲームでの協力行動の関連性を示し，他者を信頼する傾向が比較的安定した個人差要因に起因する可能性を検討しているが，概して，状況要因がどのように協力行動を増大させるかに注目していた。たとえば上述（3-4）のように，相手の選択を知ってから自分の選択を変更できるような選択状況や，相手が期待を裏切った場合に罰を与える意図があることを知らせるコミュニケーションなどが，協力行動を増加させることを示している。このような，信頼を裏切った相手を罰する選択肢を持ちあるいはそれを告知することにより相手の選択を制約することによる社会的複雑性の減少が協力関係を増加させることは，ドイッチにおいては，信頼の問題であった。Deutsch（1962）は，「相互の信頼という社会―心理的関係の確立は，パーソナリティ特性よりも状況要因に重きを依っている」（p. 303）としている。

しかし山岸は，人間関係におけるサンクションの可能性のようなかたちであらかじめ社会的不確実性を減じることにより生じるのは「信頼」ではないと考えた。彼は，社会的不確実性が存在しているにもかかわらず，相手がその人間性のゆえにこちらの利益になるように振る舞うだろうという期待であることこそが，「信頼」の重要な要素であると考えたのである[19]。

ドイッチも，他者の行動意図の推測には相手の持つ良心や自分への好意の認知がかかわることを指摘しているが，これは多数ある要因の一部でしかなかった。要するに，ドイッチは他者に対する「信頼」について山岸より広い定義を

18　反民主主義的なパーソナリティを測定するために開発された尺度で，権威に対する服従や因習主義などに加えて，人間の善性についてのシニカルな態度を構成要素の一つとする。

用い，また山岸が「信頼」と呼ぶべきではないとした部分の解明にも多くの労力を注いだのである。コンフリクトを抱えた者同士のあいだの協力関係の構築に関心があったドイッチが，相互の人間性にかかわらず状況要因により協力関係が促進される現象にも焦点を合わせていたのは，当然のことであった。一方で，人間関係の流動性が低く一見強い信頼関係が存在するように見える社会において他者一般への信頼が弱いというパラドックスを見出した山岸は，サンクションや監視がなくても成立する信頼とそうでないものとの差異こそが重要であると考えたのである。

ルーマンもまた，行動に対してサンクションを与えることができること，また単に他者の期待を裏切るのではなく信頼という他者からの恩恵を裏切るということがことさら強いサンクションの理由づけとなることを指摘し，こうした要因が社会の不確実性を減じるプロセスを論じている。しかしルーマンは，相手が自分の期待に応えるよう動機づけるためにサンクションの可能性を明示的に用いることは，それ自体が相手に対する背信行為として信頼の形成や維持を妨げうるものであることも指摘しており，山岸とは異なるかたちで，サンクションと信頼のあいだの緊張関係を認めていたと言える。また，山岸は，人間関係の内側でのサンクションは信頼の形成を損なうとしつつも，「信頼社会の構築においては社会制度の充実，ことに法制度の整備がカギになる」（山岸 2008, p. 220）とも書いており，人間関係の外側に存する制度による保証は，信頼の促進要因であるとしている。これらの点では，ルーマンと山岸のあいだには接点を見出すことができる。

以上，モートン・ドイッチの信頼に関する実験的研究を紹介した。ではルー

19　山岸（1998）は，人間関係における監視やサンクションの可能性によりあらかじめ社会的複雑性が低減された状況で生じるものを，「安心（assurance）」と呼び，「信頼（trust）」と区別している。山岸の「安心」の語用が日常的な用法と異なっている点には注意が必要である。養育者の無償の愛情によって乳幼児期に生じ発達の過程を通じて維持される感覚——エリクソンのいう「基本的信頼感」やギデンズ（2005, p. 21）のいう「存在論的安心」——は，日常用語としては「安心」と重なる部分も大きいが，山岸の用語法にもとづけば「安心」ではなく，「人間関係的信頼」「人格的信頼（「一般的信頼」を含む）」である。

マンは，ここから出発してどのような議論を展開したのだろうか。

4 ● ニクラス・ルーマンの信頼論

4. 1. プロジェクト「社会の理論」

『信頼』初版刊行と同時期に新設のビーレフェルト大学社会学部の初代教授に就任したルーマンは，その際，自らの研究プロジェクトについて「社会の理論／期間：30 年／所要経費：0」というメモを残したのだという（ルーマン 2009, p. v）。30 年を経て読者は，『社会の理論』と題した膨大な著作シリーズを手にすることになったのだが，そこで与えられたのは，ヨーロッパと呼ばれる世界の片隅に偶然に生じた歴史的に唯一的で破局的な――しばしば「近代化」とか「文明化」などとも呼ばれる――変化の帰趨についての，数万年オーダーの文明史的タイムスパンを背景に描かれた，ごくおおざっぱなスケッチであった。このシリーズから振り返るかたちで 60 年代後半の著作群を見てみると，『信頼』が，その少し前（1965 年）に刊行した『制度としての基本権』（ルーマン 1989）においてゲオルク・ジンメルに拠りながら提出した機能分化論の構図[20]――そしてこれがほぼそのまま「社会の理論」プロジェクトの基本構図ともなる――のなかに，ドイッチそのほかによる行動科学的信頼論の研究成果を盛り込むかたちで構成されたものであることがわかる。そしてその意味で，「メモ」と同時期に刊行された『信頼』は，まさにこうしたライフワークの準備作業の出発点に位置する著作のひとつだといえるのであるが，しかし残念ながら『信頼』はこの構図を察知できるようには書かれていない。以下この点を補いながら，本書の趣旨に資するだろう論点二つを選んで紹介してみることにしよう。

---

20 これについて詳しくは小山（2015）を見よ。〈機能分化／人格的個人〉という基本構図のうち，「他人の人格を気にかけながら行われる個人間のやり取り」については特にアーヴィング・ゴフマンの著作を参照して議論が組み立てられている（『信頼』では特に第 6 章と第 8 章）ので，この構図は「ジンメル-ゴフマン的」と呼んでもよい。ルーマン理論におけるゴフマンの位置については酒井・小宮（2007）も見よ。

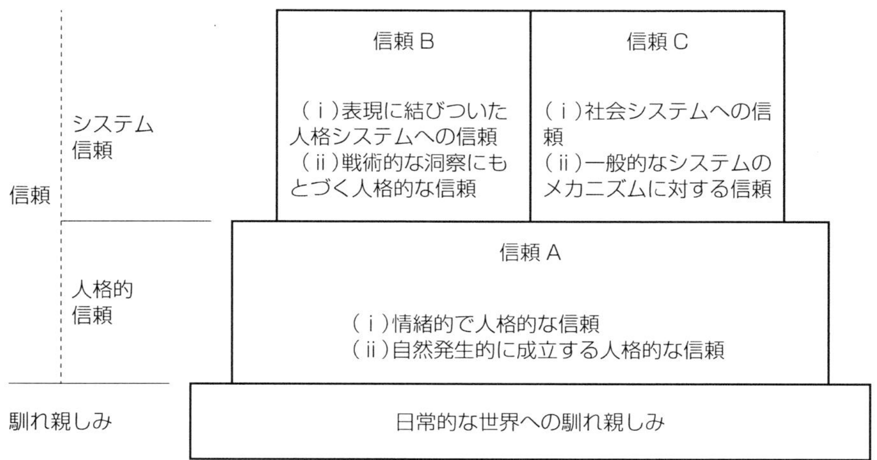

4.2.　信頼の類型

『信頼』の第3章［37-38］と第12章［176］では信頼の類型が列挙されている。この箇所を，『制度としての基本権』で提示された〈人々がお互いをますます「人格を備えた自由な個人」として遇しあうようになること〉と〈機能分化の進展〉の連関という構図――これこそが『信頼』に記されていないものなのだが――を背景に置いてみると，上図のようにまとめることができる[21]。なお，図中の（ⅰ）（ⅱ）は，それぞれ第3章と第12章の記載に対応している。

21　そして，このようにまとめてみるとこの類型には大きな問題があることがわかる。「人格」という語がAとBに，「システム」という語がBとCにそれぞれ登場しているため，『信頼』で頻用される〈人格的信頼／システム信頼〉という区別が，その都度どれを区別しているのか判別し難いのである。我々がここまでこの区別をほとんど使わずに紹介を進めてきたのもそのためである。なお20年後に公刊された英語論文（Luhmann 1988）では，Bに「trust」，Cに「confidence」，馴れ親しみには「familiarity」が充てられており，Aは議論に登場しない（したがって類型の混乱はいちおう解消されている）。

簡単に敷衍しておくと：

- 信頼（A, B, C）はまず，馴れ親しみ[22]から区別されるものとして一括して規定される。
- A は，馴れ親しみに依存しつつ長期にわたる直接的接触による愛着に基づいて生じる，周囲にいる特定の知っている人に対する信頼であり，人格システムに対する信頼 B や社会システムに対する信頼 C――システム信頼――とは区別される。

---

22 「馴れ親しみ（親密性 Vertrautheit）」という術語は――「日常的な世界親密性（die alltaegliche Weltvertrautheit）」［36］や「生活世界の親密性（Vertrautheit der Lebenswelt）」［36］といった表現があわせて使われていることからみても――フッサールの生活世界論と，それを改鋳したハイデガーによる日常性に関する議論から借用されたものである。馴れ親しみは「繰り返し」によって物にも人にも生じ，馴れ親しみのないもの（疎遠で不気味なもの）との区別によって構造化される［31］。

なお，『信頼』刊行の少し前にはボルノウも同様にハイデガーに依拠した信頼論を提出しており（高橋 1996，丸山 2013，本書第 8 章（広瀬論文）），ルーマンも当然ながらこれを横目に見ながら『信頼』を書いたであろう。注目すべきは，ボルノウがハイデガーの情態性（Befindlichkeit）に関する議論をそのまま拡張するかたちで――信頼を情態性の契機の一つとして位置づけるかたちで――信頼論を構築したのに対して，ルーマンの方は，馴れ親しみに亀裂が走るところにこそ信頼の必要性を見ていることである。ここにはルーマンの現象学に対する――積極的な利用と限界確定，そして歴史化を同時に行なおうとする――両価性が見て取れる。後年のルーマンはこの議論をさらに進め，馴れ親しみ概念をとくに宗教人類学的な論題領域で活用した（たとえば Luhmann（1988, pp. 96-97），ルーマン（1998, pp. 109-111）（2009, pp. 941-946）（2016, pp. 91-99）などで，馴れ親しみから出発して宗教的シンボルや神話について論じている）。

高橋（1996）は，ボルノウが論じた「存在への究極的信頼」のような宗教的な感情・確信について「ルーマンの機能主義的な信頼をめぐる議論からこのような内容を引き出すことはできない」と述べているが，それは探す場所を間違えている。ルーマンは，宗教的な感情・確信や，ジンメルをはじめとする多くの論者がしばしば信頼と直接にリンクさせて語ってきた信仰などといった宗教的諸論題を分割し，馴れ親しみやコミュニケーション・メディアといった複数の論題の下位論題として，信頼とは切り離した形で扱っているのである（コミュニケーション・メディアとしての信仰についてはルーマン（1999，第 2 章），ルーマン（2016，第 5 章）を参照）。これらの切り離しは，ジンメルやボルノウに対する批判的含意も込めておこなわれたものと考えるべきだろう。

- 人格システムへの信頼Bは，（それほど知らない・親しくない人たちも含む）人格を備えた自由な――したがって，こちらの思うとおりには振る舞わないかもしれない――個人に対して，その人の自己表現にもとづいて生じる信頼である。
- 社会システムへの信頼Cは，「他の人たちも信頼しているはずだ」という信頼にもとづいて生じる，貨幣・真理・権力といったコミュニケーション・メディアに対する（さらにはそれらの周囲で成立している機能分化した非人格的な制度的秩序の働き一般に対する）信頼である。

こうした類型を使って，『信頼』では，

- 近代における（奥行きのある分節化された）人格を備えた自由な個人同士の付き合いは，人格システムに対する・互いの自己表現にもとづく信頼Bによって支えられている。
- 近代の機能分化した非人格的な社会秩序は，個々人からの非人格的秩序に対する信頼Cによって支えられている。
- 個人間に信頼Bが成立しやすくなっているのは，機能分化した非人格的秩序が信頼Cにもとづいて成立しているからである。

といったストーリーが語られる。このストーリーは，『制度としての基本権』で提出された

- 機能分化という非人格的秩序は人格を備えた個人を必要とするが，人格を備えた自由な個人が広く成立可能なのは機能分化のもとでである。

という，機能分化と個人の分出の相互亢進関係の構図のなかで「信頼」というトピックを捉えたものになっているが，残念ながらこの構図自体は明示的には書かれておらず，『信頼』だけから読み取ることは難しい。

4.3.　近代における未来指向の優位性：リスクと信頼

もう一つ紹介しておきたいのは，時間表象にかかわる長期トレンド（過去指向から未来指向への転回）という論題である。

近代以前においては，多くのことがらについて，「これまでこうしてきた」ということが振る舞いの根拠になり［32］，それ以外の可能性は視野に入って

こないか，入ってきた場合は闘争や神秘化の対象として扱われる［31］（この事態を指すために使われている術語が「馴れ親しみ」である［32］）。これに対し，近代への移行の中で〈未来は現在の選択によって変わりうる〉という発想がさまざまなことがらについて適用されるようになり，時とともにその範囲が拡張されてくる。たとえば「罪を犯せばあなたは魂の救済を危うくする。つまり救済は教会の仕事ではなく個人的な生活様式や努力の問題となるのである」(Luhmann 1988, p. 98) といった具合である[23]。こうした数百年にわたる拡張過程は，ルーマンのみるところ，一方での社会の複雑性の増大（ひいては機能分化の進展）と，他方でのリスク・危険・信頼といった〈未来の事態に対する現在における対処〉にかかわる語彙が開発され前景化してきたことと相関している。時間表象に関するこの長期トレンドは，ルーマンの複数の著作に繰り返し登場する論題であり[24]，『信頼』は，このトピックを扱った初期著作の一つだといえる。

ルーマンは『信頼』の 20 年ほどあと（1991 年）にリスク概念を扱った著作『リスクの社会学』を刊行しているが（ルーマン 2013）そこでは，リスクが問題になるのは，

- 未来における利益を見越して，現在において行なわれる決定によって，未来において生じうる害にかかわるときである

と定式化されている（ルーマン 2013, p. 32）。信頼に関する【規定 2】をこれと並べてみると，信頼が問題になるのは，

- 未来における他人の振る舞いによる利益を見越して，未来における他人の振る舞い（裏切り）による害が生じうることを認識しつつも，現在におい

23　ルーマンはほかに，婚姻が個人的選択の問題になったことや，病気が「いつ襲ってくるかわからない危険」から「生活様式に結びついたリスク」へと変化したことなどといった例を挙げている（ルーマン 2013, p. 63）。ここにはさらに，最近では自分や子どもの人生も「デザイン」するものへと変わったことなど，無数の例を加えていくことができるだろう。

24　1974 年刊行の『法システムと法解釈学』（ルーマン 1988）第 4 章では，全体社会の過去指向から未来指向への変化に対応して法ドグマティクが使い始めた語彙としてリスク，危険，信頼などが挙げられており，1991 年の著作『リスクの社会学』（ルーマン 2013）でも第 2 章でこのトピックが比較的詳しく論じられている。

て決定を行なうときである

と再定式化できよう。

一方で両者は，〈現在における決定／未来における利益と害〉というパーツについては共通している。これは，信頼やリスクが問題となりうるためには，そもそも上述の〈未来は現在の選択によって左右される〉という発想を前提しており，また信頼がリスクを引き受ける形式の一つである［53-54］ことと関連している[25]。他方で両者は，その規定に他人への関わりを明示的に含むか否かという点で異なる。そしてまた，リスクにおいては害に焦点が当たっているのに対し，信頼においては利益に当たっているという点でも異なる[26]。とはいえふつう，未来における害をリスク概念を使って考慮する際には，合理的な行動の拡張（～リスクを賭すこと）――つまり，害をまったく生じさせないことを前提にしてしまうと行動の範囲があまりにも限られ，それによって利益を逃

25　〈未来は現在の選択に左右される〉という発想は，リスクを賭すこと・リスクに備えること・信頼することなどにとってア・プリオリな位置にある（「貸す／借りる」や「売る／買う」にとって「持っている／持っていない」がそうであるように）。そしてこの発想の適用対象の範囲や程度――そしてその帰結――は歴史的に変化してきた。こうした社会的実践（行為や活動）におけるア・プリオリかつ偶然的なものは，ルーマンが方法論的議論をほぼまったく行なわずに暗黙裡にそこに定位して仕事を進めた社会学的論題であるが，エスノメソドロジーにおいては明確な仕方で追求されている（前田ほか編（2007），さらに歴史的変容も視野にいれた酒井ほか編（2009），酒井ほか編（2016）も見よ）。

26　信頼における「未来にしか生じえない成果を，あたかもすでに生じているかのように現在において先取りする」という契機（→2-1-1）がリスクの規定には必要ない，という点も異なる。なおこれは「リスクにおいてそうした事態は生じない」ことを意味しない（リスクが他人の働きにかかわりなく規定できることが「他人によって生じる害はない」ことを意味しないのと同様に）。

ところでDeutsch（1958）はリスク・テイキングについて，「予期が実現したときのポジティブな結果が実現しなかったときのネガティブな結果より大きい」という契機を指摘している。これは信頼の【規定2a】における「予期の通りになればポジティブな結果が生じるが，予期の通りにならなければそれより大きなネガティブな結果が生じる」という契機に対応するものだが，ルーマンは前者については明示的には考慮していないようである。ただし本文ですぐ次に触れているように，リスクを「合理的行動の範囲の拡張」という課題に関係づけて論じる際には，この契機は前提となっているともいえる。

してしまう蓋然性も高まるために，許容可能な害の水準を定めて合理的行動の範囲を拡張すること（ルーマン 2013, p. 29）――が課題になっているのであって，この場合はリスク概念も未来における利益に指向しているといえる。

ところがここであわせて「危険」――その原因が自分の決定には帰属されない・未来において生じるかもしれない害（ルーマン 2013, p. 38）――を考慮すると，議論はかなり変わってくる。というのも，自然的事由だけでなく他人の決定もまた害の原因になりうるため，ここに他人とのかかわりが入ってくるからである。

「目下話題にしている害は，その原因をどこにどれだけ帰属させうる・どのような性質をもった・どの程度の規模と発生確率をもった害なのか」に関する判断は人によって異なりうるから，たやすく紛争を引き起こす。さらにここに，未来において生じうる害について，「ある人たちにとっては自らの決定から生じるリスクであるが，別の人たちにとっては他人の決定によって被る危険である」という事情が重なれば，この紛争は抜き差しならないものになりうる。しかも〈未来は現在の選択によって左右される〉という発想の適用範囲と程度が広がっていけば，それに応じて危険の原因が自然ではなく他人の決定へと帰属される範囲も――したがって抜き差しならぬ紛争を引き起こしうることがらの範囲も――広がるだろう。これは『信頼』には登場せず，『リスクの社会学』で主題的に扱われることになったトピックである[27]。

5 おわりに

以上で，『信頼』という著作が，機能分化論の構図に・信頼に関する行動科学的研究を・現象学と突き合わせたうえで盛り込むことによって成立したものであることは，いちおう示せたかと思う。

本章で紹介したように，類型化やストーリー提示の不備などもあって，『信

27 とはいえトピックの転換を支えているアプローチは首尾一貫しており，『リスクの社会学』での議論が『信頼』でのそれを拡張するかたちで行なわれていることもわかるだろう。

頼』はきわめて読みにくい著作になってしまっているのだが，しかし『信頼』の難しさは，おそらくそうしたところからだけ生じているわけではない。それは，読者がすでによく知っていることをわざわざ取り上げて論じるルーマンの作業の意味が，読者にきちんと伝わっていないことにも由来するように思われる。

たとえば『制度としての基本権』に登場する「現代社会は自由な個人からなるものだ」とか「誰にでも人権がある」といった考え方，『信頼』に登場する「社会秩序を支えているのは信頼だ」とか「他人を信頼できること，他人に信頼されるように自己呈示できることは大切だ」といった考え方は，どれも読者がすでによく知っており，一読してすぐに（賛成するか否かはさておき）理解はできるだろうものである[28]。これらはまた，社会生活の個々の局面では実現していないことがあるものの，そうだからといって我々が捨て去ろうとはしない考え方でもあるだろう。これらは――単にルーマンその人の個人的考えなのではなくて，それ以前にまずは――社会において流布し・現に使われているものとして，ルーマンのテクストに登場してくる。ルーマンの作業は，こうした現代社会で実際に使われている建前のひとつひとつを，まずは我々がたいていは自明なものとして馴れ親しんでしまっている文化的沈殿物として取り上げ，社会進化上の獲得物として捉えなおそうとするものなのである。

『信頼』はまた，たとえば「どうしたら信頼されるだろうか」「どんな人が信頼に値するだろうか」といった，人々が日々実践的にかかわりあっている問いになんらかの回答や見通しを与えようとするものでもない。そうではなく，そうした問いが人々にとって重要で切実なものとして日々浮上してくる社会とはどのようなものなのかを検討するものなのである。

人権，人格，個人，自由，信頼などといったものを社会進化上の獲得物として検討すること，人々が日々かかわりあっているありふれた問題がそもそも登場してくる可能性条件を検討すること，これらはどちらも，我々がそのうちに投げ入れられ・馴染み・暮らしている近現代の社会秩序に対する反省の作業で

28　4節で登場した「未来は現在の選択に左右される」――この，現代を生きる我々にとってはあまりにも当たり前すぎる発想――も，ここに加えることができよう。

ある。ルーマンの議論のそうした性格を踏まえているかどうかによって,『信頼』をはじめとする諸著作とのつきあい方も,そこから読者が読み取りうることも,大きく変わってくるにちがいない[29]。

参考文献（邦訳のあるものは邦訳のみ記載した）

Braybrooke, David. (1964), "The Mystery of Executive Success Re-examined", *Administrative Science Quarterly*, 8(4), 533–560.

Braybrooke, David and Charles E. Lindblom, (1963), *A Strategy of Decision: Policy Evaluation as a Social Process*, Free Press of Glencoe.

Deutsch, Morton. (1958), "Trust and Suspicion", *the Journal of Conflict Resolution* 2, 265–279.

Deutsch, Morton. (1960a), "The Effect of Motivational Orientation upon Trust and Suspicion", *Human Relations*, 13, 123–139.

Deutsch, Morton. (1960b), "Trust, Trustworthiness and the F-Scale", *the Journal of Abnormal and Social Psychology* 61, 138–140.

Deutsch, Morton. (1962), "Cooperation and Trust: Some Theoretical Notes", *Nebraska Symposium on Motivation*, 275–319.

Deutsch, Morton. (1999), "A personal Perspective on the Development of Social Psychology in the Twentieth Century", in A. Rodriguez and R. V. Levine, (eds.), *Reflections on 100 Years of Experimental Social Psychology*, New York: Basic Books, 1–34.

Luce, Robert Duncan, and Raiffa, Howard. (1957), *Games and Decisions: Introduction and Critical Survey*, New York: Wiley.

Luhmann, Niklas. (1988), "Familiarity, Confidence, Trust: Problems and Alterna-

---

29　本章の執筆にあたっては，ニクラス・ルーマン研究会，論文執筆準備作業進捗報告会，社会言語研究会において構想や草稿を繰り返し検討していただいた。なかでも梅村麦生さん（社会学）には進捗報告会にて一部文献の内容紹介なども行なっていただいた。また（酒井が）2017年10月に朝日カルチャセンター新宿にて開催した「ルーマン解読6：『信頼』を読む」講座におけるゲスト講師の小宮友根さん（社会学，エスノメソドロジー）や受講生の皆さんとのディスカッションは本章執筆時にも参考にさせていただいた。荒見玲子さん（行政学），佐野亘さん（公共政策論），飅茂さん（社会学説史）には最終稿へのレビューコメントをいただいた。記して御礼申し上げます。

tives", in D. Gambetta, (ed.), *Trust: Making and Breaking Cooperative Relations*, Basil Blackwell, 91–107.
アレックス・アベラ（牧野洋訳）（2011）『ランド――世界を支配した研究所』，文藝春秋.
アアロン・ウィルダフスキー（小島昭訳）（1972）『予算編成の政治学』，勁草書房.
小野耕二（2006）「シリーズルーマンの政治理論２――ルーマンにおける『信頼』論の位置」，『名古屋大学法政論集』，214，1–49.
アンソニー・ギデンズ（松尾精文，小幡正敏訳）（1993）『近代とはいかなる時代か？――モダニティの帰結』，而立書房.
アンソニー・ギデンズ（秋吉美都，安藤太郎，筒井淳也訳）（2005）『モダニティと自己アイデンティティ――後期近代における自己と社会』，ハーベスト社.
小島昭（1970）「予算における意思決定の理論」，行政学会編『現代行政の実践課題――予算・管理・市民参加』年報行政研究 8. 勁草書房，1–35.
小松丈晃（2003）『リスク論のルーマン』，勁草書房.
小宮友根（2011）『実践の中のジェンダー――法システムの社会学的記述』，新曜社.
小山裕（2015）『市民的自由主義の復権――シュミットからルーマンへ』，勁草書房.
ハーバート・サイモン（宮沢光一訳）（1970）『人間のモデル』，同文館出版.
酒井泰斗，浦野茂，前田泰樹，中村和生編（2009）『概念分析の社会学――社会的経験と人間の科学』，ナカニシヤ出版.
酒井泰斗，浦野茂，前田泰樹，中村和生，小宮友根編（2016）『概念分析の社会学２――実践の社会的論理』，ナカニシヤ出版.
酒井泰斗，小宮友根（2007）「社会システムの経験的記述とはいかなることか――意味秩序としての相互行為を例に」，『ソシオロゴス』，31，62–85.（改稿のうえ小宮（2011）に再録）
ゲオルク・ジンメル（居安正訳）（2016）『社会学――社会化の諸形式についての研究（上）（下）』，白水社.
高巌（1995）『H・A・サイモン研究』，文眞堂.
高橋浩（1996）「ルーマンのシステム理論における人間学的射程」，『鹿児島女子大学研究紀要』，17–2，107–124.
千葉隆之（1996）「信頼の社会学的解明に向けて」，年報社会学論集 Vol. 1996（1996）No. 9 P 211–222.
モートン・ドイッチ（杉田千鶴子訳）（1995）『紛争解決の心理学』，ミネルヴァ書房.
モートン・ドイッチ，ピーター・T・コールマン，エリック・C・マーカス（編）

（小林久子訳）（2009）『新版紛争管理論――さらなる充実と発展を求めて』，日本加除出版.
中村五郎（1968）「行政のストラテジー」都市問題研究 20-4, 81-93.
シルヴィア・ナサー（塩川優訳）（2013）『ビューティフル・マインド――天才数学者の絶望と奇跡』，新潮社.
野口悠紀雄，新村保子，内村広志，竹下正俊，金森俊樹，巾村和敏，高橋俊之（1979）「予算編成における公共的意思決定過程の研究」，『経済研究』，32（3），285-287.
ウィリアム・パウンドストーン（松浦俊輔訳）（1995）『囚人のジレンマ――フォン・ノイマンとゲームの理論』，青土社.
橋本信之（2005）『サイモン理論と日本の行政』，関西学院大学出版会.
タルコット・パーソンズ（新明正道監訳）（1973/1974）『政治と社会構造（上）（下）』，誠信書房.
前田泰樹，水川喜文，岡田光弘編（2007）『ワードマップエスノメソドロジー――人びとの実践から学ぶ』，新曜社.
真淵勝（1983）「A. ウィルダフスキー予算編成論の研究 1」，『法学論叢』，113(3)，26-55.
真淵勝（1984）「A. ウィルダフスキー予算編成論の研究 2」，『法学論叢』，114(1)，68-92.
丸山徳次（2013）「『信頼』への問いの方向性」，『倫理学研究』43, 24-33.
三上剛史（2008）「信頼論の構造と変容：ジンメル，ギデンズ，ルーマン：リスクと信頼と監視」，『国際文化学研究』（神戸大学国際文化学部紀要），31，1-23.
三谷武司（2012）「システム合理性の公共社会学――ルーマン理論の規範性」，盛山和夫ほか編『公共社会学 1 リスク・市民社会・公共性』，東京大学出版会，71-86.
森田朗（1981）「インクリメンタリズムの論理構造―― Charles E. Lindblom の政策決定理論に関する一考察」，『千葉大学法経研究』，10，139-175.
山川雄巳（1980）「政治学とサイバネティクス」，『年報政治学』，31，77-109.
山川雄巳（1982）『アメリカ政治学研究』，世界思想社.
山岸俊男（1998）『信頼の構造――こころと社会の進化ゲーム』，東京大学出版会.
山岸俊男（2008）『日本の「安心」はなぜ消えたのか――社会心理学から見た現代日本の問題点』，集英社インターナショナル
与謝野有紀，林直保子，草郷孝好，関西大学社会的信頼システム創生センター（2017）『社会的信頼学：ポジティブネットワークが生む創発性』，ナカニシヤ出版.

ニクラス・ルーマン（土方透訳）（1988）『法システムと法解釈学』，日本評論社.
ニクラス・ルーマン（今井弘道，大野達司訳）（1989）『制度としての基本権』，木鐸社.
ニクラス・ルーマン（大庭健，正村俊之訳）（1990）『信頼――社会的な複雑性の縮減メカニズム』，勁草書房.
ニクラス・ルーマン（青山治城訳）（1998）「生活世界――現象学者たちとの対話のために」，『情況』，9(1)，情況出版，101-131.
ニクラス・ルーマン（土方昭，三瓶憲彦訳）（1999）『宗教社会学――宗教の機能』，新泉社.
ニクラス・ルーマン（馬場靖雄，赤堀三郎，菅原謙，高橋徹訳）（2009）『社会の社会1』，法政大学出版局.
ニクラス・ルーマン（小松丈晃訳）（2013）『リスクの社会学』，新泉社.
ニクラス・ルーマン（土方透，森川剛光，渡曾知子，畠中茉莉子訳）（2016）『社会の宗教』，法政大学出版局.

第5章
政治学における信頼研究

西山　真司

1 ● はじめに

政治学における信頼研究の論点は多岐にわたるが，本章では「人と人との信頼関係がいかにして成り立つのか」という問いを軸にして，政治学がどのようなモデルを提示しているのかを見ていくことにしたい。ところで，政治学が制度についての学であるという前提を踏まえれば，人と人との信頼関係がいかにして構築されるかという問題は，政治学にとっての直接的な問題関心にはなりえない。しかしながら，政治学が制度についての学であるからこそ，信頼関係の構築について，他の学問領域とは異なったモデルを提供する余地が生まれてくる。本章では，政治学における信頼研究の構図をスケッチしたうえで，その構図がいかにして生み出され，それが信頼関係の構築をめぐる議論にどのような見通しをあたえているかを論じていくことにする。

これから主張するのは，次のようなことだ。政治学における信頼研究の特徴は，信頼概念の定義の仕方にではなく，むしろ人びとのあいだでの信頼を（政治的な）制度との関係において見ていくという問いの設定の仕方にある。そしてその意味で，政治学における信頼研究は問いの構図としてのホッブズ的秩序問題を引き継いでいる。また，制度と人と人との信頼関係を同時に視野に収めるために，政治学は行動科学的な傾向をもつことになる。ただし，ホッブズ的秩序問題と行動科学の組み合わせには，独自の緊張関係が存在する。その緊張関係から新たな信頼研究を構想するためには，他のディシプリンにおけるアプローチをさまざまに検討してみる必要がある。

本章では，第2節において近年の政治学における信頼研究の出発点として，R・パットナムの議論とそれに対する批判を検討し，そこにホッブズ的秩序問題が伏在していることを指摘する。第3節では，1950年代から60年代という行動科学の時代において，現在の信頼研究の前史となるような政治文化論が展開されたことをG・アーモンドを題材にして検討する。第4節では，現在の信頼研究の特徴を端的に表すものとして，制度と人びとの間での信頼がどのようにモデル化されているかという観点から，R・ハーディンとB・ロスステインを対比してみたい。最後に第5節において，今後の政治学における信頼研究の可能性について論じる。

2 ● 政治学における信頼研究の問題構成

2.1. 出発点としてのパットナム

まず政治学における信頼研究の状況を俯瞰してみると，1993年のパットナムによる『民主主義を機能させる（邦題：哲学する民主主義）』（Putnam 1993＝2001）の前後で研究動向の様相がずいぶんと変化していることがわかる。パットナムの研究以前においても，政治分析において「信頼」という概念は一般的に使われてはいたものの[1]，それ自体としてそれほど注目される概念でもなかった。しかし，イタリア州政府制度のパフォーマンスの差異を歴史的に実証した『民主主義を機能させる』が非常に大きな反響を呼ぶことで，にわかに信頼概念への注目は高まった。というのも，パットナムによる分析の鍵となった「ソーシャル・キャピタル」という概念の中核にあったのが，信頼概念だったからである[2]。これによって，政治学および関連諸領域においてソーシャル・

1　その典型例が，投票行動研究や政治行動論であろう。そこでは，有権者の政治体制や政党や政治家などに対する信頼感や支持とほぼ同義なものとして「信頼（trust）」という概念が用いられている。

キャピタルや信頼を主題とした研究は激増し[3]，「ソーシャル・キャピタルは，ここに2・30年のあいだに社会科学に現れた概念的な革新のうち，もっとも重要なもののひとつであろう」（Rothstein and Stolle 2008, p. 293）と言われるほどになった。

こうして，パットナムの研究を主要な参照点として，それ以降の政治学における信頼研究は展開されていくことになる。しかしそれと同時に，パットナムによる「政治制度がうまく機能するかどうかを，人びとのあいだでの信頼によって説明する」という図式には，多くの批判が寄せられることになった。しかもその批判は一定の方向に収斂している。すなわち，「今日に至るまで，この分野におけるもっとも重要なソーシャル・キャピタル研究，つまりロバート・パットナムの『民主主義を機能させる』に対する主要な批判というのは，——その歴史分析に欠陥があることを別とすれば——それが国家の役割についてほとんど何も語っていないというところにある」（Herreros 2004, p. 72）。そして，この「信頼研究において国家をどう位置づけるか」という論点は，政治学における信頼（ないしソーシャル・キャピタル）研究にとっての根本問題となっている。

2　パットナムのソーシャル・キャピタル概念は，「調整されたさまざまな活動を活発にすることによって社会の効率性を改善できる，信頼，規範，ネットワークといった社会組織の特徴」（Putnam 1993, p. 167（邦訳：pp. 206-207））として定義されている。そして，「信頼はソーシャル・キャピタルの本質的構成要素である」（Putnam 1993, p. 170（邦訳：p. 211））とされる。こうした概念定義や，その背景にある方法論的個人主義と合理的選択理論の考え方は，パットナムが社会学者のJ・コールマンによる『社会理論の基礎』（Coleman 1990＝2004，2006上巻，下巻）から援用したものである。ただし，紙幅の関係からこれ以上細かく論及しないが，パットナム自身の定義も時期とともに変遷する（後述）し，すべてのソーシャル・キャピタル概念が「信頼」を要素として含みこんでいるわけではない。

3　パットナム以降にどの程度信頼研究が増大したかについては，明確な指標があるわけではないし，それを数値で表現することにもたいした意義はないのかもしれない。ただ，論者によって測定方法や測定対象に差があるとはいえ，「信頼」や「ソーシャル・キャピタル」を主題とした研究論文は，それから20年のあいだに少なくとも100倍程度は増加したと言われている（cf. Woolcock 2010; Ostrom and Ahn 2003）。

2.2. パットナムのソーシャル・キャピタル論における国家の不在

政治を「集合的に拘束的な意思決定の創出と履行をめぐる過程の総体」として考えれば，政治がうまく機能するためには，人びとのあいだで集合行為問題が解消されなければならないということになる。もし自分がある種の集合的決定に従う用意があったとしても，他人がその決定に従わないかもしれないと思えるならば，人は自分だけがカモ（sucker）にされることを避けるために，行為決定の際に非協力というオプションを選択するかもしれない。そして，そのような可能性を他の人びとも計算に入れ，全員が非協力を選択してしまえば，社会秩序という根本的な公共財が創出されないということになる。いわゆる典型的な囚人のジレンマ・ゲームの状況である。もちろん，政治にかぎらず，ありとあらゆる社会的な場面において潜在的に集合行為問題は発生しうるが，政治の“ゲーム”はまさにそれがもっとも先鋭的なかたちで表現される場である。

パットナムによるソーシャル・キャピタル論は，信頼をベースにした人的なネットワークの構築によって，こうした集合行為問題が解決され，その結果としてある社会の政治制度のパフォーマンスが向上するというロジックを用いている。「社会的ネットワークの存在によって，信頼が転移可能かつ拡散可能なものになる。つまりこういうことだ。私はあなたを信頼する。というのも，彼女がまちがいなくあなたのことを信頼していて，そんな彼女を私は信頼しているからだ」（Putnam 1993, p. 169（邦訳：p. 209））。このようにして，ネットワークが生み出す互酬性の規範が，アドホックな関係をこえた一般的な規範として定着するからこそ，人びとは公共財の創出に協力するわけである。

だが，こうしたロジックは一見理に適ってはいるものの，どこまで一般化できるかについては懐疑的にならざるをえない。M・リーヴィは，いかにして信頼される側（trustee）に信頼を裏切る誘因を低減させ，信頼する側（trustor）に信頼の確実性を保障するようなメカニズムを与えるのかが理論的に解明されなければ，パットナムのロジックは不十分であるという批判を加えている（Levi 1996）。リーヴィによれば，そのメカニズムこそが国家なのである。パットナムによる「確固として社会中心的（resolutely society-centered）」（Levi 1996, p. 50）な分析[4]では，そのことが見落とされてしまう。

「パットナムは一般的信頼（generalized trust）の主たる源泉は中間結社であると主張している。それらもたしかに，重要な役割を果たしうる。しかしながら私には，こうしたメカニズムによって生じるソーシャル・キャピタル，とりわけ信頼が一般的信頼を創出するのに十分であるとは思われない。ある状況下においては国家の制度が一般的信頼の基礎を築くというかなりの根拠も存在する。実効的な政府が存在しないところでは，われわれはホッブズ的な自然状態，つまり『万人に対する闘争』へと陥ることになるのである」（Levi 1996, p. 50）。

リーヴィによるこのような批判が典型的に表しているように，政治学者たちによるパットナムへの批判は，人びとのあいだでの信頼関係が政治のパフォーマンスを向上させるという“ボトムアップ”の側面だけでなく，国家が人びとの信頼関係を構築する“トップダウン”の可能性を無視しているというものであった[5]。実際に，パットナム以降の政治学における信頼研究は，信頼関係の構築にとって国家ないし政治制度が果たす役割を，研究上の基盤となる問いの構図（問題構成 problematics）として保持するようになる。

2.3. 問題構成としてのホッブズ的秩序問題

パットナムにかぎらず，政治学において通常用いられる信頼概念は，いずれ

4　C・ヘイも，サプライサイド／ディマンドサイドという区別を用いながら，パットナムの議論があまりにも市民の側，つまりディマンドサイドに偏重していること批判している（Hay 2007, pp. 43-49（邦訳：pp. 55-59））。ヘイは，政治分析における思考方法には，つねにサプライサイド（国家などの「政治の領域」）が含まれなければならないことを主張している。同様に，J・ジョンソンも，『民主主義を機能させる』においては，結局のところ規範やネットワークがどのようなメカニズムで政府や経済のパフォーマンスに影響を与えるのかが特定されることなく，パットナムは「自身が分析の出発点に据えた問題を書き直した」にすぎないと批判する（Johnson 2003, p. 106）。

5　パットナム自身も後年になってこのことを認めている。「国家がさまざまな方法をとってソーシャル・キャピタルの形成を奨励したり，あるいは阻害したりしていることは，これまで十分に研究されてこなかった」（Putnam and Goss 2002, p. 17（邦訳：p. 15））。

も他の学問領域から援用されたものである（このことの理由は後述する）。そのかぎりでは，政治学のなかに信頼概念についてのオリジナリティを見つけ出すことは難しい。むしろ，政治学における信頼研究に特徴的なのは，上述のような問題構成の設定の仕方にある。すなわち，「政治の領域（国家や政治制度など)」と「政治の外側の領域（人びとの間の関係性)」との関係を信頼という概念を触媒にして考えるということである。

こうした意味において，政治学における信頼研究は，本書の第1部で示されたようなホッブズ的秩序問題の現代版として展開されていると言える。なぜなら，そこには，一方における諸個人のあいだでの信頼関係（trust）と，他方における各人の政府（統治者）に対する信任（confidence）とが，相互構成的に成り立つという構図があるからだ。統治者による社会秩序の維持（ずるをしたり裏切ったりした人を見つけ出し処罰すること）に対する期待がなければ，他者を信頼することはできないかもしれないが，そうした統治者の秩序維持能力を信頼できるためには，自分以外の人びとも統治者を信頼しているということが信頼できなければならない。

こうした問題構成を簡潔な図に表現すると，これまでの政治学における多くの信頼研究は，図1に示されたA・B・C・Dそれぞれ任意の項の関係をどのように考えるかをめぐって展開されている[6]。

2.4. 信頼の区分

しかし，ホッブズ的秩序問題を下敷きにした以上の問題構成が一定程度共有されていたとしても，人が国家や政治制度を信頼するとはどのような事態なのかということは，さらに問われなければならない問題である。

たとえば2017年に刊行された『政治的信頼ハンドブック』（Zmerli and van der Meer 2017）においては，P・ノリスによる政治的な信頼の区分が同論文集全体にとっての一応の共通理解として採用されている。ノリスは，しばしば信

6　ここには，D項として【経済】（経済制度・市場）を入れておいた。その理由は，信頼に関する先行研究の多くが，政治制度のパフォーマンスについて経済的な諸変数との関係で関心をもっているためである。たとえば，Knack ed. (2003) などがその典型である。

図1　政治学における信頼研究の見取り図

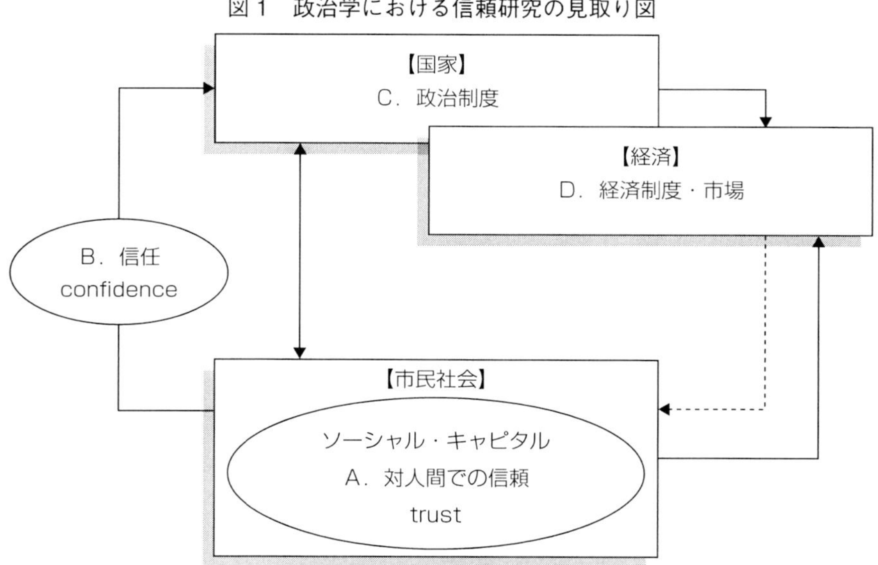

頼研究のなかでも混同されている“信頼”概念を，いくつかの類概念とレベルに分けつつ論じることを提案している（Norris 2017)。前者に関して言えば，市民の政治システムに対する態度として「(制度に対する）信任」「(相手の動機や能力に対する信念としての）信頼」「懐疑（もしくは判断の延期)」「シニシズム」などが区別されなければならないだろう。他方で後者に関しては，たとえば市民による政治的支持と言っても，その支持の具体的対象とレベルは複合的なものにならざるをえない。

ノリスがここで提案するのが，半世紀以上前にD・イーストンが政治分析の枠組みとして提案した政治システム論の応用である。それは市民による政治的支持を，同心円上にある五階層に区別するものである（Norris 2017, pp. 23–24)。もっとも拡散的なものから特定的なものへ順に挙げると，1. 国民国家への帰属意識，2. 政治体制の原則及び規範的価値への同意，3. 政治体制の全般的なパフォーマンスに対する評価，4. 政治体制の諸制度に対する信任，5. 現職の公職者に対する承認，となる。このうち，ノリスが政治的信頼という概念にふさわしいとするのは支持の五階層のうちの4および5であり，それらは政治制度のパフォーマンス能力に対する一般的な信念と，公職者の善意に基づく動機とパフォーマンス能力に対する信念であるとされている。

ここでは，ノリスがどのような分類をおこなったかということそれ自体よりも，ノリスがイーストンの政治システム論を参照したという事実の方に注目したい[7]。イーストンはシカゴ大学を本拠としつつ，1950年代初頭から経験的な政治分析のための一般理論の彫琢という点において，行動科学的な政治学をけん引してきた。その意味で，彼の政治システム論はまさに行動科学運動の申し子そのものなのである[8]。ノリスはイーストンを参照することで，人びとの会話といったような社会の局所的な場面から議会などの意思決定中枢までも含む，政治生活全体を包括するような枠組みのなかに政治的信頼概念を位置づけようとしたのだと言うことができる。信頼は，政治システムに対するインプットの一つの形態として，政治システムのパフォーマンスに影響をあたえ，それがアウトプットとなってシステムの環境に作用するというわけである。こうした行動科学的な図式は，問題構成としてのホッブズ的秩序問題と親和的であると言うことができるだろう。

以上，政治学における信頼研究が，パットナム批判のなかでホッブズ的秩序問題を問題構成として確認するところから出発したこと，およびそのような問題構成は行動科学理論と親和性をもつことを確認してきた。次節においては，なぜ政治学における信頼研究がこうした特徴をもつのかについて，学説史的な

7　ノリスが参考文献として挙げているのは，Easton（1965a＝1968）であるが，同書は同年に発表されたEaston（1965b＝1980）に向けた導入という意味合いが強く，またここで問題になっている「政治的支持」の対象をイーストンが分類して詳細に論じているのも，むしろ後者の方である。

8　イーストンは自身の政治システム論が彫琢された場として，シカゴ大学の「行動科学委員会（Committee on Behavioral Sciences）」（1951年～1953年）を挙げている（Easton 1965a, p. xii（邦訳：pp. 7-8））。ちなみに，イーストンが「脱行動科学革命」を宣言するのが1969年である。ただしこの宣言は，行動科学的な政治学のこれまでの成果を否定するためのものではなく，科学が社会的有意性にもっと関心を払うべきだという趣旨のものであることには注意しておきたい。

理由を説明していくことにする。

3 ● 行動科学時代の政治文化論

20世紀初頭の政治学の中心的な問題領域は，制度ないし集団としての人間行動であって，個人間の関係や個人の心のあり方といったものは，それ自体としては分析対象ではなかった。その意味で，当時の政治学においては，日常的でトリヴィアルな人間関係や心のあり方は，固有に政治的な領域の外部にあるものとして位置づけられてきたと言える。よって，今日のようなかたちで政治学が「信頼」という概念に着目することが出来るためには，まずそのための素地が形成される必要があった。学説史的に見ると，そうした素地が形成されたのは，行動科学運動が全盛期であった1960年前後を中心としたアメリカの政治文化論をめぐる議論においてである。本節においては，この政治文化論がどのようにして政治学における信頼研究の素地を作ったのかということを検討していきたい。

3.1. アーモンドによる「比較政治システム」

1960年前後の政治文化論は，当時社会科学全般に流行していた行動科学と，その行動科学運動とも一定の関係をもつ中期T・パーソンズのシステム理論[9]を独自に組み合わせて作られたものであった。政治学にとって行動科学が意味したことは，それまで“政治の領域”とされてきた公的な制度の外側にある人間の行動に注目するということであり，もっと端的に言えば，政治学に社会学や心理学の知見を取り入れるということであった。他方で，中期パーソンズ理論は，こうした学際性をシステム理論としてまとめ上げるための道具立てを用意した。そして，その両者の接合から政治文化論を作り上げたのが，アーモンドである。アーモンドは新たに創設された比較政治学という研究領域を開拓し

9　一般的に中期パーソンズ理論として分類されるのは，構造－機能主義が前面に押し出されていた1945年から1951年頃に発表された著作群であり，中心となるのは1951年の『社会システム』（Parsons 1951＝1974）と同年のE・シルズとの共編著『行為の一般理論にむけて』（Parsons and Shils 1951＝1960）である。

ていくなかで，現在の政治学における信頼研究の前身となる政治文化論を構想した。

アメリカの政治学が行動科学へと明確に舵を切ったのは，1950年代である。もともと19世紀までの政治学は，もっぱら憲法典などに示される国家の公的な統治制度を研究対象として考えていた。それに対して，19世紀後半から20世紀初頭にかけて徐々に，政治現象を十全に理解するためには，正規の法的構造のみならず，それを取り巻く非公式な制度・過程・要素を含めた広角的な把握が必要だという機運が高まっていった（Easton 1993, p. 292（邦訳：p. 370））。そして，こうした機運は第二次世界大戦後，それまでの政治学が視野の外に置いてきた非西欧諸国や新興国における政治現象を理解するための新しいアプローチを求める勢力と合流する。その舞台になったのが，アメリカの社会科学研究評議会（Social Science Research Council: SSRC; 1923年発足）である。

アーモンドは，SSRCの創立メンバーでもあるC・メリアムに端を発する「シカゴ学派」に薫陶を受けた代表的論者の一人であり（ただし，アーモンドが勤務していたのはプリンストン大学），同時にSSRCの中心メンバーの一人として，この行動科学運動と非西欧諸国向けのアプローチを求める機運を収斂させようとした。このとき，SSRCにおける行動科学運動の中心は「政治行動委員会」（1948年発足）と1954年に新設されたばかりの「比較政治委員会」であり，アーモンドはこの後者で初代委員長を務めることになる[10]。

こうした背景のもと，アーモンドは1956年にSSRCの比較政治委員会での報告をもとにした「比較政治システム」という論文を発表する（Almond 1956）。この短い論文の主旨は，公的な政治制度の外部にある人びとの行動を比較政治分析に取り入れるというものであり，そのためにパーソンズ理論における「行為」「システム」「役割」「行為への志向」という概念の転用可能性を考えるというものであった。そしてこの論文において，政治学における信頼研究の前史となる「政治文化」論がはじめて提起されることになる[11]。

こうしたアーモンドの「比較政治システム」論文は，当時の比較政治委員会

10　この辺りの事情については，SSRCの「比較政治学に関する大学間協同研究セミナー」の報告書であるMacridis and Cox（1953）や，佐々木（2016）が詳しい。

にとって画期的な意義を持つものとなった。なぜなら，一つの理論枠組みの中に，行動科学が要請するミクロな政治行動分析と，比較政治学が対象とすべきマクロな政治システムの機能分析とを並立しつつ，政治文化概念によってその両者を連携させる媒介項を用意しているからである（cf. Pye 1991, p. 494）。言い換えれば，政治文化概念は，行動科学的な人びとの行動分析と，政治学本来の制度分析とを，一体としておこなうための概念となっているのである。

3.2. アーモンドとヴァーバによる『市民文化』

その後，アーモンドによる政治文化論の構想は修正を繰り返しながら，最終的に『市民文化』（Almond and Verba 1963＝1974）という経験分析にたどり着くことになる。これは，アメリカ・イギリス・西ドイツ・メキシコ・イタリアの五カ国を対象に，各国の市民それぞれ1000名ずつを面接調査し，そこから得られたサンプルから安定した民主主義政体（＝アメリカとイギリス）に必要な政治文化と社会環境のあり方を示すものである。アーモンドらは，パーソンズ理論に独自の解釈を加えた上述の政治文化概念にあてはめるかたちで，各国ごとに人びとがどのような政治的態度を取っているかを類型化し，それを比較していった[12]。一般の人びとの政治的態度を調査して，それを国ごとに比較するということは，現在の目から見ればそれほど変わった方法には思えないかもしれない。けれども，1960年代当時の政治学では，同じ質問項目に組織化されたアンケートによって各国の政治的態度を比較するという方法は，ほとんど行なわれていなかった。そうした意味で，政治文化論は行動科学を前提にしてはじめて成り立つものであったと言うことができる。

他方で，一般の人びとの志向性と政治システムとの関係を考えるという政治文化論の構図は，ホッブズ的秩序問題を科学的に調査しようとしたものだとも

11　政治文化概念の当初の定義は次のようにあたえられていた。「あらゆる政治システムは，政治的行為に対する志向の特定のパターンの中に埋め込まれている。私はこれを政治文化として言及するのが有用だと考える」（Almond 1956, p. 396）。

12　紙幅の関係からアーモンドらによる政治文化概念の操作化の方法や，パーソンズ理論との関係について詳細に論じることはできない。この点については，以前拙稿にて論じておいたので，そちらを参照されたい（cf. 西山 2010-2011）。

言える。というのも，アーモンドら自身，安定的な民主主義政体を支える政治文化（＝政治システムに対する人びとの信任）は，人びとが互いに取り結ぶ信頼・協調関係に依存していると考えるからである。実際に『市民文化』では，アメリカとイギリスにみられる人びとの社会的信頼感が政治システムに対する信頼感や積極的な政治参加の意志につながっているといったことや（Almond and Verba 1963, p. 297（邦訳：p. 292）），五カ国いずれにおいても自発的結社に所属する人はそうでない人に比べて，強い政治的有効性感覚をもつ傾向にあるといったこと（Almond and Verba 1963, pp. 306-307（邦訳：p. 304））が，主張されている。こうしたことからアーモンドとヴァーバは，「市民文化の構成要素としての社会的信頼と協調性が果たす役割は，いくら強調しても足りないほどである」（Almond and Verba 1963, p. 490（邦訳：p. 487））と述べたのだった。

以上により，人びとのあいだでの信頼関係を政治分析が取り入れるためには，行動科学という文脈が必要であったこと，そして行動科学的な文脈の中でホッブズ的秩序問題が探求されていたことを，60 年代の政治文化論をめぐる状況から確認してきた。次に，こうした政治文化論が現在の政治学における信頼研究におよぼした影響を考えてみたい。

3.3. 政治文化論から信頼論へ

行動科学によるホッブズ的秩序問題の検討という 1960 年代の政治文化論の特色は，同時にそうした試みの限界を示すものでもあった。どういうことかと言えば，当時の行動科学が目指していた“科学的な”研究手法というものが心理学の模倣であったために，アーモンドらの政治文化論も，ホッブズ的秩序問題の片側，すなわち，政治システムや政治制度（リヴァイアサン）が人びとの信頼関係をどのようなかたちで構築するのかという点をうまく捉えられなかったのである。そのため，結局のところ政治文化論は，「政治構造」「政治文化」「諸個人の政治的態度」という鍵概念の論理的な連関を明確にすることもないまま，人びとの心理的な側面が政治のパフォーマンスに直結しているかのような理論構成になっていた[13]。

しかしそれでも，政治文化論が現在の政治学における信頼研究につながるような素地を作ったことは，見逃すことができない。政治学にとって研究の範疇外であった人間の行動や心理的側面，人びと同士の関係性といったものは，行動科学という文脈の中ではじめて光が当てられていったのである。そして，たとえ論理的な欠陥があったとしても，アーモンドの政治文化論はホッブズ的秩序問題に信頼という観点から取り組むための一つのモデルを提供するものであった。パットナムのソーシャル・キャピタル論は，こうした政治文化論を問題構成のレベルで引き継ぎつつ，方法論のレベルで乗り越えることを目指したものなのである[14]。

また同時に，学際化を強力に推し進めていった行動科学時代の申し子が政治文化論であったとすれば，パットナム以降のソーシャル・キャピタル論（信頼論）も行動科学的な学際的広がりのなかに位置づくものである。もともと制度の学である政治学は，信頼について独自の概念定義をもたないが，それでも信頼という概念を分析の中に取り入れることができるのは，行動科学以来の伝統が存在するからなのである。

この節では，一度時代をさかのぼって，現在の政治学における信頼研究の前史となる行動科学時代の政治文化論を題材に，行動科学とホッブズ的秩序問題の結びつきが当初どのようなかたちで生まれてきたのかを見てきた。次節においては，もう一度時代を現在に戻して，アーモンドの政治文化論においてもパットナムのソーシャル・キャピタル論においても残されたままであった，制度（政治システム，国家など）が人びとのあいだでの信頼関係の構築にどのような役割を果たすのかについての議論状況を見ておこう。

13　こうした理論構成をもって，アーモンドの議論が一種の「生態学的誤謬」に陥っているという評価も存在する（cf. Kavanagh 1972＝1977）。こうした問題が生じるのは，そもそもアーモンドが中期パーソンズ理論を誤解していたからである。この点についても，前掲拙稿の西山（2010-2011）において論じておいた。

14　たとえば次も参照のこと。「〔それまでの政治文化論では，さまざまな政治的／非―政治的参加の関係性が研究されてきたが――引用者〕しかしながら，アーモンドとヴァーバがさらにより重要だと考えた『社会的信頼と協調性の役割』を精査することに対しては，あまり注意が払われてこなかった。だが，パットナムによって（再）導入されたソーシャル・キャピタルという概念は，そうした態度や日常生活の中で生じる信頼・参加・社会的つながりのパターンに対して，われわれがもっと注意を払うことを要求しているのである」（Dekker and Uslaner 2001, p. 3）。

4 ● 制度はいかにして信頼関係を醸成するのか

第1節においては，現在の政治学における信頼研究の類型を簡単な図にして示しておいた（図1)。本節においては，制度が人びとの間での信頼関係を醸成する際の主な二つの系統を見ておきたい。一方は，制度それ自体の信頼性（trustworthiness）が存在すれば人びとの間での信頼（trust）は別段問題にならないという立場である（ハーディン)。もう一方は，制度に対する公平性の認知が，見知らぬ他者を含めた一般的信頼を可能にするという立場である（ロスステイン)。この両者は現在の政治学における信頼研究の到達点と問題点を対比的に示している。

4. 1. 合理主義と信頼性

パットナムの『民主主義を機能させる』に対して，“国家の不在”を鋭く指摘したリーヴィは，その後信頼をテーマにしたラッセル・セージ財団シリーズ[15]の主要な編者および寄稿者として，パットナムとは異なる信頼研究の類型を作り上げていった。このラッセル・セージグループには，リーヴィの他にR・ハーディンやK・クックなどが含まれている。

ラッセル・セージグループの端的な特徴は，強い学際的な志向性とともに，これまでの信頼研究のように信頼概念それ自体の探求に向かうのではなく，「信頼性（trustworthiness)」について考えるというところにある。これを理論的に支えているのが，ハーディンの理論である。ハーディンは，これまでの信頼研究が信頼概念についての無用な混乱に陥っていることを批判し，信頼を演繹的な合理主義のモデルから説明することで，心理学的なアプローチに頼っていた従来の信頼研究を乗り越えることを提案している（Hardin 1999)。そのロジックは次のようなものだ。まず，相手が信頼に値するように振る舞うことが，相手にとっての利益になっているということを，自己が知っていることが前提となる。「しかしながら，私の信頼は信頼される側の利益それ自体に直接的に向けられるのではなくて，私自身の利益が信頼される側の利益のなかにカプセ

15　2017年8月段階で，シリーズ16冊が刊行されている。

ル化されているかどうか，つまり，信頼される側が私の利益を，それが私の利益であるということにのみ基づいて，部分的に自分自身の利益として捉えているかどうかに向けられる」(Hardin 2006, p. 19)。

よって問題は，信頼する人の側にあるのではなくて，むしろ信頼される相手側が信頼する側の利益を自らの利益として捉えているかどうかというところに移される。「一般的に，信頼に関するほとんどすべての標準的な理論は，それがインセンティヴに基礎をおいたものであれ，規範に基礎づけられたものであれ，本質的に信頼性，すなわちいくつかの事例であきらかなように，道徳的に決定されうる性質についての議論である」(Hardin 2003, p. 85)。ハーディンが述べるように，信頼とは結局のところ，相手が信頼に値するかどうかについての知識に基づいた判断にすぎないということであれば（それが「信頼性」ということで言われていることである)，信頼に関する議論で重要なのは，相手が信頼に値するか否かを判断するための「文脈」となる。「信頼の一般的な社会現象においては，他者に関する知識を提供し，また他者に信頼に値するような仕方で振舞うインセンティヴを与えるような，大きな社会的文脈のなかに物語の大部分がある」(Hardin 2003, p. 92) からである。ハーディンにとって，その大きな社会的文脈こそが，制度なのである。

ここで，本書コラム2に登場した信頼チャートに当てはめてみれば，ハーディンの信頼概念は次のようなものになるだろう。

	関係項			対象				結果
	関係項1	関係項2	関係項3	能力	行為	動機	動機の内容	
ハーディン	信頼者	被信頼者	制度		✓	✓	利益のカプセル化（関係項1が得る利益が関係項2の利益の中に含まれている）	秩序

4.2.「信頼性」をめぐる論点

ハーディンの議論は，ラッセル・セージ財団関係のみならず，その後の信頼研究一般に大きな影響を及ぼした[16]。その理由として挙げられるのは，ハーディンの信頼論が，錯綜した議論状況を呈している信頼研究において，これまであいまいに用いられてきた信頼概念を演繹的にモデリングすることで，混乱を収拾する方法を提案したからである。そしてその途上で，ホッブズ的秩序問題の片側，すなわち「いかにして政治制度が人びとのあいだでの信頼関係を生み出すのか」という問いに一応の答えを出したのであった。けれども，「信頼性」を重視するハーディンの議論には，信頼研究として見た場合に看過しえない困難も含まれている。そのことを，ハーディンとリーヴィとクックによる『信頼なき協力？』（Cook, Hardin, and Levi 2005）を題材にして論じておきたい。

同書は，そのタイトルが示しているように，人びと同士のあいだで信頼が存在しなくても，社会的な協力関係（集合財を算出するような集合行為）は可能であることを論じるものである[17]。このテーゼの根拠となっているのが，例の「カプセル化された利益としての信頼」論である。そこでは，個人が相手の信頼性をたしかめることができない状況下において，国家やさまざまな組織ならびに制度が，社会における信頼性と社会的協力を確保するための装置として，信頼が可能になる文脈を提供していることが論じられる。言い換えると，そうした秩序維持装置への信任（confidence）が存在する限りで，見知らぬ諸個人は相互に協力することができるのである。よってハーディンらは，トクヴィル—パットナム的な発想，すなわち人びとのあいだでの信頼関係が政治のパフォーマンスを向上させるというテーゼを逆転させようとする。

「応答的で，公正で，有能で，善意の国家とは，信用の置ける（reliable），また信頼に値し（trustworthy）さえする国家であり，それゆえに市民から

16　パットナムも『ひとりでボウリングをする』（Putnam 2000）になると，ハーディンの理論を取り入れて，ソーシャル・キャピタルの構成要素を「信頼」から「信頼性」に変化させている（Putnam 2000, Chap. 8, n. 7（邦訳：p. 638，注 7））。「ソーシャル・キャピタルということで意味されているのは，個人間のつながりである。つまり，個人のあいだで生じる，社会的ネットワーク，互酬性の規範，および信頼性のことである」（Putnam 2000, p. 19（邦訳：p. 14））。

17　「信頼は多くの人格間的な文脈では重要であるものの，それは社会を生産的かつ効果的に機能させるという重荷を背負うことはできない」（Cook, Hardin, and Levi 2005, p. 1）。

服従と同意を引き出すことができる傾向にある。この意味においてこそ，国家の有効性は市民の了解と信任（acquiescence and confidence）に依存しているといえる。政府はこうした結果をもたらす鍵となるプレイヤーであり，政体内部に事前に存在していた信頼の単なる受益者ではない」（Cook, Hardin, and Levi 2005, p. 165）。

以上のように，ハーディンは「信頼」から「信頼性」へと目線を移すことによって，政治制度がどのような意味で見知らぬ他者への一般的信頼を可能にするかを説明することができるのかもしれない。けれども，そもそも政治学における信頼研究が，政治制度のパフォーマンスはその制度それ自体の外側にある“何か”によって補完されなければならないという気付きを出発点としていたことに鑑みれば，ハーディンらの立論はホッブズ的秩序問題を引き継いだというより，むしろ問題を消去したことにしかならないのではないだろうか。言うなればそれは行動科学以前の政治学に戻っただけである。制度はそれ自体で自己完結したゲームのルールなのではなく，秩序ゲームに参加しているプレイヤーたちが，その制度をルールとして承認したうえで実際にゲームをしなければ存立しえないようなものである。ハーディンの「信頼性」についての議論は，ゲームのルールの重要性を示すものではあるけれど，実際にそのゲームをプレイするプレイヤーたちがどうやってそのルールにしたがっているかを等閑視している。人間が文脈に応じて自己利益にとって最適なプレイをできる存在であれば，そもそも「信頼」というもの自体が問題にならないはずだ。

4.3. スカンディナヴィアのパラドックスと制度の役割

B・ロスステインは，ハーディンと同様に，人びとの信頼関係の構築において制度が決定的な役割を果たすと主張しつつパットナムを批判する[18]。だがそれと同時にロスステインは，ハーディンによる信頼概念が極端に切り詰められ

---

18 ロスステインは，パットナム批判の文脈において「ソーシャル・キャピタルが政治を説明するのと同様に，政治がソーシャル・キャピタルを説明する」（Rothstein 2001, p. 209）と言っている。

てしまっていることも批判している。「定義というものは正確，エレガントかつシンプルなものでなければならない（ハーディンの定義がそうであるように）だけでなく，私たちがその特定の用語を使う際に伝えようとしているものの本質を捉えることができなければならない」(Rothstein 2000, p. 485)。こう述べるロスステインは，信頼を客観的な合理性の観点からではなく，人びとの主観的な期待の水準における合理性から捉えることで，制度が信頼関係の構築に果たす役割を明確にできると主張している。

ロスステインの当初の問題関心は，「スカンディナヴィアのパラドックス」と言われるものを解決する点にあった（Kumlin and Rothstein 2005, p. 346）。スカンディナヴィアのパラドックスとは，社会的扶助が公的義務となると市民間での連帯感は減少するはずだという主張がなされる一方で，世界的に見ても最高水準の福祉制度が維持されているスカンディナヴィア諸国においては，相対的に高い対人間での信頼（ソーシャル・キャピタル）が維持されているという事態である。

この問題に対してロスステインがあたえた答えは，先進国に暮らす人びとがもっとも身近に接することになる公的な福祉国家制度との接触経験が，自分の周囲にいる不特定多数の人間に対する“ものの見方”を形成するというものであった。そして，政治制度との接触の場面において，普遍主義的福祉国家に暮らす市民の経験とその他の先進国に暮らす市民の経験を分かつものは，福祉サーヴィス受給の際の「ニーズ・テスト」であるとロスステインは主張する。国家によって福祉サーヴィスが一律・無差別に供給されるのであれば，個々の市民の生活状況を勘案するようなニーズ・テストは不要になる。しかし，福祉国家が普遍主義的でなくニーズ・テストを伴う福祉政策では，サーヴィスの供給が非常に複雑な手続きを必要とする結果，現場で福祉を担当するストリート・レベルでの第一線公務員（grassroots bureaucratic）は，サーヴィス供給規則の適用にあたってその煩雑さに対応するための非公式で恣意的と思われるような準則を形成しやすくなる（Kumlin and Rothstein 2005, p. 349）[19]。そうした非公

19　この点は，行政学などにおいて第一線公務員論として論じられている問題とも関連してくる（cf. Lipsky 1980＝1986）。

式で恣意的な準則の運用に触れた市民は，政府や政治制度は公正・公平さに欠けるのだというものの見方ないし世界観を培ってしまう。

ホッブズ的秩序問題，つまり，価値観の自明性や同質性をあてにできない不特定多数の他者との信頼関係というものを考えたとき，混沌に秩序をもたらすリヴァイアサンは，公正かつ公平なものでなければならない。少なくとも，そのように認知されていなければならない。

> 「文明化された社会においては，法と秩序の諸制度は一つのとくに重要な任務を帯びている。それは，『裏切り者』であるような人びと，つまり，契約を破ったり，窃盗をはたらいたり，人を殺したり，その他非協力的なことを行なうがゆえに信頼に値しない人びとを捜査して処罰することである。だから，もしあなたがこれらの諸制度が公正かつ効果的に期待されるとおりのことをすると考えるのならば（つまり，もしあなたの認知マップがそのようになっているならば），人びとがそのような不誠実な行動をまんまとやり遂げるチャンスは小さいと信じる理由があることにもなる。そうであれば，あなたは人びとが不誠実に行為しない十分な理由があると信じることになり，それゆえあなたは『たいていの人は信頼できる』と信じることになる」(Rothstein 2001, p. 232)。

以上のように，ロスステインの信頼論は，公正・公平な制度のはたらきを期待（信任）できるときに，人びとは見知らぬ他者への一般的信頼を醸成しやすくなるというものである。一般的信頼が醸成されれば，集合行為ゲームにおいても，プレイヤーのそれぞれが他のプレイヤーが協調行動を選択するという期待をもつことができるようになる (Rothstein 2005, pp. 12-13)。これを再びチャートにしておこう。

	関係項			対象				結果
	関係項1	関係項2	関係項3	能力	行為	動機	動機の内容	
ロスステイン	信頼者	被信頼者	制度		✓	✓	制度の公正・公平さ	公共財

4.4. 制度の公正・公平さに対する認知

もう一度見ておくと，ロスステインの信頼論のロジックには4つのステップがあった。1. 人びとが身近な政治制度との接触経験において，自分が公正・公平に扱われていると思うことができる。2. その経験が制度への集合的記憶[20]を構成し，政治制度一般への信頼（信任）へと拡大される。3. 制度が一般的に人びとを公正・公平に扱うのであれば，誰もその社会において不誠実な行動をやり遂げることはできないだろうと期待される。4. よって「たいていの人は信頼できる」と人びとは信じるようになる。

ここで重要になるのが，制度の公正・公平さに対する人びとの（潜在的）認知がいかにして生まれるのか，という論点である。それは，自分以外の人も自分と同じようなしかたで制度に従っているということの認知と言い換えることもできる。そしてこの論点は，近年の政治学における信頼研究全体でも，共有されつつあるように思われる（cf. Grimes 2017）。ロスステインは人びとが福祉国家的な諸制度と接触する場面を，制度に対する認知が生まれる一つの典型例であると考えていた。

しかしながら，信頼研究として考えた場合，人びとが身近な政治制度と接触する場面（市役所，警察官とのやり取り，学校の教室…etc.）において，どのような認知マップ（集合的記憶）が形成されているかをどのようにして知るのか，という問題は残されたままである。ロスステインの議論は，ホッブズ的秩序問題を現代的な信頼研究へとうまく翻訳しているが，ハーディンのような演繹モデルを手放している以上，それを経験的にどのように展開していくかについてはまた別途考えなければならないはずである。しかし，ロスステインがこの点について見取り図以上のものを提示しているようには思われない。

政治制度の公正・公平さが政治学にとっての重要な論点であったとしても，

---

20 「集合的記憶（collective memory）」とは，個人が主観的な合理性に従って行為する際の認知枠組みを形成するものであり，そこにはたとえば制度のクオリティについての期待，またその制度のもとでの相互行為における他者の振る舞いに対する期待などが含まれる（Rothstein 2005, p. 157）。ロスステインは別の論文において，集合的記憶を「『他者』がいかにして構成されるか」（Rothstein 2000, p. 488）に関するものだとしても表現している。

人びとの認知という問題は，これまでの政治学にとっては直接的な管轄領域ではない。だからこそ，信頼研究の一つの契機でもあった行動科学に必要な刷新を加えつつ――というのはつまり，かつての行動科学時代におけるアーモンドの失敗を反省しつつ――，学際的に研究を組織していかなければならない。M・グライムスも述べるように，「手続き的公平さに対する認知は，政治的信頼それ自体と同様に，実際の意思決定過程における観察と評価のみならず，政治領域の外部にある社会的・心理学的・感情的要因というものにも基づいているのかもしれない」（Grimes 2017, p. 256）からである。政治学における信頼研究は，この政治領域の外部にあるものを捉えるために，再び行動科学から学ぶべきこともあるはずだ[21]。

本節においては，政治学における信頼研究の到達点と問題点を示すものとして，ハーディンとロスステインの議論をそれぞれ見てきた。両者ともに，政治制度の重要性を主張するという点では一致している。けれども，ハーディンの議論は，信頼概念を合理主義的に一貫させようとすることで問題構成としてのホッブズ的秩序問題を犠牲にし，結果的に政治学における信頼研究の独自性をも消去してしまっていた。他方でロスステインの議論は，信頼という概念に含まれる主観的な期待を重視することでホッブズ的秩序問題をモデル化するものの，行動科学的に政治学を他のディシプリンに開く用意が整っていないと言えるだろう。次節においては，ここまでの考察を踏まえて，政治学における信頼研究の可能性を簡単に述べて終わりたい。

5 ● 政治学における信頼研究の可能性

5.1.　政治学における信頼研究の構図

政治学における信頼研究に固有のアプローチや固有の概念定義がない以上，その全体像を見渡すことは容易ではない[22]。しかしながら，政治学における信頼研究をその問いの構造レベルにおいて捉えれば，そこにはホッブズ的秩序の

21　そうした目線で，もう一度本書第4章（酒井・高論文）を読んでいただきたい。

問題が議論の共通の土台になっていることがわかる。つまり，諸個人の間での信頼関係を，制度に対する人びとの信任（他者もその制度を信頼していることへの信頼）から考えるというのがそれである。

ただし，政治学が「信頼」というものを研究する際には，行動科学的な学際性が求められることになる。というのも，信頼を人称的な関係における信頼関係として考える場合も，制度のような非人称的なものへの信任として考える場合も，いずれにせよ信頼は一般的に政治の領域と見做される部分に位置づくものではないからだ。信頼のような日常生活におけるトリヴィアルなものを政治学が扱うためには，人間の心のはたらきとされるものから公的な政治制度に至るまでを一枚の画面の中で捉えなければならない。その際に学際的な連携の軸となるようなアプローチが現在模索されている[23]。

5.2. 今後のありうる方向性の一つとして

政治学における信頼研究が信頼研究全体に対してなしうる貢献は，制度が信頼関係の構築において果たす役割とそのロジックを示すことである。第3節で取り上げたロスステインの議論が示すように，人びとは制度の公正・公平さの認知をつうじて，他者も自分と同様に集合行為において協調行動を選択すると期待し，人びとがそうした認知のもとでゲームを実際にプレイすることで制度への信任と人びとへの一般的信頼が醸成される。ところで，このことをモデルとしてではなく，実際に経験的に研究していくためには，人びとによる日常的な制度との接触場面においてどのようなゲームがプレイされているかを見ていかなければならないだろう。けれども，これまでの政治学は，具体的な社会的

22　政治学における信頼論およびソーシャル・キャピタル論の代表的な先行研究をレヴューしたものとして，他にも坂本（2011）およびNewton（2008）などもある。

23　そのうちの一つが，脳科学的なアプローチとの協働であろう。たしかに政治学における実験的アプローチはまだ緒に就いたばかりで突飛に聞こえるかもしれないが，信頼研究一般にかぎってみれば，脳科学や認知科学と社会科学の協働というのはべつに珍しいものでもない（cf. Ostrom and Walker 2003）。実際，囚人のジレンマ・ゲームは合理主義的な信頼研究の基本構図であったのだから，このことは驚くにはあたらないだろう。むしろ，政治学がこうした（脳科学の対象ともなるような）信頼というものに関心を寄せるようになったことに驚くべきなのだ。

文脈が当事者たちによってどのように理解されているかという次元を軽視してきたきらいがある。以上のことを踏まえれば，今後のありうる方向性の一つは，政治学における信頼研究がエスノメソドロジーの視点を取り入れて「人びとの信頼関係」と「制度」を切り離さずに一つの社会的場面として捉えていくというものになるように思われる。ただし本章では，このことを可能性として言及するに留めておく[24]。

参考文献

Almond, Gabriel A. (1956) "Comparative Political Systems", *The Journal of Politics*, 18(3), 391-409.

Almond, Gabriel A., and Verba, Sidney (1963) *The Civic Culture: Political Attitudes and Democracy in Five Nations*, Princeton University Press. [邦訳：G・A・アーモンド，S・ヴァーバ（石川一雄ほか訳）(1974)『現代市民の政治文化』，勁草書房.]

Coleman, James S. (1990) *Foundation of Social Theory*, the Belknap Press of Harvard University Press. [邦訳：ジェームズ・サミュエル・コールマン（久慈利武監訳）(2004, 2006)『社会理論の基礎（上）（下）（抄訳)』，青木書店.]

Cook, Karen S, Hardin, Russell, and Levi, Margaret (2005) *Cooperation without Trust?*, Russell Sage Foundation.

Dekker, Paul, and Uslaner, Eric M. (2001) "Introduction", in Paul Dekker and Eric M. Uslaner, (eds.), *Social Capital and Participation in Everyday Life*, Routledge.

Easton, David. (1965a) *A Framework for Political Analysis*, Prentice-Hall. [邦訳：デヴィッド・イーストン（岡村忠夫訳）(1968)『政治分析の基礎』，みすず書房.]

— (1965b) *A Systems Analysis of Political Life*, John Wiley. [邦訳：D・イーストン（片岡寛光監訳）(1980)『政治生活の体系分析（上）（下)』，早稲田大学出版部.]

— (1993) "Political Science in the United States: Past and Present", in James Farr and Raymond Seidelman, (eds.), *Discipline and History*, the University of

24　エスノメソドロジーによる信頼研究の基本的な考え方としては，本書における秋谷論文（第3章）を参照のこと。

Michigan Press.［邦訳：ジェームズ・ファ，レイモンド・セイデルマン（本田弘，藤原孝ほか訳）（1996）『アメリカ政治学の展開——学説と歴史』，サンワコーポレーション.］

Grimes, Marcia.（2017）“Procedural Fairness and Political Trust”, in Sonja Zmerli and Tom W. G. van der Meer,（eds.）*Handbook on Political Trust*, Edward Elgar Publishing.

Hay, Colin.（2007）*Why We Hate Politics*, Polity Press.［邦訳：コリン・ヘイ（吉田徹訳）（2012）『政治はなぜ嫌われるのか——民主主義の取り戻し方』，岩波書店.］

Hardin, Russell.（1999）“Do We Want Trust in Government?”, in Mark E. Warren,（ed.）, *Democracy And Trust*, Cambridge University Press.

——（2003）“Gaming Trust”, in Elinor Ostrom and James Walker,（eds.）, *Trust & Reciprocity: Interdisciplinary Lessons For Experimental Research*, Russell Sage Foundation Series on Trust.

——（2006）*Trust*, Polity Press.

Herreros, Francisco.（2004）*The Problem of Forming Social Capital*, Palgrave Macmillan.

Johnson, James.（2003）“Conceptual Problems as Obstacles to Progress in Political Science; Four Decades of Political Culture Research,” *Journal of Theoretical Politics*, 15(1), 87–115.

Kavanagh, Dennis.（1972）*Political Culture*, Government and Opposition.［邦訳：D・カヴァナー（寄本勝美，中野実訳）（1977）『政治文化論』，早稲田大学出版部.］

Knack, Stephen.（ed.）（2003）*Democracy, Governance, & Growth*, the University of Michigan Press.

Levi, Margaret.（1996）“Social and Unsocial Capital: A Review Essay of Robert Putnam's Making Democracy Work”, *Politics & Society*, 24(1), March, 45–55.

Lipsky, Michael.（1980）*Street-level Bureaucracy: Dilemmas of the Individual in Public Services*, Russell Sage Foundation.［邦訳：マイケル・リプスキー（田尾雅夫，北大路信郷訳）（1986）『行政サービスのディレンマ——ストリート・レベルの官僚制』，木鐸社.］

Macridis, Roy, and Cox, Richard.（1953）“Seminar Report”, *The American Political Science Review*, 47(3), 641–657.

Newton, Kenneth.（2008）“Trust and Politics”, in Dario Castiglione, Jan W. van

Deth, and Guglielmo Wolleb, (eds.), *The Hand Book of Social Capital*, Oxford University Press.

Norris, Pippa. (2017) "The Conceptual Framework of Political Support", in Sonja Zmerli and Tom W. G. van der Meer, (eds.) *Handbook on Political Trust*, Edward Elgar Publishing.

Ostrom, Elinor, and Ahn, T. K. (2003) "Introduction", in Elinor Ostrom and T. K. Ahn, (eds.), *Foundations of Social Capital*, Edward Elgar Publishing.

Ostrom, Elinor, and Walker, James. (eds.) (2003) *Trust & Reciprocity: Interdisciplinary Lessons For Experimental Research,* Russell Sage Foundation.

Parsons, Talcott. (1951) *The Social System*, The Free Press. [邦訳：タルコット・パーソンズ（佐藤勉訳）(1974)『社会体系論』，青木書店.]

Parsons, Talcott, and Shils, Edward. (eds.) (1951) *Toward a General Theory of Action,* Harvard University Press. [邦訳：タルコット・パーソンズ，E・A・シルズ（永井道夫，作田啓一，橋本真訳）(1960)『行為の総合理論をめざして（抄訳)』，日本評論新社.]

Putnam, Robert D. (1993) *Making Democracy Work,* Princeton University Press. [邦訳：ロバート・D・パットナム（河田潤一訳）(2001)『哲学する民主主義 伝統と改革の市民構造』，NTT 出版.]

—— (2000) *Bowling Alone: The Collapse and Revival of American Community,* Simon & Schuster. [邦訳：ロバート・D・パットナム（柴内康文訳）(2006)『孤独なボウリング米国コミュニティの崩壊と再生』，柏書房.]

Putnum, Robert D., and Goss, Kristin A. (2002) "Introduction", in Robert D. Putnum, (ed.), *Democracies in Flux: The Evolution of Social Capital in Contemporary Society*, Oxford University Press. [邦訳：ロバート・D・パットナム（猪口孝訳）(2013)「社会関係資本とは何か」，『流動化する民主主義——先進８ヵ国におけるソーシャル・キャピタル』，ミネルヴァ書房.]

Pye, Lucian. (1991) "Political Culture Revisited", *Political Psychology*, 12(3), 487-508.

Rothstein, Bo (2000) "Trust, Social Dilemmas and Collective Memories", *Journal of Theoretical Politics*, 12(4), 477-501.

—— (2001) "Social Capital in the Social Democratic Welfare State", *Politics & Society*, 29(2), 207-241.

—— (2005) *Social Traps and the Problem of Trust,* Cambridge University Press.

Rothstein, Bo, and Stolle, Dietlind. (2008) "Political Institutions and Generalized

Trust", in Dario Castiglione, Jan W. van Deth, and Guglielmo Wolleb, (eds.), *The Handbook of Social Capital*, Oxford University Press.

Van der Meer, Tom W. G., and Zmerli, Sonja. (2017) "The Deeply Rooted Concern with Political Trust", in Sonja Zmerli and Tom W. G. van der Meer, (eds.) *Handbook on Political Trust*, Edward Elgar Publishing.

Woolcock, Michael. (2010) "The Rise and Routinization of Social Capital, 1988-2008", *The Annual Review of Political Science*, 13, 469-487.

Zmerli, Sonja, and van der Meer, Tom W. G. (eds.) (2017) *Handbook on Political Trust*, Edward Elgar Publishing.

坂本治也（2011）「政治」，稲葉陽二ほか（編）『ソーシャル・キャピタルのフロンティア――その到達点と可能性』，ミネルヴァ書房.

佐々木豊（2016）「『近代化論』構築前夜のアメリカ政治学：社会科学研究評議会の比較政治委員会の活動を中心に」，『研究論叢』（京都外国語大学），87，83-105.

西山真司（2010-2011）「政治文化論の問題構成と理論的基礎の再検討――政治理論としての信頼論に向けて（一）（二）（三・完）」，『法政論集』（名古屋大学），236-238 号.

第6章 社会心理学における信頼

上出　寛子

1 ● はじめに

信頼に関する議論は,「信頼とは, 人間が社会生活を送る上で非常に重要な概念である」, という点と,「その定義が多様で多岐にわたる」, という点が, 基本的に共通している。一方で, 信頼について, 論理的かつ実証的に, 整理・解明した研究はすでにたくさんあり, ここで改めて新たな視座を提供することは困難を極めるし, この章の目的ではない。ここでは, 従来の議論を追いながら, 社会心理学分野とその関連分野で, 信頼がどのように研究されてきたのかを紹介する。

社会心理学辞典を調べると, 信頼に関しては, 尺度構成法における信頼性と, 他者に対する対人的信頼の2つが出てくる（日本社会心理学会 2009)。前者は, 心理尺度の精度の高さに関するもので, データの一貫性を意味する。後者は, 他者一般や特定の他者, 集団を対象とした, 認知者による評価としての信頼に関するものである。前者で用いられている信頼性の意味が, 後者とまったく異なるわけではないが（なんらかの秩序という意味では類似といえる), この本は主に後者にフォーカスがあると思われるため, 本章でも後者の視点を中心に研究を紹介する。

社会心理学辞典に載っている対人的信頼以外にも, 信頼に関連する社会心理学的な研究は散見されるため，いわゆる対人的信頼以外の研究も含める。ただし，社会心理学における信頼の研究とはいっても，当該分野内で閉じて完結するものではなく，その他の学問とも関連しており，近年では，情報・工学技術や人工物に対する信頼も扱われるようになってきた。そのため，少し，拡散的な紹介になるが，関連分野の研究についても触れることとする。

2 ● 社会的認知

対人認知における初期の研究では，暖かい（warm）か冷たいか（cold）という特性が，人物の印象を決定づける中心的な効果をもつことが指摘されていた（Ash 1946）。その後，Rosenberg, Nelson, & Vivekananthan（1968）の研究では，64 の特性語を多次元尺度法により分析し，アッシュと同様に，社会的に善（温かく社交的，信頼性があるなど）または悪（冷たく非社交的，人気がないなど）という対人認知次元が確認されるとともに，知的か（決断力，能力が高いなど）または知的でないか（愚かで，軽薄であるなど）という次元もやはり重要な認知次元であることが明らかとなった。近年では，対象が個人であるか集団であるかにかかわらず，主に，暖かさ（warmth）と能力（competence）の 2 次元に基づいて認知されることが，ある程度一般的と考えられている（Fiske, Cuddy, & Glick 2007）。暖かさの要素には，意図（intent），友好（friendliness），援助（helpfulness），誠実（sincerity）などに加えて，信頼（trustworthiness）が含まれており，能力には，知性（intelligence）や創造性（creativity）などが含まれる。

ここで，信頼が，他者や集団が保持する知性などの能力ではなく，意図や友好性といった暖かさの方に含まれている点に注目したい。パソコンやロボットなどの機械に対する信頼（性）の場合，通常は，性能が高いことやエラーが生じにくいという，能力寄りの評価が注目されるが，社会心理学で主に研究対象となる人間の場合には，能力ではなく，暖かさという人間性の側面に信頼が関与している。ここでの議論と直接的に関連しないが，社会心理学で信頼を体系的に扱った山岸（1998）の概念整理においても，信頼とは，人間の，能力に対する期待ではなく，意図（とくに，自己利益に根ざした意図ではなく，人間性に根ざした意図）に対する期待であるとしている。アッシュが発見したように，暖かさは人間の印象を左右する重要な次元であり，この重要な次元に信頼がかかわっている。

なぜ，他者や集団を評価する際に，暖かさや能力という次元を用いるのかについては，進化的な視点で議論されることがある（Fiske et al. 2007）。生き残る上で重要となる判断は，他者が，自分を傷つける意図がない，信頼できる相手かどうか，万が一，そのような意図があった場合に，行使する能力があるかどうかである。すべての他者が友好的で信頼できる，暖かな相手であればいいが，自分を裏切ろうとする相手がいれば，早く見つけて警戒しなければいけない。そして，もちろん，生存にとって優先的に重要になるのは，能力の次元の判断よりも，他者の意図や信頼を反映する暖かさについての判断である。暖かさは，他者が自分に対してポジティブか，あるいはネガティブか，という価値基準にかかわり，能力は，どのようにポジティブ・ネガティブなのか，という評価に関連する（Wojciszke, Bazinska, & Jaworski 1998）。

人々はかなり素早く，他者や他集団の意図（信頼できる暖かさがあるか）と，その能力を判断するが，この構造は，社会的なレベルでの動機づけにかかわっている。人間の持つ中核的な動機づけのうち，もっとも基盤となるのは，生存を可能とする手段としての，他者や集団への帰属欲求であり，その他に認知的な欲求が二つ，感情的な欲求が二つあるとされている（Fiske 2004）。感情的な欲求のうちの一つが信頼とされており，誰が信頼できる友だちであり，誰が競争相手であるのか，ということを見分けるために，上述した暖かさを見極めることが重要となってくる。どのような社会的グループが信頼できるのか，という視点で見てみると，アメリカ人のデータではあるが，暖かさ（友好的で信頼できる）と，能力の二次元で，社会的なイメージ（ステレオタイプ）を記述した研究がある（Fiske & Dupree 2014）。この研究の重要性は，煩雑であったステレオタイプを，その二次元で構造的に表現した点にあるが，信頼に関する暖かさのみに注目してみると，信頼できると考えられやすいグループには，高齢者やクリスチャンが挙げられており，逆に，信頼できそうにない，暖かさが低いグループには，ホームレスやお金持ちが挙げられている（図1）。

認知者側の要因としては，伝統的に協調性を重んじる女性の方が，男性より

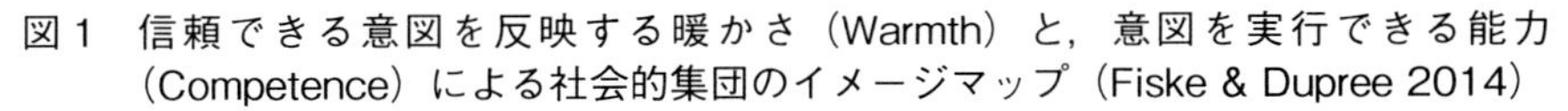

図1　信頼できる意図を反映する暖かさ（Warmth）と，意図を実行できる能力（Competence）による社会的集団のイメージマップ（Fiske & Dupree 2014）

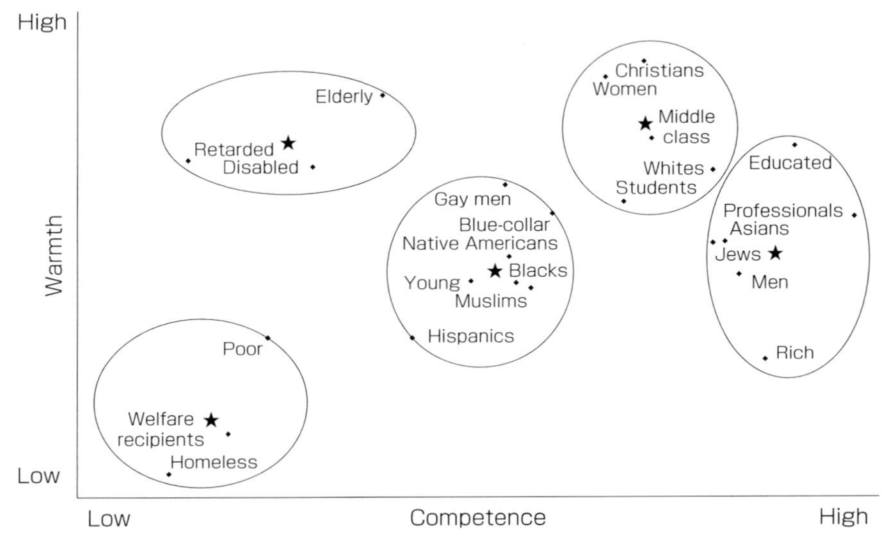

も暖かさ次元における認知の優先性が高いという知見がある（Abele 2003）。同様に，個人の能力を重視する個人主義的な人よりも，集団としての道徳性を重んじる集団主義的な人の方が，暖かさ認知の優先性は高い（Wojciszke 1997）。信頼は，社会的な動機づけのうちの一つであるとともに，他者や集団を認知，判断する際の主要な二次元のうちの一つでもあるが，環境要因や個人要因も信頼にかかわることが指摘されている。すなわち，信頼を信頼される対象の要因として考えるか，信頼する側の要因と考えるか，あるいは，両者の関係として信頼を捉えるかという視点の違いにより，信頼の捉え方自体も多様であることを示唆していると言える。

3 ● 説得とリスクマネジメント

中谷内（2006）によると，社会心理学で，信頼を初めて体系的に扱ったのは，50年以上前に行なわれたイェール・コミュニケーション研究プログラムであり，これは「態度変容研究プロジェクト」として知られている。態度は社会心理学の中心的な課題として，1950年ごろから扱われてきた。その中で，他者の態度を変容させる説得的コミュニケーションで重要となる要因の一つとして，説得する側の持つ信頼性，すなわち，信頼される対象の特徴について焦点が当てられた。代表的な説得的コミュニケーションの研究である，Hovland & Weiss（1951）は，説得の重要な要因として，聞いている側の話者に対する態度を挙げ，さらに，話者の話した内容を聞いて，当初の態度や意見を変容させて高い同意が得られる場合には，そのソースの信憑性（Credibility）が高いことを指摘している。英語の表記については細かく論じないが，信憑性（Credibility）の実験的操作として，信頼に値する（trustworthy）ソースと，信頼に値しない（untrustworthy）ソースを以下の表1のように操作し，ソースの信憑性の高さが，意見の変容に影響することを示した。しかしながら，四週間後には，信憑性の条件間による意見の違いは収束することも明らかとなっていて，長期的にみた場合は，ソースの信憑性の効果というより，情報そのものの内容が保持されることが示唆されている。

Hovland & Weiss（1951）で扱われている信憑性の構成要素として，送り手が公正な立場から誠実に情報を伝えようとする性格や意図（これを信頼性とする）と，送り手の持つ専門的な知識や経験，資格などに反映される能力（これを専門性とする）の二つがあることが指摘されている（中谷内2006）。たとえば表1にある抗ヒスタミン剤に関するソースの場合，専門家向けの医学系雑誌の方が，大衆向けの雑誌よりも，誠実で正直な意図があるため信頼でき，かつ，専門的な情報を伝える知識があるため能力が高い，すなわち，信憑性が高い，と想定されることはたしかにありうる。

このような研究背景に基づき，Burgoon, Birk, & Pfau（1990）は，より具体的な場面に着目し，送り手の信憑性と非言語行動との関連を検証している。従来から，信憑性には，物理的な近接性や，視線が関連することが指摘されていたが，彼らは信憑性をいくつかの要素に分類し，非言語行動との関連を詳細に検討した。送り手の信憑性については McCroskey, Holdridge, & Toomb（1974）のスピーチにおける信憑性の尺度における五次元を用いた。それらは特性（Unselfish, Honest など），社交性（Good-natured, Sociable など），平静さ

表１　ソースの信憑性操作と，意見の変化率
（説得の方向性へのポジティブ変化からマイナス変化を引いた割合）
Hovland & Weiss（1951）の図を著者が改変

	信憑性の高いソース	信憑性の低いソース
A. *抗ヒスタミン剤：* 抗ヒスタミン剤は医師の処方箋なしで引き続き販売されるべきか？	New England Journal of Biology and Medicine （専門家向けの医学系雑誌）	Magazine A （大衆向けの絵の入った月刊雑誌）
	22.6%	13.3%
B. *原子力潜水艦：* 実用的な原子力潜水艦を現時点で建設することができるか？	Robert J. Oppenheimer （著名な物理学者）	Prauda （旧ソ連共産党の機関紙）
	36.0%	0.0%
C. *鉄鋼不足：* 現在の鉄鋼不足に関しては，鉄鋼業界に責任があるか？	Bulletin of National Resources Planning Board （国会資源局の報告書）	Writer A （保守的で，anti-labor で，anti-New Deal の，広く同時配給される新聞社のコラムニスト）
	22.9%	−3.8%
D. *映画館の将来：* テレビができたことによって，1955 年までに，映画館の数は減少するか？	Fotune magazine （ビジネス誌）	Writer B （広く同時配給される，女性向けのセレブゴシップのコラムニスト）
	12.9%	16.7%
意見の変化率の平均	23.0%	6.6%

(Calm, Composed など)，外向性（Talkative, Verbal など)，能力（Qualified, Reliable など）であり，さらに，それらに加えて，どの程度説得的と思うかなどを尋ねる説得性の評価も行なった。具体的には，クラスメートに対して説得的メッセージを伝えるという場面を用いて検証を行なっており，非言語行動との多

図2　信憑性の5因子と説得性と，非言語行動の関連性
(Burgoon et al. 1990 を著者が改変：音声におけるテンポの種類や自己接触行動など，信憑性や説得性と関連しない結果となった非言語行動はここでは載せていない)

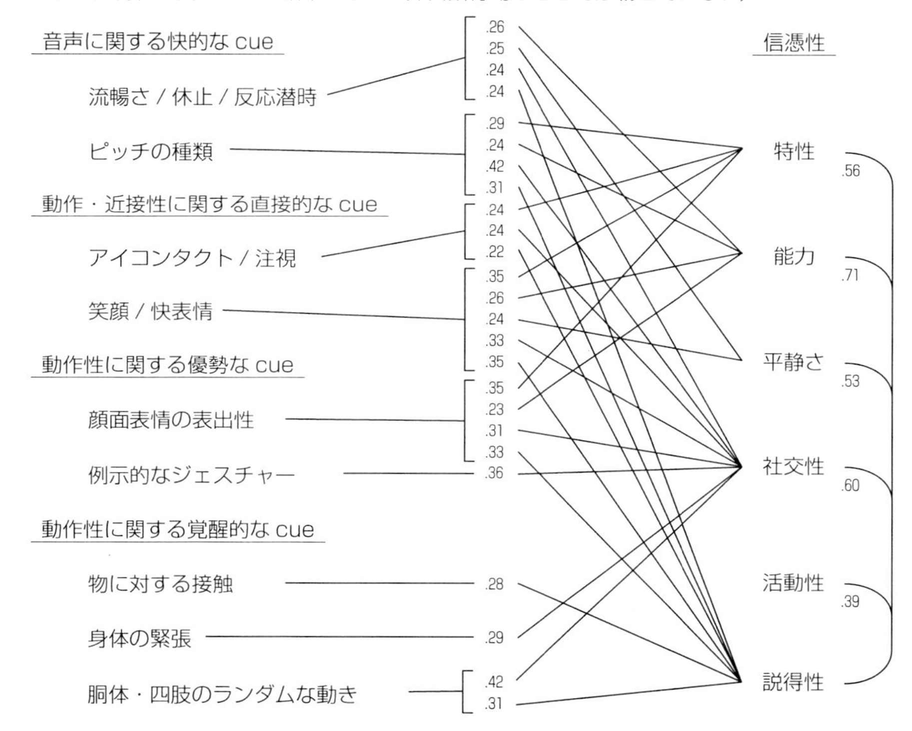

様な関連性が示された（図2）。

ところで中谷内（2006）は，社会的にリスクを管理する側や，個人とリスク管理責任者との関係から信頼について議論しており，リスク管理責任者に対する信頼についても，上記の二つの要素（意図などを含む信頼性と，能力などを含む専門性）にほぼ当てはまる因子があることを指摘している。リスク管理責任者への信頼を，「当該リスク問題のマネジメントを任せておいてもまずいことにはならないだろうと期待すること」と定義して，イェール・コミュニケーション研究との概念的関連性を以下のように整理した。イェール・コミュニケー

ション研究では，信憑性が上位概念としてあり，その要素に上記の信頼性と専門性がある一方で，リスクマネジメントでは，信頼が信憑性に該当する上位概念であり，その要素として，動機づけと，能力に対する認知があるとしている。リスクマネジメント研究では，能力に対する期待が信頼を構成している点についてはかなり知見が共通している一方，動機付けに関しては，さまざまな側面があると指摘されている。リスク管理の手続き的公正さや，性格としての正直さ，あるいは，他者への配慮など多様であり，中谷内はこれらを誠実さの認知として整理した。

中谷内・Cvetkovich（2008）では，本人が重要だと考えている問題を扱うリスクマネジメント場面では，リスク管理責任者に対する信頼に関して，情報を受け取る側とリスク管理責任者との，主要価値が類似していることが重要になると指摘している。リスク管理責任者がいかに有能で，誠実な動機づけがあったとしても，情報を受け取る側の根本的な意図や価値観と決定的な相違があれば，リスク管理責任者が推奨しようとする科学技術や政策は受容されないためである。この主要価値類似性モデルは，信頼される側の公正な動機づけや，能力のみではなく，情報を受け取る側との価値類似性を，扱う問題の関心の高さとの関連から，新たな信頼の規定要因として提案したことになる。中谷内・Cvetkovich（2008）が主要価値類似性のモデルを検証した結果，価値類似性と公正さが信頼にとって重要となる一方，能力はそれほど説明率が高くなかった。

ところで，細かな用語の違いは措いておくと，説得的コミュニケーションで指摘されたソースの信頼性，専門性や，リスクマネジメントで重要とされる誠実な動機付けと能力は，前節の社会的認知で明らかとなった，暖かさと能力の二つの認知次元とパラレルと考えて良いのだろうか。進化論的に，まず他者が，自分に友好的で援助する暖かな意図を持っているかどうかの判別が重要となり，その後，その意図を行使可能な能力があるかといった，認知の優先性がある（Fiske et al. 2007）ことを述べた。主要価値の類似性は，相手が自分の持つ価値を共有し支持してくれるかという点では，友好性や支援を伴う暖かさの認知次元に部分的には含まれると考えても間違いではないかもしれない。自分にとって，他者が共有できる価値を持ち，友好的な関係を築くことができる相手であるかどうか，という点は，他者がどのような能力を持っているのか，ということよりも，他者に対する信頼として，非常に重要な視点であることが示唆されているといえよう。

4 ● 情報技術に関する信頼

ところで，近年の科学技術の進歩に伴い，対話を媒介するメディアとしてインターネットの影響を探る研究もさかんである。インターネットを介したコンピュータでのコミュニケーションが，集団意思決定に与える影響や（Kiesler & Sproull 1992; Sproull & Kiesler 1986），自己意識と他者との相互作用に与える影響を調べた研究や（Mathon& Zanna 1988），オンライン利用とオフラインの社会ネットワークの関連を調べた研究（Kraut, Kiesler, Boneva, Cummings, Helgeson, & Crawford 2002）など，多岐にわたる研究が行なわれている。その中でも，信頼に関する研究は多い。

たとえば，オンライン上における購買行動における信頼を扱ったものがある。オンライン環境では，経済取引の不確実性の程度が従来の現実場面より高いため，電子商取引における信頼がきわめて重要になるためである（Grabner-Kräuter, & Kaluscha 2003）。Rousseau, Sim, Ronald, & Colin（1998）は，信頼を「別の意図や行動の肯定的な期待に基づき，脆弱性を受け入れる意思を含む心理的状態」と定義した。この定義は，消費者が売り手の信頼性（reliability）と誠実性（integrity）にある程度の確信（confidence）を持たなければならないことを意味しているが，これは，インターネットが普及し始めた初期に，Morgan & Hunt（1994）によってマーケティングにおける信頼として概念化された。また，Bart, Shankar, Sultan & Urban（2005）は，ルソーの定義を詳述し，「オンラインでの信頼には，サイトがどのように期待通りに商品を届けるか，サイトの情報がいかに信憑性（believable）があり，サイトがどの程度確実なのか，についての消費者の認識が含まれる」ということを強調した。Gefen（2002）は，オンライン市場における信頼性には，誠実性（integrity），能力（ability/competence），善意（benevolence）という三つの具体的な信念が含まれていることを明らかにした。Doney & Cannon（1997）は，多くの場合，評判が能力と誠実性を反映していることから，評判は信頼性（trustworthiness）を構成する一部であるとした。同様に，McKnight, Choudhury, & Kacmar（2000）は，信頼を「所与の状況において，他者に善意と能力があり，正直で，予測可能であるという信念」と定義している。

Urban, Amyx, & Lorenzon,（2009）は，以上の定義を参照しながら，オンラインでの信頼は，誠実性，能力，善意の３つの要素に分類できるとした。したがって，彼らのまとめによると，オンラインにおける信頼は，ユーザの特性というよりは，主に，店舗側の企業努力に委ねられていることになる。また彼らは，これまでのオンラインにおける信頼の研究をレビュー（例を表２に示す）し，サイトのプライバシーについての安全性やデザインが，ユーザの信頼を介して，購買行動を実行させ，収益につながること，そして，ユーザの信頼には，バイヤーに対する評判などに基づくユーザの学習も影響することを指摘している。従来のオフラインでの市場では，信頼が，直接に購買行動を決定するわけではない一方で，オンラインでは，信頼が購買行動に必須となっている点が特徴的である。

5 ● 信頼に値すること（trustworthiness）と信頼すること（trust/trustfulness）

水野（2003）は，心理学における信頼概念を以下のように整理した。大別して，個人特性としての信頼か，関係特性としての信頼に分類でき，前者は，主に（1）期待，（2）信念，（3）なんらかの個人特性，の三つに分類されるとしている。個人特性として信頼を扱った研究は，多くあり，とくに，（1）期待を扱ったものは多い。この立場における信頼の定義としては，「他の個人・集団が用いた言語・約束・話し言葉・書き言葉によって表された言説に対し，それに拠ることが可能であるという期待」（Rotter 1967）があり，とくに，「協調や相互依存を要求するすべての社会的場面」（Cynthia & Walter 1982）や，「リスクのある状況下で，望ましいが不確実な目標を達成しようとしている場面」（Giffin 1967）という状況を想定している。これらの状況は，後に説明する「社会的不確実状況」という山岸（1998）が指摘する点で一貫している。また，このような期待としての信頼は，それまでの状況に基づいて構成されるのであり，

表2　オンラインにおける信頼の研究の一部（Urban et al. 2009 を著者が改変）

目的	結果
Hoffman, D. L., Novak, T. P., & Peralta, M. A. (1999) "Building Consumer Trust Online," *Communications of the ACM*, 42 (4), 80-5.	
オンラインにおける信頼の促進方法	消費者の信頼を得るもっともよい方法は，自分自身の個人情報をコントロールできるようにすること（情報交換に関するオプトイン・オプトアウトのポリシーを用いるなど）で，これが最終的な購買に影響を与える。
Jarvenpaa, Sirkka L., Tractinsky, Noam, and Vitale, Michael. (2000) "Consumer Trust in an Internet Store," *Information Technology and Management*, 1(1-2), 45-71.	
インターネット店舗における事前の信頼とその結果	店舗の規模と評判などはオンラインでの信頼に決定的であり，これがリスク認知と購買に影響する。顧客満足度の保証や，返品，払い戻しに関するポリシーを伝達することで，信頼が向上する。
Urban, G. L., Sultan, F., and Qualls, W. J. (2000) "Placing Trust at the Center of Your Internet Strategy," *MIT Sloan Management Review*, 42(1), 39-48.	
信頼とアドバイス	バーチャルなアドバイザーは，バイアスのない情報を用いて信頼を構築できる。透明性が信頼構築の鍵である。
Shankar, V., Urban, G. L., and Sultan, F. (2002) "Online Trust: a Stakeholder Perspective, Concepts, Implications and Future Directions", *Journal of Strategic Information Systems*, 11(4), 325-44.	
信頼におけるステークホルダーの視点	信頼は，消費者だけでなく，従業員，卸売業者，代理店，提携企業，株主，規制機関にとっても重要である。
Smith, Donnavieve, Menon, Satya, and Sivakumar, K. (2005) "Online Peer and Editorial Recommendations, Trust, and Choice in Virtual Markets", *Journal of Interactive Marketing*, 19(3), 15-37.	
オンラインにおける信頼の勧告と指標	ピアレビューが重要であり，消費者はこれを用いる。信頼を評価するために必要な指標とは，サイトの持続期間，扱っているアイテム，オンラインでのコミュニティ，他のサイトとのリンク，サイトにある検索エンジンと，プライバシーである。

Bart, Yakov, Shankar, Venkatesh, Sultan, Fareena, and Urban, Glen L. (2005) "Are the Drivers and Role of Online Trust the Same for All Web Sites and Consumers?, A Large-Scale Exploratory Empirical Study", *Journal of Marketing*, 69(4), 133-52.	
サイトごとの信頼の特徴	ウェブサイトと消費者の特徴が信頼を促進し，これは，ウェブ上での消費者の行動に繋がる。信頼は，ウェブサイトの効果と，消費者のウェブ行動における特徴を媒介する。サイトにおける決定要因は，サイトや消費者によって異なる。
Buttner, Oliver B., and Goritz, Anja S. (2008) "Perceived Trustworthiness of Online Shops", *Journal of Consumer Behavior*, 7(1), 35-50.	
オンライン店舗の信頼性	信頼性は，購買意図と，実際の金銭的なリスクテイキングに繋がる。信頼性は，認知されたリスクの影響と購買意図を，部分的に媒介する。

「ある期待は，その状況下特有のものではなく，似たような状況における経験の総和から来るものである」(Rotter 1980) とも指摘している。

個人特性としての信頼のうち，(2) 信念としての信頼については，実証的研究というよりは，発達・臨床心理学の領域での研究が当てはまり，「絶望的な不安に押し潰されそうになったときには適切な慰めによって回復をされるだろう」(Erikson 1982) という信念などがあるとしている（水野 (2003) による)。(3) 何らかの個人特性に関しては，(1) か (2) かのいずれかに分類可能な根拠がなかったものを挙げており，心理学以外の分野のものもここに含めている。関係特性としての信頼に関しては，特定の社会的関係ごとの信頼感を測定した Cynthia & Walter (1982) や，Rempel, Holmes, & Zanna (1985) などがあり，信頼の因子構造が，特定の関係における信頼と，一般的な特性としての信頼では異なることを示している。

水野 (2003) や北山 (1999) が指摘するように，山岸らによる一連の信頼研究は，もっとも体系的に，信頼を解明してきた。山岸は社会心理学分野における信頼研究の第一人者であるが，生物学や経済学などの分野で用いられる進化ゲーム理論を，独創的に応用することで，多くの知見を蓄積している。以下では，山岸 (1998) や，山岸・小宮山 (1995) などを参考に，山岸らによる一連の信頼研究を見ていく。

山岸・渡部・林・高橋・山岸（1996）は，信頼があらゆる社会関係の潤滑油として重要であり，心理学以外の多くの分野（経済学，社会学，政治学，人類学など）でも多くの注目を集めている一方，これまでの研究は信頼に値すること（trustworthiness）についての議論が多く，信頼ないし信頼すること（trust/trustfulness）の説明原理が欠如している点を指摘し，山岸らの展開する研究は，この点を埋めることにある，としている。たしかに，これまでの説で紹介した研究も，信頼するに値する要素（trustworthiness）は何か，という研究が多く，人はなぜ他者を信頼するのか，という誘引やその仕組みを構造化する視点には立っていない。

山岸・小宮山（1995）によると，まず信頼概念の整理として，Luhmann（1979）の定義を援用した，Barber（1983）の定義である「自然的秩序および道徳的社会秩序の存在に対する期待」から，自然的秩序に対する期待を排除し，道徳的秩序に対する期待に焦点化する。さらに，道徳的な秩序の二種類として，社会的な関係にある相手が，役割を遂行する能力を持っているという期待と，場合によっては，相手が自分の利益よりも，他者の利益を尊重して義務を果たすだろうという意図に対する期待，に分類した。その上で，さらに，山岸らの関心は，能力ではなく，意図に対する期待にあることを明確に規定している。

山岸らの研究で注目すべき点のうちの一つは，以上のように射程を明確にした上で，信頼と安心の違いをも明らかにしていることにある。有名な「針千本マシン」の例を用いて，以下のように説明している。相手の意図に対する期待には，相手の自己利益の評価に基づくものと，相手の人間性に由来するものがある。もし，ある人間の体に，針千本マシンが埋め込まれていて，その人が嘘をつくと必ず千本の針を飲み込まないといけない，という状況であれば，そのことを知っている人は誰でも，その人は嘘をつかないと想定できる。これが，相手の自己利益の客観的評価に基づく，相手の意図に対する期待である。この場合，相手が嘘をつかないという保証が存在することになる。相手の友好的行動に対する期待のうち，このように相手の自己利益の評価に根差した部分を「安心」として，彼らの扱う「信頼」とは区別している。そこで，Lewis & Weigert（1985）が「信頼は予測の終わるところから始まる」と指摘するよう

表３　山岸・小宮山（1995）の信頼の解放理論の命題

理論命題１： 信頼は社会的不確実性が存在している状況でしか意味をもたない。つまり，他人に騙されて酷い目にあう可能性がまったくない状況では，他人を信頼する必要がない。
理論命題２： 社会的不確実性の生み出す問題に対処するために人々がとる対処法として一般的なのは，社会的不確実性そのものを減少させるためのコミットメント関係の形成である。
理論命題３： コミットメント関係は，社会的不確実性（騙されて酷い目にあう可能性）を低下させるが，機会コスト（他の関係でより大きな利益を得る可能性をあきらめる）を伴う。
理論命題４： 機会コストが大きい状況では，コミットメント関係にとどまらない方が有利である。
理論命題５： 高い一般的信頼（他者一般に対する信頼）を持つ人々は，一般的信頼の低い人々よりも容易にコミットメント関係を離れることができる。
理論命題６： 社会的不確実性と機会コストの双方が大きい状況では，高信頼者が低信頼者よりもより大きな利益を得る可能性が存在する。

に，山岸らの定義する信頼とは，意図に対する期待のうち，安心の部分を取り去った残りの部分であり，状況の客観的認知からのズレとなる一種の認知バイアスとしている。したがって，ここでの信頼とは，「不確実な情報に基づいて相手の善意や人間性を判断する際に生じる認知のバイアス」と定義した。このように安心と信頼を区別することで，これまで集団主義的に既存の関係にとどまることで安心を得ていた日本の社会が，国際化や社会的流動性の増加により，外へと開かれていく際に，自律した個人の持つ新たな信頼が重要となることを検証する。

また，重要な点として，彼らの研究対象である信頼とは，相手の人間性や信頼性の反映ではなく，不確実な状況において，相手の人間性をポジティブに解釈するという個人の認知特性であるとしている。その意味で，対象となる他者の自己利益に還元できる信頼に値すること（trustworthiness）を研究の対象とするのではなく，安心とは独立した部分での，信頼する本人側の信頼（trust/trustfulness）が研究の焦点となる。これは，それまでの社会的相互作用や生活史のなかで培われてきた，対象の人間に対する一般的な評価のデフォルト値であり，とくに，一般的信頼と呼んでいる。山岸らは，このような不確実な状況において，相手を信頼する誘引を，コミットメント関係からの離脱の促進にあるとしている。これが「信頼の解放理論」である。表3に，山岸・小宮山（1995）が整理した信頼の解放理論の命題をまとめる。

表3に示した理論命題に関連して，これまでに，高信頼者は，騙されやすいお人好しなのではなく，むしろ他者の信頼性やその欠如を察する情報を適切に処理し，正確に判断するということや（e. g., 菊池・渡邊・山岸 1997；垣内・山岸 1997），社会的不確実性はコミットメントの形成を促進すること（e. g., 山岸・山岸・高橋・林・渡部 1995）などを実証し，「信頼の解放理論」を支持する知見を提出している。山岸らによる一連の研究は，理論と実験の頑健なコンビネーションによる非常に体系だった成果であるが，一方で，批判がないわけではない。たとえば，北山（1999）は，山岸（1998）に対する書評のなかで，個人を自己利益追求の原則に従うゲームプレイヤーと前提することの限界や，社会と心の性質を別々の属性として議論するのではなく，一つの複合体の別側面として捉え直す必要性について指摘しているが，一方で，これは立場の違い（文化心理学者としての北山が持つ分析ユニットや歴史に対する考え方と，山岸らのそれ）によるものであると認めている。林・与謝野（2005）は，高信頼者のみが相手の信頼性に敏感に反応するのではなく，低信頼者であっても，リスクを回避しながら見知らぬ他者の信頼性情報を評価しながら機会を拡大する戦略を持っていることを指摘し，高信頼者と低信頼者で異なる適応戦略があることを主張している。与謝野・林・草郷（2016）は，山岸（1998）が一般的信頼の対象とは「人間であるという以外に何もわからない相手」としている点について，そのような場面は実際にはありえない，と批判している。

6 ● 信頼に関するその他の研究

これまでの説でまとめられなかった，その他の研究について並列的に紹介する。敷島・平石・安藤（2006）は，一般的信頼に対して行動遺伝学という非常に独自のアプローチで検討を行なっている。近年では，人間のパーソナリティや態度などの高次な精神機能にも，遺伝の影響が認められていることを踏まえて，一般的信頼の個人差が，家庭内の安心ではなく，そういった内集団から離れた社会環境により調整されることを，一卵性双生児と二卵性双生児を対象とした遺伝解析により示した。相馬・浦（2007）は，恋愛関係とその他の関係からのソーシャル・サポート取得に関して，一般的信頼との関連から検討を行なっている。低信頼者は，個別的な信頼を醸成できる恋愛関係に所属していると，外部の関係からサポートを取得することが困難であることを示し，信頼の解放理論を，ソーシャル・サポートと親密な関係の文脈で新たに開拓している。

4節では，インターネットを介した信頼についてまとめたが，そこではネットの向こうに人間が存在していることが前提とされていることが多く，主に，人に対する信頼を扱っていた。近年では，人工知能や工学技術の進歩により，人工物に対する信頼も扱われてきている。Waytz, Heafner, & Epley（2014）は，ドライビングシミュレータを用いて，通常の車や自律的に動く車，また人間のように説明を行なう車といった条件を設定し，認知された擬人化の程度が高いほど，車に対する信頼が高くなることを示した。ここでの信頼は，どの程度車が安全であると感じるかや，車の安全走行に対する確信の程度などを聞いており，信頼概念を追究するものではないが，技術開発との学際的な接点となる心理学研究といえる（本書第11章（笠木論文）を参照）。

将来の日常生活を変える新たな技術として自動運転が挙げられるが，自動化システムにおいても信頼は重要なファクターとして捉えられている（Lee & Moray 1992）。皮膚コンダクタンスなどをもちいた精神生理学的なストレスとの関連でいうと，自動運転車両への信頼を低く感じている場合は，手動運転の場合より自動運転の場合にストレスを強く感じることが指摘されている（Morris, Erno, & Pilcher 2017）。また，完全自動運転に対する信頼が高いと，非常時におけるテイクオーバーリクエストに対する反応時間が長くなることが示されている（Payre, Cestac, & Delhomme 2016）。一方，テイクオーバーリクエストについてはドライバーが習熟することで，システムに対する信頼が向上できるということも議論されている（Hergeth, Lorenz, & Krems 2017）。自動運転システムに対する信頼の測定は，多くの場合，自動運転システムに対する主観的な信頼を測定しているにとどまっているが，人間の信頼が，技術とのインタラクションに影響するという点は重要であろう。また，自動運転だけではなく，ロボットに対する信頼を扱う研究も増えてきており，社会心理学的に信頼を検討する余地は今後ますます増えてくると思われる。

参考文献

Abele, A. E. (2003) "The Dynamics of Masculine-agentic and Feminine-communal Traits: Findings from a Prospective Study", *Journal of Personality and Social Psychology*, 85(4), 768–776.

Asch, S. E. (1946) "Forming Impressions of Personality", *Journal of Abnormal and Social Psychology*, 41, 1230–1240.

Barber, B. (1983) *The Logic and Limit of Trust*, Rutgers University Press.

Bart, Y., Shankar, V., Sultan, F., and Urban, G. L. (2005) "Are the Drivers and Role of Online Trust the Same for All Web Sites and Consumers? A Large-scale Exploratory Empirical Study", *Journal of Marketing*, 69 (October), 133–52.

Burgoon, J. K., Birk, T., and Pfau, M. (1990) "Nonverbal Behaviors, Persuasion, and Credibility", *Human Communication Research*, 17(1), 140–169.

Johnson-George, Cynthia, and Swap, Walter C. (1982) "Measurement of Specific Interpersonal Trust: Construction and Validation of Scale to Assess Trust in a Specific Other", *Journal of Personality & Social Psychology*, 43(6), 1306–17.

Doney, P. M., and Cannon, J. P. (1997)" An Examination of the Nature of Trust in Buyer-Seller Relationships", *Journal of Marketing*, 61(2), 35–51.

Fiske, S. T., Cuddy, A. J. C., and Glick, P. (2007) "Universal Dimensions of Social Cognition Warmth and Competence", *Trends in Cognitive Sciences*, 11, 77–83.

Fiske, S. T. (2004) *Social Beings: A Core Motives Approach to Social Psychology*, Wiley.

Fiske, S. T., and Dupree, C. (2014) "Gaining Trust as Well as Respect in Communicating to Motivated Audiences about Science Topics", *Proceedings of the National Academy of Sciences of the United States of America*, 111 (Suppl 4), 13593–13597.

Gefen, D. (2002) "Reflections on the Dimensions of Trust and Trustworthiness among Online Consumers", *ACM SIGMIS Database*, 33, 38–53.

Giffin, K. (1967) "The Contribution of Studies of Source Credibility to a Theory of Interpersonal Trust in the Communication Process", *Psychological Bulletin*,

68(2), 104-120

Grabner-Kräuter, S., and Kaluscha, E. A. (2003) "Empirical Research in On-line Trust: A Review and Critical Assessment", *International Journal of Human-Computer Studies*, 58(6), 783-812.

Hergeth, S, Lorenz, L, and Krems, J, F. (2017) "Prior Familiarization with Take-over Requests Affects Drivers' Takeover Performance and Automation Trust", *Human Factors*, 59(3), 457-470.

Hovland, C., and Weiss, W. (1951) "The Influence of Source Credibility on Communication Effectiveness", *Public Opinion Quarterly*, 15, 635-650.

Kiesler, S., amd Sproull, L. (1992) "Group Decision Making and Communication Technology", *Organizational Behavior and Human Decision Processes*, 52, 96-123.

Kraut, R., Kiesler, S., Boneva, B., Cummings, J., Helgeson, V., and Crawford, A. (2002) "Internet Paradox Revisited", *Journal of Social Issues*, 58(1), 49-74.

Lee, J. D., and Moray, N. (1992) "Trust, Control Strategies and Allocation of Function in Human-Machine Systems", *Ergonomics*, 35, 1243-1270.

Lewis, J. D., and Weigert, A. (1985) "Trust as a Social Reality", *Social Forces*, 63, 967-985.

Luhmann, N. (1979) *Trust and Power*, Wiley. (邦訳：ニクラス・ルーマン (1986)『権力』, 勁草書房.)

Mathon, K., and Zanna, M. (1988) "The Impact of Computer-mediated Communication on Self-awareness". *Computers in Human Behavior*, 4, 221-233.

McCroskey, J. C., Holdridge, W., and Toomb, J. (1974) "An Instrument for Measuring the Source Credibility of Basic Speech Communication Instructors", *Speech Teacher*, 23, 26-33.

McKnight, D. Harrison, Choudhury, Vivek, and Kacmar, Charles. (2000), "Trust in E-Commerce Vendors: A Two-Stage Model", *Proceedings of the Twenty First International Conference on Information Systems*, Brisbane, Australia, 532-536.

Morgan, Robert M., and Hunt, Shelby D. (1994), "The Commitment-Trust Theory of Relationship Marketing," *Journal of Marketing*, 58(3), 20-38

Morris, Drew M., Erno, Jason M., and Pilcher, June J. (2017) "Electrodermal Response and Automation Trust during Simulated Self-Driving Car Use", *Proceedings of the Human Factors and Ergonomics Society Annual Meeting*, 61(1),

1759-1762.

Payre, W., Cestac, J., and Delhomme, P. (2016). "Fully Automated Driving: Impact of Trust and Practice on Manual Control Recovery", *Human Factors*, 58 (2), 229-241.

Rempel, J. K., Holmes, J. G., and Zanna, M. P. (1985) "Trust in Close Relationships", *Journal of Personality and Social Psychology*, 49, 95-112.

Rotter, J, B. (1967) "A New Scale for the Measurement of Interpersonal Trust", *Journal of Personality,* 35(4), 651-65.

Rotter, J. B. (1980) "Interpersonal Trust, Trustworthiness, and Gullibility" *American Psychologist*, 35, 1-7.

Rousseau, Denise M., Sitkin, Sim B., Burt, Ronald S., and Camerer, Colin. (1998) "Not So Different After All: A Cross-Discipline View of Trust", *Academy of Management Review*, 23(3), 393-404

Sproull, L., and Kiesler, S. (1986) "Reduced Social Contexts Cues: Electronic Mail in Organizational Communication", *Management Science*, 32, 1492-1512

Rosenberg, S., Nelson, C., and Vivekananthan, P. S. (1968). "A Multidimensional Approach to the Structure of Personality Impressions", *Journal of Personality and Social Psychology*, 9, 283-294.

Urban, G. L., Amyx, C., and Lorenzon, A. (2009) "Online Trust: State of the Art, New Frontiers, and Research Potential", *Journal of Interactive Marketing*, 23(2), 179-190.

Waytz, A., Heafner, J., and Epley, N. (2014) "The Mind in the Machine: Anthropomorphism Increases Trust in an Autonomous Vehicle", *Journal of Experimental Social Psychology*, 52, 113-117.

Wojciszke, B. (1997) "Parallels between Competence-versus Morality-related Traits and Individualistic-versus Collectivistic values", *European Journal of Social Psychology*, 27, 245-256.

Wojciszke, B., Bazinska, R., and Jaworski, M. (1998) "On the Dominance of Moral Categories in Impression Formation", *Personality and Social Psychology Bulletin*, 24, 1251-1263.

垣内理希，山岸俊男（1997）「一般的信頼と依存度選択型囚人のジレンマ」，『社会心理学研究』，12，212-226.

菊池雅子，渡邊席子，山岸俊男（1997）「他者の信頼性判断の正確さと一般的信頼―実験研究」，『実験社会心理学研究』，37，23-36.

北山忍（1999）「社会心理学の使命と『信頼の構造』の意義：ゲーム理論と文化心理学」，『社会心理学研究』，15(1)，60-65。
敷島千鶴，平石界，安藤寿康（2006）「一般的信頼に及ぼす遺伝と環境の影響－行動遺伝学的・進化心理学的アプローチ」，『社会心理学研究』，22，48-57.
相馬敏彦，浦光博（2007）「恋愛関係は関係外部からのソーシャル・サポート取得を抑制するか―サポート取得の排他性に及ぼす関係性の違いと一般的信頼感の影響―」，『実験社会心理学研究』，46(1)，13-25.
中谷内一也（2006）『リスクのモノサシ』，日本放送出版協会.
中谷内一也，Cvetkovich, G. (2008)「リスク管理機関への信頼：SVS モデルと伝統的信頼モデルの統合」，『社会心理学研究』，23(3)，259-268.
日本社会心理学会（2009）『社会心理学辞典』，丸善.
林直保子，与謝野有紀（2005）「適応戦略としての信頼：高信頼者・低信頼者の社会的知性の対称性について」，『実験社会心理学研究』，44(1)，27-41.
水野将樹（2003）「心理学研究における「信頼」概念についての展望」，『東京大学大学院教育学研究科紀要』，43，185-195.
山岸俊男（1998）『信頼の構造――こころと社会の進化ゲーム』，東京大学出版会.
山岸俊男，小宮山尚（1995）「信頼の意味と構造－信頼とコミットメント関係に関する理論的・実証的研究」，『INSS（原子力安全システム研究所）Journal』2，1-59.
山岸俊男，山岸みどり，高橋伸幸，林直保子，渡部幹（1995）「信頼とコミットメント形成－実験研究」，『実験社会心理学研究』，35(1)，23-34.
山岸俊男，渡部幹，林直保子，高橋伸幸，山岸みどり（1996）「社会的不確実性のもとでの信頼とコミットメント」，『社会心理学研究』，11，206-216.
与謝野有紀，林直保子，草郷孝好（2016）『社会的信頼学』，ナカニシヤ出版.

コラム2
信頼の多様性

小山　虎

第Ⅱ部でテーマとなっていたのは，社会科学における信頼である。「ホッブズ問題」に端を発する信頼研究は，行動科学運動の影響で行動科学の中心的な研究テーマの一つとなり，それが現在の社会科学にまで引き継がれている。信頼研究の典型例が，こうした（本書では扱わない経済学も含めた）社会科学における研究であることは間違いない。

しかし，現在の社会科学における信頼研究が研究対象としている「信頼」はどのようなものなのだろうか。実は，各分野で用いられる信頼の定義を見る限り，それは定かではない。安心信頼技術研究会ではさまざまな分野における信頼の定義を集め，その分析を試みたが，その理由はこのことと関係している。異分野の研究者を呼んで研究会を行ない，すぐに明らかになったのは，信頼がどのようなものかについて分野ごとに理解のズレがあることである。具体的にどのようなズレがあるか，また，そのズレにより学際的な信頼研究にどのような影響があるかを確かめるには，分野ごとの定義を集めて分析するのが適切だろうと考えたのである。

さまざまな分野から信頼の定義を集めた結果，明らかになったことの一つは，予想通りおおまかな共通点が実際に存在することである。以下の図はその概略を示したものである。

まず，ほとんどの定義で信頼は，なんらかの種類の**ポジティブな態度**だとみ

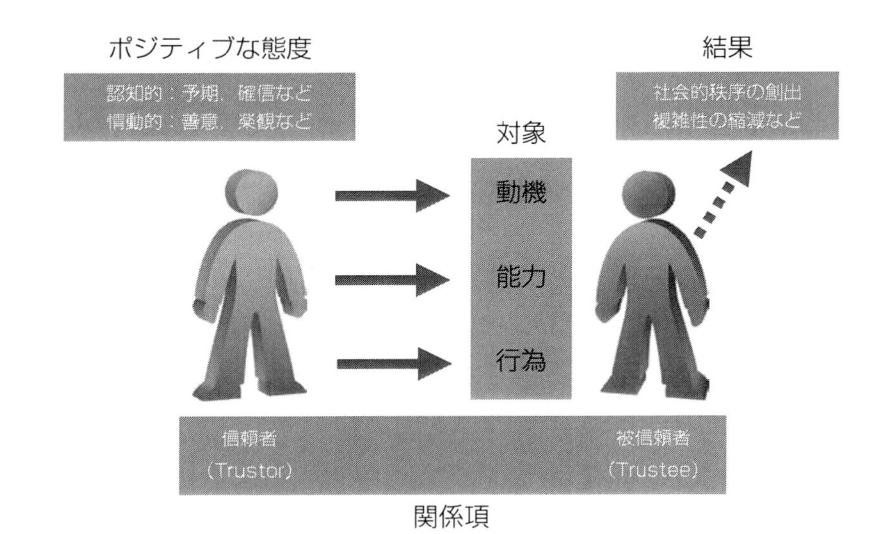

なされている。ただし，根拠にもとづき，推論を通じてなされる認知的，理性的な態度の場合もあれば，むしろ根拠のない楽観によって促されるような，直観的，情動的な態度も認められる。次に，このポジティブな態度としての信頼は，誰かの誰かに対する態度である。すなわち，**関係項**が二つある（典型的には信頼者と被信頼者である）。

一方，信頼の定義の相違点は，ポジティブな態度である信頼が何に対する態度か，すなわち，被信頼者のどの面が信頼の**対象**となっているかで，ある程度は区別できる。信頼の対象はおおまかには行為・能力・動機の三つに分けることができる。このうち，もっとも基本的なのは行為であり，実際ほとんどの定義で，被信頼者が特定の行為を行なうと信頼者が信じている（ポジティブな態度をとっている）ことが必要条件となっている。行為に加えて，その行為を行なう動機も条件に加えるかどうかは相違点の一つであり，加える場合は，動機の内容がさらなる相違点となる。哲学のような厳密な定義を追求する分野では，行為と動機に加えて，さらにその行為を実行する能力も条件に加えられることが多い。

信頼の定義を区別するもう一つの相違点は，**結果**に注目するかどうかである。

	関係項		対象				結果
	関係項１	関係項２	能力	行為	動機	動機の内容	
経済学	信頼者	被信頼者		✓			
心理学	信頼者	被信頼者		✓	✓	意図	
社会心理学	信頼者	被信頼者		✓	✓	意図（道徳的秩序）	社会的不確実性の減少
	信頼者	被信頼者		✓			コミットメントからの解放
社会学	信頼者	被信頼者		✓			社会的な複雑性の縮減
	信頼者	被信頼者		✓	✓	誠実さ or 愛 or 抽象的な原理	
エスノメソドロジー	信頼者	被信頼者		✓			秩序
動物行動学	信頼者	被信頼者		✓	✓	誠実さ or 協力への依存	
哲学	信頼者	被信頼者		✓	✓	利益の共有	
	信頼者	被信頼者	✓	委託	✓	善意＆関心の共有	

社会学に近い分野では，信頼の結果として何が得られるかが論争点であり，定義にもそれが反映されている。

こうした分野ごとの相違点がひと目でわかるように作成したのが以下のチャートである。ただし，このチャートの使用法について注意が必要である。まず，このチャートは網羅的ではない。分野ごとのズレを把握しやすくするために作成したものであり，信頼研究が行なわれているすべての分野がカバーされているわけではなく，しかも代表的な定義をもとに作成したものにすぎない。次に，このチャートでは適切に分類できないケースも存在する。このことは動機を持たない政治システムやロボットに対する信頼を考えれば明らかだろうが，第三部で論じられる教育学もそうである。教育学における信頼は，まさに経済学や心理学で研究される信頼とは異なるものが念頭に置かれていることが，第九章を読めば感じられると思う。

このような限定が必要であるものの，分野ごとにバラバラで，さまざまな信頼の理解の仕方を整理するという目的にとって，この「信頼チャート」は十分役に立つはずである。

信頼研究の多様化

第7章

ビジネスにおけるステークホルダー間での信頼関係

――経営学での組織的信頼研究の整理とその含意

杉本　俊介

信頼に関する研究は，心理学，社会学，政治学，哲学，経済学などさまざまな分野で進められてきた[1]。各分野の信頼概念について「安心信頼技術研究会」では信頼チャートを作成している。

表1　信頼チャートの一部

	関係項		対象				結果
	関係項1	関係項2	能力	行為	動機	動機の内容	
経済学	信頼者	被信頼者		✓			
心理学	信頼者	被信頼者		✓	✓	意図	
社会心理学	信頼者	被信頼者		✓	✓	意図（道徳的秩序）	社会的不確実性の減少
	信頼者	被信頼者		✓			コミットメントからの解放

1　本章は2017年5月21日日本哲学会公募ワークショップ「信頼関係はいかにして構築されるか？：経営学，医療，政治学を中心とした学際的探究の試み」（一橋大学）において発表した内容を修正したものである。

1 ● 本章の目的と概要

信頼の役割は，ビジネスにおいても注目されてきた。経営学，とくに組織論において主に研究されてきたのは，組織内信頼と組織間信頼である。まとめて organizational trust と呼ばれることもある（本章では organizational trust を「組織的信頼」と訳す）[2]。組織内では，信頼の高さが従業員の定着，組織変革の促進，仕事の質や製品品質の高さにつながり，組織間では，合弁事業や提携関係の形成，発注企業とサプライヤーの共同品質改善を導くと言われる（若林 2006, pp. 4-5）。組織的信頼の研究において，たとえばこうした信頼がどのように形成されるのかが問われてきた。

組織的信頼がさかんに研究されてきた証拠に，経営学や組織論の学術誌ではその特集が組まれてきた[3]。また，オックスフォード経営学読本（Oxford Management Readers）の一つとして，組織の信頼に関する重要文献を収録した論文集『組織的信頼（*Organizational Trust*）』も出版されている。

本章の目的は，こうした組織の信頼研究を整理し，企業や経営者はそのステークホルダー（Stakeholder，利害関係者）とのあいだでいかにして信頼関係を構築すべきかを明らかにする。第2節では，先行研究において組織的信頼がどのようにタイプ分けされているかを見てゆく。そのうえで，「信頼チャート」に沿って整理してゆく。第3節では，組織的信頼の構築に注目し，「信頼がない場合，信頼はビジネスのなかでいかに作られるか」という問いに答える研究を見てゆく。組織的信頼の構築と言われるとき，どのタイプの信頼のことを指しているかを示す。ここまでで，企業や経営者はステークホルダーとのあいだでいかにして信頼関係を構築しているかを明らかにする。それを基にどう構築すべきかを考察する。注目するのは組織的信頼のパフォーマンスに関する研究

2　日本では「組織間信頼」として研究されることが多い印象を受ける。

3　(1) *Academy of Management Review*, 1998, 23: 3（“Special Topic Forum on Trust in and between Organizations”），(2) *Organization Studies*, 2001, 22: 2, (3) *Organization Science*, 2003, 14: 1（“Special Issue: Trust in an Organizational Context”），(4) *The International Journal of Human Resource Management*, 2003, 14: 1, (5) *Personnel Review*, 2003, 32: 5（“Trust within and between Organizations”）。

である。第4節では，信頼がはたしてパフォーマンスの向上や改善につながるかを信頼のタイプごとに整理し，それをもとに現状の信頼関係の構築の仕方を評価する。一見すると，パフォーマンスの観点は経済合理性に訴える狭い観点に思える。第5節では，ビジネス倫理の研究をふまえて，この観点がいかにして道徳的観点とも結びつくかを明らかにする。

本章は組織的信頼の研究をどう整理できて，どのような含意を出せるかに関する見通しにとどまることをあらかじめ断っておきたい[4]。

2 組織的信頼のタイプ分け

組織的信頼が主題になるのは，L・G・ザッカーによる経済構造の分析，ジェイ・B・バーニーとマーク・H・ハンセンによる競争優位の源泉の研究，ロジャー・C・マイヤーらの「統合モデル」からである。彼らはそれぞれの目的から組織的信頼をタイプ分けしている。最近では，酒向真理（Mari Sako）によるパフォーマンスの研究もある。

2. 1. ザッカーによるタイプ分け

L・G・ザッカーは論文「信頼の形成：1840年から1920年までの経済構造の制度的源泉」（Zucker 1985）のなかで，1840年から1920年までの米国において，移民増加と国内における人口の流動性に加え，企業の不安定化が組織間信頼をはじめ信頼全般の崩壊とその再形成を促したと論じる[5]。ここでザッカーは，アルフレッド・シュッツやハロルド・ガーフィンケルに言及しつつ[6]，

4 本章では取り上げることができなかった組織的信頼の研究として，若林直樹によるネットワーク分析がある（若林 2006）。それは「従来の日本的な企業間での長期的取引関係とその互恵的信頼関係の特質が，強連結で凝集的な構造特性の社会ネットワークにより形成されていること，そして，その信頼の特質が現在の経営環境の影響を受けて，ネットワークの再編成を通じて再構築されつつあること」を検討する試みである（p. 2）。

5 ザッカーの議論については，熊澤（2001）が詳しい。

6 シュッツやガーフィンケルの信頼概念については本書第3章（秋谷論文）を参照されたい。

信頼を，1. プロセスに基づく（process-based）信頼，2. 特性に基づく（characteristic-based）信頼，3. 制度に基づく（institutionally-based）信頼，の三つに分ける。1. プロセスに基づく信頼とは，贈り物などを通して徐々に築く信頼である。贈り物だけでなく，評判・ブランド・品質保証などもこのタイプの信頼を築くプロセスに含まれる。また，2. 特性に基づく信頼における「特性」とは，同じ社会集団や共同体に属することを指す。ザッカーは，この時期の米国では，移民増加と国内における人口の流動性によって，これらの信頼が崩壊したと論じる。また，企業の乱立と相次ぐ倒産によって，これらの信頼が再形成できずにいたことを指摘する。

そこで，3. 制度に基づく信頼が促された。これは，企業組織や専門性を保証する団体による資格付与という制度に基づくか，保険業務や銀行・証券業務によって取引上の信頼を媒介する機能をもつ制度に基づいて築かれる信頼である。ザッカーの分析によれば，この時期の米国では制度に基づく信頼の形成を促すかたちで経済構造が変化したという。

1や2は贈り物を通したり特性を確認したりして相手が特定の行為をするだろうという期待である。それに対して，3は制度にコミットしているという期待である。ザッカーは3が組織的信頼形成において重要な役割を果たすと論じている。信頼チャートに沿ってまとめると次のようになるだろう。

表2　ザッカーによるタイプ分け

タイプ	関係項		対象				結果
	関係項1	関係項2	能力	行為	動機	動機の内容	
1	信頼者	被信頼者		✓			
2	信頼者	被信頼者		✓	✓	特性の共有	
3	信頼者	被信頼者		✓	✓	制度へのコミットメント	

2. 2.　バーニーとハンセンによるタイプ分け

バーニーとハンセンは論文「競争優位の源泉としての信頼性」（Barney and Hansen 1994）において，信頼が競争優位の源泉となりうる条件を特定しようと試みる。まず信頼は，「取引においてどちらも相手のヴァルネラビリティにつけこまないだろうという相互的な確信」と定義される（Barney and Hansen 1994, p. 176）。また，信頼性（trustworthiness）に関しては，他者の信頼に値する（worthy of the trust）場合，取引相手には信頼性がある（trustworthy）と定義される。そのうえで，バーニーとハンセンは信頼を，契約やその他の工夫をどこまで必要とするかに応じて，1. 弱い（weak form）信頼，2. やや強固な（semi-strong form）信頼，3. 強固な（strong-form）信頼，に分類する。1. 弱い信頼とはつけこまれるヴァルネラビリティ（取引機会）がない状況での信頼である。2. やや強固な信頼とは，契約やその他の工夫を通して，相手に取引コストを負わせるかたちで形成される信頼である。3. 強固な信頼とは，契約やその他の工夫が取引相手によって価値として内面化されている信頼である。バーニーとハンセンは，信頼や信頼性がこうした場合に応じて競争優位の源泉となりえることを示す。それぞれを信頼チャートに沿ってまとめよう。

表3　バーニーとハンセンによるタイプ分け

タイプ	関係項		対象				結果
	関係項1	関係項2	能力	行為	動機	動機の内容	
1	信頼者	被信頼者		✓			
2	信頼者	被信頼者		✓	✓	契約などへのコミットメント	
3	信頼者	被信頼者		✓	✓	価値へのコミットメント	

2.3.　マイヤーらの定義とルソーらのタイプ分け

マイヤーらは論文「組織的信頼の統合モデル」において，ディエゴ・ガンベッタやモートン・ドイッチなど先行研究[7]を整理しながら，信頼を次のように定義している（Mayer et al. 1995, p. 85）。

7　モートン・ドイッチの信頼研究については本書第4章（酒井・高論文）を参照されたい。

図１　マイヤーらのモデル

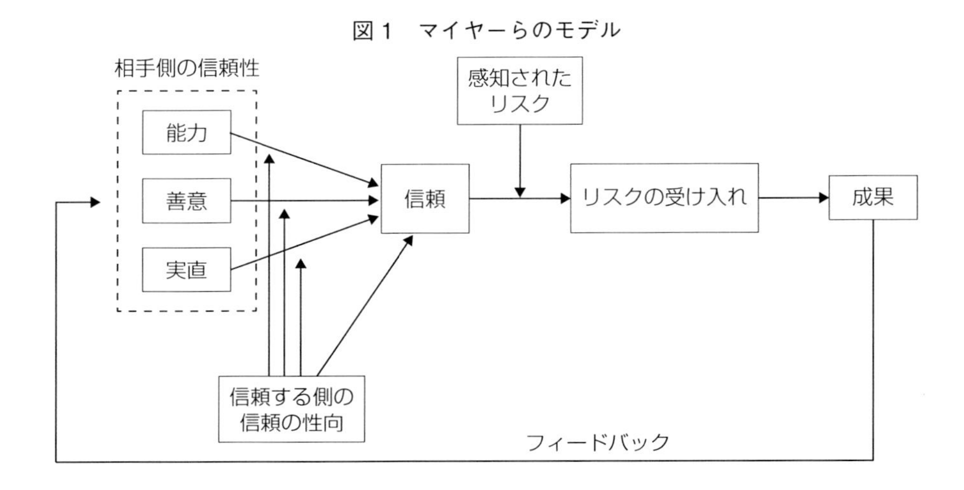

本研究で提案する信頼の定義とは，相手側を監視またはコントロールできるかどうかにかかわらず，信頼する側〔こちら側〕にとって重要な特定の行為を相手側がなすだろうという期待に基づいて，こちら側が相手側の行為に対してすすんでヴァルネラブルであろう〔リスクを受け入れよう〕とすること（willingness...... to be vulnerable）である。

そして，組織的信頼のモデルを提示している（図１）（p. 88）[8]。

すでに紹介した *Academy of Management Review* の 1998 年の特集号で，デニス・M・ルソーらはこの号に寄稿した論者たちが採用する信頼の定義が「結局たいして違わず（Not so Different after All）」，どれもマイヤーらの定義を採用していることに驚いている（Rousseau et al. 1998, p. 395）。ルソーらはこの定義を少し修正して，信頼を次のように定義している（Ibid.）。

信頼とは相手の意図や行動に対する肯定的な期待に基づいて，リスクを受

8　ただし，図は李新建（Xinjian Li）の論文（李 2014，p. 197）から。図中の「善意」は goodwill，「実直」は integrity の訳語である。

け入れようという意図を含む心的状態である。

ルソーらは，このように定義した信頼が成り立つためには，リスクの存在に加えて，相互依存（interdependence），すなわち相手に依存することなしにはこちらが利益を得ることができないという状況，が必要だという（p. 395）。そして，こうした信頼は文脈に応じて，1. 経済的交換に基づく相互作用に特徴的な「計算に基づく信頼（calculus-based trust）」，2. 信頼する側とされる側とのあいだで時間をかけて繰り返される相互作用から生じる「関係的信頼（relational trust）」（あるいは「情動的信頼（affective trust）」と呼ばれてきたもの），3. 制度に基づく信頼（institutional-based trust）という形をとるという（Mayer et al. 1995, pp. 399-400）。

表4　マイヤーらによる定義

タイプ	関係項		対象				結果
	関係項1	関係項2	能力	行為	動機	動機の内容	
	信頼者	被信頼者	✓	✓	✓	善意	

表5　ルソーらによるタイプ分け

タイプ	関係項		対象				結果
	関係項1	関係項2	能力	行為	動機	動機の内容	
1	信頼者	被信頼者		✓	✓	意図	
2	信頼者	被信頼者		✓	✓	情動	
3	信頼者	被信頼者		✓	✓	制度へのコミットメント	

2.4. 酒向の三分類

酒向真里は，論文「信頼はビジネス・パフォーマンスを改善するか」のなかで，1. 約束遵守に対する（contractual[9]）信頼（相手側が約束したことを実行するだろう），2. 能力に対する（competence）信頼（相手側が実行すると言っていることを実行するだろう），3. 善意に対する（goodwill）信頼（相手側が不公平なアドバンテージをとっても相互利益のイニシアティブをとる何の制約もないコミットをするだろう）に分けている（Sako 1998, p. 89）。酒向は，1. 約束遵守に対する信頼と 3. 善意に対する信頼はそれぞれ，バーニーとハンセンが呼ぶ「やや強固な信頼」と「強固な信頼」にほぼ対応していると言う（p. 92）。

表６　酒向によるタイプ分け

タイプ	関係項		対象				結果
	関係項１	関係項２	能力	行為	動機	動機の内容	
1	信頼者	被信頼者		✓	✓	約束へのコミットメント	
2	信頼者	被信頼者	✓				
3	信頼者	被信頼者		✓	✓	善意	

以上のように，経営学においても信頼のタイプ分けは基本的に他分野での信頼と変わらない枠組みに収めることができる[10]。

3 ● 信頼がない場合，ビジネスのなかでいかに作られるか？

企業や経営者はいかにして組織的信頼を構築してゆくのだろうか。信頼を構築する段階では既存のリソースを使った信頼に訴えられない。そのため，契約や制度へのコミットメントと内面化された価値へのコミットメントに基づいた信頼が重要な役割を果たしている。すでに，信頼が崩壊した時期の米国では，資格付与制度や保険業務や銀行・証券業務による保証制度が信頼関係の再構築において中心的な役割を担ったことを取り上げた。ここではそれに加えて，二

9　「契約に対する」と訳したいところだが，別の論文での翻訳に従った（酒向 1991, p. 93）。

10　タイプ分けした研究では他に，Lane（1998），真鍋・延岡（2003），若林（2006, p. 29）がある。また，若林直樹は組織間信頼を「組織が相手に対して約束に違反してでも自己利益のみを追求する行動をできる機会やインセンティブがある場合ですら，そうせずに，相互に依存と予測が可能でありかつ公平な仕方で行動するだろうという安定的期待」と定義している（若林 2006, p. 22）。

例取り上げたい。

3.1. 電子部品の発注企業とサプライヤーとのあいだの信頼構築

酒向は論文「信頼はビジネス・パフォーマンスを改善するか」において，国ごとで信頼がもたらすパフォーマンスを分析している（Sako 1998, p. 88）。すでに見たように，信頼は1. 約束遵守に対する信頼，2. 能力に対する信頼，3. 善意に対する信頼にタイプ分けされている。酒向はまた，信頼することとは反対に相手のヴァルネラビリティにつけこむことを「機会主義」を名付け，この四つそれぞれのパフォーマンスを評価する（pp. 89-90）。パフォーマンスの研究は次節で見てゆく。

対象は，日本，米国，欧州では英国，ドイツ，ラテンカトリック国（イタリア，フランス，スペイン）の電子部品のサプライヤーであり，彼らにアンケート調査を行ない，その結果を国際比較している。

そこで酒向は「信頼がない場合，信頼はビジネスのなかでいかに作られるか」という問いを立て，それに答えるため七つの仮説を立て，それぞれを検証している（pp. 100-101; p. 104）。たとえば，発注企業（顧客企業）がサプライヤーに対して善意による信頼関係を構築するのには，その企業がサプライヤーと取引を続けようと非公式にかかわったり（コミットしたり），サプライヤーに技術支援をしたり，情報提供をすることが重要になるという。

酒向は「要するに，善意に対する信頼の主な決定要因は，顧客企業による非公式のコミットメント，技術支援，情報提供である。同じ三つの要因は能力に対する信頼の重要な決定要因でもある。対照的に，顧客企業の機会主義の主な決定要因には，顧客企業とサプライヤーとのあいだの情報の非対称性が含まれている」とまとめている（pp. 104-105）。

3.2. 研磨業者間での信頼構築

川崎千晶は，論文「組織間信頼の形成プロセス」において，まず組織間信頼を「協力する組織が，ある一定の協力行動をとり続けるであろうと相互に期待し，相手の期待に応えられるようにすること」だと定義する（川崎 2014, p. 42）。この意味での組織間信頼の構築は，歴史や情報がない場合には，自己利益に基づく信頼では説明できないとし，ザッカーが呼ぶ「特性に基づく信頼」に注目する（pp. 42-43）。そのなかでも「取引前に生じるもの」を「縁故に基づく信頼」とし，その形成には「共有に作り出され，組織間でこうだと期待する基準」として「規範」が機能していると主張する（p. 43）。その例として，川崎は新潟県燕地域で「磨き屋シンジケート」と呼ばれる研磨業者間での信頼形成には，「地場の研磨業者と競合する既存受注をしないこと」，「メンバーに対して案件を情報公開すること」といった共同受注マニュアルが「規範」として機能しているという事例を取り上げている（pp. 43-45）。

二例しか取り上げていない[11]が，信頼がないところから信頼関係を構築するのには，契約や制度へのコミットメントや善意や価値へのコミットメントが必要だと推測できる。

表7　信頼が構築できるかを信頼のタイプごとに評価

タイプ	関係項目		対象				結果	信頼の構築
	関係項1	関係項2	能力	行為	動機	動機の内容		
自己利益に基づく信頼	信頼者	被信頼者		✓				×
善意に対する信頼	信頼者	被信頼者		✓	✓	善意や価値へのコミットメント		○
特性に基づく信頼	信頼者	被信頼者		✓	✓	契約や制度へのコミットメント		○

4 ● 組織的信頼がもたらすパフォーマンスの研究

ここまで，企業や経営者はそのステークホルダーとのあいだでいかにして信頼関係を構築しているかを明らかにしてきた。前節での推測のもとに，今度は

11　李は，日中合弁会社の失敗談を例に，信頼の構築でなく崩壊プロセスを明らかにしている（李 2014）。

どう構築すべきかを考察してゆく。本節ではそれをパフォーマンスから論じてゆく。

4.1. 電子部品の発注企業とサプライヤーとの間の信頼関係

酒向は，論文「日本のサプライヤー関係における信頼の役割」において，信頼を三つにタイプ分けして，それぞれが日本の発注企業とサプライヤーの関係のなかでどのように生じたかを歴史的に分析する（酒向 1991, pp. 107-108）。

日本企業は外部市場の未発達（技術的に能力のあるサプライヤーの不足）を補う必要から，「能力に対する信頼」の育成・構築に着手した。このことは，両方向的であるとともに，協力会を通しての頻繁で緊密なコミュニケーションを必要とした。その副産物が「善意に基づく信頼」であり，それがこの関係に多大な柔軟性を与えた。さらに，第二次世界大戦後の日本のビジネスにおいてあらゆるタイプの信頼は，企業にとって少なくとも「約束遵守の信頼」の重視を容易にする着実な成長という好ましい経済状況によって高められた。

酒向は，1989年に実施した日本とイギリスの電子部品のサプライヤーに対する小規模のアンケート調査を分析し，日本で発展したような強い信頼で結ばれた発注企業とサプライヤーの関係（これを酒向は「善意に基づいた取引関係（Obligational Contractual Relation, OCR）」と呼ぶ）は効率的（ただし，OCR関係の構築にはコストがかかる）だと論じる[12]。

酒向はまた，前述の論文「信頼はビジネス・パフォーマンスを改善するか」において，今度は国ごとで信頼がもたらすパフォーマンスを分析している（Sako 1998, p. 88）。そのために，信頼の三分類に加え，「機会主義」を導入する（pp. 89-90）。パフォーマンスの改善として具体的に考えられているのは，(a) 取引コストの削減，(b) 将来リターンを伴う投資，(c) 継続な改善と学習である（pp. 91-93）。これらを測る尺度として，サプライヤーのコスト削減，利益マージン，ジャストインタイム（JIT）配送，共同による問題解決，を挙げている（p. 95）。

12　OCRは，イギリスのサプライヤーに特徴的なACR（Arm's-length Contractual Relation），つまり腕の幅だけ距離のある緊密でない取引関係と対比される。

酒向によれば，タイプとして見ると，発注企業とサプライヤーとのあいだの信頼の場合，約束遵守に対する信頼はドイツと日本で，能力に対する信頼は日本で，善意に対する信頼はラテンカトリック国とドイツで，それぞれもっとも高い（p. 95）。

そして，酒向はどのタイプの信頼がパフォーマンスにつながっているかを分析している。最終的に「善意に対する信頼の場合のほうが他のタイプの信頼の場合よりも信頼とパフォーマンスの正の結びつき（link）が強いという仮説，がある程度支持された」とまとめ，国際間でのOCRの効率性を裏付けている（p. 98）。

4.2. 眼鏡フレーム業者間での信頼関係

崔容熏（Yonghoon Choi）は，論文「取引関係の成果における信頼の役割――信頼の多次元的属性に基づく経験的研究――」（崔 2010）において，ルソーらに言及しながら，「取引相手の機会主義的な行動の可能性および自分の目的達成のために必要な能力を取引相手が包有している可能性に対する期待」を「合理的信頼」と呼び，「取引相手に対する関心と互恵的な人的関わりを同伴する」信頼を「関係的信頼（情動的信頼）」と呼び，両者を区別する。

崔はこれらの信頼が「特定の取引相手の要望に合わせて，製品，プロセスまたは手続きを変更する行為又は投資」である「関係特定的適応」という取引行動と，「補償の約束，脅威，制裁」といった「強圧的パワーの行使」という取引行動双方に及ぼす影響を分析する。崔は多数の部品メーカーや加工業者からなる鯖江市の眼鏡フレーム業界にアンケート調査をとり，「関係特定的適応が関係的信頼に及ぼす正の影響は，合理的信頼に対するそれより大きい」，「強圧的パワーの行使が合理的信頼に及ぼす負の影響は，関係的信頼に対するそれより大きい」，企業間の協力に対して，合理的信頼よりも関係的信頼が与える影響が大き」く，「企業間の協力は取引関係の成果に正の影響を与える」などの仮説が支持されたと論じる。したがって崔は「企業間協力及び取引成果に対して，関係的信頼がより強い説明力を持つことを明らかにした」と結論づける（p. 256）。

以上のように，善意や価値へのコミットメントに基づいた信頼，すなわち善意に対する信頼が企業のパフォーマンスの向上や改善につながっているという研究成果がある。したがって，組織的信頼の構築において，少なくとも善意に対する信頼の構築はパフォーマンスに結びつく可能性が高い（特性に基づく信頼の構築がパフォーマンスに結びつくかは今後の課題である）。パフォーマンスの観点からは，善意に対する信頼を構築すべきだと言える。

表8　パフォーマンスが出せるかを信頼のタイプごとに評価

タイプ	関係項		対象				結果	パフォーマンス
	関係項1	関係項2	能力	行為	動機	動機の内容		
善意に対する信頼	信頼者	被信頼者		✓	✓	善意や価値へのコミットメント		○
特性に基づく信頼	信頼者	被信頼者		✓	✓	契約や制度へのコミットメント		?

5 ● 企業や経営者はいかにして信頼関係を構築すべきか

一見すると，パフォーマンスの観点は経済合理性に訴える狭い観点に思える。本節では，ビジネス倫理の研究をふまえて，この観点がいかにして道徳的観点とも結びつくかを明らかにする[13]。

5.1.　ボウイのカント主義：ステークホルダーとの信頼を築く義務

ビジネス倫理学者であるノーマン・ボウイは主著『利益につながるビジネス倫理』（*Business Ethics : A Kantian Perspective*）のなかで，カント主義の観点からビジネスにおける倫理を論じる（Bowie 1999（邦訳：2012））[14]。ボウイによれば，カントが言う定言命法の普遍的法則の方式（あなたはあなたの格率が普遍的法則となることを，その格率を通じて同時に意志しうるような格率に従ってのみ行

13　L・T・ホスマーは組織論とビジネス倫理の両分野で使える信頼の定義を提案している（Hosmer 1995, p. 399）。しかし，ここまで見てきたように，新しい定義を提案せずとも，定義についてある程度の一致がある。

14　ボウイの議論に関して，（ボウイ 2012）で要約されている。

為せよ）は，従業員の道徳的義務とともに，経営者の道徳的義務を明らかにする。その一つが，ステークホルダーとの信頼を築く道徳的義務である（p. 30（邦訳：p. 40））。ボウイは，信頼の基盤を損なう商慣行を認める格率が普遍化されると，商慣行の概念に矛盾はない（自己矛盾の理論的解釈）が商慣行の目的と矛盾してしまうこと（自己矛盾の実践的解釈）を指摘する（p. 26（邦訳：pp. 34-35））[15]。たしかに，企業利益のために経営者はステークホルダーとの信頼を築く義務があるだろう。しかし，これは自愛の思慮に基づく仮言命法でしかない（p. 31（邦訳：p. 40））。では，経営者にはステークホルダーとの信頼を築く道徳的義務（定言命法）まであるのだろうか。それは以下の論証によって示される（p. 31（邦訳：p. 41））。

〔前提 1〕経営者には，企業利益が最大になるように会社を経営するという契約上の義務（obligation）がある。
〔前提 2〕企業利益が最大になるように経営者が経営できるのは，その経営者が企業のステークホルダーらとの信頼を築いている場合のみである。
〔結論〕したがって，経営者には，企業のステークホルダーとの信頼を築く義務がある。

ただし，ここで「企業利益」を株主利益だと解釈する必要はなく，ステークホルダーの利益だと解釈することもできることをボウイは強調している。

一番目の前提は正しいだろうか。たしかに経営者は企業利益を最大化する契約を結んでいる。それは法的な義務である。だがボウイによれば契約破棄を認めるような格率が普遍化されてしまえば，契約そのものが成立しなくなってしまう，すなわち概念的に自己矛盾してしまう（p. 16（邦訳：p. 21））。さらにボウイはこの論証の二番目の前提，すなわち事実に関する前提が真であることを示すために，経営学の文献にあたるべきだと論じる（p. 31（邦訳：p. 42））。

15　論理的解釈と実践的解釈の区別はクリスティーン・コースガードによって提案された（Korsgaard 1996, p. 78）。

事実に関する前提に関してもっと懐疑的な立場がある。ビジネス倫理学者がしなければならないことのひとつは，経営学の文献に基づいて事実的な前提が真であることの証拠を示すことである。信頼が商慣行にとって不可欠であるということ，しかも信頼の基盤を損なうような格率が実際に（意欲において）自己論駁的であることを証明するほど不可欠であるということが明らかにされねばならない。

ボウイはまた，サプライヤー関係を中心として構成され自前の社員をほとんどもたない「バーチャルコーポレーション」においては，計算に基づく（calculative）信頼でなく，バーニーとハンセンが強調する「強固な信頼」（契約やその他の工夫は取引相手によって価値として内面化されている信頼），つまり善意に対する信頼が不可欠であると論じる（pp. 36-37（邦訳：pp. 46-48））。

もちろん，ボウイのこうした議論に対してはさまざまな批判が挙げられてきた（Arnold and Harris 2012）。しかし，ここでボウイの枠組みから組織的信頼について何が言えるかにのみ注目したい。

5.2.　ボウイの枠組みから言えること

前節までで，組織的信頼の構築において，パフォーマンスの観点から善意に対する信頼こそ構築されるべきだということを導いた。ボウイもバーチャルコーポレーションにおいてこの善意に対する信頼に注目している。ボウイの議論が示唆するのは，善意に対する信頼が構築されるべきだという要求は経済合理性の観点からだけ言えることでなく，企業や経営者の道徳的要求として言えるということである。

もし酒向の研究が正しく，組織的信頼の構築には，取引を続けようとする非公式のコミットメントや，技術支援や情報提供が決定要因として働くのであれば，企業や経営者は取引先に対してこれらを働きかけること，つまりOCR（善意に基づいた取引関係）の構築が企業利益最大化を導くだろう。そして，ボウイの主張を受け入れれば，企業や経営者はOCR構築の道徳的義務をもつことになるだろう[16]。

参考文献

Arnold, Denis G., and Harris, Jared D. (2012) *Kantian Business Ethics: Critical Perspectives*, Edward Elgar Publishing.

Barney, Jay B., and Hansen, Mark H. (1994) "Trustworthiness as a Source of Competitive Advantage", *Strategic Management Journal*, 15 (S1), 175–190.

Bowie, Norman E. (1999) *Business Ethics: A Kantian Perspective*, Blackwell Publishing.（邦訳：ノーマン・ボウイ（中谷常二・勝西良典監訳）(2009)『利益につながるビジネス倫理―カントと経営学の架け橋』，晃洋書房.）

Hosmer, L. T. (1995) "Trust: The Connecting Link between Organizational Theory and Philosophical Ethics", *Academy of Management Review*, 20(2), 379–403.

Kramer, Roderick M. (ed.) (2006) *Organizational Trust: A Reader (Oxford Management Readers)*, Oxford University Press. Reprinted in 2009.

Korsgaard, Christine M. (1996) *Creating the Kingdom of Ends*, Cambridge University Press.

Lane, Christel. (1998) "Introduction: Theories and Issues in the Study of Trust", in C. Lane and R. Bachmann, (eds.), *Trust within and between Organizations: Conceptual Issues and Empirical Applications*, Oxford University Press, 1–30. Reprinted in 2002.〔本文中のページ数はリプリント版から。〕

Mayer, Roger C., Davis, James H., and Schoorman F. David. (1995) "An Integrative Model of Organizational Trust", *the Academy of Management Review*, 20 (3), 709–734.

Rousseau, Denise M., Sitkin, Sim B., Burt, Ronald S., and Camerer, Colin. (1998) "Not So Different After All: A Cross-Discipline View Of Trust", *Academy of Management Review*, 23(3), 393–404.

Sako, Mari. (1998) "Does Trust Improve Business Performance?", in C. Lane and R. Bachmann, (eds.), *Trust within and between Organizations: Conceptual Issues and Empirical Applications*, Oxford University Press, 1–30. Reprinted in 2002.〔本文中のページ数はリプリント版から。〕

Solomon, Robert and Flores, Fernando. (2001) *Building Trust in Business, Poli-*

16　ビジネス倫理学者であるロバート・C・ソロモンは，哲学者であり政治家でもあるフェルナンド・フロレスとともに，「たとえばモートローラやエクソンのような会社を，人を信頼するように信頼できるであろうか」とういう問いについて議論している(Solomon and Flones 2001, p. 73（邦訳：p. 110))。本章ではこの問いを扱わなかった。

tics, Relationships, and Life, Oxford University Press.〔本文中のページ数はキンドル版から。〕(邦訳：ロバート・C・ソロモン，フェルナンド・フロレス（上野正安訳）(2004)『「信頼」の研究―全てのビジネスは信頼から』，シュプリンガーフェアラーク東京.）
Zucker, L. G. (1986) "Production of Trust: Institutional Sources of Economic Structure, 1840-1920", *Research in Organizational Behavior*, 8(0), 53-111.
川崎千晶（2014）「組織間信頼の形成プロセス」，『日本経営学会誌』，33(0)，40-49.
熊澤喜章（2001）「信頼と企業組織」，『明大商学論叢』，83(1)，273-294.
酒向真理（1991）「日本のサプライヤー関係における信頼の役割」，藤本隆宏，西口敏宏，伊藤秀史（編）『リーディングスサプライヤー・システム：新しい企業間関係を創る』，有斐閣，第4章.〔ただし，この論文はSako, Mari. (1991) "The Role of 'Trust' in Japanese Buyer-Supplier Relationship", *Ricerche Economiche*, 45 (2-3), 449-474. を修正して翻訳したものである。〕
崔容熏（2010）「取引関係の成果における信頼の役割――信頼の多次元的属性に基づく経験的研究――」，『同志社商学』，61(6)，245-261.
ノーマン・ボウイ（2012）「『利益につながるビジネス倫理―カントと経営学の架け橋』再考」，中谷常二（編）『ビジネス倫理学読本』，晃洋書房，第三章，49-65.
真鍋誠司，延岡健太郎（2003）「信頼の源泉とその類型化」，『国際経済雑誌』，187(5)，53-65.
李新建（2014）「国際ビジネスにおける信頼構築のプロセスに関する検討」，『三田商学研究』，56(6)，195-203.
若林直樹（2006）『日本企業のネットワークと信頼：企業間関係の新しい経済社会学的分析』，有斐閣.

第8章

教育学における信頼

――非対称的人間形成力としての信頼

広瀬　悠三

1 ● はじめに

教育学において信頼は，教育の目的や価値，方法の考察が主題的になされる中，暗黙の前提として当然なものと捉えられる傾向にあった。そのような信頼は，両親・教師と子どもを軸にした人間関係においてはじめて問われうる主題であるために，20世紀に入って教育においてそのような人間関係が取り上げられるようになるまで，周縁的に言及されたり，暗示的に考察されたりするにすぎなかった。19世紀末から20世紀初めにかけて同時的に世界のさまざまな地域を席巻した「子ども中心主義」の反動として，また世界大戦による人間の手段化への対抗として，教育における人間関係が，教育と人間形成の要に位置づけられるものとして考察されるようになった。この20世紀前半の教育関係論を実質的な始原としつつ，その教育関係論を受け継ぎ，教育人間学を創始したボルノウによって，教育における信頼がはじめて主題的に吟味されることになったのである（Bartmann et al. 2014）。このボルノウの教育人間学的な信頼の把握は，ユトレヒト学派の子どもの人間学にも結びついている。しかしながらこのように信頼が問われる教育関係は，教師と子どもという固定した関係に依存しているのではないかという疑問が提起され，そのような前提を問い直し，教師と子どもという二項の関係に収まらない人間関係や，自然，動物など多様な関係の中で教育関係が吟味されるようになった（高橋・広瀬 2004）。このような動きに付随して，信頼は等閑に付されるようになっていった。それでも，教育において信頼の重要性が消えることはなく，学校一教師不信が声高に叫ばれる近年において，むしろ改めて信頼の内実の十分な把握が求められている。

このような教育学の理論的考察を基盤にして，教育実践における信頼は論じられている。現代においてとりわけ取り上げられるのは，教師と子どもの信頼関係と，現代の学校・高等教育機関における信頼の役割であるが，それぞれ方法論的には，心理学そして社会学が採用されている。つまり，教育心理学と教育社会学的な分析によって，教育における信頼はそれぞれ部分的に捉えられているのである（Maele et al. 2014; Frederiksen et al. 2016; Charron and Rothstein 2016）。しかし本章では，教育における信頼の全体像を見るという趣旨から，教育心理学的・教育社会学的な信頼の検討ではなく，教育学・教育哲学的な理論における教育と信頼の考察を主題的に取り上げ，それらが現代の教育にどのように結びつきどのような意義を有するかという点に絞って考察を進めることにしたい。

具体的には歴史的過程を踏まえて，まず第 2 節で教育における信頼の芽生えとして，18 世紀のルソー『エミール』の教育論とカントの教育学において信頼がとりわけ道徳教育的な意味をもっていることを見る。次に第 3 節において，18–19 世紀のロマン主義的教育であるペスタロッチで扱われる母親（保護者）の信頼が，幼い子どもの人間形成に影響を与え，学びを促進することを考察し，その現実の具体的な記録としてサリヴァンによるヘレン・ケラーの教育実践を取り上げて検討を加える。その後第 4 節において，教育における信頼の考察の始原として，教育関係論の提唱者であるノールと，人間関係を教育哲学として深めたブーバーの思想を短く確認する。その上で，教育における信頼研究の代表的な教育学者であるボルノウの議論から，教育的な形成力をもつ非対称的な信頼について吟味し，そこに連なる子どもの人間学を提唱したランゲフェルトの信頼と権威の考察，さらには純粋贈与者としての教師の構成要件としての信頼の特異性を明らかにする。そして最後に第 5 節において，これからの教育に求められる信頼のあり方と役割を，子どもに求められる信頼と，希望としての世界市民的信頼として提起した上で，現実の学校教育における信頼の意義について考察する。このような議論を通して明らかにされることは，(1) 教育における信頼は人間を形成する力をもつということ，(2) 教師と子どもの信頼関係は教師が特異な信頼をもつことが求められるという意味での非対称的関係であるということ，(3) そのような非対称的形成力としての信頼が，人間を子どもから信頼する大人へと導くという意味で，信頼研究自体の基盤になるということである。

2 ● 教育における信頼の芽生え―― 18世紀を中心に

子どもを発見したとされるルソーは，教育論の主著『エミール』で，都会から離れた場所において家庭教師であるルソーがエミールを一対一で育て上げる過程を描いている。ここでは人間は，自然と人間と事物の三者によって教育されるが，これら三者が調和的に一致して教育を行なうときに，子どもは十分に形成されることが示されている。ここにおいては，自然の教育のみ，人間の力ではどうすることもできないため，自然の教育に残りの二つの教育を合わせる必要がある。こうしてその二つのうちの人間である教師も，子どものもっている自然が求めていることを注意深く洞察することを通して，子どもを教育することが求められる。こうして子どもの自然を尊重する教師のあり方が，『エミール』においては主題的に論じられることになるが，このような文脈において，信頼は非常に短くではあるものの，次のように触れられている。すなわち，「ただ注意しておきたいのは，一般の意見に反して，子どもの教師は若くなければならない，賢明な人であれば，できるだけ若いほうがいい，ということだ。できれば教師自身が子どもであれば，生徒の友達になって一緒に遊びながら信頼をうることができれば，と思う」(ルソー 1962，p. 63)。このように教師は，子どもと年齢的にも経験的にも近いことによって，子どもの本来もっている欲求を満たすことができることで，信頼を得られるということが言われている。さらには，子どもは言われることの首尾一貫性を感じられなくなることから，教師や両親，また乳母などがそれぞれ異なった仕方と内容で子どもを教育するならば，彼らの権威は失われると指摘されている (ルソー 1962，p. 79)。ここでは信頼ということば自体は現れていないものの，子どもの自然に反した人為的な教育を行なうことで，子どもは教師や教育者に従わなくなり，学びも深まらないという文脈で，子どもの従順さに付随しうる信頼の必要性がほのめかされていると言える。しかしながらルソーは，教師と子どもの信頼そのものよりも，その前提となる教育のあるべき枠組みを自然についての考察から吟味しており，教育における信頼はその萌芽が見え隠れしているにすぎない。

それに対して，ルソーの『エミール』からも影響が見られるカントの教育学は，信頼を実践哲学的な人間理解の観点から捉えている。カントは人間形成の最終段階として道徳化（Moralisierung）を主張するが，その端緒は従順さ，誠実さ，社交性という三つの性格を確立することであると指摘する。「道徳教育において第一に努めることは，性格を確立することである。性格の本質は格率に従って行為する能力にある」（Kant 1902, IX, p. 481）とされるが，「自分自身に対して，一定の規則を定めたことのないような人間は信頼できない（unverlässig)」（ibid.）ために，主観的規則である格率を自ら定めて，それに従いながら行為する人間が，信頼できる人間であると捉えられている。つまり道徳化を通して教育は，信頼できる人間を形成することをめざしているのである。そのような人間は，感性的な衝動に縛られて規則に不従順なのではなく，自らの感性的な衝動を乗り越えて他者と関係を築くことができるように格率を立てて行為することができる存在であり，つまりは道徳的な人間に他ならない。この人間のあり方は，他者に対してだけ当てはまるわけではない。自らが信頼に値するかどうかということすらも，問題になるのである。三つの要素を含みもつ性格の特異性は，「あることを行なおうとする確固とした決意と，そしてまたその決意を実際に実行するところにある」（Kant 1902, IX, p. 487）が，「自らあることを決意したけれども，それを実行しないような人は，もはや自分自身を信頼する（trauen）ことができない」（ibid.）のである。これは，自らが口にしたことを行為に移していないことを意味し，これが極まると嘘になるが，「嘘は人間を一般的な軽蔑の対象にして，どの人間も自分自身に対して持つべきであるような尊敬および信用（Glaubwürdigkeit）をその人間自身から奪ってしまう手段である」（Kant 1902, IX, p. 489）。こうして嘘をつかず，ことばと行為を一致させて格率に従って行為するあり方としての道徳性の形成は，人間を自他ともに信頼できるようにすることと言い換えることができる。このようにカントの教育学においては，信頼は道徳教育的な人間形成の重要な場所に，不明瞭な形ではあれ（用いられていることばが多様であるため，概念を十分規定できていないという意味で），位置づけられるのである。しかしまだカントは，このような信頼をどのように直接形成するかは言及しておらず，教師による関係的な働きかけも不明確なままである。

3 ● 信頼の現出――生の肯定と学びの促進

3.1.　母親の存在肯定と信頼の兆し

このような前史のもと，教育的な人間形成の初期において，子どもの生自体と学びの基盤になっているのが母親であり，母親との関係であると洞察したのがペスタロッチである。彼はルソーの教育論から大きな影響を受けながら，教育の原点を母親との関係，とりわけ母親が発することばにあると見る。彼はこのような教育を「居間の教育」と呼び，この教育のもとで子どもの始原的成長の土台が作り上げられることを強調している。このような母親と子どもの関わりにおいて，信頼が立ち現われるとされる。すなわち子どもは，「母親のほほえみに，晴れやかな曇りない眼でこたえる―信頼（Vertrauen）の芽が彼の中に芽吹くのである」(Pestalozzi 1927, p. 346)。母親のほほえみに見られる受容と肯定に応えて，幼い子どもは疑いなくその母親に依存するのであり，そこにおいて信頼と思われるものの芽が現出してくるというのである。このように母親への信頼の芽があってはじめて，母親のもとで安心して過ごすことができ，さらにはそのような状態で外界・内界の事物と事象を感受することができるようになる。ペスタロッチは，このような子どもにとって極めて重要な母親がいない孤児に対して，母親の代わりになることの重要性を認識し，スイスのシュタンツで孤児院を開き，孤児の養育と教育に勤しむようになる。それでもペスタロッチの信頼に対する見方は変わらなかった。「私は何よりもまず子どもの信頼と愛着を得ようとしたし，またそうしなければならなかった。もしこれが成功したら，他の一切はきっと自ずと得られるとわたしは期待した」(Pestalozzi 1927, p. 8)。ペスタロッチは，子どもがペスタロッチを信頼することでどれほどその子どもが学びを深めて成長していったかの詳細を記してはいない。それでも『シュタンツだより』では，愛情をかけて信頼を得ることで，自らの指示や指導を受け入れるようになっていった過程は描かれている。ペスタロッチが教育にとっての信頼ということで見出していた点は，幼い子どもの存在自体を受け入れる母親の独自性であり，そのような母親の一定の代わりになりうる教師の重要性である。

このような母親，あるいはその代わりとなる教師に端を発する信頼の現出とその働きについては，ペスタロッチの『シュタンツだより』だけでは，その現実的なあり方を十分に捉えることができない。ここでは現実の教育の記録として残っている，アン・サリヴァン先生によるヘレン・ケラーの教育実践を通して，教育における信頼の初期かつ基盤的役割を解きほぐしたい。

3.2. 服従・信頼関係のもとでの学びの開かれ：アン・サリヴァンとヘレン・ケラー

アン・サリヴァンは20才のとき（1887年）から，生後19カ月で熱病から視覚と聴覚を失い，見えず聞こえず話せない三重苦を負った6才のヘレン・ケラーを，家庭教師として教育したアメリカ合衆国の女性である。ヘレンは，ことばが意味をもち，対象を指示することを理解しておらず，両親はヘレンの教育をほぼ諦めている状態であった。両親に代わってサリヴァンは家庭教師として，一からヘレンに教えることを決意する。サリヴァンが教えるにあたってはじめから重視していたのは，ヘレンとの関係，愛そして信頼に基づく関係である。しかし事態は異なっていた。すなわち，「私は，彼女の目が見え，耳が聞こえるならば用いる同じやり方で，この小さな児童の愛と信頼（confidence）が得られると思っていました。でもまもなく，普通のやり方ではこの子の心には近づけないことに気がつきました」（Sullivan 1905, p. 309）。サリヴァンはこのような事態に直面して，服従させることが何よりもまず求められることを自覚するようになる。「彼女が私に服従することを学ぶまでは，言語やその他いかなることを教えようとしても無駄であることが，私にははっきりわかりました。私はそのことについてたくさんのことを考えましたが，考えれば考えるほど，服従こそが，知識ばかりか，愛さえもがこの子の心に入っていく入口であると確信するようになりました」（Sullivan 1905, pp. 308–309）。ここで重視されている服従とは，サリヴァンによれば，奴隷的に従うことではなく，あくまでもヘレンが自発的に自らを頼れる存在として認め服従することを意味している。サリヴァンはこのように教育の前提として，ヘレンの愛と信頼を得るためには，服従させることの重要性を強調する。

このようにヘレンに服従を学ばせるために，サリヴァンは家の離れで二人きりになってヘレンを教育することをケラー夫妻に提案する。「私はケラー夫人と気持ちよく率直にお話して，このままの環境では，ヘレンといかなることを行なうのも難しいことを説明しました。彼女に，ヘレンを少なくとも数週間は家族から離すべきである（というのも，私の仕事を進めるには，その前にヘレンが私を頼り（depend on），服従することを学ばなければならないからです）という私の考えをお話したのです」(Sullivan 1905, p. 309)。ケラー夫妻はサリヴァンのこの提案を受け入れたため，サリヴァンはケラー家の離れを借りて，そこで2週間ヘレンと共同生活を送ることになった。こうすることでサリヴァンはヘレンを自身に，24時間頼らせることに成功する。食事から身の回りの生活，着脱衣，遊びにいたるまですべてである。このようにしてヘレンは，自らの生活をこのサリヴァンが与えてくれることを実感するようになっていった。両親がいる場所では，両親がヘレンを甘やかしてしまい，サリヴァン自身にのみ頼らせることができない[1]。これとは反対に，離れですべて自身に頼らせることで，サリヴァンはヘレンを懐かせ，自らを愛し信頼するように促すことによって，さらにことばを教えようと試みる。つまりサリヴァンは，頼りになり信頼している人の行なっている指文字が，何か自らに対して重要なことをもたらし，語りかけていることをヘレンに感じさせようと試みたのである。ヘレンはこのサ

1　たしかにヘレンの両親はヘレンを少なからず可愛がっており，食事も衣服も何不自由なく与えていたことを考えると，ヘレンは両親に服従し，頼り，信頼することで，ことばを学ぶことができていてもおかしくはないように思われる。しかしやはり，それらを必要以上に与えられ，何でも好きなようにさせられているという意味で，甘やかされており，ヘレンもそれらを与えられて当然のこととして捉えていたと考えられ，両親を頼るという状況にはなかったのではないかと推測される。あえて頼る必要がないほどに，当たり前なものとして与えられていたのであり，服従というよりも放埓へと向かわせてしまっていると考えられる。

リヴァンの試みに応えた。ヘレンは自伝で次のように述べている。「冷たい水の流れが手にかかったとき，サリヴァン先生はもう一方の手に，はじめはゆっくり次に速く『水』という字を書きました。私はじっと立ったまま，先生の指の動きに全神経を集中します。突然私は，なにか忘れていたことのぼんやりした意識を，思考が戻ってきたような戦慄を感じました。そしてどういうわけか，言語の神秘が啓示されたのです。そのとき，『w-a-t-e-r』というのは私の手に流れてくる，すばらしい冷たいなにかであることを知ったのです」（Keller 1905, p. 23）。こうして今まで誰も教えることのできなかったことばを，ヘレンはサリヴァンから初めて得ることができたのである。そしてこのことばの習得には，ことばと世界の事物とのつながりから現出する世界との関わり，という深い学びが伴っている。このような学びの基盤には，サリヴァンとヘレンの関係が横たわっている。つまり，十分に服従し頼ることが，愛と信頼へと結びついていき，さらにそのような頼りになる人から，ヘレンはことばと世界を体得することができたのである。それはヘレンが，この人が教えることは，自らにとって何か重要で有意義なものであるという意識をもつことができるようになったからであると考えられる。頼ることから現出した愛と信頼，とりわけ頼ることと直接結びついている信頼が，ヘレンにことばという光をもたらすことができたのである。信頼はこのように，人間の学びと理解に決定的な役割を演じているのである。この後，ヘレンは世界に開かれることになり，猛勉強の末，大学を卒業し，以後世界各地を講演して回り，障がい者の権利と福祉の向上のために尽くす生涯を送ることになった。ヘレンは，信頼を基にしたサリヴァンの教育によって，単なる知識の習得ではなく，ことばという光を与えられ，現実的な人格が形成されたのである。

サリヴァンとヘレンの間に見られる服従から来る信頼関係には，現実的には欲求と幸福の充足という要素が含まれている。つまり完全な強制的服従は別として，ある人に服従し頼ることを自発的に望む場においては，その子どもにとっては服従し頼ることは，根本的に自らにとって有益であり有意義であることが重要になってくるのである。ヘレンは，初めはサリヴァンを腫物のように扱い，自らに厳しくあたる嫌悪すべき存在であり，服従することも頼ることもしなかった。しかし離れにて寝食をともにすることで，サリヴァンは食事から衣服の着脱，日常の必要な世話などあらゆることをヘレンに行なうことで，ヘレンはサリヴァンに服従しても自らにとって問題ない，むしろサリヴァンに服従することが自らにとっても心地よいと感じるようになった。ヘレンにとってサリヴァンは，自らの欲求や願望を満たしてくれる存在，さらに言えば「味方」であると捉えるようになったかのようである。よるべなく孤独で無力な存在である人間はその最初期においては，他者に頼り，自らの欲求や願望を満たしてくれる他者とともに生きるしかない。ここでの信頼とは，自らのために他者を求めることから生起するのである。他者を尊重するというよりは，むしろ自らの欲求と幸福の充足のために，信頼は他者に向かい，また共同利益性の始原として，他者を信頼するようになると言える。このように自らの欲求・幸福の充足と現実的に密接に関係してもいるのが信頼である。そしてそれゆえに，利害が対立する場においては，信頼は容易に破たんしてしまうことになる。このことをサリヴァンとヘレンの関係は示している。

4 教育の基盤をなす信頼
——教育人間学と子どもの人間学の視点から

今まで教育において見られる信頼を，前史としてルソーとカントに触れつつ，母親やその一定の代わりとしての教師の子どもへの信頼，そしてさらには実際の教育の記録に依拠して，服従と頼ることから子どもの教師への信頼が現出することを考察してきた。しかしこれらに関しては，当事者自身は信頼を主題的に論じてはおらず，あくまでも筆者が意味づけて解釈しているにすぎない。教育学においては，信頼は決して些末なものではなかったにもかかわらず，主題的に考察されるには20世紀を待たなければならなかった。

このような背景のもと20世紀前半に，はじめて教育学において信頼に結びつく人間関係の重要性が認識されるようになった。ドイツの教育学者であるヘルマン・ノールは，19世紀末から20世紀前半にかけて世界で同時多発的に生起した「子ども中心主義」から距離を取ることで，権威と従順という関係を放棄する傾向にあった子ども中心主義に異を唱え，両者を適切に保持する「教育的関係」の重要性を指摘した[2]。同時期には，ユダヤ人の教育学者・哲学者であるマルティン・ブーバーが，戦争で人間すら物化される事態に直面しながら，個人主義でも集団主義でもなく，「人間とともにある人間」を議論の俎上に載せ，「我とそれ」という物と代替可能な関係ではない，「我と汝」という関係を考察している。ブーバーは現代を「信頼の危機（die Krise des Vertrauens)」(Buber 1962, p. 397）の時代と捉え，教育にはなによりもまず信頼が必要であると講演している（Buber 1962, p. 803)。しかしながら，彼の関係論の主著『我と汝』においては，信頼は主題化されていない。したがってブーバーにおいて信頼は，重要な問題として認識されるようになってはいるものの，「我と汝」という，対象化も意図化もできない関係においては信頼が入り込む余地は大きくないと考えられていたのである。しかしそれでも，20 世紀に入ってから，教育学において，人間関係，教育関係というテーマが重要なものとして把握されるようになったことは銘記すべきである。このような流れを受けて，教育学，とりわけ教育人間学において初めて信頼について主題的に考察したのが，ボルノウである。ボルノウは，今まで等閑に付されていた「教育的雰囲気」に注目する。「『教育的雰囲気』とは，教育者と子どもの間に成立し，あらゆる個々の教育的なふるまいの背景をなす情感的な条件と人間的な態度の全体を意味する」(Bollnow 1964, p. 11)。ここにおいてもっとも根底に横たわるのが，信頼である[3]。

4.1. 被護性：信頼の源泉

子どもは弱く無力な存在であるため，自己保存欲求から本能的に特定の人物

2 「古い自由を解消し，あらゆる強制を回避しようとする努力において，青少年に対する誤った態度が，すなわち，権威と従順を放棄しようとし，骨の折れるつらい作業を要求するのをはばかり，道徳的真剣さの生命意義を誤解した，そのようなしばしば感嘆すべき，だがまたしばしば感傷的な献身が成立した。…生の両極性，これなしには生はいかなる形態も得ることはできないのであるが，その生の両極性はもはや見られなかった」(Nohl 1967, p. 81f)。「すべての教育学の基礎は，われわれが『教育的関係』と名づける教育者の生徒への人格的な関係である。真の教育学が展開されたところでは，その教育学はこの関係から生じたのである」(Nohl 1949, p. 282)。

3 ボルノウと同時代には，同様にハイデガーの影響を受けながら，信頼を考察したルーマンがいる。ルーマンの信頼論については本書第 4 章（酒井・高論文）を参照。

によって守られ庇護されることを求めている。ここに子どもが大人を「信頼」することのはじまりが見出される。「幼児は自らを，力弱きもの，助力や保護を必要とするものと感じており，大人の世界に支えられていると思っている。しかし幼児は他方また，この自身の弱さを欠点とは感じていない。なぜなら，彼は大人たちの保護の中で守られているのを知っており，また助力の必要を当然なことと感じて，大人たちを信頼しているからである。幼児はこのような信頼の中で，何の疑いもなく感謝の気持ちを抱いている」(Bollnow 1964, p. 38)。ペスタロッチが母親のほほえみということばで表現していたあり方を，ボルノウは大人によって守られ保護されているという意味で被護性（Geborgenheit）という概念を用いて捉え，信頼の源泉に位置づけている。この被護性は，子どもにとっては世界は未知で不安に満ちており，脅威な空間であることが前提となっている。それゆえに，「被護性が欠如している場合には，世界は子どもに脅迫的にせまってくる恐ろしい力のままであり，もしどこかで彼にこうした被護性が再び与えられないならば，子どもは人生への意志を拒み，希望もなく萎縮するのである」(Bollnow 1964, p. 18)。幼い子どもの健全な発達のためには，自らが存在している世界が外部の脅威から守られていて平安であるという被護性が，欠くことのできない前提になっているのである。

この被護性の形成に関しては，この被護性は所与のものではなく，また誰もがもたらすことができるものでもない。この包み護られている被護性を感じられる，安心して住めるような世界は，幼児にとっては特定の愛する他者に対する，つまり第一に母親（あるいは母親の代わりになる他者）に対する人格的な信頼関係において開かれてくるものである。すでに見たようにペスタロッチは，この母親との関係の中で信頼の気持ちを身につけなければならないことを強調しており，ボルノウもここに注目している。したがって，母親の愛情と信頼が，より年齢が進めば教師の信頼が，子どものまわりに，その意味内容がただちにわかる親密なものの世界を張り巡らし，その世界を限りなく照らし出された明るい領域にして，暗く理解しがたい背景から際立たせるのである。

このような被護性は，子どもに絶対的な安心感を与えるようになる。母親は，子どもにとってまさしく全能であり，子どもは母親の庇護の中で安心しきっている。このような完全な全能への信仰は，たとえば子どもがけがをして火がついたように泣いているときの母親の歌の効力にも表れている。母親は,「なおれ,なおれ,ハイなおったよ」と応じれば,子どもの苦痛は消え去ってしまう。子どもに対して,母親が絶対者の機能を,すなわち圧迫的な世界の中で子どもに無条件の支えと究極の安定とを与える機能を果たすのである。母親は子どもの存在を端的に肯定し受け入れ,子どもが世界に安心して生きることができるようにする。こうして子どもは,自らが生存することが可能な絶対的な安心感を得られる「基地」を得るようになるのである。

子どもはこのような被護性をもたらしてくれる母親(あるいはその代わりとなる他者)を信頼するようになるが,最後にそのような母親と子どもの行為における関係を確認しておきたい。母親は,子どもを危険から守り,庇護し,子どもが安心感をもてるように世話をすることが求められる。この母親の,子どもに対する端的な庇護・保護は,子どもの未来の成長を保障すべく環境を整えることであり,愛情や愛着,そして信頼という働きかけとともに,保護者としての義務的な行為と捉えることができる。ここで,母親と子どものどちらが信頼に対して先行的な役割をもっているかは見極め難いように思われる。よるべなき無力な幼い子どもは,誰かを頼らずして生きていくことはできないため,はじめから誰か他者を頼ろうとする。その他者が危害を加えようと,子どもは明確には反抗することも,頼ることをやめることもしづらいだろう。そもそも生後まもなくであれば,目もほとんど見えず,意識もはっきりしないからである。このとき,保護者である母親は,端的に子どもを受け入れ肯定し,危険なものから子どもを庇護・保護する。子どもは母親が自らを守ってくれるから頼るのではなく,また母親も子どもが自らを頼ってくれるから守るのでもない。こうして両者は直接的には依存することなく独立して,一方では頼り,他方では守ることを自発的に行なっていると考えられる。母親の端的な庇護・保護のもとに,子どもはその母親を頼る中で信頼することを身につけていくのである。

4.2. 信頼の変容:子どもの側から

幼い子どもは母親(そして父親も)にすべて頼り依存して生きており,両親は全知全能であるかのように全幅の信頼を得ているが,この信頼は失われざるをえないものである。というのも,子どもはいつかは両親の人間的な不完全さが分かってきて，今までのようには頼ることができないと感じるようになるからである。そして，たとえばピアノの好きな子どもであればピアノを弾くという点においては，あまり上手くない両親よりも，ピアノの先生を信頼するようになるかもしれない。こうして信頼する対象が，両親から離れて別の他者（多くは幼稚園等や習い事の教育者）へと広がっていくことになる。しかしながら，このように両親への絶対的な信頼は失われ，信頼の対象が他者へと移るようになろうとも，両親に対する信頼は引き続き保持される点に注意する必要がある。「つねに大切なのは，子どもが，広い，しかも絶えず拡大してゆく世界の内部に，一つのより親密な領域をもち，その中で安心感を抱くことができ，あまりに遠くへ離れすぎた場合には，再びそこへ引き返して来れるということである」（Bollnow 1964, p. 25）。

このように信頼の対象と信頼の質が変容していくようになるが，そのような変容は，信頼できる領域・空間・世界の変容でもある。両者は同時並行的に生起しているように見受けられる。居間，家庭，秘密基地，自らの部屋など，学校，大学，社会，世界，宇宙…。両親からはじまりさまざまな他者を信頼することに応じて，自ら脅威を感じることなく，安心して拡張した空間と場所を頼り，自らの活動を遂行するようになる。信頼の変容に応じて，子どもはさらに未知で異質な世界へと自らを投げ入れ，自らの領域を押し広げることで，自らの成長を後押ししようと試みるのである。信頼とはこのように，子どもの成長過程の行動を可能にする条件であると捉えることができる。信頼に基づく適切な空間的領域がなければ，安心して，未知の世界を冒険することができなくなってしまう。このような意味では，教育における信頼とは，基盤的意味をもちつつも，さらに間接的に地理的人間形成に関わるのである。

信頼の対象の変容は，信頼の内容と質の変容をもたらし，さらには上記のように外的な世界との関わりの変化をももたらすために，そこで子どもは人間的に成長・変容するようになる。はじめに両親による庇護に基づく被護性のもとで両親を絶対的に信頼しながらも，両親の全能性が虚構であったことを目の当たりにして，両親とは別の他者，とりわけ教師を家庭の外の幼稚園や学校などの場所で信頼するようになる。こうして信頼は，端的ではないにしろ能力や人柄なども考慮に入れられながら深化するようになる。思春期・青年期では，教師や大人への反抗を通して自立する場において信頼が不信へと変わることもありながら，子どもはさらに友人や仲間と相互に信頼し合う関係を築くようになり，依存するという意味での信頼とは決別し，自らを確立しようと努めるようになる[4]。その後子どもは，社会で働く存在として社会の一定のルールにのっとりながらさまざまな他者と信頼関係を築くようになり，さらには自らが子どもを庇護する場において，子どもとの一方的かつ特殊な信頼の関係を作り上げることになる。人間の成長と変容によって，信頼は変容しており，両者は相互に強く働きかけ合っているのである。

4.3. 教師が子どもを信頼することの特異性：教師の側から

子どもが成長・発達していくにつれて信頼が問題となるのは，教師と子どもの関係が問われる教育の場においてである。したがってここでは，教師が子どもを信頼する特質を明らかにしたい。

子どもは教師が両親すら知らないことを知っており，できないことをできるために，教師を信頼し，教師に服従している。しかし教師は子どもを信頼する必要があるのだろうか？　子どもに嘘をつかれ，悪態をつかれても，教師はそれでも子どもを信頼するのだろうか（信頼するべきなのだろうか）？　ここでは信頼は，事実問題と権利・当為問題の交差する場において問題となっている点に注意する必要がある。教師と子どもの信頼が問われる場においては，教師が子どもを信頼している事実のみならず，信頼すべきであることが合わせて論じられているのである。

相手に嘘や悪態をつかれるならば，一般社会ではその人を信頼することをやめても，非難されることはないだろう。しかし教師の場合は事情が異なっている。子どもの態度が悪いからという理由で，教師はその子どもを信頼しないことが受け入れられるだろうか。あるいははじめから，どのような子どもであっても，子どもを信頼しない教師という存在を想像できるだろうか。想像までは

---

4 「青少年が，彼の固有な本質において自らを確立するようになれば，全き世界というものはいつかは壊れざるをえない…。人間的な成熟という問題の本質は，人間が青年期に避けがたい緊張の後に，再び人間的生を支える環境世界との一致へ立ち返ることにある」（Bollnow 1964, p. 38）。

できるかもしれないが，多くの人はそのような教師に対して違和感を覚えることだろう。それは，単に教師が人格者たるべきであるという以上の問題が含まれていることを示しているのである。

なぜ教師は子どもを信頼するのか，信頼するべきなのか？　子どもは教師によって信頼されることではじめて，行為遂行の力を高め，道徳的な人間形成が促され，成長と変容へと導かれる存在である。もし教師は子どもの学びを促し，道徳的な成長と変容を支える存在であるならば，教師は子どもを信頼しなければならないし，信頼するべきである。したがって，教師という存在の定義のみならず信頼の形成能力のあり方を踏まえるならば，教師は子どもを信頼する必要がある。教育においては，「人は子どもたちが何かできるものと信用〔信頼〕しなければならない」(Bollnow 1964, p. 45)[5]。教師は，子どもがこれまでにやったことのない新しい課題を成し遂げるということを，信頼しなければならない。というのも，子どもは成長への衝動をもっており，自分自身と自らの能力に対するそのような信頼を願い求めているのであって，教師はこのような子どもの成長を願うかぎり，子どもの能力を適切に信頼することが求められるからである。「教育者が，この子どもは信頼ができ，正直で，ものごとに専心する能力があるとみなす場合には，教育者のこうした信念によって，子どもの内部には，それに対応する諸特性が目覚まされ，強化される。また子どもは，教育者のこうした信頼によって，実際に信頼できる，正直でものごとに専心する能力をもった子どもになる」(Bollnow 1964, p. 47)。また，「子どもは教育者が彼について描く像に従って，また教育者が彼の中におく信頼に応じて自らを形作るのである。しかし逆のことも起こりうる。すなわち，教育者が子どもの中にありはしまいかと邪推する悪しきものが，この邪推によって，すべて同じように呼び起こされ，そして遂には疑い深い教育者が推測した通りに，彼は愚鈍で怠惰で嘘つきの子どもになってしまうのである」(Bollnow 1964, pp. 47-48）とボルノウは指摘している。子どもは，ただ知識や技術を注入されれば，学ぶよ

5　ボルノウはここでは信用（Zutrauen）と信頼（Vertrauen）を分けているが，信用は特定の能力に関わるのに対して，信頼はさらに包括的な人間に関わるとしている。本章では両者の厳密な区別にはのっとらず，信頼は信用を含むものとゆるやかに捉える。

うになり能力も高まり，道徳的に成長するという存在ではない。学習し能力を向上させ，道徳的な性格を身につけるためには，頼りになり信頼できる教師からの信頼が必要不可欠なのである。これは先に見たサリヴァンによるヘレン・ケラーの教育にも当てはまる。サリヴァンはヘレン・ケラーがことばを学びうることを誰よりも信頼し，根気よく教え続けた信頼できる存在であったがゆえに，ヘレン・ケラーはまさにそのサリヴァンからことばの光を受け取り，自らの歩みを定めることができたのである。学びのみならず成長と変容の基盤は，教師からの信頼なのである。

ここでさらに問題となるのは，教師は子どもをどのように信頼するか，ということである。闇雲に子どもを信頼するのではなく，子どもの能力等をある程度見極め，過度な負担になったり，またあまりに過小評価したりすることなく，今まではできなかったが，これからはできるようになるのではないかと捉え，その能力と子ども自身を信頼するのである。つまり，確実にできるとは思わなくても，ある程度可能性を見れば「君ならやれるだろう」と励ますことが必要とされるのであって，あまりにも難しいことを「どんなことがあってもできる」と過度な要求を与えたり，過小評価し「こんなことはとてもできない」と言ったりすることには慎重にならなければならないということである。過度でも過小でも，子どもは意気消沈し，さらに限界を超えて行為することを放棄してしまい，成長を妨げてしまうことになる。まず子どもの能力を十分に見極める知性が必要であるとともに，さらにその能力を発揮するのにどのような性格的特徴を有しているかも，考慮に入れなければならない。なぜなら，そのような性格を度外視して，子どもの能力のみに注意を払っていても，能力の発揮というところにまでは到らないからである。したがって子どもを信頼するとは，盲目的に子どもを信じるのではなく，子どもの能力と性格を知的に見極めた上で，それぞれの子どもに合った形で，いままで実現できていないがこれから実現しうる作業についてそのようにできると冒険的に信頼することを意味している。このように信頼されることによって，子どもの能力は，適切に伸ばされて形成されていくのである。

このことはしかし，しばしば失敗に陥る。つまり，教師が子どもができると信頼したことがらであっても，子どもは行なうことができず，教師の信頼は覆され，失敗に終わることがあるということである。それでは，教師は子どもが新しく実現できると信頼することをやめ，疑いの念をもって「どうせまた失敗するだろう」と捉えることは許されるだろうか。このことが子どもの反発心を呼び逆に子どもの力を発揮させるという例外を別とすれば，子どもの能力を伸ばすことを使命とする教師は，このような疑いに負けないようにしなければならない。換言すれば，どんなに裏切られ，失望しようとも，それでも（trotz-dem）子どもを信頼し続けることが求められるのである。つまり，「こうした信頼がなければ教育はまったく不可能であるということが真であるとするならば，教育者は，あらゆる失望にもかかわらず，また時として，利口な人間の目からみれば勘定に合わないことがあるにしても，こうした信頼への力を，彼の心の中に，つねにくりかえし新たに奮い起こすことができなければならない」（Bollnow 1964, p. 50）。信頼が教育的形成力をもつかぎり，どのような事態が起こっても，教師は信頼をやめるということを行なってはならないのである。そして子どもを信頼することが，結局のところその信頼する通りにならなかったとしても，次の事態に対して信頼をさらに新たなにもって，子どもが今度は実現することができると信頼することが求められるのである。このことには，教師が子どもを教育する存在であるということとともに，子どもが成長過程の変容しうる存在であるということが前提にされている。ここに教師の子どもへの信頼の根本的な特異性が存在する。すなわち教師は子どもを，過度や盲目的ではなく，過剰かつ法外に信頼することが求められるのである。それに対して，信頼の変容でもすでに見たように，子どもは教師をどのようなことがあっても信頼し続けるわけではなく，また一般的な大人も裏切られてまで他者を信頼し続けることは通常はしない。聖職ともしばしば呼ばれる教師の独自性一つは，この過剰で法外な信頼に起因しているのである。

4.4.　超越的存在としての教師：もう一つの信頼の源泉

子どもに裏切られようが，期待に反して逆に反抗されようが，それでも子どもを頼する教師は，そのような子どもの反応に揺るがない土台を自らの内にもっていることが必要となる。それは，自らがそのような子どもの反応によって存在していないということであり，すなわち，自らの存在に対する絶対的肯定感・信頼感によって，自らを存立させているということである。ボルノウは，この教師のあり方を，無条件的な存在との関わりという観点から次のように描いている。すなわち，「〔子どもを信頼することが困難であるのは〕信頼が，単なる意図によって作り上げられるものではなく，あらゆる個々の信頼への配慮において，自分自身があらゆる失望を超えてもなお揺るがない一般的かつ包括的な，存在と生に対する信頼―キリスト教的に言うならば神への信頼―によって支えられていると知っている人にのみ，現れるものだからである。この存在と生に対する信頼の中にこそ，すべての教育者たることの究極的な不可欠の前提が潜んでいる」(Bollnow 1964, p. 51)。ここからすると，教師がもつべき究極的な信頼は，意図的訓練によって身につけることができないものとなるだろう。教師は，単なる信頼以上の信頼によって肯定されている経験に基づいて，自らも過剰かつ法外に信頼することのできる存在になるのである。ボルノウは神への信頼，あるいは神による信頼に言及しているが，このことを構造的に捉えるならば，合理的な手段―目的関係を超えた関係性をもつことができる存在，すなわち超越的存在との関係によって，自らを揺るぎない存在として形成することと捉えることが可能である。こうして教育における信頼において見られた，非対称的な信頼，すなわち教師の過剰かつ法外な信頼は，超越的な存在からの信頼に由来しているということになる。このようにして，弱く無力な幼い子どもの服従と両親の端的な庇護という被護性のもとでの信頼とは別の，もう一つの信頼の源泉として，超越的な存在に触れている教師の過剰かつ法外な信頼が明らかになったように思われる。

超越的な存在と関わる体験は，決して神や仏を信じる体験のみを意味しているわけではない。むしろこの現実的な社会関係を逸脱する体験であり，それは遊びや，芸術などの溶解体験とも言い換えることができるだろう。その体験をいかに保証できるか。そこに，教師が教師たりうる秘密が潜んでいるのかもしれない。それは，教育や学習という行為を超えて，世界全体に没入する恍惚体験である[6]（矢野 2008)。

4. 5. 教育する/される勇気：信頼と権威

ボルノウの教育人間学をさらに子どものあり方に重点を置きながら発展させ

た，子どもの人間学の創始者であるユトレヒト学派のランゲフェルトは，子どもの根本的なよるべなさへの洞察から，他者を信頼することに人間存在の基底を見出す。人間は，人間である以上一人では生きていくことができない根本的に無力でよるべない存在（Hilflosigkeit）であり，子どもはその最たるものであるが，子どもよりも指導者がいないという意味では，大人はさらによるべない存在である。しかしだからこそ，大人は他者と互いに信頼し合う関係をもつ必要があり，そのように信頼するに値するだけの責任と，それにふさわしい能力をもった有能な人間でなければならない。「われわれは，ある人間が信頼できて責任感があり，技術的のみならず人間的にも有能である時，はじめてその人間をおとなであると言うことができる」（ランゲフェルト 1980，p. 29）。子どもはこうして，人間の質を根本的に規定する信頼のおける大人に形成されることが求められるのである。「こうして直覚的で開放的な性質をもった子どもは，他者から受ける教育と自己教育を通して，また，さまざまにかたちを変えて連続してゆく人間の成熟の度合いを，そのつど試験され吟味される経験を通して，責任のある，信頼のおける，有能な生活に入っていかなければならないのである」（ランゲフェルト 1980，p. 54）。

ランゲフェルトにとって信頼することは，単に教育する教師がもつべき条件といったものではなく，人間存在の根本的な問題である。「人間の質は信頼性，すなわち彼が信頼することができるものかどうかで決まる」（ランゲフェルト 1980，p. 114）のであり，「人生の目的は，この人間の無力さ，寄るべなさにてらして見直さなければならない。われわれは自らを過大に評価してはならない。われわれ人間存在は，お互いにお互いを必要とするのである。したがって『信

6　教師不信（教師が子どもを信頼できない，またそのような教師を子どもや保護者は信頼できない）が問われて久しいのは，この超越的な世界への関わりの縮減がその背景にあるのではないだろうか。人類史上，もっとも宗教的な教育が嫌悪されているのが，現代である。教師が子どもを信頼できなくなってきているということは，子どもが十分に能力を伸ばすことができず，成長できないということを意味している。経済合理性のみによって行動を規定する新自由主義的社会において，教師は過剰で法外な信頼を放棄し，疑い不信感を抱き，子どもを「教育」しようとしている。超越的な存在への関わりのあり方を（特定の宗教の信仰をもつということではない），一見遠回りなように見えるが，改めて検討する必要が出てきているのではないだろうか。

頼性』は人生のもっとも基本的な目的である」（ランゲフェルト 1980, p. 115)。このように人間存在にあてはまるという一般的な意味での信頼と，人間がめざすべきものという意味での信頼の重要性とともに，教育の文脈においても信頼はさらに敷衍して把捉されうるものである。

教育と人間形成が問題となる文脈においては，信頼はさらに権威と重なり合っていることが注意されている。つまり，信頼できる人間とは，権威を保持した存在であるため，信頼と権威は一体であることをランゲフェルトは強調する[7]。「信頼は他者を可能な権威の担い手として承認することを含んでいる」(Langeveld 1966, p. 54) のであり，「われわれは，信頼を前提することなしには，すなわち権威を受け入れることなしには教育することができない」(ibid.)。ここでは子どもが教師を信頼する場において，その教師に権威を感じている必要があることが言われているが，教師の側からすれば，教師が子どもを信頼し，権威を行使することを意味する。両者にとって保持されているのは，「あえて信頼し，権威を行使し，そして権威に従う勇気」(Langeveld 1966, p. 55) であり，ここで教育する勇気，教育される勇気が立ち現われてくることになる[8]。

教育における権威は，政治的権威を軸にしながらの家父長制批判や階級批判の文脈のみならず，家庭や学校における既存の世代間関係に反発する反権威主義的教育論や，既存の権威への依存を前提としないドイツの解放的教育学，反教育学 (Antipädagogik) の文脈で問題にされており，自由とどこまで折り合いをつけられるのか，しばしば議論になっている (Benner and Oelkers 2010, pp. 126-145)。ランゲフェルトは，このような動きにも警鐘を鳴らし，権威と自由の対立は誤っており，教育では権威が自由を創ることを訴え，権威をさらに人間存在にとって根本的である信頼と結びつけながら，教育することの基底性を主張する。したがって，権威と一体である信頼を他者にする/されることは，権威のみならず権威の要素と考えられている規範の正統性すら疑われている世界において，まさに一歩踏み出す賭けでもあり，それゆえに信頼は，教育

7　高坂正顕はニコライ・ハルトマンの『倫理学』とランゲフェルトを踏まえつつ，「教育者をして教育者たらしめるものは教育的愛，教育的権威，そして信頼である」と述べている。(高坂正顕 1970, p. 303)。

8　和田・皇・矢野 (2011, pp. 172-173) を参照。

する/される勇気となるのである。

なお，教育学における信頼の言説の中心をなすボルノウの信頼の理解は，信頼チャートで表すと次のようになる。

	関係項		対象				結果
	関係項１	関係項２	能力	行為	動機	動機の内容	
ボルノウ	信頼者（教育者）	被信頼者（子ども）	✓	✓	✓	（※）	
ボルノウ	信頼者（子ども：主に幼児）	被信頼者（教育者）	✓	✓			

（※）教育者が子どもを信頼する場合は，事実問題ではなく当為問題になる（教師は子どもを信頼しているというのではなく，教師であるならば教師は子どもをそのように信頼すべきである，ということである）

5 ● これからの教育における信頼

5.1.　適切かつ洗練された信頼を求めて

教師がもつ非対称的信頼は，子どもをそもそもどのように形成しようとするのだろうか。つまり，この信頼は，教育と人間形成にとってどのような役割と意義をもっているのだろうか。教師は子どもを信頼することによって，子どもを危険な脅威から守り，子どもの能力を高め人間そのものを成長へと導いていく。子どもはここから，自らも信頼することを行なうのであり，さまざまな知識や技術を身につけ能力を高めるだけでなく，他者をはじめとして，さまざまな事物や事象をも信頼することを同時に行うことになる。じつのところ，子どもは信頼することそのものを，対象化されて学ぶことなく，身をもって体験することを通して学び身につけるのである。この暗黙の学びこそが，子どもの側の信頼形成に他ならない。非対称的信頼も，間接的かつ暗黙にではあるが，このように今度は子どもが他者や事物を信頼するあり方を身につけさせようとしているのである。それでは教師の信頼は，子どもにどのように信頼することを求めているのだろうか。

教師は，子どもの成長とさらなる変容をめざして教育する存在である。その成長と変容に関して，自らのもっている能力と性質を存分に発揮することにおいて，信頼の意義を見るならば，疑うことなく盲目的に信頼することは，狂信的で独断論的な態度へと結びつき，学びを硬直化させ十分に能力と性質を高めることができなくなる恐れがある。他方あらゆるものを疑い，決断を先送りし，信頼することができないことはまた，他者と事物や事象と関わることを困難にするため，極端な懐疑もまたその当人の成長の妨げになるように思われる。とするならば，この危険と脅威に満ちた世界において生きるという場において，自らを成長させようとするのであれば，ある程度批判的に疑いつつも，その後にはそのことを踏まえつつ信頼するという一歩を踏み出すことが重要になってくるのではないだろうか。すなわち，適切かつ洗練された形で信頼することが，求められるのではないだろうか。このことがなされるには，教師の信頼のもとに，世界のさまざまな人々や事物・事象に関わりながら，自ら批判的に考えながら，つまり，適度に懐疑的かつ反省的になりながら，それでも信頼するようになる必要がある。とりわけ教師は，そのような存在になるように信頼することで，子どもの成長をさらに促すことが求められるのである。

教育における信頼はしたがって，適切かつ洗練された信頼を人間形成的に望む信頼にまで行き着くのである。

5.2. 人類の希望としての信頼

幼い子どものときから，両親による被護性のもと，また過剰かつ法外に信頼する超越的な教師による教育を通って，人間は適切かつ洗練されたかたちで自らも他者や世界を信頼しながら，自らの生を切り拓いていくことになる。両親と教師という教育者は，子どもが発達して能力を高めて生きていくことを望むという，未来への希望を見出し，子どもを信頼することになり，他方子どもは教育者がそのように自らを導いてくれる存在であるとして，未来に希望をもって信頼するのである。教育者にとっても，子どもにとっても，「多くの望ましい期待さえも裏切られ，未来に期するあらゆる試みも失敗するとき，そこに残されているのは，未来に対するより一般的な，より深い関係としての，希望なのである」（Bollnow 1964, pp. 60-61）が，その「希望は，未来への信頼である」（Bollnow 1964, p. 61）。この希望は，直接は個人へと向かうものではないが，個人が生きる世界への根本的な気分であるという意味で，個人へも間接的に関わっていると捉えることができる。

このような信頼は，人間とその人間に影響を与える世界がよりよくなるという希望を前提にしている。そうような希望は，今までの人間と世界のあり方を踏まえた上で，現在と未来に生きる人間全体に対して向けられるものであり，ひいては人類の成長と発展に対する希望を暗黙裡に含んでいるのである。こうして教育における信頼は，人類の希望としての世界市民的信頼になるのである。

5.3. 学校教育における信頼

教員採用試験では，必ずと言ってよいほど，「あなたは子どもと，どのようにして信頼関係を築きますか」と尋ねられる。それほど教壇に立つには，信頼は重要なものなのである。教師を信頼できなくなる教師不信から引き起こされる最たるものは，教師の指示が成り立たなくなる「学級崩壊」である。こうして，いじめが横行し，さらには教師や同級生とよい関係を築けず不登校になる子どもも現れてくる。思春期や青年期においては，依存が強すぎる極端な信頼はまた自立を妨げかねず問題になりうるが，それでも児童期を主として思春期以降においても，教師を信頼できないことは，子どもの成長において，①学習活動の低下・能力と性質の低下，②道徳性の毀損，という計り知れない損失を招くことになる。それゆえどの教育委員会も，信頼できる教師（それはまた子どもをしっかりと信頼できる教師も意味するが）を求めるのである。

日本の学習指導要領の解説には，信頼に関して次のように記されている。「教師と生徒の人間関係においては，教師が生徒に対してもつ人間的関心と教育的愛情，生徒が教師の生き方に寄せる尊敬と相互の信頼が基盤となる。教師自身がよりよく生きようとする姿勢を示したり，教師が生徒と共に考え，悩み，感動を共有していくという姿勢を見せたりすることで信頼が強化される。そのためにも，教師と生徒が共に語り合える場を日ごろから設定し，生徒を理解する有効な機会となるようにすることが大切である」（文部科学省 2018, pp. 144）。このように教師と子どものよりよき人間関係の土台には信頼関係があるとして，信頼関係の重要性が示されている。この信頼関係を築くには以下の三つの要素が挙げられている。すなわち，①教職に対する強い情熱（教師の仕事に対する使命感や誇り，子どもに対する愛情や責任感，また常に学び続ける向上心），②教育の専門家としての確かな力量（子ども理解力，児童・生徒指導力，集団指導の力，学習指導・授業作りの力，教材解釈の力など），③総合的な人間力（子どもたちの人格形成に関わる者として，豊かな人間性や社会性，常識と教養，礼儀作法をはじめ対人関係能力，コミュニケーション能力などの人格的資質）（中央教育審議会 2005, p. 13)。これらは，前節でみた，超越的存在に関わりながら，過剰かつ法外に子どもを信頼する教師のあり方を，一定程度現実の学校教育にあてはめて考えたものと捉えることができる。まさに教育の最前線において，信頼は教育を成り立たせる要になっているのである。

参考文献

Bartmann, Sylke., Fabel-Lamla, Melanie., Pfaff, Nicolle. and Welter, Nicole. (eds.) (2014) *Vertrauen in der erziehungswissenschaftlichen Forschung*, Verlag Barbara Budrich, Berlin.

Benner, Dietrich., and Oelkers, Jürgen. (eds.) (2010) *Historisches Wörterbuch der Pädagogik*, Beltz Verlag, Weinheim.

Bollnow, Otto Friedrich. (1964) *Die Pädagogische Atmosphäre*, Quelle & Meyer, Heidelberg.

Bollnow, Otto Friedrich. (2013) *Schriften: Band 7: Anthropologische Pädagogik*, Königshausen & Neumann, Würzburg.

Buber, Martin. (1962) "Das Problem des Menschen (1948)", in *Sämtliche Werke, Bd. 1. Schriften zur Philosophie,* Schneider, Heidelberg.

Charron, Nicholas. and Rothstein, Bo. (2016) "Does Education Lead to Higher Generalized Trust? The Importance of Quality of Government", *International Journal of Educational Development*, 50, pp. 59-73.

Frederiksen, Morten., Larsen, Christian A. and Lolle, Henrik L. (2016) "Education and Trust: Exploring the Association across Social Relationships and Nations", *Acta Sociologica*, 59 (4), pp. 293-308.

Kant, Immanuel. (1902-) *Kant's gesammelte Schriften, Herausgegeben von der Königlich Preußischen Akademie der Wissenschaften*, Walter de Gruyter, Berlin.

Keller, Helen. (1905) *The Story of My Life*, Doubleday, Page & Company, New York.

Langeveld, Martinus Jan. (1966) *Einführung in die theoretische Pädagogik,* 6. Auflage, Klett-Cotta, Stuttgart.

Nohl, Herman. (1949) "Vom Wesen der Erziehung", in Herman Nohl, *Pädagogik aus dreißig Jahren,* Schulte-Bulmke, Frankfurt am Main.

Nohl, Herman. (1967) "Bildung der Erziehers", in Herman Nohl, *Ausgewählte pädagogische Abhandlungen,* Schöningh, Paderborn.

Pestalozzi, Johan Heinlich. (1927) *Sämtliche Werke Bd. 13,* hrsg. von A. Buchenau, e. Spranger, H. Stettbacher, Walter de Gruyter, Berlin.

Sullivan, Anne. (1905) "A Supplementary Account of her Education, including Passages from the Reports and Letters of her Teacher", in H. Keller, *The Story of My Life,* Doubleday, Page & Company, New York, pp. 283-431.

van Maele, Dimitri., Forsyth, Patrick B. and van Houtte, Mieke. (eds.) (2014) *Trust and School Life: The Role of Trust for Learning, Teaching, Leading, and Bridging,* Springer, New York.

高坂正顕（1970）『高坂正顕著作集　第六巻』，理想社.

高橋勝，広瀬俊雄（編）（2004）『教育関係論の現在－「関係」から解読する人間形成』，川島書店.

中央教育審議会（2005）「新しい時代の義務教育を創造する」（答申）.

文部科学省（2018）『中学校学習指導要領（平成 29 年告示）解説　総則編』，東山書房.

矢野智司（2008）『贈与と交換の教育学』，東京大学出版会.

M・J・ランゲフェルト（和田修二監訳）（1980）『よるべなき両親－教育と人間の尊厳を求めて』，玉川大学出版部.

J・J・ルソー（今野一雄訳）（1962）『エミール（上）』，岩波書店.

和田修二，皇紀夫，矢野智司（編）（2011）『ランゲフェルト教育学との対話－「子どもの人間学」への応答』，玉川大学出版部.

※引用文中の〔　〕は引用者によるものとする。

第9章
医療における信頼

菅原　裕輝

1 ● 導入

医療において信頼は重要な意味を持つ。そのことは以前から認識されているが（Mechanic 1996; Pellegrino, Veatch, and Langan 1991; Parsons 1951; Peabody 1927），1990年代に至るまで医療における信頼は体系的に分析が行なわれてこなかった（Pearson and Raeke 2000）。医師に対する信頼をいくつかの項目を挙げて測定することは1970年代から行なわれていたが，そうした研究は公表されなかったため，そのほとんどが見落とされてしまった（Caterinicchio 1979）。最初に広く利用された指標は1990年に公開されたものである（Anderson and Dedrick 1990）。その指標はその後修正され（Thom et al. 1999），1990年代後半には二つの追加的な指標が公開された（Safran et al. 1998; Kao et al. 1998）。こうした研究の蓄積により，医療における信頼を経験的に研究する気運が高まっていき，医療における信頼の様々な側面を測定する研究が多く行なわれるようになっている。

1990年代から現在にかけて行なわれてきている研究により，医療において信頼がどのような意味を持つかがより具体的に明らかになってきている。たとえば，信頼は医学的ケアへのアクセスと利用（Russell 2005）や，医師への満足度や忠誠心（Safran et al. 1998）との高い相関がある。信頼は患者が他者へ治療を勧める可能性を上げ，かつ，治療の効果や治療への固守に影響を与える可能性もある（Hall et al. 2002）。医療従事者と患者のあいだでなされるインタラクションの質や，自己開示の程度，意志決定における自律性の程度，ケアの継続性，行動変化における参与の程度は，医療従事者と患者間の信頼関係が影響を与えている。医療実践における信頼に関して蓄積されたエビデンスは，最終的により良い自己報告医療[1]の発展へ繋がる（Wang et al. 2009）。

さらに，保険会社や医療システムに対する信頼の度合いは，サービスの使用や，経済的・政治的な実行可能性（Rowe & Calnan 2006）に影響を及ぼす。たとえば，医療保険会社に対する患者の信頼（Ozawa & Walker 2009）や，ヘルスケアシステムの財政に対する患者の信頼（Smith, Stepan, Valdmanis, & Verheyen 1997），医療通訳者に対する患者の信頼（Hsieh, Ju, & Kong 2010）は，医療に対する満足度に影響を与えうる。医療システム内部における信頼は，専門職規範（professional norms）や看護師・医師・その他のあいだの権力関係によって影響を受ける可能性があり，なおかつ，患者に対する態度や実践に影響を与える可能性もある（Gibert 2005）。

信頼は情報の非対称性（information asymmetry）の問題[2]を克服でき，外部モニタリングにかかる大量の取引コストを減らすことができる（Bloom, Standing & Lloyd 2008）。こうした信頼に基づいた医療システムを持つことは，多様な社会的価値の増大と社会秩序の形成に寄与しえる（Gilson 2003）。

上述の通り，医療における信頼に関する理論的な研究や実証的な研究も1990年代頃から活発に行なわれているが，本章では，医療実践においてどのような実践が行われているかに関する理論研究（第2節）や，医療における実践のなかでどのような関係性が存在するかに関する理論研究（第3節）を概観

1　自己報告医療（self-reported health）とは，症状や生物学的な状態，全体的な健康状態について患者自身が医師に報告し，その報告に基づいて医療行為が行なわれることを指す。

2　情報の非対称性の問題とは，市場における各取引主体が持つ情報に差があるときの，その不均等な情報構造を指すことばである。これは，「売り手」と「買い手」のあいだにおいて，「売り手」のみが専門知識と情報を有し，「買い手」はそれを知らないというように，双方で情報の共有ができていない状態である。

し，医療実践に関する全体像を記述したうえで，医療における実践のなかからどのようにして信頼関係が構築されるかに関する理論研究および実証研究（第4節）を概観する。さいごに，医療における信頼を構成する概念の整理を行う（第5節）。

2 ● 医療においてどのような実践が行われているか

(1) キュア／ケア

キュア（cure）概念とケア（care）概念も医療実践を説明する上で欠かせない重要な概念である。医療に関する学術的な議論において，「ケア」は「キュア」としばしば区別されている。「ケア」は，身体を拭いたり食事を与えたり傷口に包帯を巻いたりといった活動を指して使われる。すなわち，日常生活をより耐えられるものにするために行なわれる活動のことである。その一方で，「キュア」は回復（healing）の可能性と関わり，疾病（disease）の過程における介入を指す際に用いられる。

しかしながら，オランダの人類学者・哲学者のアネマリー・モルは著書『ケアの論理（The Logic of Care)』のなかで，こうした区別を避け，医療実践において「ケア」としてカテゴリー化される活動と「キュア」としてカテゴリー化される活動が結局のところ重なり合うと主張している。彼女は食事を与えたり傷口に包帯を巻くといった「ケア」と薬を処方するといった「キュア」が，身体に対して同様の効果をもたらしうることを例に挙げ，熱心にケアすることが患者に対するキュアにつながる可能性もあることを指摘している。とりわけ現代医療において医師・看護師が担当する疾病の多くは慢性型のものであり，慢性型の疾患を対象とした医療実践においてはケア自体がキュアとなるのである（Mol 2008, pp. 1-2)。

医療，すなわち「ヘルス・ケア」における「ケア」が何を意味するかについても，看護学を中心に研究が蓄積されており，統一的な定義が得られているわけではないが，「ケア」の持つさまざまな側面は少しずつ明らかになっている。たとえばアメリカの哲学者ミルトン・メイヤロフは，ケアについて「他の人をケアすることは，もっとも深い意味では，その人が成長し，自己を実現するのを助けることである」(Mayeroff 1971, p. 1) と記し，ケアの持つ「介助」「支持」「促進」といった側面の重要性を示している。アメリカの哲学者ネル・ノディングズは，ケアについて「自分自身の個人的な準拠枠を踏み越えて，他のひとの準拠枠に踏み込むことが含まれている。ケアするとき，わたしたちは，他のひとの観点や，そのひとの客観的な要求や，そのひとがわたしたちに期待しているものを考察する。わたしたちの注意，心的な専心没頭 (engrossment) は，ケアされるひとについてであって，わたしたち自身についてではない」(ノディングス 1997, p. 39) と述べ，他者の観点に立つことの重要性を示している。

さらにノディングズは，「ケアするひとは，ケアされるひとの安寧を願い，安寧を促進するように行為する (あるいは，行為を控えて内面的に関与する行ないをする)。ケアするひとは，他のひとのためを思う」(p. 39) といった「配慮」の側面についても述べている。ノディングズは，ケアには「気に掛けること」(care about) と「世話をすること」(care for) という二つの異なる側面があることにも言及している (p. 34)。すなわち，ノディングズによると，相手に直接介入せず配慮が潜在化している「気にかけること」(care about) と，相手に直接介入し配慮が顕然化する「世話をすること」(care for) という二種類のケアがあるのである。そしてノディングズは「ケアリングには，ケアするひとにとっては，他のひとと『共有される感情』が含まれる」(p. 46) とも述べ，「共感」(empathy) の側面も示している。共感にあたっては，「自分自身の中に他のひとを受け容れ，そしてそのひとともに見たり感じたりする」という「受容」の重要性も指摘している。

概念 (1)：患者は，多くの場合重なり合う〈ケア〉と〈キュア〉という二種類の活動の両方を受けており，〈ケア〉には〈介助〉〈支持〉〈促進〉〈配慮〉〈共感〉〈受容〉といった側面が含まれる。

(2) 身体／情動

「情動 (affect)」には，(1) 心 (mind) と身体 (body) について同時に言及する点と，(2) 理性 (reason) と感情 (emotion) の両方を包摂する点の両方が含まれている。情動概念は労働の観点から医療実践を考えるうえでも重要である。近年の人文・社会科学において「情動的転回」(affective turn) と呼ばれる転回が起き，社会現象を理解するアプローチとして有力視され始めている (e. g., Clough and Halley 2007)。アメリカの哲学者マイケル・ハートは，「情動的労働 (affective labor)」という概念をもとにして現代社会における労働の形態について分析を行ない (Hardt 1999)，医療従事者を情動的労働の例としている (Hardt 2007)。

「情動的転回」は，ここ数十年の間に起きた「言語論的転回 (linguistic turn)」や「文化的転回 (cultural turn)」と同様に，現在行なわれている多くの研究を「情動」という観点から一つの流れのなかに位置づけ，そしてその流れをさらに加速・発展させている。こうした流れの背後には，「身体」を中心的な問題に位置づけたフェミニスト理論の研究 (e. g., Butler 1993; Grosz 1994) や，「感情」について探求したクィア理論における仕事 (e. g., Sedgwick and Frank 1995; Berlant 2000; Berland 2004) が存在する。身体と感情に着目することにより，情動的転回と呼ばれる新たな転回が生み出されたのである。

「情動的労働」という概念が生み出された背景には，二つの異なる流れがある。一つの流れは，情動と関係するジェンダー的な労働の形態についてのフェミニズム研究の流れであり，母親的・親類的な配慮やケアを要する仕事に焦点が当てられている (e. g., Hochschild 1983; Tronto 1993; Leidner 1993)。もう一つの流れは，生産的な実践がもつ知的な特色や労働市場一般について「認知的労働 (cognitive labor)」という概念をもとにして理解しようと試みる経済学者や労働社会学者の仕事に由来するものである (e. g., Lazzarato 1996)。情動的労働はこの二つの流れから生まれたものであり，ある種の労働がもつ身体的側面と知的側面を両方同時に理解し，また，ある種の労働 (たとえば，医療) を合理的な知性と非合理的な感情を同時に包摂するものとして理解することが試みられている。

ハートは情動的労働して位置づけられる仕事のすべてをジェンダー的な側面が強い労働と捉えており，情動的労働は現代において現れた新しい様式の激しい搾取であると考えている。Hochschild (1983) によれば，客室乗務員のような感情労働 (emotional labor) は「人工的な上機嫌 (artificial elation)」を労働者に強い，さらに笑顔を絶やさないといった行動が努力を要しないものであるように見せなければならない（Hochschild 1983 pp. 7-8）。工場労働者が身体を搾取されているとすれば，情動的労働者は心と身体の両方を同時に搾取されていると言える。ハートが情動的労働の例として挙げるのは，医療従事者（看護師やソーシャルワーカー）や，客室乗務員，ファストフードの店員，セックスワーカーなどであり，医療もその一部に情動的労働が組み込まれている。

概念（2）：医療の一部は情動的労働である。

3 ● 医療実践のなかにはどのような関係性が存在するか

（3）強者／弱者

患者のケアを主な仕事とする看護において，信頼者（trustor）の弱者性と依存性はより際立ったものとして理解されている（Dinc and Gastmans 2012）。たとえば，看護師と患者のあいだのパワーのアンバランスさが，「信頼者の弱者性」（trustors' vulnerability）や，危害を与えないといった「他者の善意への依存（their reliance on others' goodwill）」によって生まれていることを示す研究は数多く存在する[3]。信頼者の弱者性と依存性については Baier（1986）も以下のように指摘している。

> 信頼者は被信頼者を信頼するとき，信頼者に向けられた被信頼者の善意に依存している。被信頼者の善意に依存する場合，信頼者は善意の限界に対して必然的に脆弱（vulnerable）になり，被信頼者にはそれを侵害する機会が与えられるが，被信頼者はそうした機会にかかわらないという確信を示す（Baier 1986, p. 235）。

3　前者に関しては，Johns 1996; Peter and Morgan 2001; Peter and Watt-Watson 2002; de Raeve 2002; Carter 2009，後者に関しては，Washington 1990; Pask 1995; Johns 1996; Hams 1997; Peter and Morgan 2001; Peter and Watt-Watson 2002; Sellman 2006。

バイアーの理解のもとでも，信頼者の「弱者性」と「他者の善意への依存」は，信頼概念の特徴として挙げられている。

医療の文脈においては，強者としての被信頼者—弱者としての信頼者という構造以外にも，強者としての医療従事者—弱者としての患者という構造が存在している。医療現場において，患者は自分自身の身体を医療従事者にゆだねる立場にあり，多くの場合において医療従事者の指示に従う依存的な存在である。たとえば，コンピューターを修理する場合，コンピューターの修理依頼者が修理業者に差し出すのは自分の身体ではなくコンピューターというモノであるため，自分自身の身体へ危害がおよぶ可能性（リスク）は少なく，身体への危害の大きさも大きくないが，医療現場において患者が差し出すのはまさに自分自身の身体であり，直接的な介入を伴うため，危害の可能性は仮に小さいとしても危害の大きさは多くの場合大きくなる。「自分自身の身体を差し出す」ことによって生じる弱者性・依存性が，医療従事者と患者のあいだの関係性に特殊な歪みを引き起こしている。

このように，医療においては，強者としての被信頼者—弱者としての信頼者という構造に弱者性・依存性が存在するだけでなく，強者としての医療従事者—弱者としての患者という構造のなかにもが弱者性・依存性が存在しており，弱者性・依存性が二重に存在していると言える。したがって，二重の弱者性・依存性を持つ医療における信頼は，通常の場面における信頼とは異なる，信頼者の弱者性・依存性に配慮した観点から捉え直す必要がある。

概念（3）：患者は医療従事者に身体を差し出す存在であり，〈信頼者としての弱者性・依存性〉と，〈患者としての弱者性・依存性〉を二重に抱えている。

（4）合理性／非合理性

カナダの人類学者アラン・ヤングは「合理的人間が病気になるとき：医療人類学者によって作られたいくつかの想定についての研究」（Young 1981）という論文のなかで，あまりにも多くの人類学者が，患者を「合理的人間」であるかのように想定し耳を傾けていることを指摘した。患者は合理的な議論の筋道にそって考えているわけではなく，患者の話自体もユニークであるとヤングは主張したのである。

一方でアネマリー・モルは，医師が属しているのと同じ種の野生種であるかのように患者を調査するべきではない点においてはヤングの主張に同意しつつも，患者が合理的ではないとする一方で医師が合理的であることを自明視している点については異議を唱える（Mol 2002)。ヤングは医師が形式論理に従った思考をしているとみなしているが，医師もまた他の人間と同じように複雑で自己矛盾的でありえるとモルは主張する。モルは自身の主張を支持するために，医師の思考を調査したロバート・ハーンの論文「内科の世界――内科医のポートレイト」(Hahn 1985）を参照している。ハーンによれば，患者と医師はそれぞれが異なる仕方で（ある部分においては論理を越えた）非合理的な存在であるという側面を持つとされる。

概念（4)：患者と医師はともに〈非合理〉的な存在であるという側面を持つ。

(5) 客体／包含

アメリカの社会学者タルコット・パーソンズは『社会体系論』において，すべての社会現象には，システムの安定性を脅かすかシステムを安定化させるかのどちらかの機能があると主張した（Persons 1951)。『社会体系論』の第 10 章「社会構造と動態的過程：近代医療の事例」においてこのように分析されている社会現象が「病人役割」（sick role）である。パーソンズによると，近代社会においては，病気になることは特定の役割として儀式化されている。患者は通常の仕方で働く必要はなく，その代わりに看病される。患者が病気の犠牲者であることは受け入れられ，そのことは社会にとってよいことである。なぜなら，病気の際に人々が働かずに休みをとることは，患者の早すぎる死のリスクを下げることになるからである。「病人役割」は，仕事から離れることと，その消極性を許されることに加えて，さらに二つの要素を持つ。患者は寝ていなければならず，原則的に回復のために必要なことは何であれしなければならない。そして患者は，自分自身の病人役割を診断によって公式に認定することになる医師の指示を求め，それに従わなければならない。社会構造を分析対象とするパーソンズの議論において，患者はあくまで自律性のない客体として静的に存在している。

一方，アネマリー・モルは患者をそのようにはみなさない（Mol 2002）。彼女は，医療実践における医師から患者への質問の真髄はもはや「どこが痛いですか？」ではなく，「どうされましたか（何が問題ですか）？」という質問が取って代わったと指摘し，「規範性の主体の移行」と呼びうる移行が生じていることを主張する（e. g., Armstrong 1983, Arney and Bergen 1984）。「どうされましたか？」という質問は，患者が良き生活を送ることができているのか，あるいはそこに問題があるのか，についての質問である。患者が直面する問題は身体の状態ではないのである。問題は身体に関連してはいるが，別の場所，すなわちその患者の生活に位置づけられている。患者は，自らについての，そして自らのための規範をはっきり述べるよう導かれているのである。

オランダの人類学者ディック・ウィレムスは，患者と医師の関係を記述するにあたって，イギリスの人類学者マリリン・ストラザーン（1991）も用いる「包含（inclusion）」という概念を持ち出す（Willems 1992）。包含という概念のもとでは，互いに対立するものが排除し合うことなく，互いに依存し合ってもいるというイメージが描かれる。包含は，他者であるものの一部として生きることであり，自己の内側に他者であるものを抱え込んでいることを意味している。ウィレムスは，患者と医師の包含的関係性を理解するためのイメージとして，二つの色（赤と緑としよう）が内部で分離しているフラクタルの一形態を挙げる。赤の領域を拡大させると，その内部にある緑の小片が見えてくるし，緑の領域には赤い染みが見えてくる。

ウィレムスは患者と医師の包含的関係性を記述する際に，ぜんそくの患者とその家庭医の事例を用いる。ウィレムスは，患者を完全な素人，医師を完全な専門家として捉えるのではなく，両者のあいだのより入り組んだ境界を描こうと試みている。医師は疾病のそのときどきの重症度に応じてどれだけの薬を服用したらよいのかを知っているが，最新の医学文献に通じていない患者はそれを知らない。患者も最大呼気流量計を使って自分自身の疾病の現在の重症度を見極めることにかけては専門家であると言えるだろうが，医師はこの診断装置を操作してそこにきちんと息を吐くための必要な技能を持っているとは限らない。したがって，専門家はその内部に斑点状の素人らしさを含む専門性を有しており，素人はある点ではまったくの素人であったとしても別の場所では適切な専門性の斑点を有しているのである。

概念（5）：患者と医師は〈包含〉的な関係にある。

4 ● 医療実践のなかからどのようにして信頼関係が構築されるか

（6）トラスト／ラポール

医療における信頼（trust）に関しては，どのような尺度を用いて信頼を測定するかに関して多くの研究がなされている。たとえばOzawa and Sripad（2013）は，2012年4月までに出版された1079本の論文を対象にした調査を行なっている[4]。彼女たちの調査によれば，一つの例外（Wallston, Wallston & Gore 1973）を除いて，信頼を測定するすべての尺度が1990年以降に策定されたものであり，その大半（87%）が2000年以降に出版されている。どのような関係性が研究されてきたかに関しては，医師／看護師と患者のあいだの信頼関係が23.51%（医師と患者のあいだの信頼関係が19.83%，看護師と患者のあいだの信頼関係と医師と看護師両方と患者のあいだの関係性が3.68%），患者とヘルスシステムのあいだの信頼関係が12.27%，患者と保険会社のあいだの信頼関係が4.9%，患者と薬剤師のあいだの信頼関係が2.4%，被験者と医学研究者のあいだの信頼関係が2.4%，パートナーシップ内などその他の信頼関係が2.4%，残る52.12%が一つの側面に対する尺度であった。調査で使用された質問の数は，最小で4問，最大で59問，平均は12問だった。

Ozawa and Sripad（2013）で調査された質問の内容を分類すると，「コミュニケーション」（communication; 情報交換の質）[5]が93%の調査で問われ，「誠実

4　対象論文はPubMedやHaPI，PsychINFOといったデータベースで「（'trust' OR 'mistrust' OR 'distrust'）AND 'measure' AND（'scale' OR 'index'）」という条件で抽出された。

5　患者と医師のあいだで円滑に情報交換が行なわれることと，医師に対する患者の信頼とが相関していることを意味する。

さ」(honesty; 関係性における公正さとオープンさ)[6] が 91%,「自信」(confidence)；確実性 (reliability) に対する信念)[7] が 91%,「能力」(competence; 医療サービスを提供する能力)[8] が 89%,「忠誠」(fidelity; 自己利益を超えて患者を助けようとする医療従事者の義務)[9] が 60%,「システムに対する信頼」(systems trust; 機関や，ヘルスシステムのプロセス・方針に対する信念)[10] が 44%,「機密性・秘匿性」(confidentiality; 患者情報のプライバシーの保持)[11] が 40%,「公平性」(fairness; 弱者への治療)[12] が 22% だった。この分類は，信頼の持つ主要な八つの側面とみなしうる。

一方で，医療実践にはもう一つの信頼概念として「ラポール (rapport)」概念があることが知られている。ラポールは，クライエントと実践者のあいだのインタラクション (client-practitioner interaction) のもとで成立する治療的な関係 (therapeutic relationship) を対象としている (e. g., Leach 2005)。ラポール概念は，患者が看護師によせる信頼を表す以外にも，クライエントがカウンセラーによせる信頼を表す概念として臨床心理学においても使用されている。

ラポールは，トラストに比べると心情的・感情的な側面に着目し言語化がしにくいという傾向があり，信頼概念は理性的な側面に着目し言語化を伴う傾向があるものの，両者の境界は非常に曖昧で入り組んでおり，相互に連関していると捉える方が医療実践に即しているだろう。

6　医師が患者へ誠実に接することと，医師に対する患者の信頼が相関していることを意味する。

7　医師が自信を持って治療に望んでいる様子を患者が感じることと，医師に対する患者の信頼が相関していることを意味する。

8　医師が適切な医療行為を行なう能力を持つと患者が感じることと，医師に対する患者の信頼が相関していることを意味する。

9　医師が忠誠に患者を助けようとしていると患者自身が感じることと，医師に対する患者の信頼が相関していることを意味する。

10　患者が医療機関やヘルスシステムに対してどのような信念・印象を持っているかと，医療機関やヘルスシステムに対する患者の信頼が相関していることを意味する。

11　医師が患者のプライバシーを守っていると患者が感じることと，医師に対する患者の信頼が相関していることを意味する。

12　医師が患者に対して公平に医療行為を行っていると患者が感じることと，医師に対する患者の信頼が相関していることを意味する。

概念（6）：理性的な信頼概念であるトラストには，コミュニケーション，誠実さ，自信，能力，忠誠，システムに対する信頼，機密性・秘匿性，公平性という八つの側面があり，感情的な信頼概念であるラポールは，言語化がしにくく心情的な側面があるが，両者は医療実践のなかで同化している。

5 ● 概念整理

本章では，医療における信頼を構成する概念として，以下の六つを挙げ，その内容を紹介した。

概念（1）キュア／ケア
概念（2）身体／情動
概念（3）強者／弱者
概念（4）合理性／非合理性
概念（5）客体／包含
概念（6）トラスト／ラポール

具体的に述べれば，本章でとりあげた医療における信頼を構成する諸概念のあいだには，ある種の結びつきが存在する。たとえば，（6）トラスト／ラポールは，（1）キュア／ケアといった医療実践の前提条件を構成する一方で，実際の医療実践において（1）キュア／ケアがなされることによって（6）トラスト／ラポールが増強されるため，（6）トラスト／ラポールと（1）キュア／ケアは循環的な関係にある。さらに，（1）ケアが行なわれる実際の場面においては，他者の観点に立ち〈配慮〉することは身体的側面だけでない心的側面の働きを導き，〈共感〉することによって理性の働きだけでなく感情の働きも導かれるため，（1）ケアは（2）情動と深く結びついているとも言える。

このように，医療における信頼を構成する概念のあいだには，首尾一貫した結びつきとまでは言えないが，相互に連関するまだらな結びつきを見て取ることができる。六つの概念が緩やかに結びついているとみなすことが可能であれば，六つの概念を結びつける二つの軸が浮かび上がってくる。すなわち，「キ

表1　医療における信頼を構成する概念の整理

	A軸	B軸
概念（1）	キュア	ケア
概念（2）	身体	情動
概念（3）	強者	弱者
概念（4）	合理性	非合理性
概念（5）	客体	包含
概念（6）	トラスト	ラポール

ュア」，「身体」，「強者」，「合理性」，「客体」，「トラスト」から構成される軸と，「ケア」，「情動」，「弱者」，「非合理性」，「包含」，「ラポール」から構成される軸である（表1）。この二つの軸は，医療における信頼を考える際に参照可能な構造だと考えられる。

6 ● 結論

本章では，医療においてどのような実践が行われているかに関する理論研究（第2節）や，医療における実践のなかでどのような関係性が存在するかに関する理論研究（第3節）を概観し，医療実践に関する全体像を記述したうえで，医療における実践のなかからどのようにして信頼関係が構築されるかに関する理論研究および実証研究（第4節）を概観し，医療における信頼を構成する概念の整理を行った（第5節）。医療における信頼を構成する概念のあいだにはある種の結びつきがあり，六つの概念を緩やかに結びつける二つの軸が存在することを示した。今後は，医療現場において実際にどのようにして信頼関係が構築されているかに関する調査を発展させ，実際のデータの観点から既存の理論研究や実証研究を見直すなどの形で，医療における信頼研究を細やかにアップデートしていくことが望まれる[13]。

参考文献

Anderson, L., and Dedrick, R. F. (1990) "Development of the Trust in Physician Scale: A Measure to Assess Interpersonal Trust in Patient Physician Relationships", *Psychological Reports*, 67, 1091-1100.

Armstrong, D. (1983) *Political Anatomy of the Body: Medical Knowledge in Britain in the Twentieth Century*, Cambridge University Press.

Arney, W. R., and Bergen, B. J. (1984) *Medicine and the Management of Living: Taming the Last Great Beast*, University of Chicago Press.

Baier, A. (1986) "Trust and Antitrust", *Ethics*, 96(2), 231-260.

Berlant, L. (2000) *Intimacy*, University of Chicago Press.

Berland, L. (2004) *Compassion: The Culture and Politics of an Emotion*, Routledge.

Bloom, G., Standing, H., and Lloyd, R. (2008) "Markets, Information Asymmetry and Health Care: Towards New Social Contracts", *Social Science & Medicine*, 66, 2076-2087.

Butler, J. (1993) *Bodies That Matter: On the Discursive Limits of "Sex"*, Routledge.

Carter, M. A. (2009) "Trust, Power, and Vulnerability: A Discourse on Helping in Nursing", *Nursing Clinic of North America*, 44, 393-405.

Caterinicchio, R. P. (1979) "Testing Plausible Path Models of Interpersonal Trust

---

13　本章の作成にあたっては，博士論文の指導教員である伊勢田哲治氏（京都大学大学院文学研究科）から，本章の執筆の方向性について有意義な助言をいただいた。「医学基礎論勉強会」の仲間である植野仙経氏，榊原英輔氏，清水右郷氏，杉本俊介氏，宋龍平氏（勉強会への加入順）からは，毎月から隔月のペースで開催している「医学基礎論勉強会」において，本章の執筆の方向性や本章の草稿の内容について貴重な助言をいただいた。2017 年 5 月 21 日に日本哲学会で開かれたワークショップ「信頼関係はいかにして構築されるか？　経営学，医療，政治学を中心とした学際的探究の試み」においては「医療における情動的信頼」という題目での研究発表を行ない，その場にいた方々から有意義なコメントをいただいた。2017 年 10 月 16 日に安心信頼技術研究会が開催した「信頼研究の学際化」第 8 回ワークショップ「医療における信頼」においては，事情により私が発表をキャンセルすることになったことを受けて，筒井晴香氏（東京大学大学院医学研究科）が，私の草稿を読み上げたうえで，私の草稿に対して貴重なコメントをして下さった。本章の校正・編集に際しては編者の小山虎氏が大変丁寧に確認・修正・コメントといった作業をして下さった。ここに記してお礼を申し上げたい。

in Patient-physician Treatment Relationships", *Science and Medicine*, 13A, 81–99.

Clough, P. T., and Halley, J. (eds.) (2007) *The Affective Turn: Theorizing the Social*, Duke University Press.

de Raeve, L. (2002) "Trust and Trustworthiness in Nurse-patient Relationships", *Nursing Philosophy*, 3, 152–162.

Dinc, L., and Gastman, C. (2012) "Trust and Trustworthiness in Nursing: an Argument-based Literature Review.", *Nursing Inquiry*, 19(3), 223–237.

Gilbert, T. P. (2005) "Impersonal Trust and Professional Authority: Exploring the Dynamics", *Journal of Advanced Nursing*, 49, 568–577.

Gilson, L. (2003) "Trust and the Development of Health Care as a Social Institution", *Social Science & Medicine*, 56, 1453–1468.

Grosz, E. (1994) *Volatile Bodies: Toward a Corporeal Feminism*, Indiana University Press.

Hahn, R. (1985) "A World of Internal Medicine: Portrait of an Internist", in Hahn, R., and Gaines, A. (eds.) *Physicians of Western Medicine: Anthropological Approach to Theory and Practice*, Reidel.

Hall, M. A., Camacho, F., Dugan, E., and Balkrishnan, R. (2002) "Trust in the Medical Profession: Conceptual and Measurement Issues", *Health Services Research*, 37, 1419–1439.

Hams, S. P. (1997) "Concept Analysis of Trust: A Coronary Care Perspective", *Intensive Critical Care Nursing*, 13, 351–356.

Hardt, M. (1999) "Affective Labor", *Boundary*, 2, 26(2), 89–100.

Hardt, M. (2007) "Foreword", in Clough and Halley (2007).

Helman, C. (1988) "Psyche, Soma, Society: The Social Construction of Psychosomatic Disorders", in Lock, M., and Gordon, D. (eds.) *Biomedicine Examined*, Kluwer.

Hsieh, E., Ju, H., and Kong, H. (2010) "Dimensions of Trust: The Tensions and Challenges in Provider-interpreter Trust", *Qualitative Health Research*, 20, 170–181.

Hochschild, R. (1983) *The Managed Heart: Commercialization of Human Feeling*, University of California Press.

Johns, J. L. (1996) "A Concept Analysis of Trust", *Journal of Advanced Nursing*, 24, 76–83.

Jones, J., and Barry, M. M. (2011) "Developing a Scale to Measure Trust in Health Promotion Partnerships", *Health Promotion International*, 26, 484–491.

Jones, K. (1996) "Trust as an Affective Attitude", *Ethics*, 107(1), 4–25.

Kao, A., Green, D. C., Zaslavski, A., Koplan, J. P, and Cleary, P. D. (1998) "The Relationship between Method of Physician Payment and Patient Trust", *Journal of the American Medical Association*, 280, 1708–1714.

Lazzarato, M. (1996) "Immaterial Labor", in Virno, P., and Hardt, M. (eds.). *Radical Thought in Italy: A Potential Politics*, University of Minnesota Press, 133–147.

Leach, M. J. (2005) "Rapport: A Key to Treatment Success", *Complementary Therapies in Clinical Practice*, 11, 262–265.

Leidner, R. (1993) *Fast Food, Fast Talk: Service Work and the Routinization of Everyday Life*, University of California Press.

Mayeroff, M. (1971) *On Caring*, Harper and Row.

Mechanic, D. (1996) "Changing Medical Organization and the Erosion of Trust", *Milbank Quarterly*, 74, 171–189.

Mol, A. (2002) *The Body Multiple*, Duke University Press.（邦訳：アネマリー・モル（浜田明範，田口陽子訳）(2016)『多としての身体―医療実践における存在論』，水声社.）

Mol, A. (2008) *The Logic of Care: Health and the Problem of Patient Choice*, Routledge.

Mullin, A. (2005) "Trust, Social Norms, and Motherhood", *Journal of Social Philosophy*, 36(3), 316–330.

Noddings, N. (1984) *Caring: A Feminine Approach to Ethics & Moral Education*, the Regents of the University of California.（邦訳：ネル・ノディングス（立山善康，清水重樹，新茂之，林泰成，宮崎宏志訳）(1997)『ケアリング――倫理と道徳の教育女性の観点から』，晃洋書房）

Ozawa, S., and Sripad, P. (2013) "How Do You Measure Trust in the Health System? A Systematic Review of the Literature", *Social Science & Medicine*, 91, 10–14.

Ozawa, S., and Walker, D. G. (2009) "Trust in the Context of Community-based Health Insurance Schemes in Cambodia: Villagers' Trust in Health Insurers", *Advances in Health Economics and Health Services Research*, 21, 107–132.

Parsons, T. (1951) *The Social System*, Free Press.（邦訳：タルコット・パーソン

ズ（佐藤勉訳）(1974)『社会体系論』，青木書店.）

Pask, E. J. (1995) "Trust: An Essential Component of Nursing Practice: Implications for Nurse Education", *Nurse Education Today*, 15, 190–195.

Peabody, F. W. (1927) "The Care of the Patient", *Journal of the American Medical Association*, 88(12), 877–882.

Pearson, S. D., and Raeke, L. H. (2000) "Patients' Trust in Physicians: Many Theories, Few Measures, and Little Data", Journal of General Internal Medicine, 15 (7), 509–513.

Pellegrino, E. D., Veatch, R. M. and Langan, J. P. (1991). *Ethics, Trust, and the Professions: Philosophical and Cultural Aspects*, Georgetown University Press.

Peter, E., and Morgan, K. P. (2001) "Explorations of a Trust Approach for Nursing Ethics", *Nursing Inquiry*, 8, 3–10.

Peter, E., and Watt-Watson, J. (2002) "Unrelieved Pain: An Ethical and Epistemological Analysis of Distrust in Patients", *Canadian Journal of Nursing Research*, 34, 65–80.

Russell, S. (2005) "Treatment-seeking Behavior in Urban Sri Lanka: Trusting the State, Trusting Private Providers", *Social Science & Medicine*, 61, 1396–1407.

Rowe, R., and Calnan, M. (2006) "Trust Relations in Health Care: The New Agenda", *the European Journal of Public Health*, 16, 4–6.

Safran, D. B., Kosinski, M., Tarlov, A. R., Rogers, W. H., Taira, D. A., Liberman, N., et al. (1998) "The Primary Care Assessment Survey: Tests of Data Quality and Measurement Performance", *Medical Care*, 36, 728–739.

Sedgwick, E. K., and Frank, A. (eds.) (1995) *Shame and Its Sisters: A Silvan Tokins Reader*, Duke University Press.

Sellman, D. (2006) "The Importance of Being Trustworthy", *Nursing Ethics*, 13, 105–115.

Smith, P. C., Stepan, A., Valdmanis, V., and Verheyen, P. (1997) "Principal-agent Problems in Health Care Systems: An International Perspective", *Health Policy*, 41, 37–60.

Strathern, M. (1991) *Partial Connections*, Rowman and Littlefield.（邦訳：マリリン・ストラザーン（大杉高司，浜田明範，田口陽子，丹羽充，里見龍樹訳）(2015)『部分的つながり』，水声社.）

Thom, D. H., Ribisl, K. M., Steward, A. L., Luke, D. A. and The Stanford Trust Study Physicians. (1999) "Further Validation and Reliability Testing of the

Trust in Physician Scale", *Medical Care*, 37, 510–517.

Tronto, J. (1993) *Moral Boundaries: A Political Argument for an Ethic of Care*, Routledge.

Wang, H., Schlesinger, M., Wang, H., and Hsiao, W. C. (2009) "The Flip-side of Social Capital: The Distinctive Influences of Trust and Mistrust on Health in Rural China", *Social Science & Medicine*, 68, 133–142.

Wallston, K. A., Wallston, B. S., and Gore, S. (1973) "Development of a Scale to Measure Nurses' Trust of Patients: A Preliminary Report", *Nursing Research*, 22, 232–235.

Washington, G. T. (1990) "Trust: A Critical Element in Critical Care Nursing", *Focus on Critical Care*, 17, 418–421.

Willems, D. (1992) "Susan's Breathlessness: The Construction of Professionals and Laypersons", in Lachmund, J., and Stollberg, G. (eds.) *The Social Construction of Illness: Illness and Medical Knowledge in Past and Present*, Franz Steiner Verlag.

Young, A. (1981) "When Rational Men Fall Sick: An Inquiry into Some Assumptions Made by Medical Anthropologists", *Culture, Medicine, and Psychiatry*, 5, 317–335.

Yoxen, E. (1982) "Constructing Genetic Diseases", in Wright, P., and Treacher, A. (eds.) *The Problem of Medical Knowledge: Examining the Social Construction of Medicine*, Edinburgh University Press.

第10章 機械・ロボットに対する信頼

笠木　雅史

1 ● 本章のねらい

産業機械や産業用ロボットは，大規模な生産を行なう産業現場には必ず導入されており，過去に手工業で生産されてきた製品の大部分は，現代では機械によって生産されている。現代社会では，日常品だけでなく，農産物や電力にいたるまで生産業には機械やロボットによる自動化がすでに不可欠となっているのである。また，コンピュータやIT技術の進歩によって，高速に大規模の情報を管理することが可能となった結果，高度交通システム（ITS）は，道路交通，鉄道，海路，航空路の交通管理のために用いられるようになった。さらに，交通管理に加え，鉄道，飛行機，船舶，飛行機の運転もすでに部分的に，あるいは全面的にコンピュータに管理された自動運転への代替が進められており，陸上交通のための自動運転車に関しても，自動的な車線維持や衝突回避などの機能は実装が開始されている。機械学習技術の進歩にともなう人工知能の急速な発展により，従来のものよりもさらに自律性の高いロボットも活発に研究されており，人型のサービスロボットもすでに実用化が始まっている。

こうした機械・ロボットの機能や使用状況の多様化により，機械・ロボットは単に人間の労働や課題処理のための補助手段という単純なものではなくなっている。人と機械・ロボットの関係を考える際に重要な要素として注目されているのが，「信頼」である。本章の目的は，機械・ロボットに対する信頼についての研究の背景を紹介するとともに，その概略を示すことである[1]。

2 機械・ロボットに対する信頼を論じる前に

本章が扱うのは，機械・ロボットに対する信頼である。まず，「機械・ロボット」，「信頼」という用語について，本章を読み進めるための注意を述べておきたい。「機械」という用語はさまざまな文脈でさまざまな意味で用いられ，定義することは難しいが，本章では「機械」という用語を単純な反復動作やあらかじめプログラムされた行動を行なうだけではない，環境を識別し，自動的に反応する機能を持った機械という意味で用いる。したがって，本章における「機械」は自動機械（automation）と同義であり，環境を識別するためのセンサーや情報処理のためのコンピュータ，環境に対して動作する物理的機構，使用者である人間と相互に情報を伝達するためのインターフェース（情報伝達機構）などから構成される複雑な装置を意味する。そのため，この意味での機械は，少なくとも以下の機能のうちの幾つかを遂行する装置として定義される（Sheridan and Parasuraman 2005, p. 90）。

a.（人工センサーによる）環境変数のセンシングの機械化と統合
b.（コンピュータによる）データ処理と反応決定
c.（環境に対して物理的な力を伝えるモーターや装置による）機械的動作
d. 処理された情報を人に伝える「情報動作」

1　機械・ロボットに対する信頼は，HAI（Human-Automation Interaction），HRI（Human-Robot Interaction），また本書14章（大澤論文）の主題であるHAI（Human-Agent Interaction）といった機械と人間のインタラクションを扱う分野で研究されると同時に，心理学や認知科学の工学への応用である人体工学や認知工学などの分野でも研究されている。これらの分野の区別は便宜的なものであり，重なり合う部分も多い。機械・ロボットに対する信頼研究については，Hancock et al. (2011)，Hoff and Bashir (2015)，Lee and See (2004)，Meyer and Lee (2013)，Sanders et al. (2011)，Schaefer et al. (2016)，Schaefer et al. (2014) など，すでに優れたサーヴェイが多数存在しており，本章の内容はそれらから多くの影響を受けている。

このように定義された機械は，自動化のレベルに応じて区別される。どのように自動化のレベルを区別するのかについては，さまざまな提案がある。例えば，Sheridan and Parasuraman（2005, p. 94）は，以下のような8段階の区別を提案している。

表1　自動化のレベル（Sheridan and Parasuraman（2005, p. 94）の図を一部改変）

レベル	自動化
レベル1	コンピュータは何の補助も行わず，人間がすべてを行なわなければならない
レベル2	コンピュータは課題遂行の方針を提案する
レベル3	コンピュータは課題遂行の方針を選択する
レベル4	（レベル3に加え）人間の承認のもとで，その方針を実行する
レベル5	（レベル3に加え）自動的な方針実行の前の一定時間，人間に方針拒否の選択を与える
レベル6	（レベル3に加え）方針を自動的に実行し，その後必ず人間にそれを告げる
レベル7	（レベル3に加え）方針を自動的に実行し，その後求められたときにだけ人間にそれを告げる
レベル8	コンピュータは方針を選択し，課題を実行し，人間を無視する

機械は特定の諸課題を遂行するために設計される。その課題の遂行をどの程度自動的に行なえるのかという観点から，この自動化のレベルは定義されている。また，すでに述べたように機械は複数の機能をもつ複雑な装置である。したがって，それぞれの機能に対して異なるレベルの自動化が行なわれる場合もある。さらに，機械は操作者や監督者が特定の状況で使用するものであり，実際の自動化のレベルは，機械の設計や特徴だけでなく，操作者・監督者を含む使用環境に依存することになる（自動処理が可能な機械であっても，手動で操作されることはありうる）。

本章の定義では，(a) から (d) のいずれかの機能に対してレベル2以上に自動化された装置のみを「機械」と呼ぶ。この意味での機械は，ロボット工学分野で「ロボット」と呼ばれるものと実質的に同一である。本章は「機械」をこのように定義するため，とくに必要のないかぎり，機械とロボットを区別しない。必要のある場合のみ，自走機能や音声対話などのなんらかのかたちで人間や動物に類似した外観・機能をもつように設計された機械を「ロボット」と呼ぶ（こうした特徴のため，操作のための機構が機械本体に付属しておらず，遠隔操作されるものが多い）[2]。さらに，「自動化」と明確に区別されない用語として，「自律化」がある。しかし，正確には，機械の自動化は，あらかじめ定義された一群の目標を達成するために，確定された手順を自動的に遂行することであり，必ずしも自律化を必要としない。「自律化」とは，操作者や環境からのインプットを通じて学習，進化し，その機能や能力を変化させせることができることを意味している。このため，自律的機械の行動は，設計者や操作者が予想できない，不確定なものになる可能性を含んでいる（Hancock 2017）。

機械に対する信頼について論じる前に，「信頼」という用語についても注意が必要である。工学には，製品の十分な品質保証と品質維持体制を構築することを目標とする，「信頼性工学」，「信頼性技術」と呼ばれる分野が存在する。ここで「信頼性」と呼ばれているものは英語では reliability に相当し，「アイテムが与えられた条件の下で，与えられた期間，要求機能を遂行できる能力」（JIS 2000, Z8115）を意味している（また，この用語を保全性と保全支援性能を組み込むように拡張した dependability も，その拡張が明確になるように「ディペンダビリティ（信頼性）」と訳される）。この意味での信頼性（reliability）は，ある機械が故障せず，設計通りに課題を遂行できる確率が高いということであり，本章で扱う信頼（trust），信頼性（trustworthiness）とは異なるものである。したがって，本章では混乱を避けるため，reliability を「課題遂行性」，その副詞である reliably を「課題遂行可能であるように」と訳し，信頼性と区別する。後に触れるように，課題遂行性と信頼性の関連は，機械に対する信頼研究の主題の一つとなっており，機械を課題遂行可能であるように使用するための条件が，適切な信頼をそれらに対してもつことであるとされる。

信頼研究は，もともとは人間が他の人間や組織に対して抱く信頼を対象とす

2　このような「機械」や「ロボット」の定義は本章が恣意的に行なっているのではない。Schaefer et al.（2016; 2014）は機械に対する信頼研究のメタ分析，Hancock et al.（2011）はロボットに対する信頼研究のメタ分析を行なっているが，本章の機械とロボットの区別は，これらの論文での区別に対応している。

るものだった。そうした研究を参考にしつつ，人間が機械に対して抱く信頼を対象とする研究は，70年台にT・B・シェリダンたちの一連の研究によって始められたと言われている（Sheridan and Ferrell 1974; Sheridan 1975; Sheridan, Fischoff et al. 1983; Sheridan, Vámos et al. 1983; Sheridan and Hennessy 1984）[3]。その後，機械の自動化や自律化のための技術が進むのに応じて，信頼は機械と人間の関係を考えるための重要な観点であるという認識が定着した。実際，近年提案ないし制定された機械・ロボットに対するレギュレーションやガイドラインにおいても，「信頼」は中心的な役割をもつものとして重視されている。たとえば，2017年現在43カ国が参加する欧州航空航法安全機構（European Organisation for the Safety of Air Navigation，ユーロコントロール（Eurocontrol）とも呼ばれる）は，自動化された航空交通管理システムにかかわる重要な人的ファクターとして，信頼，状況意識（situation awareness），（人間とシステムとの）チームワークを位置づけ，2003年に信頼についての先行研究を調査し（EATMP 2003a），さらに信頼の測定方法の調査（EATMP 2003b），信頼についての理論的理解とシステムに対する信頼の育成のためのガイドライン（EAT-MP 2003c）を公表している。

また，イギリスの工学・物理科学学術会議（Engineering and Physical Sciences Research Council）は，2011年に「ロボット工学の諸規則」と題するロボットの設計者・製造者・使用者に対する倫理的な規則集を提案している。この規則集の目的は，市民や企業の利益を最大化し，潜在的な意図せざる帰結を抑止することに加え，「公的な信頼と確信を保証するであろうものとして，最初からロボットは導入されたということを確約する」（EPSRC 2011）ことだと述べられ，第3条はロボットに対する信頼と確信を保証するために，ロボットの設計においては安全性とセキュリティに配慮するように求めている[4]。さらに，工学系の世界最大の学会であるIEEE（Institute of Electrical and Electronics Engineers）は，自律的かつ知能をもつ機械に対する倫理的ガイドラインの制定を

3　また，初期の機械に対する信頼研究として，Halpin et al.（1973），Wiener and Curry（1980）も挙げられる。

4　最近提案された「ロボット工学の諸原理」の改定案（Boden et al. 2017）においても，この目的や第3条は改定されずにそのまま維持されている。

目指し，現在その草案を公開しつつ，公共の議論を通じて改定しようとしている。2017年12月に発表された草案バージョン2では，ガイドラインの目的は「われわれの日常生活における技術の豊穣で広範な使用のために必要な人間と技術の間の信頼の強化」（IEEE 2017, p. 2）とされ，信頼についてさまざまに論じられている。

3 ● 機械・ロボットに対する信頼研究の背景

機械に対する信頼についての関心の高まりは，機械の自動化技術の発展によって，機械の操縦者としての役割を人間が果たしていた時代から，機械自体が人間の代わりに複雑な課題を遂行する方針を決定，実行することが可能となった時代への推移に由来する。そのような高度な自動化を果たした機械に対する人間の役割はおもに，（i）課題を遂行する機械を監督する，ないし（ii）機械・ロボットの支援のもとで課題についての意思決定を行なうというものになる。

Sheridan and Ferrell（1974），Sheridan（1975）という初期の研究において，信頼は，情報伝達，計画立案，方針教示とモニタリング，干渉などと並ぶ人間が機械に対して行なう監督業務の一つとして位置づけられた。ここでは信頼は，機械に対して手動で干渉したのち，再び機械による自動処理を再開することとして定義された。Sheridan（1975）は同時に，機械に対して驚嘆したり，熱狂することによって，不当な信頼をもつことを警告している。これ以後，機械に対する監督業務，機械の支援のもとでの意思決定を適切に遂行するために，適切な信頼をもつことの重要性は，多くの論者によって強調されることとなった（Sheridan and Hennessy 1984; Muir 1987, Lee and Moray 1992; Parasuraman and Riley 1997; Lee and See 2004）。

機械の設計者は，想定される諸条件下で機械が特定の諸課題を遂行する機能を維持できるように設計する。このような課題遂行性を実現することが，信頼性工学と呼ばれる分野の目標である。機械の課題遂行性は，機械が人間とともに実際に課題遂行にあたる現場で，機械が適切に使用されるための重要なファクターである。しかし，機械の課題遂行度が高いことは，あくまでもこのためのファクターの一つにすぎないことは，同時に認識されなければならない。なぜなら，機械を使用するのが人間である以上，使用者である人間に関するファクターも重要になるからである[5]。機械がその機能を十分に発揮できるように適切に使用されるために必要となる人間側の条件は，心理学，認知科学やリスク論などの知見を取り入れ，研究されてきた。機械・ロボットに対する信頼研究は，このような機械の適切な使用のための条件を調査するという文脈に位置づけられる。

たとえば，Parasuraman and Riley（1997）は，機械の適切な使用に影響を与える人間に関するファクターとして，機械に対する態度，心理的作業負担，認知的コスト，信頼の四つを挙げる。適切な使用に影響を与えるということは，これらのファクターは同時に，不適切な使用（誤使用（misuse））にも影響を与えるということでもある。もっとも極端なケースでは，機械がまったく信頼されず，使用されない（不使用（disuse））ということや，機械を過剰に信頼するあまり，そもそもそのために設計されていない課題に対して使用したり，課題遂行が極めて難しい環境下で使用する（乱用（abuse））ということは起こりうる。機械の課題遂行度は，機械自体や，課題，環境などの条件によって変化する。実際の課題遂行度よりも低く機械を信頼する場合も，より高く信頼する場合も，機械が誤使用されるリスクは高まることになる。したがって，機械を課題遂行可能であるように適切に使用するための条件として，課題遂行度に対応した適切な程度の信頼をもつことが必要となる。課題遂行度に対応した適切な程度の信頼をもつように，人間の機械に対する信頼を調整（calibration）するための方法を探ることが，機械に対する信頼研究の重要な目標である。

課題遂行度よりも低い程度の信頼を機械に対して使用者がもつ場合，機械がそのために設計され，適切に遂行可能な課題も自分の手で行なおうとしがちである。その場合，結果的に機械が行なうよりも人的，時間的コストがかかり，課題遂行の能率が下がるだけでなく，部分的ないし全面的に機械に任せるよりも全体の課題遂行度が低下するというリスクが増大することになる。逆に，な

5　より正確には，Parasuraman and Riley（1997）が指摘するように，機械の使用者だけでなく，機械の設計者，現場の管理者に関するファクターも重要となる。

んらかの理由により機械の課題遂行度が低下したにもかかわらず，実際の課題遂行度よりも高い程度の信頼を機械に対して使用者がもち続けるならば，事故や安全性に関するリスクが増大することになる[6]。後者の点を説明するためにしばしば言及される事例が，1995年に起きたロイヤル・マジェスティ号の事故である。6月9日の正午，ロイヤル・マジェスティ号はバミューダ諸島のセント・ジョージからボストンを目指して，1200名の乗客とともに出港した。出港直後からGPS信号を受信するアンテナとGPSシステムを結ぶケーブルの分離により，GPS信号の入力が行なわれなかったにもかかわらず，乗務員はそれに気づかないままオートパイロットで航海を続けた。その結果，通常の航路を外れ，6月10日午後10時55分に座礁した。この事故は乗務員がGPSの誤作動に気づくべき要因が多くありながら（GPSと他の電波航法システムの情報の齟齬，通常の航路からは見えないはずの照明など），GPSシステムを過度に信頼し，依拠したことが原因で起きたとアメリカ国家運輸安全委員会（National Transportation Safety Board）の報告で指摘されている（NTSB 1995）。

このように，機械に対する適切な程度の信頼を持たないことは，その誤使用が多くの人の安全や健康に直接かかわる場合，大規模な事故や損害にかかわるリスクの増大に直結する。機械が大規模な交通システムの運行や管理に使用される場合，また個人用であっても広く普及するならば，このようなリスクは劇的に増大することになる。このリスクを回避するための手段として，信頼の適切性は注目され，研究されてきたのである。機械に対する信頼研究には，大別して，（a）機械に対する信頼の内実に関する理論的，経験的研究，（b）機械に対する信頼の測定方法の研究，（c）機械に対する信頼，その信頼の適切性の数理的モデルの研究，（d）機械の使用・誤使用に影響を与える他のファクターと信頼との関連性の研究，（e）信頼研究にもとづく機械の設計論と使用方法についての研究がある。本章ではこれらすべてを紹介することはできないため，

6　低い程度の信頼しか持たない，あるいは信頼をそもそも持たないことは，不信頼（distrust）と呼ばれることもある。Muir（1994）は，機械の課題遂行度が高いときに，それよりも低い程度の信頼しか持たないことを「誤った不信頼」，課題遂行度が低いときに，それよりも高い程度の信頼を持つことを「誤った信頼」と呼んで区別している（同様に，適切な信頼と適切な不信頼も区別される）。

以下では，(a)，(b) についてのみ簡単な概略を与え，その後，機械と人間に対する信頼の相違点をまとめる[7]。

4　機械・ロボットに対する信頼の定義と測定方法

機械に対する信頼は，その研究の初期から，人間に対する信頼と類比的なものであるという想定のもとで，経済学や心理学といった社会科学における人間に対する信頼研究を参考に進められてきた（このような想定は，Reeves and Nass (1996) がまとめているような，人間は機械に対しても社会的規範を適用し，人と同様の社会的反応を示すという経験的研究によって妥当性を与えられている)[8]。もちろん，現在では機械を対象にした信頼研究も多く存在する。機械に対する信頼の内実についての研究は，経験的方法によって信頼に影響を与えるファクターを検証するという経験的研究と，そうした経験的研究にもとづき信頼形成や信頼の変化についてのモデルを構築するという理論的研究に区別することができる。このような関心から，信頼を字義的に定義することが主目的となることはないが，経験的研究のための仮説をつくるという作業のために，先行研究にもとづき信頼を定義するということはしばしば行なわれる[9]。ここでは，機械に対する信頼研究において影響力をもった信頼の定義を二つ紹介しておく。

歴史的に大きな影響力を持ったのは，Muir (1994) で提出されたミューアの定義と Lee and See (2004) で提出されたリー＆シーの定義である。ミューアは過去の人間に対する信頼研究を調査し，信頼の構成要素を分析することで，

7　(c) 機械に対する信頼，その信頼の適切性の数理的モデルについては，Meyer (2004)，Vashitz et al. (2009) など，(d) 機械の使用・誤使用に影響を与える他のファクターと信頼との関連性については，Beggiato and Krems (2013)，Lee (2007)，Parasuraman and Manzey (2010)，Parasuraman et al. (2008) など，(e) 信頼研究にもとづく機械の設計論と使用方法については，Lee and See (2014)，Schaefer et al. (2014) などを参照のこと。

8　Reeves and Nass (1996) は，本書 14 章（大澤論文）でも言及されているように，HAI 研究の嚆矢としても重要な研究である。

9　Schaefer et al. (2014, Appendix 1) は先行研究を詳細に調査し，多数の定義を収集している。

以下のような機械（そして人間）に対する信頼の定義を提案した。

【ミューアの定義】信頼とは，システムの成員（i）が他の成員（j）に対して持つ，自然的秩序（n）と道徳的社会秩序（m）の一貫性（P），技術的に高度な動作（TCP），受託責任（FR）についての期待であり，これらの性質の客観的測定と関連するが，必ずしも同等ではない。（Muir 1994, p. 1911）

この定義では，（1）機械が自然の規則，社会的・道徳的規則に従う一貫性，（2）課題を遂行する能力，（3）使用者以上の知識や能力をもっているとしても，それを乱用せずに課題のみを実行する忠実さ（受託責任）の三つが，信頼の構成要素とされている。機械が自己の動作に対して責任を負うとは通常は考えられないため，（3）の受託責任は，機械が設計論的規準を満たすことに相当するとミューアは解説している。

ミューアの定義はその後の研究の基礎となったが，さらに広範な人間に対する信頼研究と機械に対する信頼研究両者の調査にもとづき，より単純な定義がリー＆シーによって10年後に提示された。

【リー＆シーの定義】信頼とは，不確実性と脆弱さによって特徴づけられる状況で，ある個人の目標の達成をあるエージェントが手助けするだろうという態度である。（Lee and See 2004, p. 54）

リー＆シーの定義は，ミューアの定義に比べて簡略であるだけでなく，二つの点で異なっている。第一に，両者は信頼がどのような心的態度なのかという点で異なる。ミューアは，信頼とは被信頼者が信頼者の望む行動を行なうという期待や予測であり，信念ないし主観的確率に相当する認知的態度であるという観点を，社会学，経済学の信頼研究から受け継いでいる。他方，リー＆シーは，信頼が部分的に行動の確率を計算するプロセスにもとづく点は認めつつも，同時に被信頼者に対する情動的な反応プロセスにももとづくという観点を取り入れ，信頼を（少なくとも部分的に）情動的な態度であるとする[10]。第二に，リー＆シーは，複雑性と不確実性の高い状況で，信頼は他者を監督する認知的負荷や他者の行動に関する不確実性を減少させるという信頼の機能についての知見に加え，他者を信頼することは，その帰結を直接コントロールできないためにリスク（脆弱性）を抱えることでもあるという知見を，過去の信頼研究から取り入れている。この第二の点は，機械に対する信頼研究において，特に重要である。先に述べたように，人間の能力では確実な対処が難しい複雑な課題のために自動化のレベルが高い機械が導入される一方で，機械に課題遂行を任せることは事故や安全性に関するリスクを導入することでもあるという機械と人間の関係性が「信頼」という言葉で表現される理由は，この第二の点と密接に関連しているからである。

先に述べたように，機械に対する信頼研究では，信頼を経験的に測定するための方法を考えるための補助として，信頼の定義が導入されることが多い。つまり，字義的な定義よりも，操作的定義の方が重視されている。このような経験的な研究はおもに，機械に対する信頼の変化に影響を与えるファクターを調査することを目的としている。機械の操作を開始する前に，それに対する信頼・不信頼をもつということはもちろんあるが，信頼はそもそも信頼者と被信頼者との可変的な関係であり，機械に対する信頼もその使用を通じてさまざまなファクターによって変化する[11]。経験的な研究では，おもに心理学や認知科学の手法によって，どのようなファクターがその変化に影響を与えるのかを調査するのである。

機械に対する信頼研究は，社会科学における人間や組織に対する信頼研究に，その研究手法についても多くを負っている[12]。とくに，心理的態度としての信

10　Lee and See（2004）では，信頼が情動的な態度であるという主張は，機械の効果的な使用のためには，情動的反応を考慮して設計すべきであるという設計論的主張と，信頼は機械の使用の原因であるという主張から導出されており，信頼に対する心理学や認知科学の知見から導出されているわけではない。Lee（2007）では，そうした知見についても紹介されている。

11　他人を信頼しやすい性格の人がいるように，特定のタイプの機械，または機械全般に対して，それについての知識や操作経験がなくとも，信頼しやすい性格の人は存在する。このような信頼傾向も，操作前後の信頼の変化に影響を与えるファクターである（Merritt and Ilgen 2008）。

頼は直接測定することが難しいため，これらの分野の研究を参考にしつつ，質問紙を作成する場合が多い。しかし，機械に対する信頼を測定するための専用の評価尺度を作成しようという試みもある。たとえば，Jian et al.（2000）は，機械に対する信頼に関係する多くの言葉を収集し，参加者の反応をクラスター分析にかけることで，評価尺度を作成している（各項目は7段階のリッカート尺度で評価）[13]。

表2　機械に対する信頼尺度（Jian et al.（2000）から抽出）

1	このシステムは欺く
2	このシステムは不正な仕方で動作する
3	このシステムの意図，動作，アウトプットに疑いをもつ
4	このシステムについて心配がある
5	このシステムの動作は危害や障害をもたらす
6	このシステムに確信をもつ
7	このシステムはセキュリティを与える
8	このシステムは整合性（integrity）をもつ
9	このシステムは依拠可能である
10	このシステムは課題遂行性がある
11	このシステムは信頼できる
12	このシステムに親しんでいる

また，経済学では信頼の測定に，信頼ゲームと呼ばれるゲームを用い，相手

12　社会科学分野における信頼の測定方法も多様である。この点についてはより詳しくは，Bauer and Freitag（2018）ならびに，Lyon et al.（2015）所収の諸論文を参考のこと。

13　この Jian et al.（2000）の尺度を実際に用いて，信頼を測定した研究として，Bisantz and Seong（2001），Madhavan and Wiegmann（2007a）がある。また，Schaefer（2016; 2013）は，ロボットに対する信頼尺度を作成している。Kessler et al.（2017）は，Jian et al.（2000）と Schaefer（2013）の尺度の両方を用いて実験を行い，結果を比較した研究である。

に譲渡しなくてもよいにもかかわらず，譲渡した金額の量によって，相手に対する信頼を測定するということがしばしば行なわれる。信頼ゲームを行なうことができるようなインターフェースをもつ機械・ロボットに対して，人間とゲームを行なうことで信頼を測定する研究もある（DeSteno et al. 2012）。

より直接的に，機械に対する人間の特定の反応を分析することで，信頼を測定する場合もある。どのように機械を使用したかに応じて，信頼度を決定するのである。たとえば，Meyer（2004）は，人間が機械を監督する際，機械の与える情報に対する人間の対応のパターンのうち，応諾（compliance）と依拠（reliance）を区別する。「応諾」とは，機械が与える指示どおりに人間が行為すること，「依拠」とは，機械が必要であるという指示を出さないかぎり機械に任せ，人間が自ら新しい行為を行なわないことを指している。これらの応答パターンは，両者とも機械に対する信頼行動と理解され，信頼の行動指標として用いられる。これらの反応が適切な頻度や速度で行なわれない場合，機械に対する過剰な信頼やその乱用が行なわれていると判断される。そのような状態は，「機械バイアス（automation bias）」，「無反省状態（complacency）」などとも呼ばれ，信頼研究はこれらの研究の一部門とされることもある[14]。

5 ● 機械に対する信頼に影響する諸ファクター

機械に対する信頼についての経験的研究では，おもに心理学や認知科学の手法によって，どのようなファクターが信頼の変化に影響するのかを調査する。人間が機械を使用して課題遂行を行なう際に，機械に対する信頼の変化に影響を与えるファクターは，使用者である人間に関するファクター，機械に関するファクター，使用環境に関するファクターの三種類のファクターに大別することができる。さらに，これらそれぞれに含まれるファクターもさまざまに区別される。機械に対する信頼研究では，特定のファクターをコントロールし，そのファクターの信頼への影響を経験的に検証するということが行なわれる。そ

14　機械バイアス，無反省状態について，詳しくは Parasuraman and Manzey（2010），Goddard et al.（2012）などを参照のこと。

図 1　機械に対する信頼に関連する諸ファクター（Schaefer et al.（2016, p. 387）の図を一部修正）

人間に関するファクター	機械に関するファクター	環境に関するファクター
属性 年齢＋＊ ジェンダー＋ エスニシティ＋ パーソナリティ＋ 信頼傾向	**特徴** 情報伝達手段＊ 外見・擬人化＋＊ 自動化のレベル＊ 知能 パーソナリティ	**チーム協調** 役割の相互依存性 チーム構成 メンタルモデル 文化的・社会的インパクト 内集団メンバーシップ
状態 注意調節 疲労 ストレス	**能力** 課題処理＋＊ 課題遂行性・エラー＋＊ フィードバック・キュー＊	**課題・状況** リスク・不確実性 状況・課題タイプ＋＊ 物理的環境
認知的ファクター 理解＋＊ 使用能力＋＊ 期待＋＊		
情動的ファクター 機械に対する確信 態度＋ 満足感＋ 快適さ＋＊		

うした研究はかなりの数に上るが，Schaefer et al.（2016; 2014）は，ロボットを除く機械に対する研究を収集し，メタ分析を行なった（ロボットに対する信頼研究のメタ分析を，同グループは Hancock et al.（2011）で行っている）。以下では，おもに Schaefer et al.（2016）を参照しつつ，機械に対する信頼に影響するファクターを概説する[15]。まず，彼らが先行研究から収集したファクターは，図 1 にまとめられており，このうち「＋」の付けられているものは，ヘッジスの g（標準化平均値差を用いた効果量），「＊」の付けられているものは，ピアソンの r（相関係数を用いた効果量）により，効果量が調査されたということを意味している[16]。このメタ分析では，ヘッジスの g による効果量を小：0.2 以下，中：0.5，大：0.8 以上とみなしている。メタ分析の結果，人間に関するファク

15　本章で紹介する以外の機械・ロボットに対する信頼研究は，本書第 6 章 6 節（上出論文），第 14 章（大澤論文）を参照のこと。

ター（g＝＋0.49）と機械に関するファクター（g＝＋0.53）が，全体として中程度の効果をもつことが確かめられた（環境に関するファクターのほとんどは，効果量を計算できるデータが含まれている研究が少なく，検討対象となっていない）。

人間に関するファクターのうち，信頼に影響することが確認されたのは，属性，認知的ファクター，情動的ファクターである。属性については，年齢，ジェンダー，エスニシティ，パーソナリティのみ影響が確かめられた（年齢の効果量（g＝＋0.44）のみが報告されている）。自動車運転の際に危険を運転手に警告する装置に対する信頼は，高年齢層の方が低年齢層よりも高い（Donmez et al. 2006; Pak et al. 2012）。同様の傾向は投薬管理を補助するコンピュータについても報告されている（Ho et al. 2005）。ジェンダー，エスニシティ，性格属性やパーソナリティは，使用を開始する前の機械に対する信頼に影響するという研究がある（Merritt and Ilgen 2008）。

認知的ファクター（g＝＋0.39）については，理解，使用能力，期待というすべてのファクターで影響が確認された。「理解」とは，機械がどのように作動するのかを理解しているということであり，使用方法の学習のたやすさや同種の機械を扱った過去の経験によって上昇する。機械の使用を重ね，理解が向上した場合に信頼が高まる傾向は，自動車の衝突防止警告システム（FCW）（Koustanaï et al. 2012），車間自動制御システム（ACC）（Rajaonah et al. 2008），医療用手術ナビゲーションシステム（IGN）（Manzey et al. 2009）について，確認されている。「使用能力」とは，使用者が認識している限りでの自分の機械の使用能力を指している。このような使用者自身が認識する自己の能力の高さは，同時に複数の課題をこなすなど心理的作業負担が高いと低下し，特定の機械に習熟すれば高まる（Rajaonah et al. 2006）。「期待」とは，機械の便利さ，評判，便益などについての認識を指しており，これらは直接機械を操作することなくえられる情報であるが，機械を操作した後の信頼にも影響を与える

16　メタ分析のためには，対象となる研究に効果量を計算できるデータが含まれている必要がある。もとの研究にデータが記載されていないため，先行研究で提示されているにもかかわらず，メタ分析の対象とならなかったファクターもある。このメタ分析では，30の論文から抽出された164の標準化平均値差を用いた効果量，16の論文から抽出された63の相関係数を用いた効果量を用いている。

(De Vries and Midden 2008)。

情動に関するファクター（g= +0.72）は，比較的高い効果をもっていることが確認された。ここで確認されたのは，とくに態度と満足感，快適さである。「態度」とは，機械に対するポジティブな感情や印象を意味しており，それが無意識のものであっても信頼を高める（Merritt et al. 2013)。「満足感」とは，機械の提供するサービスや情報の質に満足したという感情であり，これも信頼を高めると報告されている（Lee et al. 2007)。「快適さ」は，機械が自分の操作や状態と適合しているという感覚である。例えば，車間自動制御システムについて，使用者の重視する走行目的（安全さ・快適さ・素早さ・燃費）がシステムに設定された走行目的である（目的が適合する）場合，そうでない場合よりも信頼度が高まるとされている（Verberne et al. 2012)。

機械に関するファクターは，機械の特徴にかかわるファクターと能力にかかわるファクターに区別される。信頼に影響することが確認された特徴にかかわるファクター（g= +0.35）として，機械が人間に情報伝達を行なう手段，機械の外見やインターフェースの擬人化（人と類似する特徴），自動化のレベルがある。自動化のレベルと信頼の関係は単純なものではないが，使用者が特定の自動化のレベルを「よくできている」とみなした場合，「できが悪い」ないし「どちらとも言えない（ambiguous)」とみなす場合よりも信頼が高くなる傾向にある（Merritt et al. 2013)。また，運転補助装置に対して，自動化のレベルの低い一種類のインターフェースを単独で使用するよりも，より自動化のレベルの高いインターフェースと併用したほうが，信頼度が高い（Cai and Lin 2012; Cai, Lin and Cheng 2012)。擬人化には，外見だけでなく，インターフェースの特徴も含まれる。例えば，自宅での血糖管理を補助するためのインターフェースとして，単にメッセージを表示するだけのものと，女性の画像がそれを言ったように表示するものの二種類を比較した場合，後者の方が高く信頼される (Pak et al. 2012)。機械から人間への情報伝達手段も，電子的な信号，文字出力，合成音声，人間的な音声などさまざまなものが考えられる。航空交通管理システムの場合，合成ボイスよりも人間的な音声を用いたほうが信頼が高まると報告されている（Stedmon et al. 2007)。

機械の能力（g= +0.70）は，もっともさかんに研究されているファクターであり，効果量も比較的高い。多様なファクターが能力には含まれるが，大別して，課題処理，課題遂行性・エラー，フィードバック・キューに分けられる。ここで「課題処理（performance）」と呼ばれているのは，機械と人間が共同で課題を処理する際の成功率ややりやすさを意味している。たとえば，機械の課題遂行性は客観的に測定できるが，誤作動の頻度が高く課題遂行度が低いときでも，その誤作動が起こる状況を人間側が把握できるならば，信頼度は必ずしも低くならない（Muir and Moray 1996）。そうした状況を回避するなり，そのときだけ手動で操作するように準備しておくことができるからである。また，自動車の事故防止システムについても，誤ったアラームは信頼を低下させるが，不必要なアラーム（運転者が危険を自覚しているような場合でもアラームが作動する）は，アラームが正常に作動していることを運転者が確認できるため，信頼度が上がる（Lees and Lee 2007）。また，信頼の変化は，使用者の課題の難易度の認識とも関連している。赤外線荷物検査システムを使用する際に，操作者が簡単に識別できるとみなした対象をシステムが見逃したり，誤った判定を行なうと信頼度は下がるが，識別が難しいとみなした対象をシステムが見つけた場合は信頼度が上がると報告されている（Madhavan and Wiegmann 2007a）。

機械の課題遂行性やエラーの少なさが，信頼の変化に影響を与える点については，多くの研究がある（Bagheri 2004; Bagheri and Jamieson 2004; Bliss and Acton 2003; De Vries et al. 2003; Dzindolet et al. 2003; Kazi et al. 2007; Lee et al. 2007; Madhavan and Wiegmann 2007a; Madhavan et al. 2006; Moray et al. 2000; Muir and Moray 1996; Spain and Bliss 2008）。「フィードバック・キュー」は，機械が人間の操作・不操作に対して行なう反応であり，典型的には警告信号や警告メッセージを指している。自動車の衝突防止警告システムに搭載されたアラームのタイプ（危険の有無だけを告げる・危険度の度合いを告げる）では信頼は変化しないという研究がある一方で（Gupta et al. 2002），不注意防止システムに対しては，音声よりも視覚的なアラームの方が信頼度が高いという報告がある（Donmez et al. 2006）。

残念ながら，メタ分析を行なうことができるデータを記載した研究が少なかったため，Schaefer et al.（2016）では，使用環境に関するファクターについての研究はほとんど検討の対象となっておらず，唯一，課題タイプと信頼の関係のみが分析されている。投薬管理，財政管理などの使用者の意思決定を補助する機械を用いた課題（g＝＋0.41），オートパイロットや車間自動制御システムのような，人間の操作を少なくとも部分的に代行するような機械を用いた課題（g＝＋0.51），危険物を認識し警告を行なうなどパターン認識の補助を行なう機械を用いた課題（g＝＋0.62）について，どれも信頼に対する中程度の効果が認められた。

6 ● 機械に対する信頼と人間に対する信頼の相違

機械に対する信頼研究は，その信頼に影響を与えるさまざまなファクターを明らかにする。先に述べたように，こうした研究は，機械に対する信頼と人間に対する信頼は類比的であるという想定のもとで進められてきた。しかし，人間と機械に対する信頼研究がそれぞれ進展した結果，機械に対する信頼は，（もちろん機械の種類や課題にもよるが）人間に対する信頼とは異なる点もあるということも指摘されている（Lee and See 2004; Madhavan and Wiegmann 2007b）。主な相違点は，(a) 人間に対する信頼は，最初は低く，交流を深める中で徐々に高くなる傾向があるが，機械に対する信頼は，最初は高いにもかかわらず，急速に低下することがある，(b) 人間に対する信頼は相手の意図を把握することでしばしば形成されるが，意図をもたない機械に対してはこのような信頼形成が行なわれない，(c) 人間に対する信頼はしばしば相手もこちらに信頼を向けるという相互的なものだが，機械に対する信頼は一方的なものにならざるをえない，という三点である。

(a) 機械と人間に対する信頼の変化の相違：まず，機械に対する信頼が人間に対する信頼よりも高くなることがある。たとえば，法的な意思決定を補助するシステムを人間だと偽って使用者に告げた場合とエキスパートシステムだと真実を告げた場合で，システムのアドバイスに対する参加者の反応を比較すると，真実を告げた場合の方が，システムを合理的で客観的だと判断し，システムの与える誤ったアドバイスに使用者が従ってしまう傾向が高かった（Dijkstra 1995; Dijkstra et al. 1998; Dijkstra 1999）。このように人間よりも機械を高く信頼する傾向は，機械バイアスの一種とされている。しかし，使用者は機械を信頼しやすい一方で，機械に対する信頼は，誤作動やエラーが起こった場合，急激に下降することも報告されている（Lee and Moray 1994; 1992; Dzindolet et al. 2001; Wiegmann et al. 2010）。Dzindolet et al.（2001）は，この原因を使用者は，人間とは異なり機械に対してほとんど完璧な動作を期待しており，そのエラーに注意を向けやすいためではないかと指摘しており，実際に使用者は機械の犯したエラーの方を人間のエラーよりもよく記憶しているという結果がえられている（Dzindolet et al. 2002）。

同様の結果は，課題遂行性に対する先行知識や期待が，実際に課題を遂行した後の信頼にどのように影響するのかを，人間と機械で比較した研究でもえられている（Madhavan and Wiegmann 2007a）。この研究では，赤外線手荷物検査を補助するシステムの使用者に対して，事前に補助は機械から与えられると真実を告げた場合と人間から与えられると偽りを告げた場合の相違以外に，それらの実際の課題遂行度の高低（90%・70%），伝えられる熟練度の相違（熟練度が低い・高い）が，使用者の信頼にどのような影響を及ぼすかが調査された。まず，課題遂行度が低い場合，熟練度が高いと伝えた上で操作を開始したならば，使用者の信頼は，使用者が人間とみなした相手よりも機械に対する方が高かった。しかし，同様に課題遂行度が低い場合でも，熟練度が高いと伝えた上で操作を開始したならば，使用者が人間とみなしたものに対する信頼よりも機械に対する信頼の方が急速に下降した。課題遂行度が高い場合，補助が機械だと告げられるか人間だと伝えられるか，伝えられた熟練度の高さと無関係に，使用者は最終的に高い信頼をもつことになった。

（b）機械の意図の欠如：人間に対する信頼は，しばしば相手が自分の望む行為をしてくれるという意図を認識することにより形成される。もちろん，人間的な表情や動作を行なうことで機械が意図をもっているかのようにふるまうことはあるが，実際に意図をもっていると言えるような機械・ロボットは現在のところ存在しない。この点について，Lee and See（2004）は，機械そのものに意図が存在しなくても，設計者の意図を投影した存在とはなりうるために，意図の欠如は必ずしも機械に対する信頼の形成にとって問題にはならないと示唆している（また，自律化についての技術の進歩によっては，人間と類比的な意図を機械がもつこともありうるとする）。

(c) 機械についての信頼の一方向性：人間に対する信頼はしばしば，相手に信頼してもらうために，相手に対してまず信頼を向け，相手に自分が信頼できると思ってもらえるような行為をすることで育まれる。この点で，人間に対する信頼は，相互的なものであることが多い。しかし，機械・ロボットが人間に対して信頼を向けるということは，少なくとも信頼が情動的なものであるならば，現行の機械・ロボットには不可能である。こうした機械と人間に対する信頼の相違を示唆するのが，Lewandowsky et al.（2000）の研究である。彼らは，低温殺菌工場のポンプのシミュレーターを用いた実験で，ポンプの操作を機械の補助と人間の補助で行なうと操作者が伝えられた場合（実際にはどちらも機械の補助であり，実際の条件は同じ）を比較した。その結果，自分自身に対する信頼性が低下したときに，操作者は機械よりも人間とみなした相手には操作を任せやすいことが明らかになった。この原因は，人間同士の協調では責任を相手と共有するため，相互的な歩み寄りが行なわれるが，機械との協調では責任が操作者のみにあると判断されるため，相互的関係が構築されないことにあるのではないかと推測されている。

このように機械・ロボットに対する信頼は，人間に対する信頼と相違する点もあるが，多くの点で共通点をもっている。また，人間に対してだけでなく，組織や動物に対しても人間がもつ態度として，信頼は広範な分野で研究の対象となってきた[17]。信頼と呼ばれる態度に共通するのは，不確実性やリスクがありつつも，相手に依拠するという点である。機械・ロボットの自動化技術が革新的に進歩し，普及している現代において，人間はその使用をもはや止めることができないほどに多くを機械・ロボットに依拠している。他方で，機械・ロボットの使用にともなう不確実性やリスクもまた増加している。自律化技術が進めば，この傾向はさらに加速するはずである。機械・ロボットに対する信頼研究が提供する知見は，このまさに現代的な問題に重要な貢献を行なうものなのである。

17　機械と動物に対する信頼の類似性については，Billings et al.（2012）で詳しく検討されている。

参考文献

Bagheri, Nasrine. (2004) *The Effect of Automation Reliability on Operator Monitoring Performance*, Master's Thesis, University of Toronto.

Bagheri, Nasrine, and Jamieson, Greg A. (2004) "Considering Subjective Trust and Monitoring Behavior in Assessing Automation-induced "Complacency"", in D. A. Vincenzi, M. Mouloua, and P. A. Hancock (eds.), *Human Performance, Situation awareness and Automation: Current Research and Trends*, Vol. 2. Lawrence Erlbaum, 54-59.

Bauer, Paul C., and Freitag, Markus. (2018) "Measuring Trust", in E. M. Uslaner (ed.), *The Oxford Handbook of Social and Political Trust*, Oxford University Press, 15-36.

Beggiato, Matthias, and Krems, Josef F. (2013) "The Evolution of Mental Model, Trust and Acceptance of Adaptive Cruise Control in Relation to Initial Information", *Transportation Research Part F: Traffic Psychology and Behaviour*, 18, 47-57.

Billings, Deborah R., Schaefer, Kristin E., Chen, Jessie Y., Kocsis, Vivien, Barrera, Maria, Cook, Jacquelyn, Ferrer, Michelle, and Hancock, Peter A. (2012) *Human-animal Trust as an Analog for Human-robot Trust: A Review of Current Evidence*. Technical Report ARL-TR-5949, U. S. Army Research Laboratory.

Bisantz, Ann M., and Seong, Younho. (2001) "Assessment of Operator Trust in and Utilization of Automated Decision-aids under Different Framing Conditions", *International Journal of Industrial Ergonomics*, 28(2), 85-97.

Bliss, James P., and Acton, Sarah A. (2003) "Alarm Mistrust in Automobiles: How Collision Alarm Reliability Affects Driving", *Applied Ergonomics*, 34(6), 499-509.

Boden, Margaret, Bryson, Joanna, Caldwell, Darwin, Dautenhahn, Kerstin, Edwards, Lilian, Kember, Sarah, Newman, Paul, Parry, Vivienne, Pegman, Geoff, Rodden, Tom, Sorrell, Tom, Wallis, Mick, Whitby, Blay, and Winfield, Alan. (2017) "Principles of Robotics: Regulating Robots in the Real World." *Connection Science*, 29(2), 124-129.

Cai, Hua, and Lin, Yingzi. (2012) "Coordinating Cognitive Assistance With Cognitive Engagement Control Approaches in Human-Machine Collaboration", *IEEE Transactions on Systems, Man, and Cybernetics, Part A: Systems and Humans*, 42(2), 286-294.

Cai, Hua, Lin, Yingzi, and Cheng, Bo. (2012) "Coordinating Multi-level Cognitive Assistance and Incorporating Dynamic Confidence Information in Driver-vehicle Interfaces", *Human Factors and Ergonomics in Manufacturing & Service Industries*, 22(5), 437-449.

DeSteno, David., Breazeal, Cynthia., Frank, Robert H., Pizarro, David, Baumann, Jolie, Dickens, Leah, and Lee, Jin Joo. (2012) "Detecting the Trustworthiness of Novel Partners in Economic Exchange", *Psychological Science*, 23(12), 1549-1556.

De Vries, Peter, and Midden, Cees. (2008) "Effect of Indirect Information on System Trust and Control Allocation", *Behaviour & Information Technology*, 27(1), 17-29.

De Vries, Peter, Midden, Cees, and Bouwhuis, Don. (2003) "The Effects of Errors on System Trust, Self-Confidence, and the Allocation of Control in Route Planning", *International Journal of Human-Computer Studies*, 58(6), 719-735.

Dijkstra, Jaap J. (1999) "User Agreement with Incorrect Expert System Advice", *Behaviour and Information Technology*, 18(6), 399-411.

Dijkstra, Jaap J. (1995) "The Influence of an Expert System on the User's View: How to Fool a Lawyer", *New Review of Applied Expert Systems*, 1, 123-138.

Dijkstra, Jaap J., Liebrand, Wim B. G., and Timminga, Ellen. (1998) "Persuasiveness of Expert Systems", *Behaviour & Information Technology*, 17(3), 155-163.

Donmez, Birsen, Boyle, Linda Ng, Lee, John D, and McGehee, Daniel V. (2006) "Drivers' Attitudes toward Imperfect Distraction Mitigation Strategies", *Transportation Research Part F: Traffic Psychology and Behaviour*, 9(6), 387-398.

Dzindolet, Mary T., Peterson, Scott A. Pomranky, Regina A., Pierce, Linda G., and Beck, Hall P. (2003) "The Role of Trust in Automation Reliance", *International Journal of Human-Computer Studies*, 58(6), 697-718.

Dzindolet, Mary T., Pierce, Linda G., Beck, Hall P., and Dawe, Lloyd A. (2002) "The Perceived Utility of Human and Automated Aids in a Visual Detection Task", *Human Factors*, 44(1), 79-94.

Dzindolet, Mary T., Pierce, Linda G., Beck, Hall P., Dawe, Lloyd A., and Anderson, B. Wayne. (2001) "Predicting Misuse and Disuse of Combat Identification Systems", *Military Psychology*, 13(3), 147-164.

EATMP Human Resources Team. (2003a) *Guidelines for Trust in Future ATM Systems: A Literature Review*, HRS/HSP-005-GUI-01, Edition 1.0. Released Issue, Eurocontrol.

EATMP Human Resources Team. (2003b) *Guidelines for Trust in Future ATM Systems: Measures*, HRS/HSP-005-GUI-02, Edition 1.0. Released Issue, Eurocontrol.

EATMP Human Resources Team. (2003c) *Guidelines for Trust in Future ATM Systems: Principles*, HRS/HSP-005-GUI-03, Edition 1.0. Released Issue, Eurocontrol.

EPSRC. (2011) *Principles of Robotics*. https://www.epsrc.ac.uk/research/ourportfolio/themes/engineering/activities/principlesofrobotics/ (2017年12月28日確認).

Goddard, Kate, Roudsari, Abdul, and Wyatt, Jeremy C (2012). "Automation Bias: A Systematic Review of Frequency, Effect Mediators, and Mitigators", *Journal of the American Medical Informatics Association*, 19(1), 121-127.

Gupta, Nitin, Bisantz, Ann M, and Singh, Tarunraj. (2002) "The Effects of Adverse Condition Warning System Characteristics on Driver Performance: An Investigation of Alarm Signal Type and Threshold Level", *Behaviour and Information Technology*, 21(4), 235-248.

Halpin, Stanley M., Johnson Edgar M., and Thornberry Jeanne A. (1973) "Cognitive Reliability in Manned Systems", *IEEE Transactions on Reliability*, R-22 (3), 165-169.

Hancock, Peter A. (2017) "Imposing Limits on Autonomous Systems", *Ergonomics*, 60(2), 284-291.

Hancock, Peter A., Billings, Deborah R., Schaefer, Kristin E., Chen, Jessie Y., De Visser, Ewart J., and Parasuraman, Raja. (2011) "A Meta-analysis of Factors Affecting Trust in Human-robot Interaction", *Human Factors*, 53(5), 517-527.

Ho, Geoffrey, Wheatley, Dana, and Scialfa, Charles T. (2005) "Age Differences in Trust and Reliance of a Medication Management System", *Interacting with Computers*, 17(6), 690-710.

Hoff, Anthony, and Bashir, Masooda. (2015) "Trust in Automation Integrating Empirical Evidence on Factors that Influence Trust", *Human Factors*, 57 (3), 407-434.

IEEE Global Initiative on Ethics of Autonomous and Intelligent Systems. (2017) *Ethically Aligned Design: A Vision for Prioritizing Human Well-being with Autonomous and Intelligent Systems*, Version 2.

Jian, Jiun-Yin, Bisantz, Ann, and Drury, Colin. (2000) "Foundations for an Empirically Determined Scale of Trust in Automated Systems", *International Journal of Cognitive Ergonomics*, 4(1), 53-71.

JIS. (2000)「JIS Z8115: 2000 デイペンダビリティ（信頼性）用語」

Kazi, Tarannum Ayesha, Stanton, Neville A., Walker, Guy H., and Young, Mark S. (2007) "Designer Driving: Drivers' Conceptual Models and Level of Trust in Adaptive Cruise Control", *International Journal of Vehicle Design*, 45(3), 339-360.

Kessler, Theresa T., Larios, Cintya, Walker, Tiffani, Yerdon, Valarie, and Hancock, Peter. A. (2017) "A Comparison of Trust Measures in Human-Robot Interaction Scenarios", in P. Savage-Knepshield and J. Chen (eds.), *Advances in Human Factors in Robots and Unmanned Systems*, Springer.

Koustanaï, Arnaud, Cavallo, Viola, Delhomme, Patricia, and Mas, Arnaud. (2012) "Simulator Training with a Forward Collision Warning System: Effects on Driver-system Interactions and Driver Trust", *Human Factors*, 54(5), 709-721.

Lee, John D. (2007) "Affect, Attention, and Automation", In A. Kramer, D. Wiegmann, and A. Kirlik (eds.), *Attention: From Theory to Practice*, Oxford University Press, 73-89.

Lee, Heeseok, Kim, Jeoungkun, and Kim, Jonguk. (2007) "Determinants of Success for Application Service Provider: An Empirical Test in Small Businesses", *International Journal of Human-Computer Studies*, 65(9), 796-815.

Lee, John D, and Moray, Neville. (1994) "Trust, Self-confidence, and Operators' Adaptation to Automation", *International Journal of Human-Computer Studies*, 40(1), 153-184.

Lee, John D, and Moray, Neville. (1992) "Trust, Control Strategies and Allocation of Function in Human-machine Systems", *Ergonomics*, 35(10), 1243-1270.

Lee, John. D, and See, Katrina A. (2004) "Trust in Automation: Designing for Appropriate Reliance", *Human Factors*, 46(1), 50-80.

Lees, Monica N., and Lee, John D. (2007) "The Influence of Distraction and Driving Context on Driver Response to Imperfect Collision Warning Systems", *Ergonomics*, 50(8), 1264-1286.

Lewandowsky, Stephan, Mundy, Michael, and P. A. Tan, Gerard. (2000) "The Dynamics of Trust: Comparing Humans to Automation", *Journal of Experimental Psychology: Applied*, 6(2), 104-123.

Lyon, Fergus, Möllering, Guido, and Saunders, Mark N. K. (eds.) (2015), *Handbook of Research Methods on Trust*, Second Edition, Edward Elgar.

Madhavan, Poornima, and Wiegmann, Douglas A. (2007a) "Effects of Information Source, Pedigree, and Reliability on Operator Interaction with Decision Support Systems", *Human Factors*, 49(5), 773-785.

Madhavan, Poornima, and Wiegmann, Douglas A. (2007b) "Similarities and Differences between Human-human and Human-automation Trust: An Integrative Review", *Theoretical Issues in Ergonomics Science*, 8(4), 277-301.

Madhavan, Poornima, Wiegmann, Douglas A, and Lacson, Frank C. (2006) "Automation Failures on Tasks Easily Performed by Operators Undermine Trust in Automated Aids", *Human Factors*, 48(2), 241-256.

Manzey, Dietrich, Röttger, Stefan, Bahner-Heyne, J. Elin, Schulze-Kissing, Dark, Dietz, Andreas, Meixensberger, Jürgen, and Strauss, Gero. (2009) "Image-guided Navigation: The Surgeon's Perspective on Performance Consequences and Human Factors Issues", *International Journal of Medical Robotics and Computer Assisted Surgery*, 5(3), 297-308.

Merritt, Stephanie M., Heimbaugh, Heather, LaChapell, Jennifer, and Lee, Deborah. (2013) "I Trust It, but I Don't Know Why: Effects of Implicit Attitudes toward Automation on Trust in an Automated System", *Human Factors*, 55(3), 520-534.

Merritt, Stephanie M., and Ilgen, Daniel R. (2008) "Not All Trust is Created Equal: Dispositional and History-based Trust in Human-automation Interactions", *Human Factors*, 50(2), 194-210.

Meyer, Joachim. (2004) "Conceptual Issues in the Study of Dynamic Hazard Warnings", *Human Factors*, 46(2), 196-204.

Meyer, Joachim, and Lee, John D. (2013) "Trust, Reliance, and Compliance", in J. D. Lee and A. Kirlik (eds.), *The Oxford Handbook of Cognitive Engineering*, Oxford University, 109-124.

Moray, Neville, Inagaki, Toshiyuki, and Itoh, Makoto. (2000) "Adaptive Automation, Trust, and Self-Confidence in Fault Management of Time-critical Tasks", *Journal of Experimental Psychology: Applied*, 6(1), 44-58.

Muir, Bonnie M. (1994) "Trust in Automation: Part I. Theoretical Issues in the Study of Trust and Human Intervention in Automated Systems", *Ergonomics* 37(11), 1905-1922.

Muir, Bonnie M. (1987) "Trust Between Humans and Machines, and the Design of Decision Aids", *International Journal of Man-Machine Studies*, 27(5-6), 527-539.

Muir, Bonnie M., and Moray, Neville. (1996) "Trust in Automation: Part II. Experimental Studies of Trust and Human Intervention in a Process Control Simulation", *Ergonomics*, 39(3), 429-460.

NTSB, Marine Accident Report. (1995) *Grounding of the Panamanian Passenger Ship Royal Majesty on Rose and Crown Shoal near Nantucket, Massachusetts, June 10, 1995*. Report Number NTSB/MAR-97/01.

Pak, Richard, Fink, Nicole, Price, Margaux, Bass, Brock, and Sturre, Lindsay. (2012) "Decision Support Aids with Anthropomorphic Characteristics Influence Trust and Performance in Younger and Older Adults", *Ergonomics*, 55(9), 1059-1072.

Parasuraman, Raja, and Manzey, Dietrich H. (2010) "Complacency and Bias in Human Use of Automation: An Attentional Integration", *Human Factors*, 52(3), 381-410.

Parasuraman, Raja, and Riley, Victor. (1997) "Humans and Automation: Use, Misuse, Disuse, Abuse", *Human Factors*, 39(2), 230-253.

Parasuraman, Raja, Sheridan, Thomas B., and Wickens, Christopher D. (2008) "Situation Awareness, Mental Workload, and Trust in Automation", *Journal of Cognitive Engineering and Decision Making*, 2(2), 140-160.

Rajaonah, Bako, Anceaux, Françoise, and Vienne, Fabrice. (2006) "Study of Driver Trust during Cooperation with Adaptive Cruise Control", *Le travail humain* 69(2), 99-127.

Rajaonah, Bako, Tricot, Nicolas, Anceaux, Françoise, and Millot, Patrick. (2008) "The Role of Intervening Variables in Driver-ACC Cooperation", *International Journal of Human-Computer Studies*, 66(3), 185-197.

Reeves, Byron, and Nass, Clifford. (1996) *The Media Equation: How People Treat Computers, Television, and New Media Like Real People and Places*, Cambridge University Press. (邦訳：バイロン・リーブス，クリフォード・ナス（細馬宏道訳）(2001)『人はなぜコンピューターを人間として扱うか：「メディアの等式」の心理学』，翔泳社．)

Sanders, Tracy L., Oleson, Kristin E., Billings, Deborah R., Chen, Jessie Y., and Hancock, Peter A. (2011) "A Model of Human-Robot Trust: Theoretical Model

Development", *Proceedings of the Human Factors and Ergonomics Society Annual Meeting*, 55, 1432-1436.

Schaefer, Kristin E. (2016) "Measuring Trust in Human Robot Interactions: Development of the "Trust Perception Scale-HRI", in R. Mittu, D. Sofge, A. Wagner, and W. F. Lawless (eds.), *Robust Intelligence and Trust in Autonomous Systems*, Springer, 191-218.

Schaefer, Kristin E. (2013) *The Perception and Measurement of Human-robot Trust*, Dissertation, University of Central Florida.

Schaefer, Kristin E., Billings, Deborah R., Szalma, James L., Adams, Jeffrey K., Sanders, Tracy L, Chen, Jessie Y., and Hancock, Peter A. (2014) *A Meta-analysis of Factors Influencing the Development of Trust in Automation: Implications for Understanding Autonomy in Future Systems*, Technical Report ARL-TR-6984, U. S. Army Research Laboratory.

Schaefer, Kristin E., Chen, Jessie Y., Szalma, James L. and Hancock, Peter A. (2016) "A Meta-analysis of Factors Influencing the Development of Trust in Automation: Implications for Understanding Autonomy in Future Systems", *Human Factors*, 58(3), 377-400.

Sheridan, Thomas B. (1975) "Considerations in Modeling the Human Supervisory Controller", *IFAC Proceedings*, 8(1), Part 3, 223-228.

Sheridan, Thomas B., and Ferrell, William R. (1974) *Man-machine Systems: Information, Control and Decision Models of Human Performance*, MIT Press.

Sheridan, Thomas B., Fischoff, Baruch, Posner, Michael, and Pew, Richard W. (1983) "Supervisory Control Systems", in National Research Council (ed.), *Research Needs for Human Factors*, National Academies Press, 49-77.

Sheridan, Thomas B., and Hennessy, Robert T. (eds.) (1984) *Research and Modeling of Human Supervisory Control Behavior*, National Academies Press.

Sheridan, Thomas B., and Parasuraman, Raja. (2005) "Human-Automation Interaction", *Reviews of Human Factors and Ergonomics*, 1(1), 89-129.

Sheridan, Thomas B., Vámos, Tibor, and Aida, Shuhei. (1983) "Adapting Automation to Man, Culture and Society", *Automatica*, 19(6), 605-612.

Spain, Randall D., and Bliss, James P. (2008) "The Effect of Sonification Display Pulse Rate and Reliability on Operator Trust and Perceived Workload during a Simulated Patient Monitoring Task", *Ergonomics*, 51(9), 1320-1337.

Stedmon, Alex W., Sharples, Sarah, Littlewood, Robert, Cox, Gemma, Patal, Harshada, and Wilson, John R. (2007) "Datalink in Air Traffic Management: Human Factors Issues in Communications", *Applied Ergonomics*, 38(4), 473-480.

Vashitz, Geva, Meyer, Joachim, Parmet, Yisrael, Peleg, Roni, Goldfarb, Dan, Porath, Avi, and Gilutz, Harel. (2009) "Defining and Measuring Physicians' Responses to Clinical Reminders", *Journal of Biomedical Informatics*, 42(2), 317-326.

Verberne, Frank M. F., Ham, Jaap, and Midden, Cees J. H. (2012) "Trust in Smart Systems: Sharing Driving Goals and Giving Information to Increase Trustworthiness and Acceptability of Smart Systems in Cars", *Human Factors*, 54(5), 799-810.

Wiegmann, Douglas A., Eggman, Ashley A., ElBardissi, Andrew W., Parker, Sarah H., and Sundt III, Thoralf M. (2010) "Improving Cardiac Surgical Care: A Work Systems Approach", *Applied Ergonomics*, 41(5), 701-712.

Wiener Earl L., and Curry Renwick E. (1980) "Flight-deck Automation: Promises and Problems", *Ergonomics*, 23(10), 995-1011.

コラム3
信頼と安心

小山　虎

本書のテーマは信頼だが，本書の目的からすれば，信頼と関連している他の概念を無視することはできない。なぜなら，コラム2でも見たように信頼をどう理解するかは分野によってズレがあるため，ある特定の分野で「信頼」と呼ばれているもののみが信頼研究の対象となるわけではないからである。むしろ，信頼と関連している諸概念が，具体的にどのように信頼と関連しているか，また，どの点で信頼と異なっているかを明らかにすることは，「信頼とは何か」という根本的な疑問に答えるためには避けて通れないだろう。

それら信頼と関連する諸概念の中で，とくに注目に値するのが「安心」である。第Ⅱ部では社会心理学の文脈で安心と信頼が比較されていたが，この後の第Ⅳ部第12章（和泉・仲宗根・朱論文）では，それとまったく異なる文脈であるヘイトスピーチに関して信頼と安心が論じられている。しかし，両者の「安心」は同じものではない。実のところ，安心は信頼以上に明確に特徴づけることが難しい概念である。そこで，このコラムで安心と信頼の関係について少し考えてみたい。

安心を理解する方法として一般的なのは，安心とよくセットで登場する「安全」から出発することである。安心は信頼と合わせて論じられることも少なくないが，「安心安全」というかたちで目にすることもかなり多い。だが，安心と安全には明らかな違いがある。たとえば，犯罪率が激減しているのに実感が伴わないという状態は，安全だが安心ではないと言ってよいだろう。

安心に比べて安全は，危険がない（または無視してよいほどしか危険でない）というように容易に特徴づけることができる。すると，安心を，安全だと思っているという心理的状態だとみなすことができそうである。いわば，安全は客観的な問題であり，安心は主観的な問題だということになる。これは安心についての一般的な理解とそれほど大きく異なってはいないだろう。しかしながら，このような安心の理解だけでは，安心と信頼がどのような関係にあるかは明らかにならない。

安心安全をリスク論の枠組みで理解する，すなわち，安全をリスクが低い状態とみなすと，安心と信頼を結びつけることができる。リスクと信頼に一定の共通性が見られることは知られており，本書第二部でも論じられているからである（詳しくは，本書第4章（酒井・高論文）3-3節や第6章（上出論文）3節を見られたい)。客観的な安全と主観的な安心という上述の区別を維持するのであれば，安心は（客観的な）リスクの主観的評価ということになるだろう。実際，安心をこのように理解することはリスク論の文脈ではしばしば見られる。このような安心の理解は，安心「感」を念頭に置くならば，さらにもっともなものであると思われるかもしれない。ただし，本書第II部で論じられている山岸俊男による安心の説明とは一致しないことには注意する必要がある。

また，安心が主観的な問題で，安全が客観的な問題だというように，安心と安全を別々に理解することの背景には，安心と安全が基本的に独立である（要するに，安心していないのに安全であることや，安心しているのに安全でないことが十分ありうる）という，議論の余地がある考えが潜んでいることにも留意したい。どうして議論の余地があるかというと，安心と安全が本当に独立なのであれば，たとえば，「安心できる社会」の実現のためには，その社会が安全かどうかはとりあえず無視してもかまわないことになるからである。

安心と信頼を関係付ける別の方法は，信頼の情動的側面（第2章（永守論文）1.3節参照）に注目し，安心を，主に情動的ファクター（第10章（笠木論文）4節参照）によって信頼しているケースとみなすことである。いわば，安心とは主に主観的な要因によって信頼しているケースだということになる。また，情動的ファクターだけでなく，認知的ファクターも重視することで，単に主観的に安心しているだけ，という状態を回避できるかもしれないという可能性すら生まれる。しかし，このような安心の理解は，上記のリスク論による理解とも，本書第Ⅱ部で論じられている安心の説明とも，第12章で論じられている「公共財としての安心」とも異なるものである。

はたして安心は信頼と関係付けて理解すべき概念なのだろうか。そうではなく，安心は信頼とは別物として理解すべきなのだろうか。あるいは，むしろ安心と関係付けられないような信頼の理解には不備があると考えるべきなのだろうか。これらの問いに答えるには，「信頼」という言葉の枠を越えた，信頼研究のさらなる拡大が必要になるだろう。

信頼研究の明日

第11章
障害者福祉における信頼

永守　伸年

1 ● はじめに

本章では障害者と介助者の信頼関係について考えてみたい[1]。当然のことながら両者の信頼関係は障害者福祉において欠かすことができないものであり，それをいかに結び，いかに持続するかがつねに問われてきたと言ってよい。ただし，従来の障害学，あるいは障害に関する哲学的研究では，両者の関係が「ケアの関係」として語られることはあっても，「信頼の関係」として論じられることは必ずしも多くはなかった。その背景には障害者をとりまくさまざまな社会的，政治的，歴史的な条件を指摘されるが，そこに障害者の自律の理念を見出すことは不適切ではないだろう。もし「信頼（trust）」を他人に対する依存の態度として理解するならば，介助者に対する信頼は障害者の「自律（autonomy）」と相いれず，むしろそれを阻害してしまうようにも見えてしまう。だからこそ，かつて日本の障害者運動では介助者を信頼に値するパートナーというよりも，障害者にとっての物言わぬ「手足」とみなす考え方を打ち出したこともあった（金 2014，p. 114）[2]。

しかし，本書全体を通じて示されてきたように（また本章でも明らかにされる

1　本章は，（永守 2016）に加筆・修正を加えたものである。

ように），信頼関係は単なる依存関係ではない。実のところ，このことは日本の障害者運動においても1970年代のはじめから自覚されており，介助者と信頼を結ぶ可能性が粘り強く模索されていた。たとえば，横塚晃一は映画『さようならCP』の上映討論会で次のように語っている。

> ただお互いの違うところを認め合った時，初めて本当の人間関係が出てくるだろう。で，それは片方は障害者であり，片方は健全者であるということではなくて，そういったものを乗り越えた，まあ私はそこで私とあなたの関係と言うわけだけど，そういった全く個人的なつきあい，そういった中から出てくるのであって，そしていわゆるボランティアというような人達がおりますけれどもああいう人達の場合，どうも片方は障害者として障害者を扱ってやるのだという形でしかありえない。そうでなくて私とあなたの関係，それはいわゆる友達というか，きょうは一杯やるかというような関係，そういったものを作っていかなければならない（横塚 2007, p. 175）。

ここで示唆される「きょうは一杯やるかというような関係」は，「ケアの関係」とも「手足の関係」とも異なる。それは対等かつ双方向的な関係であり，それゆえ愉快な関係でもある。そして，介助者との信頼関係がこうした関係，「私とあなたとの関係」でありうるならば，それは必ずしも障害者の自律を阻害するものではないだろう。実際，かつて横塚の生きた状況，すなわち障害者運動が「健全者」にあえて対立の構えを取らざるをえなかった状況とは違い，現在，障害者福祉は両者の信頼関係に自律の一つのありようを認めているように思われる。一言で述べるならば，それは信頼に値する介助者とともに達成されるような，協同の自律の可能性である。

以上のような問題背景のもと，本章は障害者福祉における信頼関係の醸成を，

2　いわゆる「介助＝手足」論には，当時の障害者が置かれていた状況に対する抵抗の手段としての側面もあった。それは「障害者をなおざりにし健常者同士でコミュニケートしてしまう無意識的な慣行に対する，障害者の自意識の強いオブジェクションにもとづいている」とされる（究極 1998, p.180）。

障害者の自律の観点から考察することを目的とする。そのために，以下のような方法にしたがって議論を進めたい。第一に，本書の信頼研究の展開として，本章は第2章において提示された「ヒュームとカントの思想」から抽出された哲学的信頼研究の成果を積極的に参照したい。これらの成果は障害者の「自律」，あるいは介助者との「信頼」といった抽象的概念を検討する上で有用な理論を与えてくれるだろう。第二に，障害者福祉にあって，とりわけ重度の知的障害者と介助者との関係に焦点をしぼる。このことは，本章が光をあてようとする信頼の感情論的アプローチを際立たせるために必要であるだけでなく，従来，主に身体障害者を中心に展開されてきた障害学や障害の哲学の知見に対して，新たな視角を持ちこもうとする試みでもある。

もちろん，本章のように障害者と介助者の対等な信頼関係を主張することは，現状，なお否定しがたく残されている両者の社会的条件の不均衡，あるいは両者のさまざまな葛藤，行き違いの経験を看過することになりかねない。そこで，本章は前半部において基本的な概念の整理をおこなったのち，後半部ではこれらの多様な経験のいくばくかを考慮するため，障害者の「拒絶」や介助者との「コンフリクト」の意義について考えてみたい。そしてその意義は，第2章で論じられたヒュームやカントの信頼の思想とは異なる，新たな信頼の側面を明らかにすることにもなるだろう。この意味で本章は信頼研究における応用編にとどまらず，障害者福祉の実践にそくして，ひるがえって現在の信頼研究を再考することを目指している。

2 障害者福祉における「自律」

すでに述べたように，本章の目的は障害者福祉における信頼のありようを，障害者の自律の観点から考察することを目的とする。そのために，まずは日本の障害者福祉において障害者の自律がいかに問われてきたか，その歴史的な変遷を整理することから始めたい（歴史の詳細については近年の障害学の文献や障害者運動の報告が蓄積されているため，本章では基本的な論点を整理するにとどめる）（立岩 1999）。その後に，そもそも「自律（autonomy）」とは何かを考える。

簡潔に述べるならば，障害者福祉において自律概念は「より多くの人に，より容易に」達成されることができるよう，その基準をゆるやかにしてゆく変遷を遂げてきた。出発点となったのは，障害者の自律を単なる職業的自立や身辺的自立として捉える考え方である。この考え方は，なるほど一面においては障害者の雇用を保障しようとする政策と結びついたものではあったが，実際には「障害者であっても働かなければならない」，「身の回りのことくらいは自分でできなければならない」といった規範として抑圧的に働くものでもあった。具体的には，この意味での自律的主体の範囲から排除されるのはなお働くことのできない障害者，日常生活においてなお介助を必要とする人々である。そこで，そのような人々を包摂し，より多くの人々の「生を肯定的に意味付ける上で重要な役割を果たしてきた」のが，単なる「自立（independence）」から「自己決定（self-determination）」としての自律への移行である（星加 2007，p. 133）。たとえ介助者がいなければ日常生活の動作すらままならないような障害者であっても，自分の生き方を自分で決定するかぎり自律的な主体となる可能性にひらかれる。注目されるのは，こうした「移行」の一つの背景をなす米国の自立生活運動において，自己決定が障害者個人の反省する能力，決定する能力にもとづく個人的自律として特徴づけられていることである。消費者個人がサービスの選択肢を賢明に勘案し，選択するように，障害者個人もまた自身の生き方を合理的に反省し，決定する。ここでは個人の決定する能力が障害者を「できなくさせる（disabling）」医療や政策への対抗軸とみなされ，自己決定は抵抗と解放の拠りどころとなる。

だが他方，個人的自律は個人の決定する能力を前提とするために，それでもなお決定することができない個人，「障害の社会モデル」にそくして表現するならば「できなくさせる」社会においてなお「できなさ（disability）」を拭いさることのできない個人を置きざりにする。

> 「自己決定の権利」の主張は，それが皮相的に行われるときには，逆に重度の知的障害者や精神障害者にとって抑圧的なものになります。[…] 狭い意味での「自己決定」にこだわるのでは，こうした人々には自立生活は無理だという結論になりかねません」（堀 1994，p. 104）

しばしば個人的自律の提唱者は反省し，決定する合理的能力が個人にあらかじめ内蔵されているかのように主張する。だが，この主張は生き方の賢明な選択，あるいはその明瞭な表現そのものに「できなさ」を経験する個人に直面して再考を迫られることになるだろう。この点について，立岩真也は次のように述べている。「自己決定が『できる』ことが求められるなら，それはやはり『能力主義』ではないか。私たちは能力主義によって迷惑を被っているのだから，それを認めてよいのか。そして，自己決定はそんなに大切なものなのか」（立岩 1998，p. 229）。本章が照明をあてるのは，このように従来の個人的自律の「能力主義」によっていっそうの「決定しがたさ」や「表現しがたさ」を経験し，しかもその際，「知的障害」なる個人のインペアメントがこれらの「できなさ」の原因であるとみなされてきた人々である。

では，個人的自律とは異なる自律の構想はありうるのだろうか。「狭い意味での自己決定」を超え，「重度の知的障害者」を主体としうる「広い意味での自己決定」とはどのようなものだろうか。

この問いに対して一つの応答を与えるのが，「原理的自律（principled autonomy）」という考え方である。その提唱者の一人であるオノラ・オニールは，自律を個人に内属する能力や性質として捉える考え方を批判し（個人的自律），他人との共有可能性において自律の概念を捉えなおそうとする（原理的自律）（O'Neill 2002）。原理的自律の構想によれば，ある人が自律的な主体とみなされるのは，その個人が自己決定する能力を持っているからではない。そうではなく，その人がしたがっている行為の「原理（principle）」，すなわちその人の個々の振る舞いを導くような行為の基本方針が，他人にもまた受け入れられ，共有されるような普遍性を持っているからである。（聞きなれない言葉づかいかもしれないが，本章では以後，「行為の原理」という言葉を「行為の基本方針」という意味で用いたい）。このアイデアを理解するには，行為者の行為を芸術家の制作と類比的に考えるのもいいだろう。ある芸術家が自律的（autonomous）であるとみなされるのは，その芸術家個人が他人と交わらず，孤立して作品を制作することができるからではない。たんに独りよがりな制作ならば，そのような芸術家は自律的ではありえない。むしろ重要なのは，制作の方針，あるいはそれにしたがった作品が他人にも受け入れられうるような普遍性を有していることにある。この意味での普遍性を有している限り，たとえその製作が他人とともになされた共同作業であったとしても，芸術家は自律的な主体でありうる。こうした考え方は，自律（auto-nomy）を個人，あるいは自発性のアウトス（autos）ではなく，秩序，あるいは法則性のノモス（nomos）に力点をおいて解釈しようとする哲学的伝統に根ざしている。

注目されるのは，原理的自律の構想が徹底した平等主義によって特徴づけられることである。自律的主体となるための可能性は，原理的に「障害」の有無，その種類，あるいはその程度を問わずあらゆる主体にひらかれている。たとえ認知障害のためにそのつどの行為の意図や選好を明瞭に表現できなかったとしても，行為の基本方針（たとえば「家族と暮らす」）が普遍化可能であるかぎり，その人は自律的主体とみなされうる。反対に，たとえ自分の意図や選好を明瞭に表現し，賢明にもそれらを最大に充足することができたとしても，行為の基本方針（たとえば「困ったときには嘘の約束をする」）が普遍化不可能ならば，その人は自律的主体とみなされえない。

もちろん，この構想にはさまざまな問題がある。その一つは自律の実現性の問題である。実際に行為者が自律的主体とみなされるには，その人の「原理」，すなわち行為の基本方針の内容が他人にもまた把握されていなければならない。だが，そのような基本方針は他人のみならず，自分にとってすら必ずしも明白なものではない（わたしたちはつねに自分がどのような基本方針にしたがって行為しているかを知ることはできないし，その必要もない）。自他の行為の原理はこれからなされようとする，あるいはすでになされた行為，発話，反応にもとづき解釈されるほかはない。障害者福祉の文脈にそくして述べるならば，介助者には，誤解に陥ることなく障害者の多様な表現を通じて行為の原理の内容を探りあてることが求められるのである。

では，そのように適切な原理の解釈はいかにして可能なのだろうか。原理的自律の提唱者としてのオニール，そしてその思想的な源流としてのカント，いずれによっても主題化されることのなかったこの問いに対する，一つの応答として信頼（trust）の概念がある。すなわち，介助者とたしかな信頼関係を築くことによって障害者は適切に理解される。そしてこの理解が障害者の自律に結びつくという応答である。こうした自律と信頼の関係は近年の障害学においてもたとえば「〈他者性〉をふくみこんだ自己決定」といった仕方で示唆されており，「狭い意味での自己決定」を乗りこえるアイデアとして検討が続けられている（深田 2006）。

3 ● 情動的態度としての「信頼」

これまでの議論をまとめたい。まず本章で考察されたのは，「狭い意味での自己決定」の内容とその限界である。それは「決定できる」能力を前提とする個人的自律の性格を持つために，なお「できなさ」を経験する人々に対して抑圧的に働いてしまう。それに対して，障害者福祉では「広い意味での自己決定」，あるいは「他者性を含んだ自己決定」を模索することによって個人的自律からの脱却が意図されてきた。小佐野彰は次のように述べている。

> 「自立」には，二つの側面があって，その人自身がそうしたいか，ということがちゃんと実現され，保障される，という側面も大切なわけですが，もう一つの側面として，「自立」って社会的なものであって，どんな人でもその他の廻りの人との関係の中で，そこにいることに意味があるということ，そういうことが認め合えるということが「自立」じゃないか，と僕は思っています（小佐野 1998，p. 80）。

ここで示唆されている「自立」の「もう一つの側面」を，本章は「原理的自律」の構想として提示した。自分がどのような人間か，どのように生きているのか，その原理（行為の基本方針）が「廻りの人との関係の中で」「認め合える」ことに自律を見出そうとするアプローチである。そしてこの「社会的な」自律を実現するためには，相手がいかなる原理を有しているか，平たく言えば，どのような生き方をみずからに課しているか，それがお互いに理解できるような信頼関係の土壌が要求されることになる。障害者と介助者の信頼関係の意義はそこにある。

ところが，このような考え方には強力な反論が寄せられる。そもそも障害者と介助者のあいだに信頼関係は容易には結ばれえない。そしてたとえ結ばれうるとしても，結ばれるべきではないという反論である。

この反論はさまざまな語り口によって表現されうるし，実際に表現されてきた。さしあたって本章では，医療専門職に対する信頼の妥当性を問いかけるアレン・ブキャナンの研究を参照し，医療における信頼関係に疑義を呈する，その議論の大枠を確認することから始めよう（Buchanan 1991）。(1) まず，障害者は介助者がいかなる専門的知識や意図にもとづき自分を介助しているかについて，必ずしも十分な情報を得ることができない。(2) 他方，介助者もまた障害者がいかなるニーズや選好を抱いているのかについて，必ずしも十分な情報を得ることができない。(1) と (2) の主張する情報の不均衡は介助サービスの専門性が高まるほど，そして障害者の経験する「できなさ」が深刻になるほど大きくなることが予想される。だが，(3) 障害者と介助者のあいだに力関係の不均衡が認められるならば，情報の不均衡を是正しようとする働きかけ（「あなたは本当のところ何を望んでいますか」，「あなたはこれをしたかったんでしょう」）はパターナリスティックな介入に陥る可能性がある。したがって，信頼するために十分な事実的情報が必要とされるならば，障害者が介助者と信頼関係を結ぶことは本来的に困難であると考えられ，この困難を無視した信頼関係の称揚は避けられるべきである。

この反論は，相互理解のために持ちだされたはずの信頼関係が，実はそれ自体として相互理解を前提するという悩ましい事態を突いている（わたしたちはお互いのことをもっとよく理解するために，信頼関係を醸成しなければならない。しかし，わたしたちが信頼関係を醸成するためには，お互いのことをよく理解していなければならない）。ただし，ひとまず，この反論の依拠する信頼のありかたが一面的なものに過ぎないことは指摘されてよい。たしかに，これまで少なからぬ信頼研究は事実的情報にもとづくリスク・ベネフィット計算の結果踏み出される行為として信頼を捉えていた。だが，近年の研究は学際的な協働に伴われる分析方法の多様化によって，信頼がそのような合理的選択に尽きるものではないことを指摘する（Simpson 2012）。信頼と呼ばれる多元的な現象を考えるためには，(a) リスク，(b) 不完全な知識，(c) 相互依存，(d) 裁量の余地といった共通の構成要素を明らかにしつつ，信頼の概念的な多義性，そして認知的な多層性を局面に応じて区別することが求められる（Hudson 2004）。

では，障害者と介助者の信頼関係を考えるにあたっていかなる信頼のありかたを抽出できるだろうか。本章が援用するのは古典的な合理的選択理論ではなく，従来の哲学的信頼研究において洗練されてきた情動的信頼論（theory of affective trust）である。この信頼論の提唱者，アネット・バイアーはAとBの信頼関係を次のような委託モデルにおいて理解する。「AはCの配慮についてBに委託し，BはCの配慮に際して裁量を働かせる」（Baier 1995, p. 102）。子供の世話を委託されたベビーシッターの事例をとりあげ，委託モデルにおける情動的要素に注目しよう。まず，ベビーシッターは「まじめに子供の世話をする」という親の期待にそくして行為するよう善意（goodwill）によって動機づけられる。他方，親はそのような善意をベビーシッターが自分たちに対して抱いていることを期待する（バイアーによれば，親の期待が善意以外のベビーシッターの心理状態，たとえば親に対する恐怖心に依拠する場合，それは信頼（trust）ではなく信用（reliance）と定義される）（Baier 1995, p. 99）。この点について，情動的信頼論を継承するカレン・ジョーンズは相手の善意に向けられる態度を「情動的態度（affective attitude）」とみなし，信頼関係が「情動のレンズ」を通じて結ばれることを指摘している（Jones 1996, p. 12）。わたしたちはすでに本書の第2章において，このような信頼論がヒュームの感情主義の哲学に根ざしていることを確認したのだった（そしてその提唱者であるバイアーは，ヒューム研究者でもある）。

さしあたって，情動的信頼論が前述のブキャナンの反論（1）と（2）に対する暫定的な応答を与えてくれることに注目したい。障害者は十分な事実的情報を手にしていなければ介助者を信頼できないわけではない。たとえ相手の信頼性をめぐる証拠が十分ではなかったとしても，信頼関係は両者の感情的交流を通じて「楽観的に」結ばれうる（Jones 1996, p. 6）。横塚の「きょうは一杯やるかというような関係」を例にあげてもよいだろう。わたしたちは「一杯やるか」と誘おうとして，相手がそれに応えてくれると確信できるだけの証拠をきっちりと揃えようとすることは，まずない。わたしはあなたと一緒に楽しく食事ができるだろうと楽観し，あなたもまた，自分に向けられたわたしのそのような楽観に動機づけられて，「一杯やるかというような関係」が醸成される。

もちろん，このように無根拠な楽観は裏切りのリスクを高めるものでもある。

委託モデルのリスクは善意の移ろいやすさのみならず，委託されたものの誤解，いわば，善意の空まわりによっても生じてしまう。たとえば，よかれと思って子供部屋の壁を紫色に塗りたくってしまったベビーシッターを考えよう。バイアーはそのような「誤解」の可能性を認めた上で，「普通の人（normal people）ならばどのようなことが委託されているかを指し示す手がかりを見つけることができる」と述べる（Baier 1995, p. 101）。ここでバイアーの述べる「普通の人」の内実は必ずしも明らかではないが，誤解の可能性が「健常者」ならば経験しないような「できなさ」を経験し，その「痛み」にさらされる障害者，とりわけ重度の知的障害者において高まることは予想されうるだろう。信頼関係が「自分にとって価値あるもの」の相互委託に関与するならば（Baier 1995, p. 102），「できなくさせる」社会において「理解しがたさ」を，あるいは「理解されがたさ」を日常的に経験している障害者には，楽観的になれないだけの十分な理由がある。

前述の反論のポイントはここにあった。たしかに，情動的信頼論は相互委託における感情的交流に注意を払うことによって障害者と介助者の信頼関係の可能性を示すことができる。だが，そこでは障害者，介助者の双方に明らかな誤解のリスクがある。もう一度，前節で提示された原理的自律のアイデアを思い出してほしい。それによれば，ある人が自律的主体とみなされるのは，その人が自らにとって価値あるものとみなし，それに従っている原理（行為の方針）が，他人にもまた受け入られうるような場合である。この場合にのみ，その人は単に自らの生き方を決定しているだけでなく（autos，アウトス），それが他人にも共有されうることによって（nomos，ノモス），自律的な主体となる（auto-nomy，オートノミー）。しかし，介助者からすると，自分の接している障害者がいかなる価値観を抱き，どのような行為の方針に従っているかを理解することは必ずしも容易ではないのである。

4 ● 信頼と相互理解

あらためて，これまでの議論を整理しよう。本章は個人的自律から原理的自律への転換を目的として検討を進めてきたが，そこでは原理的自律の難しさもまた示されることになった。この点について，「「自立」生活」に関するインタビュー調査を知的障害者に対して実施し，その「ライフヒストリー」をたどろうとした青木千帆子は，次のように述べている。

> 70年代における障害者自立生活運動のなかで最も鋭利な問いとしてあった主張は，存在を評価する画一的な価値に対する抵抗であり，ただ生きて在ることの承認を求めるものであったはずだ。つかみ取る「自立」とは，いうなれば，国や社会，そして運動によって唱えられた価値観から正しさや「自立」の度合いを判断することではなく，自らが身を置く他者との関わりにおいて互いが互いにとって何物かであると知る，ただそれだけのことであるように思われる（青木 2011，pp. 321–322）。

原理的自律の難しさは，「自らが身を置く他者との関わりにおいて互いが互いにとって何物かであると知る，ただそれだけのこと」にこそある。原理的自律の構想に照らすならば，「互いが互いにとって何物かであると知る」ことはすなわち，お互いの行為の原理（行為の基本方針）を知ることにほかならない。しかし前節では，行為の原理をめぐる相互理解が，理解の土壌となるはずの信頼関係においてなお課題として残されることが確認された。それは相手の表現するさまざまな「手がかり」にたしかな注意を払い，それらを理解することの難しさである。

従来，このような課題はしばしば自他の行為の原理の理解可能性（intelligibility）の問題として論じられてきた。ここではデイヴィッド・ヴェルマンにしたがい，理解可能性を規範的概念としての普遍化可能性（universalizability）から区別し，素朴心理学の観点から整合的に説明されうるものを指し示すような認知的概念として定義したい（Velleman 2009, p. 13）。この概念に従うと，ある行為者の行為の原理が理解可能であるのはその原理が当人に帰属されるほかの諸原理，あるいは諸信念や諸反応と整合的である場合に限られる。たとえば，ある行為者がつねに母親に嫌悪感を示しており，かつ実家に母親がいることを認識しているならば，その行為者に「実家で暮らす」という原理を理解可能な仕方で帰属させることは難しい。そしてしばしば，自律のノモスとしての普遍化可能性を重視する論者には，こうした理解可能性の問題をうまく扱うことができないことが指摘されてきた。というのも，この問題は普遍化可能性のいわば手前の段階において自他のさまざまな心理状態（たとえば，母親に対する嫌悪感）に目を向け，行為の原理，その基本方針の「手がかり」を拾いあつめることを求めるからである。バーバラ・ハーマンの示唆するように，そのためにはいまだ行為の原理として成文化されていないものに対する感受性（sensitivity）をそなえていなければならないように思われる（Herman 1993, p. 79）。この指摘が正しいならば，行為者は理解可能な行為の原理を形成するために，あるいはすでに形成された原理を解釈するために，まずは感受性を要求されることになる。

しかし，こうして理解可能性を問題にするからといって，必ずしも鋭敏な感受性をそなえた行為者だけが原理を適切に解釈することができ，それゆえ信頼関係を結ぶべきであると考えることはない。障害者福祉においては，そのような考え方はさまざまな徳をそなえ，障害者に対してつねに細やかな感受性を発揮する「理想の介助者」を要求することになるだろう。それが過大な要求であることは，たとえば田中耕一郎の次のような発言にも示されている。

> たとえ，支援者たちが「知的障害者の《痛み》」と共に在ることができ，そこにある種の共同性を築き得たとしても，支援者たちがその世界で起きていることを語る語彙を持つことは容易いことではないでしょうし，また，支援者たちがその世界の出来事を何らかの語彙や表現で表すことができたとしても，〈私〉がそれを理解できるという保証はどこにもありません，さらに言えば，幸いにして〈私〉が支援者の語りにそこはかとない共感を持ち得たとしても，今後は〈私〉自身がその共感を表す言葉を探さなければならないでしょう（田中 2013, p. 28)。

理解可能性が問われるとき，介助者に対して一方的に感受性を要求することはできない。むしろ本章が注目したいのは障害者と介助者のあいだに双方向的に結ばれる，信頼関係の認知的な多層性である。信頼は前述の委託モデルに尽きるものではない。認知心理学をはじめ，さまざまな経験科学は信頼が表情の知覚に代表される認知的にプリミティヴな要素によって感情的・直観的に誘発されることを指摘してきた（Frank 1988）。そしてバイアー自身，後年の論文では信頼関係が「笑顔，肩をすくめる仕草，会釈，まなざし，握手」といった非言語的な身振り，成文化されていない反応に促されることを認めている（Baier 1995, p. 176）。これらの知見を受け入れるならば，行為者はたとえ明示的な委託をおこなっていなかったとしても，すでにプリミティヴな信頼関係とも言うべき相互行為に巻き込まれていることになる。この関係においては，(i) 行為者がともに関心を抱いている事柄に関して (ii) 期待と反応の双方向的なサイクルが認められることに注意しよう。行為者はお互いの行為をお互いの期待に対する反応として捉え，その具体的内容は行為に対する再反応，そして再反応に対する再々反応によって示されてゆくと想定する[3]。たとえば施設の朝食に際して繰り返される障害者の反応（スプーンを落とす）は介助者の再反応（スプーンを拾って食事を運ぶ）を促し，それは障害者の再々反応（食事を吐き出す）につらなって，朝食に関する障害者の行為の原理（たとえば「朝食は食べない」という行為の基本方針）の輪郭を明らかにしてゆく。このサイクルが継続するかぎり，信頼関係はそれに巻きこまれている双方に理解可能な行為の原理を形成しようとする動機を与え，そうした原理を解釈する「手がかり」をもたらす[4]。簡潔に述べるならば，なるほど明示的な信頼関係には相互理解が要求されるが，この要求はプリミティヴな信頼関係の継続によって満たされる。これが障害者と介助者の信頼に関する本章の主張の核心である。

もちろん，このような信頼関係がつねに継続するとは限らない。自他の行為の原理が理解可能であったとしてもそれが普遍化可能ではなかった場合，具体

3　もちろん，期待と反応のサイクルが相互理解にどれほど貢献しうるかは経験科学の検証にもまた委ねられなければならない。本論には関連する科学研究の成果を紹介するだけの紙幅は残されていないが，ここでは「理解可能性」概念が社会心理学のさまざまな知見と両立することを示したヴェルマンの研究を参照するにとどめたい（Velleman 2009, pp. 59–87）。

4　このような期待と応答のサイクルにおいて解釈されるのは相手の行為の原理だけではない。場合によっては，「吐き出す」ことではじめて自分の行為の原理を明確に意識することもあるだろう。

的には，当該の原理が虚偽や強制の要素を含む行為の基本方針であった場合を考えてみよう。たとえば，前述の障害者が施設の朝食をめぐるやりとりを通じて介助者の語気，表情，身振りを知覚し，相手が「利用者には有無をいわせず言うことを聞かせる」という行為の原理にしたがっていることに（たとえ漠然とであれ）気づいたならば，その気づきは介助者とやり取りを継続しようとする動機そのものを障害者から奪うことになるだろう。また，そもそも自閉症や統合失調症といった障害を深刻にこうむっている行為者には，期待に反応する動機，あるいは反応を期待する動機を容易には想定できないかもしれない。「じっさい，重度の知的障害や精神障害を持つ人びとの場合，能動的・主体的に生活や人との関係をつくっていくことが困難な人達がいることも確かなのです」（堀 1994, p. 104）。この「困難」を無視して障害者に対して一方的な期待を寄せ，反応を強制的に引き起こそうとするならば，それは本章第二節で整理したブキャナンの反論（3），すなわちパターナリスティックな介入をめぐる問題を引き起こすだろう。これは必ずしも重度の知的障害者に特有の問題ではない。本論が信頼関係を通じて目指される自律を個人的自律のアウトスでなく，原理的自律のノモスに力点をおいて捉えた際，すでにパターナリズムの問題は予告されていた。それが解決されず，双方向的なサイクルが実現されなければ信頼関係は行為の原理を形成し，解釈するための認知的な土壌にはなりえない。一方的に期待を寄せられ，反応を黙殺されると関係は厭わしいものになる。信頼関係はただちに破綻する。

ならば，どうすれば信頼関係を長持ちさせることができるだろうか。これまでの議論から導かれる一つの応答は，あえて双方向性の契機をつくりだすことにある。この点については，たとえば障害者と介助者の「コンフリクト」を重視する岡原正幸の提案がヒントを与えてくれるだろう。「障害者側から言えば，行き違いや不満を明らかにしてコンフリクトを引き起こすことで，初めて明らかになる，あるいは初めて伝えることのできることがあり，それを介助者との間でぶつかりながらも，確認していく作業が欲せられている」（岡原 2012, p. 223）。この提案が示唆しているのは，相手の理解を撥ねつける拒絶の身振り，感情の爆発が，逆説的にも関係を継続するための誘因を与えるという事実である。たとえば口に運ばれた食事をいきおいよく吐き出すことは，その瞬間，介助者からすると自分の期待がただ拒絶されたこと，それ以外はおよそ理解不可能な感情的反応に思われるかもしれない。だが，少なくともこの反応を拒絶として受けとめるならば（あるいは拒絶としてそれに反発するならば），そのような介助者の再反応は障害者に再々反応を促すような双方向性の関係をつくりだす。あえて拒絶を引き起こし，拒絶を拒絶として取りかわすことによってプリミティヴな信頼関係は継続する。

こうも言える。本章は原理的自律を捉え直し，その構想を行為の原理の形成と解釈の局面にまでさかのぼってはじめてアウトスの契機に突きあたった。それはその状況，その瞬間としては不可解で，不安定で，不合理ともみなされるような拒絶の身振りでありうる。

5 ● 信頼のコストとその削減

しかし，たとえ以上の議論を受け入れるとしても，第3節の反論（1）から（3）とは異なる反論がなお予想される。たしかに，障害者と介助者はプリミティヴな信頼関係から出発し，それを長持ちさせることで互いの行為の原理の具体的内容を定めてゆくことができる。だが，そのような共同作業には時間がかかる。一人の介助者を長いあいだ雇用するには費用がかかりすぎ，感情の問題としてゆとりがなさすぎる。この点，たとえば次のような言葉がある。

> やっぱり年齢とともに，ヘルパーさんへのアプローチの中身，自分がやっぱりしんどい思いって，歳とともにしたくなくなってきて，なのであまりずかずか言わなくなってきているんですね。単純に自分がしんどい思いをしたくないというだけだと思います（金 2014，pp. 125-126）。

この聞き取りを含め，「自立生活」に関して障害者にインタビュー調査をおこなった金在根は，障害者と介助者の感情的交流の難しさも指摘する。「人にものを言い続けることは疲れることであるとともに，介助者が理解できない場合には感情的な衝突が起こることがある。そのような諸々の不安定な状況から『しんどい思い』が発生する」（金 2014，p. 126）。それは本章が援用する情動的信頼を実現する難しさでもある。信頼関係の醸成はしばしば「しんどい」のである。

最後に本章はこの問題，すなわち信頼関係の経済的ないし精神的コストに関する問題に応えるため，信頼（trust）ではなく信頼性（trustworthiness）をめぐる議論に目を転じたい。それはすなわち，信頼する側の態度だけでなく，信頼される側のありようにも考察を加えるということである。この点についてキャロライン・マクロイドは，介助者のような専門職が信頼関係において期待されるのは善意よりも「道徳的インテグリティ」であり，そこではまた，「関連する領域において［…］自分たち［クライアント］と相手［専門職］が重視することに何らかの類似性がある」ことが期待されると指摘する（McLeod 2000, pp. 465-466）。エイミー・ムリンはマクロイドの指摘を踏まえた上で，専門職に期待されるのは「何らかの社会的規範に対する内的コミットメント」であり，そのようなコミットメントが自身の信頼性を向上させると主張する（Mullin 2005, p. 322）。さらに，オノラ・オニールは社会的規範の根本的制約として普遍化可能な道徳的原理を挙げ，虚偽と強制の禁止という「基礎的な人間的責務」が「信頼に値する行為の倫理的基礎を与え，この行為は信頼に踏み出そうとしている人に重要な証拠を与える」と述べる（O'neill 2002, p. 97）。ここで注目されるのは，これらの論者が信頼を生身の人間の感情的交流のみならず，信頼する側，信頼される側をとりまく，社会制度や社会規範の観点から捉えていることだろう[5]。たしかに，わたしたちはある人が信頼に値するかどうかを見きわめるとき，表情や身振りだけを手がかりにして「善意」の有無を探り当てようとするとは限らない。むしろ多くの場合，手がかりとなるのはその人がいかなる社会制度，社会規範にコミットしているかである。

信頼性にもとづくこのようなアプローチは，前述の情動的信頼論のアプローチとは異なっている。だが，二つのアプローチにおける信頼と信頼性の概念的な区別，そして認知的なレベルの違いを考慮するならば，両者は必ずしも不整合をきたすものではない。行為者は信頼する理由を尋ねられたとき，うまく答

5　本書の第 2 章では，このように「制度」や「規範」に従った信頼の理論のアプローチをカントの啓蒙思想から抽出した。

えられない場合もあれば，はっきりと答えられる場合もある。情動的信頼論は前者の場合に信頼する側の情動的態度に照明をあてることができ，信頼性にもとづくアプローチは後者の場合に信頼される側のコミットメントに焦点をしぼる。

もちろん，ある行為者の信頼性が高められていたとしても，その行為者がつねに信頼されるとは限らない。だが，本論にとっては信頼性の向上が多くの場合に信頼の誘因となることを指摘するだけで十分である。ジョーンズによれば，信頼が正当化されるためにどれほどの証拠が要求されるかは（a）状況，（b）領域，（c）帰結，（d）メタスタンスの四要素に左右される（Jones 1996, p. 21）。たとえば，ある福祉施設の制度に虚偽ならびに強制の禁止という普遍化可能な道徳的原理が適用され，それに制約された諸規範に職員がコミットしていると仮定しよう。この福祉施設では，たとえ介助者と長期にわたる関係を築いていなかったとしても（それゆえ善意をめぐる証拠が十分ではなかったとしても）信頼の誘因が与えられ，障害者には自分の行為の原理を相手に理解してもらおうとする十分な動機がもたらされる。なぜなら，そこで障害者は（a）虚偽と強制を避けようとする状況において，（b）少なくとも施設内での生活スタイルに関しては，（c）自分の行為の基本方針について，その内容が周知されても問題はないと思い，（d）介助者に対する自分のプリミティヴな信頼を信頼するからである。こうして，介助者の道徳的原理に対するコミットメントは障害者との信頼関係における時間的，経済的コストを削減する。それは少なからぬ障害者に「この介助者のことをまだよく理解していないけれど，少なくともこの施設の介助者であるかぎり信頼してもよい」という安心感を与えるだろう。

他方，こうした福祉施設では，信頼の双方向的関係において道徳的原理に対するコミットメントが介助者だけでなく，障害者の側にも求められることになる。この点について，ムリンは規範に対するコミットメントが介助者のような専門職だけでなく，患者，母親といった「社会的役割（social role）」にもやはり対等に期待されることを示唆している（Mullin 2005, p. 324）。

だが，本章には「障害者」という役割に背負わされてきたスティグマを考慮しながら，信頼関係と役割理論の詳細な関係を論じるだけの紙幅の余裕はない（その能力も乏しい）。ここでは虚偽と強制の禁止といった道徳的原理が障害者福祉の規範に埋めこまれたとき，それが障害者に役割距離をとることを可能とするような，すなわち「障害者」なるものに期待される行動様式をときに拒絶することを可能とするような諸制度として具体化されうることを付け加えるにとどめよう。たとえば，堤愛子は介助者によるパターナリスティックな介入の可能性を認めた上で，障害者が強制に抗って「はっきり物を言う」ための，いわば，自律におけるアウトスを発揮するためのピア・カウンセリングをおこなうことを主張する。

> 障害を持っている人の場合介助者にはっきり物を言えないというのは，こんなこと言っちゃったら気を悪くして次から来ないんじゃないかという恐怖があるんで，そういう恐怖心をピアカンの中で思いっきり出してしまった後で，今度はアサーティヴ・トレーニングで，どういうふうに頼めば相手が嫌な気にならずに率直に受けとめられるかみたいなのをロール・プレーで何回かやる。それをやっておくのとやっておかないのでは全然ちがいますよ」(堤 1998, p. 99)。

繰り返し述べるならば，障害者の拒絶は鋭敏な感受性によってのみ感じられるものではない。そしてまた，長期にわたる信頼関係においてのみ受けとめられるものでもない。信頼性をめぐる議論が示しているのは，そのような拒絶が文字どおり「劇的に」引き起こされることの意義である。それはプリミティヴな信頼関係においてアウトスの契機をあえてつくりだすことにほかならず，この契機によって信頼関係はより強固なものとなる。もちろん，拒絶はしばしば相手の感情的な反発をまねき，ときに関係は頓挫するだろう。だが，拒絶の身振りは自分の行為の原理を短期的，かつ正確に双方向的関係のなかで明らかにするために，そしてそのような原理にもとづき自律的主体とみなされるために有効であると考えられる。

6 ● おわりに

本章の目的は，障害者福祉における信頼と自律の関係を明らかにすることにあった。検討を進めるうちに示されたのは，日本の障害者運動，そして障害学においては，「個人的自律」ないし「狭い意味での自己決定」からの「転換」が模索されてきたことである。この課題に対して，本章は主として知的障害者と介助者の信頼関係に着目し，「関係的自律」ないし「広い意味での自己決定」への「転換」の道筋を示してきた。最後に，その内容を振り返っておきたい。

(1) まず，本章の援用する原理的自律の構想は，行為者個人の認知能力を問わず，行為者が従っている行為の原理，すなわち行為の基本方針の普遍化可能性にもとづけられる。(2) ただし，この意味での自律が実現され，ある行為者が実際に自律的行為者とみなされるためには，その人の行為の原理の具体的内容が自他に理解されていなければならない。(3) こうした行為の原理に関する相互の理解可能性を支えるのが，行為者間の信頼関係である。(4) たしかに信頼関係はつねに明示的なものとはかぎらないが，行為者はプリミティヴな信頼関係を通じて期待と反応を交わしあい，時間をかけて互いの行為の原理を理解してゆくことができる。(5) さらに，このような理解のプロセスは行為者が道徳的原理にコミットすることによって，すなわち互いの信頼性を向上させることによって大幅に短縮されうる。以上，簡潔に述べるならば，本章の提示した自律のモデルは情動的信頼論と接続された原理的自律の構想にほかならない。この構想では行為者個人のアウトスがプリミティヴな信頼関係における拒絶の契機によって確保されながら，それぞれの行為の原理の形成，そしてその解釈は，あくまで他人との共同作業によっておしすすめられる。ここに自律と信頼の概念の接点がある。

もちろん，こうした自律の構想を具体的な提案とするためには障害者福祉のより個別的な局面に焦点をしぼり，介助関係の諸事例（たとえば自閉症と診断された行為者との信頼関係の構築）を詳細に考察することが求められるだろう。この点については稿を改めて論じたい。

参考文献

Baier, Annette C. (1995) *Moral Prejudice: Essays on Ethics*, Harvard University Press.

Baumann, Holger. (2008) "Reconsidering Relational Autonomy: Personal Autonomy for Socially Embedded and Temporally Extended Selves", *Analyse & Kritik*, 30(2), 445-468.

Buchanan, Allen. (1991) "The Physician's Knowledge and the Patient's Best Interest", in Edmund D. Pellegrino, Robert M. Veatch, and John P. Langan, *Ethics, Trust, and the Professions: Philosophical and Cultural Aspects*, Georgetown University Press, pp. 93-112.

Frank, Robert H. (1988) *Passions Within Reason: The Strategic Role of the Emotions*, W. W. Norton & Company.（邦訳：R・H・フランク（山岸俊男監訳）(1995)『オデッセウスの鎖　適応プログラムとしての感情』，サイエンス社.）

Herman, Barbara. (1993) *The Practice of Moral Judgment*, Harvard University Press.

Hudson, Bob. (2004) "Trust: Towards Conceptual Clarification", *Australian Journal of Political Science*, 39(1), 75-87.

Jones, Karen. (1996) "Trust as an Affective Attitude", *Ethics*, 107(1), 4-25.

McLeod, Carolyn. (2000) "Our Attitude towards the Motivation of Those We Trust", *Southern Journal of Philosophy*, 38, 465-80.

Mullin, Amy. (2005) "Trust, Social Norms, and Motherhood," *Journal of Social Philosophy*, 36(3), 316-330.

O'Neill, Onora. (2002) *Autonomy and Trust in Bioethics*, Cambridge University Press.

Simpson, Thomas W. (2012) "What Is Trust?" , *Pacific Philosophical Quarterly*, 93(4), 550-569.

Velleman, David. (2009) *How We Get Along*, Cambridge University Press.

青木千帆子（2011）「自立とは規範なのか――知的障害者の経験する地域生活」，『障害者研究』，7，301-324.

石川准，長瀬修（編）（1999）『障害学への招待』，明石書店.

岡原正幸（2012）「コンフリクトへの自由―介助関係の模索」，『生の技法　家と施設を出て暮らす障害者の社会学』（第三版），生活書院，191-231.

小佐野彰（1998）「『障害者』にとって『自立』とは何か？」，『現代思想』，26(2)，74-83.

究極Q太郎（1998）「介助者とは何か？」，『現代思想』，26(2)，176-183.

金在根（2014）「障害者の「あきらめ」と自立生活の課題―― CIL に勤務する肢体不自由者へのインタビュー調査からの考察」，『障害者研究』，10，112-134.

立岩真也（1998）「一九七〇年」，『現代思想』，26(2)，216-233.

立岩真也（1999）「自己決定する自立―なにより，でないが，とても，大切なもの」，石川・長瀬（1999），79-107.
田中耕一郎（2013）「知的障害の社会モデルをめぐる理論的課題：問題提起」，『障害者研究』，9，18-29.
堤愛子（1998）「ピア・カウンセリングって何？」，『現代思想』，26，92-99.
永守伸年（2016）「知的障害者の自律と介助者との信頼」，『倫理学研究』，46，97-108.
深田耕一郎（2006）「自己決定と配慮の交わるところ――全身性障害者の自立生活における介助する/されることをめぐって――」，『社会学研究年報』，13，141-153.
星加良司（2007）『障害とは何か　ディスアビリティの社会理論に向けて』，生活書院.
掘正嗣（1994）「人間にとっての自立と秩序」，『ノーマライゼーション研究』，102-110.
横塚晃一（2007）『母よ！　殺すな』，生活書院.

第12章 ヘイト・スピーチ

――信頼の壊しかた*

和泉　悠・朱　喜哲・仲宗根　勝仁

1 ● はじめに

1969年11月，法学者小林直樹は寛容と不寛容をテーマとする講演を「現代は断絶の時代であり，不信の時代であると言われております」と始め，断絶と不信の事例として，東西イデオロギー対立，ベトナム戦争，宗教・民族・人種間の対立，世代差，派閥闘争などに言及した（小林 1970, p. 29）。今日同じ講演が行なわれたならば，断絶と不信のリストに「ヘイト・スピーチ」が含まれていたと想像してもおかしくないだろう。ヘイト・スピーチと信頼に関係があることはしばしば指摘されてきた。ジャーナリスト中村一成は，以下でも触れる京都における朝鮮学校襲撃事件の被害者を取材し，「官憲ともどもあの街宣は，彼ら［被害者］がこの社会に対して覚えた信頼が，実は「幻想」に過ぎないことを突きつけたのだった」（中村 2014, p. 44）と述べる。ヘイト・スピーチが市民のあいだに不和と不信を生むという考えは，少なくとも直観的に正しいように思われる。不信を信頼の欠如ととらえるならば，ヘイト・スピーチは信頼を破壊する，あるいは信頼の形成を阻害する何かである。

＊本研究の一部は2017年度南山大学パッヘ研究奨励金 I-A-2，およびJSPS科研費（課題番号：15J00278）の助成を受けた。

ヘイト・スピーチに関するこれまでの研究の多くは，その規制や抑制が表現の自由といった理念と相反せずに正当化できるのか，憲法や国際法などとの関係性はどのようなもので，どのような法改革が必要か，標的となる個人や市民社会にはどのような害悪がおよぶのかといった，法学・政治学・社会学的問いを中心として展開されてきた（Bleich 2011; Brown 2015; Greenawalt 1995; Matsuda et al. 1993; Waldron 2012；檜垣 2017；師岡 2013）[1]。そのため，ヘイト・スピーチと一般的に呼ばれる現象がそもそも何であるのかという基礎的な理解がまだ不十分であると指摘されている（Brown 2017a, b）。

先述のように，信頼とヘイト・スピーチのあいだになんらかの関係があるならば，ヘイト・スピーチを理解するために，本書で展開されている信頼研究アプローチを採用することが有効となるだろう。本章では，信頼研究と言語哲学の観点から，学際的信頼研究がヘイト・スピーチ理解に貢献できる可能性を提示する。

以下で主張するのは，比喩的にではなく文字通り，ヘイト・スピーチは信頼を壊すことがある，というものである。ヘイト・スピーチが標的の心身に深刻な危害を与え，学校や企業の業務を妨害することが明らかになったとしても，どうして「信頼」まで「壊れる」と述べなくてはならないのだろうか。一体誰の誰（何）に対する信頼が壊れてしまうのだろうか。単純に，ヘイト・スピーチを行なう加害者に対する信頼が損なわれるのだろうか。たとえば，あなたの友人が一度悪質な嘘をついたとしよう。すると，その後あなたはその友人の発言をつねに懐疑的に受け止め，それに依拠して重要な事柄を決断したりしないだろう。つまり，あなたはその友人を信頼していないのだ。ヘイト・スピーチも，類似的な信頼関係に影響を与えるのだろうか。それだけならば，ヘイト・スピーチを行なう人物を危険視し，不用意に近づかなければ，それ以上の害悪は存在しないというのだろうか。本章では，もっと広範な種類の信頼がヘイト・スピーチによって損なわれると主張する。具体的には，市民一般に対する信頼と，それにより支えられる公共財としての安心が損なわれると主張する。

1　他のアプローチとして，心理学的研究（高 2015），社会言語学的研究（山下 2015），言語哲学的研究（Langton 2012; Tirrell 2012）も存在する。

本章は次のように構成される。第2節では，ヘイト・スピーチの事例を挙げながらその基本的な特徴を概観し，一般的に指摘される害悪をまとめる。第3節では，ヘイト・スピーチが壊すところの信頼を検討する。主に，法哲学者ジェレミー・ウォルドロンが議論する「安心」概念に焦点を当て，安心と，より単純な関係性だと思われる個人間の信頼を導入する。第4節では，第2節で導入された事例の一部を吟味しながら，具体的にどのような表現がどのような仕組みを通じて，第3節で描かれた安心と信頼を壊すのか議論する。とくに，差別語の現れが文脈をどのように変更するのか，という点を明らかにする。第5節では結論として，信頼研究という枠組みにおける本研究の今後の課題を短く述べる。

本章の性質上，以下の本文には差別的表現への言及が含まれる。当然のことながら，筆者らは差別的表現の使用を容認しない。以下でのそれらの現れはあくまで引用を意図したものである。

2 ● ヘイト・スピーチとは何か

ヘイト・スピーチの定義は論者によってさまざまだが，それでもなお共通しているヘイト・スピーチの特徴は，標的にされる集団への差別にもとづく攻撃である。ヘイト・スピーチ規制論において人種差別に関する条約が引き合いに出されるのは，ヘイト・スピーチのこの特徴ゆえである。たとえば，しばしば引用される国連憲章人種差別撤廃条約第4条は，「ヘイト・スピーチ」という語こそ使用されていないが，「人種の［あるいは］…種族的出身の人の集団の優越性［など］に基づくあらゆる宣伝及び団体又は人種的憎悪及び人種差別…を正当化し若しくは助長することを企てるあらゆる宣伝及び団体を非難し」（人種差別撤廃条約4条本文），「人種的優越又は憎悪に基づく思想のあらゆる流布，人種差別の扇動…も，法律で処罰すべき犯罪であることを宣言する」（同条（a）項）というように，締約国が差別の扇動といった行為を規制するよう要求している[2]。師岡も述べる通り，「ヘイト・スピーチ」はそもそも，批判的人種理論の研究のもと，女性や人種に対する差別的発言や差別にもとづいた犯罪すなわちヘイト・クライムとの関連で使用され始めた語なのである（師岡

2013, pp. 38-39; Matsuda 1989)。一般に，ヘイト・スピーチは特定の集団に対する差別を扇動し，その集団への暴力行為などを助長する，それ自体一種の差別的行為だと言うことができる[3]。

それでは，日本国内で行なわれたヘイト・スピーチの事例をみていこう。(1) は，2009年に京都朝鮮第一初級学校の校舎前で行なわれた街宣・示威活動，(2) は，2013年に大阪の鶴橋で行なわれていた街宣・集会での発言の一部である。

(1) 門を開けなさい。あけんかいこらぁ。こんなものは学校ではない。戦争中男手がいないところを女の人をレイプして奪ったのがこの土地。スパイの子供やスパイの！ 朝鮮学校を日本から叩き出せー。我々の先祖から奪った土地を返せ！ キムチ臭いねん。けんかやったらやったどー。聞こえへんのかー。ぼけえ…[4]

(2) クソちょんこ。あぁ？ 何が鶴橋商店街じゃ，アホ！ くそうてたまらんのじゃ，ゴキブリチョンコ，おい！ くやしかったら飛び出てこんかい…（安田 2015, p. 126）
いつまでも調子にのっとったら，南京大虐殺じゃなくて，鶴橋大虐殺を実行しますよ！（安田 2015, p. 130）

これらは，在日コリアンに対する差別にもとづいた暴言であり，在日コリアンに対する憎悪を煽り，差別を助長しうる行為であり，「ヘイト・スピーチ」と呼ぶに十分な行為である。

---

2 人種差別撤廃条約の全文は外務省ホームページで確認できる。http://www.mofa.go.jp/mofaj/gaiko/jinshu/conv_j.html（最終閲覧日 2017年12月28日）.

3 ヘイト・スピーチ概念は家族的類似概念であり，単一の定義を与えることはそもそもできない，という議論もある（Brown 2017a, b）。本章での目的は，ヘイト・スピーチの少なくとも一形態が信頼を壊す過程を明示化するというものであり，ヘイト・スピーチの定義を与えることではない。

4 https://www.youtube.com/watch?v=7u3Nr8xyfkk（最終閲覧日 2017年12月24日）より一部を文字化した。引用が時系列順とは限らない。また，この事件に関して明戸（2014）を参考にした。

先述したヘイト・スピーチの一般的特徴づけからも明らかなように，これら典型的事例を単純に一般化し，ヘイト・スピーチを文字通り「憎悪をともなった言論」と考えるのは誤りである[5]。この誤りは日本でも散見され，感情的な批判や非難はすべてヘイト・スピーチであるという論調がうかがえる[6]。しかし，憎悪のみに焦点を当てることは，ヘイト・スピーチの基本的特徴から目を逸らすことになってしまうのである。たとえば，ヘイト・スピーチに明らかに該当する事例（1）や（2）とは異なり，次の（3-5）は，それだけをもってヘイト・スピーチとみなすことはできない。社会的背景・地位に差のない者同士が，私的な罵り合いをしている場面で（3）と（4）が用いられたとすると，これらは確かに軽蔑，侮蔑を含む発言だが，なんらかの差別を助長するとは思われない。また，（5）のような呼び捨てには個人的な軽蔑の意図がともなうかもしれないが，一国の首相に対する差別を想定することは困難である[7]。

(3)　クソ野郎（が）！

(4)　まぬけ（が）！

(5)　（安倍首相に対して）安倍は…！

日本において2016年6月に施行されたいわゆるヘイト・スピーチ解消法[8]も，

5　ブラウンはこの誤りを「憎悪の神話（the myth of hate）」と呼ぶ（Brown 2017a）。また，安田およびウォルドロンも同様の指摘をしている（安田 2015，第3章；Waldron 2012, Chapter 3）。

6　以下の呼び捨ての例（5）は護憲集会での大江健三郎の演説の中で出てきた文言であり，産経新聞編集長が産経ニュースのコラム（2015年5月8日付け）で「ヘイト・スピーチ」だと揶揄したものである。http://www.sankei.com/column/news/150508/clm1505080006-n1.html（最終閲覧日 2017年12月24日）

7　もちろん，これはヘイト・スピーチにともなう憎悪とその害悪を軽視してよいということではない。ヘイト・スピーチの被害に遭う人々がどれほどの心理的被害を受けるのかについての研究は重要であろうし，実際日本では国際人権NGOヒューマンライツ・ナウが，ヘイト・スピーチが在日コリアンに与えた心理的苦痛や社会生活上の障害についての質的調査を2014年に行なっている。
ヒューマンライツ・ナウ「在日コリアンに対するヘイト・スピーチ被害実態調査報告書」http://hrn.or.jp/activity/2105/（最終閲覧日 2017年12月29日）

「差別的意識を助長し又は誘発する目的で公然とその生命，身体，自由，名誉若しくは財産に危害を加える旨を告知し又は本邦外出身者を著しく侮蔑するなど，本邦の域外にある国又は地域の出身であることを理由として，本邦外出身者を地域社会から排除することを煽動する不当な差別的言動」を禁じており，罵詈雑言，侮蔑の禁止自体がその核心なのではない。

このようにしてみると，ヘイト・スピーチには一個人に向けられる侮辱以上の社会的害悪が存在することがわかる。ヘイト・スピーチは，「所詮はことば」として片づけられるようなものではなく，標的となる集団の成員を対等に尊重するに値しないかのように扱い，その集団の成員を差別し，攻撃し，排除することを正当化または助長する役割を果たす。ヘイト・スピーチは，それを被る人々の存在そのものに深刻な害を及ぼすのである。さらには，本章を通して明らかになることだが，ヘイト・スピーチの社会的害悪はヘイト・スピーチを行なう者とその標的となる人々のあいだだけで完結するようなものではない。先に挙げた街宣の事例のようなヘイト・スピーチを目の当たりにした在日コリアンは，その街宣を行なっている人に近づかなければよいだけなのだろうか。そうではないだろう。在日コリアンへ向けられたヘイト・スピーチが社会にまかりとおることで，普段ヘイト・スピーチを行なわない市民にさえ，ふたたびそのような差別や差別にもとづく攻撃を受けるかもしれないという不安を在日コリアンに植えつけるのである。

3 ● ヘイト・スピーチと信頼

前節でみたように，ヘイト・スピーチは差別的側面に根差した社会的害悪を持つ。本章で問われているのは，ヘイト・スピーチの社会的害悪が壊す信頼がいかなるもので，そしてそれがいかにして当の信頼を壊すのかということであった。この点が明らかにされれば，具体的に何を行えばヘイト・スピーチが抑

---

8 「本邦外出身者に対する不当な差別的言動の解消に向けた取り組みの推進に関する法 律」http://elaws.e-gov.go.jp/search/elawsSearch/elaws_search/lsg0500/detail?lawId=428AC1000000068&openerCode=1（最終閲覧日 2017 年 12 月 30 日）

制されうるのか，あるいは破壊された信頼を回復するために何が必要なのかといった実践的問いに迫る有効な手掛かりにもなるだろう。本節では，とりわけウォルドロン（Waldron 2012）の議論に依拠して，この問いを論じたい。

ウォルドロンによれば，ヘイト・スピーチが破壊するのはある種の「公共財（public good）」である。それは，社会に所属する成員の各々が他人からの敵意や暴力，差別や具体的な排除に直面することがないという前提条件とそれが実現する環境そのものを指すと同時に，そうした環境を享受することにより得られる感覚をも指している。ウォルドロンはこのような環境および感覚を「安心（assurance）」と呼ぶ。それは「人々が呼吸する空気のきれいさや，泉から飲む水の水質のように，誰もが当てにできる物事」（Waldron 2012, p. 5[9]）であり，われわれ全員が共生する市民社会における無形のインフラストラクチャーであるがゆえに公共財なのである[10]。

公共財としての安心は「すべての人によって，すべての人のために供給される」（Waldron 2012, p. 110）という性格を持っており，これはジョン・ロールズの説く「秩序ある社会」の議論が下敷きになっている。ロールズによれば，秩序ある社会とは「そこでは誰もが，まさに同一の正義の諸原理を受け入れており，しかも他の誰もがそれらを受け入れていることを知ってもいる」（Rawls 1993, p. 35）社会である。ここではロールズの正義の原理そのものを扱うことはできないが，以下で述べるように，互いが正義の原理を受け入れていることを通じて不特定の市民への信頼が醸成される。このことが「公共財としての安心」を享受するための前提となっているのである。

ここまでの説明では，「安心」はあくまで理論的にしか存在しない理想的状態であるかのような印象を持つかもしれない。しかし，そうではない。「安心」はむしろ民主主義的な社会，公正で平等な社会を営むうえでの前提に属するものであり，われわれの社会に当たり前に存在すべきものである。ウォルドロン

9　Waldron（2012）の抜粋はすべて翻訳版から引用している。‘assurance’ を「安心」とするのも翻訳版に従う。しかし，本節の議論が明らかにしているように，これを個人の「安らかな心の状態」などと解釈してはならない。

10　桧垣（2017, p. 204）は，感覚としての ‘assurance’ へ重きを置くようで，これを「安心感」と訳し，‘public good’ も「公共善」と訳す。

が注意をうながしているのは，ここで言われる「正義の原理」は正義の構想について議論の余地のある細部に属するものではなく，より根本的な事柄についてのものである。すなわち，正義の原理が守るのは社会に生きる人々の「尊厳(dignity)」である。「みな等しく人間であり，人間性に備わっている尊厳を持つこと。…みな，もっともひどいかたちの暴力，排除，尊厳の否定，従属からの保護に値すること」(Waldron 2012, pp. 97–98)，これこそがウォルドロンが注目することである。しかし，「尊厳」とは何だろうか。ウォルドロンは尊厳について多くを述べていないが，尊厳は「単にその個人についての装飾的な事実ではない。尊厳は地位の問題」(Waldron 2012, p. 101) であるとする。尊厳は個人の社会的評価の根本にあるものであり，おのおのの属性ではなく人格概念に対応している。したがって，ある人を人種的，民族的，宗教的属性などで分類された集団の成員としてのみ扱い，それゆえにその人を自らと同等の社会的地位[11] (social standing) を持った存在として扱わないことが尊厳を毀損することなのである[12]。

さて，われわれは通常，このような意味での尊厳が否定されないと期待している。そしてこの期待は，単なる予測ではなく，社会における隣人・市民一般に対する信頼として実際に現れている。われわれは，次に街で出会う市民が，自分たちを同等の社会的地位を持った存在として扱ってくれると信頼している[13]。このような信頼が不在であるとき，公共財としての安心は成立しないだろう。

以上をまとめよう。ヘイト・スピーチによって壊される信頼とは，公共財としての「安心」および社会の他の成員・市民一般が自分の尊厳を否定しない(同等の社会的地位を持った存在として扱ってくれる) という「信頼」である。このような安心や信頼が壊される具体的な言語的メカニズムは次節で検討することにして，本節では最後に他の信頼概念 (およびその系である概念) と本章での安心・信頼とを比較しておこう。

ここまで論じてきたウォルドロンの「公共財としての安心」は，本書のほか

---

11 ここでの社会的地位とは，もちろん「社長」や「知事」といった類いのものと解釈してはならない。

の章で論じられる「安心（assurance）」や「信頼（trust）」とどのように比較できるだろうか。まず強調しなければならないのは，本章で「安心」と訳してきたウォルドロンの‘assurance’概念が，とりわけ社会心理学における心的状態としての「安心」概念[14]とは異なっているという点である。ウォルドロンが安心を取りざたすのは，それによってこうした感覚としての安心だけでなく，そ

12　ヘイト・スピーチの蔓延と黙認が，根本的な人格の尊厳を毀損するものであるという論点はウォルドロンに限ったものではない。たとえば金尚均（2014）は法学の観点からヘイト・スピーチの社会的害悪を次のように表現している。

一定の属性を有する人々一般に向けられた侮辱的表現については，表層的には，人格権の否定（自分が人間としての自分であることを否定される）そして生存権の否定（対等な人間として生きる権利・法の下で平等であることを否定される）が問題になる。しかし，その実態としては，特定の属性を持つ人々が生きながらして人格権・生存権を否定されながら生き続けなければならないという意味において，その侵害が継続している状態にある。ここでは，不平等，つまり，個人を特定できないということではなく，公共の場において一定の属性に向けて侮辱的発言をすることで「民主主義社会における根本基盤である対等で平等に生きること」（＝社会的平等）を否定している。（金 2014, p. 170）

先述したウォルドロンの議論を踏まえれば，金の述べる「社会的平等の否定」が「公共財としての安心の破壊」に対応しており，破壊される「安心」が各人にとっての保証されるべき社会的立場，尊厳にかかわることがわかる。金の議論からもわかるように，ヘイト・スピーチが破壊する安心とは民主主義的な社会を営むうえでの根本基盤，あるいは前提に含まれるものであり，これは声高に主張されたり政治的な運動を通じて獲得されたりするようなオプショナルな権利ではない。こうした意味においても，安心はインフラストラクチャーに類比しうる「公共財」なのである。

13　ウォルドロンが主題的に取り扱っていない「信頼」については，本書第2章および第11章（ともに永守論文）において紹介される共感にもとづいた情動的態度としての「信頼」論が参考になるだろう。それは，互いについての事実的情報にもとづいたリスク・ベネフィット計算とは独立に成立する「信頼」の感覚を問題とするからである。

14　本書第6章（上出論文）5節および第4章（酒井・高論文）注18において扱われる山岸（1998）における「安心」概念を念頭に置いている。山岸によれば，安心とは「自分を搾取する行動をとる要因が相手に存在していないと判断することから生まれる。言い換えれば，相手と自分との関係には社会的不確実性が存在しないと判断すること」（山岸 1998, p. 47）である。

れを実現する客観的な状態・公共的な環境を問題にするためであり，力点はとくに後者にある。

また，ウォルドロンはこうした公共的環境としての安心に関連して，われわれがそれを当てにできるという意味での「依存（reliance）」（Waldron 2012, p. 99; p. 111）や，ロールズに由来して市民間における相互の「信頼（confidence）」（Waldron 2012, p. 95）に言及してはいるものの，これらについて詳細に語ってはいない。これらは，たとえば本書第6章5節において紹介される社会心理学における「安心」と「信頼」との関係とは異なる用語法であるが，その輪郭を明確にするうえではこうした議論が参考になりうるだろう。また，公共的環境としての安心を実現する，個人間で問われるような他者への信頼については，第2章で論じられるヒューム的な「共感」にもとづいた「情動的態度」としての信頼を参考にすることができるだろう。このように本書の各章における「信頼」論から，ウォルドロンの議論を補完することができる。

ヘイト・スピーチが横行することで，ウォルドロンの言う公共財としての安心が毀損された社会において，本書の各章が分節化するような各種の信頼概念に依拠して具体的な課題を問うことは，信頼研究の一局面として期待される要素である。これらの研究は，ヘイト・スピーチの社会的害悪を明確化するうえで有望なアプローチたりうるだろう。

4 ● 信頼の壊しかた

4. 1. 導入

(6) クソちょんこ！

第2節で概観したように，街宣におけるヘイト・スピーチには極めて醜悪な表現が含まれることが多い。(6) は (2) の一部であり，そうしたヘイト・スピーチのごくごく小さな断片である。標的となる人物の心理的苦痛・身体への危害だけをとっても，こうした表現の使用の規制や抑制に正当化が与えられるかもしれない[15]。しかし本章の関心は信頼概念にある。被害者が (6) と叫ぶ人物を信頼しなくなる，というだけではなく，どのようにして前節で検討された意味での信頼が（6）の使用によって損なわれるのだろうか。

本節では，この問いにボトムアップ型アプローチで迫る。単語レベルでの意味論を展開し，（6）のようなフレーズがどのような意味内容を有しているのか，その意味内容はどのような影響を聞き手に及ぼすのか，という観点から，いかにして（6）の使用が不信を生じさせるのか説明する。こうした単語レベルからのボトムアップ型アプローチを採用することは，他のレベルに焦点を当てた異なるアプローチを排除することを含意しない。たとえば，単語やフレーズといった表現そのものから行為のレベルへと視点を移し，言語行為論の道具立てを用いてヘイト・スピーチを分析するというアプローチや，推論主義的な枠組みを用いて，ヘイト・スピーチと差別的行為やヘイト・クライムとの推論・正当化関係を探るアプローチなども考えられる。また，ヘイト・スピーチの現れは非常に多様であり（6）のような形態をとるとは限らない。本章でのヘイト・スピーチ理解，そしてそれが信頼を壊す仕組みの記述は，双方ともそれぞれの十分条件を述べているに過ぎない。しかし，ヘイト・スピーチの多様な形態を包括的に理解するためにも，まずはその単純な現れを理解することから始めるべきだろう。

さて，（6）とはそもそもどのような表現なのか簡単な特徴づけを与えておく。（6）は以下（7）-（9）のような名詞を用いた罵りと類比的である[16]。日本語では名詞の後に「が」や「め」（あるいは「めが」の列）が入ることがあり，英語では二人称代名詞とともにしばしば用いられる。もちろん，（6）は「バカ」や「嘘つき」といった一般的に使用される名詞の現れではなく，人種・民族的差別語（racial and ethnic slurs/epithets）を用いた（10）や（11）といった罵りの一種である。

（7）　クソ野郎（が）！

15　ヘイト・スピーチ規制はきわめて重要な課題であるが，本章では論じることができない。

16　関連する議論として Izumi and Hayashi (forthcoming) とそこでの参考文献を参照されたい。

(8)　嘘つき（め）！

(9)　You fool! 「まぬけが！」

(10)　Yeah you, Jap. Walk on.「そう，お前，ジャップ。あっちいけ。」[17]

(11)　Go ahead you nigger, try to steal.「やれよクロンボが，盗塁してみろよ。」[18]

近年，言語学・言語哲学双方の分野において，こうした罵りを含む，伝統的意味論研究の領域を超えた言語現象の理論化が急速に発展している[19]。われわれの主張は，そうした研究成果からの明らかな帰結として，(6) の使用は信頼を壊す，というものである。以下ではまず 3.2 節において，差別語研究における重要な論点を三つ整理する。次に 3.3 節において，その三点を踏まえると，信頼が壊される過程が明らかになると主張する。

4.2. 差別語の意味論

ここで導入される差別語研究の成果は次の三点である。

i.　差別語は敬語などと同種の表現で,「表出的意味」と呼ばれる意味を持つ。

ii.　表出的意味を持つことばの使用は，会話の文脈を半強制的に操作する。

iii.　差別語の持つ表出的意味は差別的実態そのものである。

(i) 表出的意味

ことばの意味には少なくとも二つの側面がある。第一に，われわれは「台風 18 号が九州に上陸した」といった文を使うことにより，事物を指し示して，

---

17 "Jamie Vardy 'racially abused Japanese casino goer'：Another race storm engulfs Leicester City", Mirror Online, http://www.mirror.co.uk/sport/football/news/leicester-city-face-another-racism-6221444（最終閲覧日 2017 年 12 月 24 日）.

18 "Still a White Man's Sport", Slate Magazine, http://www.slate.com/articles/sports/sports_nut/2017/04/seventy_years_after_jackie_robinson_mlb_is_still_a_white_man_s_sport.html（最終閲覧日 2017 年 12 月 24 日）.

19 哲学分野における例として，Anderson and Lepore (2013)，言語学における例として，Potts (2007) を挙げておく。

事実や出来事がどうなっているのか，あるいはどうなっていないのかを記述する。「意味とは事物そのものだ」と思わされる側面がことばの意味にはある。事物を指し示して，事実や出来事を描写・記述するような意味を「記述的意味」と呼ぶことにする。第二に，われわれが操ることばには，「おっと」や「やあ」といった，事実や出来事を記述しているとはいいがたいものが含まれる。これらに記述的意味はなさそうだが，意味不明ということはなく，日本語話者なら誰もがその使い方を知っている。「おっと」はものを落とすといった些細な事故があったときに使われ，「やあ」はくだけた挨拶をするために使われる。ことばの意味には「意味とは使用だ」と思わされる側面もあるのだ。こうしたことばの使用に関する意味を多くの文献に習って「表出的意味」と呼んでおく[20]。

これら二つの側面を踏まえると，われわれが議論している差別語は，記述的かつ表出的である。たとえば，*Jap* とその中立的対応物の *Japanese* は，どちらも日本人を指し示し，日本人についてなにごとかを語ることができるため，記述的意味を持つ。しかし，*Jap* と *Japanese* は明らかにその内容が異なっている。前者は記述的意味に加えて表出的意味も備えているのだ。

記述的意味と表出的意味両方を兼ね備えたような表現の別の例として，日本語の敬語が挙げられる（Potts 2005）。「田中が来た」と「田中さんがいらっしゃった」が記述する事実や出来事はどちらもまったく変わらないように思われる。田中という人物がある場所に到着したという出来事を表しているのだ。しかし，日本語話者なら誰もが知っているように，これら二つの文が使用される文脈は明らかに異なる。敬語を用いる・用いないという判断は，話者や聞き手の社会的立場と密接に関係する。もし「田中さんがいらっしゃった」が適切に

---

20 「表出的（expressive）」な意味を持った語は「表出語（expressives）」と呼ばれる。この用語法は，Potts（2007）をはじめ広く採用されている。また，「記述的」対「表出的」の対比はカプランの未刊行の研究に由来するとされる（Predelli 2013, p. 65, n. 5）。この対比を「真理条件」対「使用条件」と言い換えてもよい（Gutzmann 2015）。当然関連性はあるが，「表出主義」あるいは「情動主義」を擁護する立場であると誤解されるべきではない。以下でみるように，感情的内容以外も表出語は表現する。

使われているならば，話者は田中という人物を敬う立場にあることが示されている。この文の記述的意味は，「田中が来た」のそれと同じだが，それに加えて，おおよそ「話者は田中を敬う立場にある」という表出的意味が表現されている[21]。

表出的意味の特徴はいくつも指摘されているが（Hom 2010），ここではわれわれの論点にとって重要なものを一つ挙げる。記述的意味とは異なり，表出的意味は周りの表現からの影響を受けることがなく，一種の独立性を有しており，常にその当の発話の状況に（たとえば話者の態度に）関する解釈が与えられる。この特徴はしばしば「移動不可性（nondisplaceability）」と呼ばれる（Potts 2007, p. 166）。たとえば，記述的な文に否定形を加えると，その文の記述的意味が否定される。「田中が来た」に否定形を加えると，「田中が来なかった」となり，田中が来たという出来事が否定される。しかし「田中さんがいらっしゃらなかった」と述べても，同じ記述的意味が否定されるだけで，「話者は田中を敬う立場にある」という表出的意味は否定されない。「〜さん」と「いらっしゃる」ということばを使う限り，話者は田中に対して敬意を払っているのである。同様に，「田中はジャップではない」と差別語に否定形を加えて発言したとしても，その侮蔑的内容が否定されるわけではない。敬語や差別語の表出的意味は，実際の発話の状況（話者の立場など）から「移動」させ，否定したり第三者に帰属させたりすることができないのだ[22]。

表出的意味はどのように分析されるのだろうか。一つの有力な考え方は，表出的意味とはそれを持つ表現が使用される文脈の条件のことだ，というものである。ここでの「文脈」とは，話者や聞き手などを含む，会話が行なわれる際

---

21 単に「敬っている」という主観的感情が表現されているのではなく，「敬うべき立場にある」という客観的な社会的事実が表現されている。

22 「第三者に帰属」とは，「思う」といった心的な動詞の使い方のことを指している。たとえば「山田は田中が帰ったと思っているよ。本当はまだ帰ってないのに」と言うのは自然である。「田中が帰った」という記述的内容は，あくまで山田の思っていることとして第三者（山田）に帰属されており，話者はそれを否定できる。しかし，「山田は田中さまがお帰りになったと思っているよ。田中のクソ野郎はわたしの目下だけどね」という発言は明らかに不自然であり，態度の豹変といった特殊な解釈をともなう。

の状況そのものを指している。たとえば「やあ」の意味を知ることは，それが適切に使われている文脈はどのようなものか知ることだといえる。「やあ」の表出的意味は，「話し手と聞き手が知り合いで，二人が出会った直後で，まだ他に何も発言がなされていないような文脈」と特徴づけられるかもしれない。そうでないような文脈では，おかしさ・不自然さといったものが生じる。話をしばらく続けてから，「やあ」と言うことのおかしさを想像してほしい。また，「いらっしゃる」の表出的意味は，話者と話題に上がっている人物とのあいだにとある社会的関係性が存在する文脈だと考えられるだろう。「いらっしゃる」が適切に使われている文脈では，文の主語が指す人物が，話者からみて目上・敬われる立場になければならない。だから，まだ乳児である自分の子供に対して「いらっしゃる」を用いると，その使用は適切な文脈における使用ではないため，冗談や皮肉といった別の解釈が生じるのである。

(ii)　文脈の半強制的操作

ここで重要なのは，表出的意味が会話の聞き手に与える影響は，記述的意味が会話の聞き手に与える影響と異なっている，ということだ。単純に情報を伝達するために記述的な文「台風18号が九州に上陸した」が使われたとしよう。この際，その情報の正しさを受け入れるかどうか，聞き手にはある意味交渉の余地が与えられている。聞き手はその真偽を疑ったり，根拠の提示を求めたりすることができる。聞き手は，「いやそれは間違っています」と述べ記述的意味を否定したり，「それが正しい理由を教えてください」などと根拠を求めたりできる。一方で，表出的意味は，少なくとも同じような形での交渉を許さない。真偽や根拠について異議を申し立てることができないのだ。たとえば，「やあ」と言って現れた人物に対して，「それは間違っています」や「それが正しい理由を教えてください」などと返しても会話は成立しない。また，「田中さんがいらっしゃった」という発言に対してそのように述べても，記述的意味「田中が来た」の正しさについて交渉・議論しているのであり，「話者は田中を敬う立場にある」という表出的意味に異論を挟むことはできない。表出的意味は「交渉不可能で，直接には異議を唱えられない」(Murray 2014, p. 9) ものなのだ。

表出的意味は，表現が文脈で適切に用いられるための条件であると述べた。ある文脈で表出的意味を持つ表現が使われた以上，それは適切に用いられていると想定するのが通常なので（冗談や皮肉といった異なった効果が意図されているのが明らかでないとして），会話の文脈が，表出的意味を反映しているようなものだと聞き手は想定せざるをえない。

言い換えると，記述的意味は会話の中で一種の提案として提示される。話者は，ある情報を事実として受け入れるよう聞き手に提案しているのだ。一方で，表出的意味は提案ではなく，公然の事実として会話の中で提示される。話者は，まるでその情報がすでに話者と聞き手との間で共有されているかのようにふるまっているのだ。その結果，文脈が自動的に操作される[23]。

文脈の自動的な操作を，いくつかの例を挙げて強調しておこう[24]。とある会議で議長が遅刻者をなじりながら「野村でさえ遅刻しなかった」と発言したとしよう。聞き手は野村と初対面であっても，時間通りにやってきた野村は普段時間にルーズなのだと推測する。「それは間違っています」と議長の発言を直接的に否定したとしても，否定・交渉が可能なのは野村が本日遅刻しなかったかどうかであり，野村が時間にルーズかどうかではない。日本語の「〜さえ」には，交渉不可能な形で文脈に影響を与える意味があるのだ。別の例を挙げると，「今日遅れてきたのは誰だ」と述べる話者は，遅刻者がいると想定している。「誰」で聞かれた疑問文なので，それにまっとうに「山田です」，「田中です」，などと答えると，遅刻者がいるということを追認することになってしまう。「…したのは〜」という構文自体に，こうした想定を生じさせる効果があ

23　Murray（2014）においては，スタルネイカーの意味での「共有基盤（common ground）」をアップデートするやり方の違いとして記述的意味と表出的意味の違いが形式化されている。共有基盤とは，会話の参加者が会話の都合上受け入れている内容のことであり，本章での「文脈」は共有基盤を含むと考えることができる（Stalnaker 2014）。

24　この段落での事例がすべて表出的意味を持った表現として理解されるべきだと主張しているわけではない。表出的意味だけが文脈を操作するとは限らない。ここでの事例は一般的に「含み（implicature）」もしくは「前提（presupposition）」の一種とみなされており，文脈の自動的操作の例として挙げた。一つの考えは，表出的意味は含みの一種だとするものである（Potts 2015）。

るのだ。

もちろん，直接的に異議が申し立てられないからといって，表出的表現の使用に抵抗することができないわけではない。街中で「やあ」となれなれしく話しかけてきた見知らぬ人物に対して，「どうしてそのような言い方をするのですか」，「失礼ですがあなたはどちらさまですか」などと返すことはできるだろう。あるいは，「野村でさえ遅刻しなかった」と言う議長に対して，「ちょっと待って下さい。何か誤解があるようです。野村は遅刻したことがない几帳面な人物ですよ。誰かと間違えていませんか」などと会話の進行を食い止めることができる。よって，表出的意味の文脈の操作は，「強制的」ではなく，「半強制的」なのである。しかしここで指摘されるべきは，このような抵抗が可能なのは，対話・議論の機会が聞き手に与えられているような空間においてのみだ，ということである。たとえば話者と聞き手のあいだに圧倒的な権力差が存在し，どのような反論も抑圧されている場合，会話の進行を食い止め，操作された（されかけている）文脈の性質について議論することはきわめて困難だろう。また，後で述べるように，典型的ヘイト・スピーチの事例においてオープンな対話の機会を望むことはできないだろう。

(iii) 差別的実態

さて，*Jap* といった差別語が表出的意味を有しており，それが半強制的に文脈に影響を与えるとして，それはどのような意味内容なのだろうか。一つの発想として哲学者クリストファー・ホムの議論を紹介する。ホムによると人種的差別語の意味は，「レイシズムの社会的機構（social institutions of racism）」によって決定され，この社会的機構とは信念の集合と慣習の集合（ideology and a set of practices）を組み合わせたものだとされる（Hom 2008, pp. 430-1）。たとえば，中国人・中国系の人物への蔑称である *chink* は，その意味が中国人・中国系への差別的信念と慣習の集まりによって支えられている。中国人に対する差別的信念には「中国人は目が細い」，「中国人は嘘つきだ」，「中国人はクリーニング屋に向いている」などが含まれているかもしれないし，慣習には店先での失礼な対応，就職差別などが考えられるかもしれない[25]。こうした信念と慣習が，直接的に単語の意味として埋め込まれているとホムは主張し，差別語の意味の構造は次のようなものだと提案する[26]。

（11）…はかくかくという性質を持っているので，しかじかという慣習にさらされて当然だ（しかじかなように扱われるべきだ）。そしてこれらはすべて…が〜だからだ。（…に向けられた差別語の使用だとして，〜には差別語に対応する中立的表現が入る）

たとえば，*chink* の内容とは，「…はクリーニング屋に向いているのだから，ホワイトカラー職における出世コースからは外されるべきだ。これらはすべて…が中国人だからだ」のようなものになるだろう。つまり，差別語は，記述的意味として特定の集団を指し示すだけではなく，表出的意味としてその集団に関する一種の規範を表現していることになる[27]。差別語は個人の感情などではなく差別的世界観あるいは差別の実態を表現しているのだ。

本節の例である *Jap* にホムの議論を適用するとその表出的意味は，「…は目が細く，臆病で従順で勇気がなく，お酒に弱く，ポルノグラフィーやゲームに耽溺し，自動車の運転やスポーツが苦手といった性質を持っているので，リーダーシップが必要な仕事や俳優・モデルといった仕事からは排除されて当然だ。そしてこれらはすべて…が日本人・日系だからだ」のようなものになるかもしれない。そして，*Jap* が使用されるとき，この表出的意味が文脈における事実だとして提示される。このような差別的信念と慣習が文脈で成立していなければ，*Jap* の使用が適切ではなくなってしまう。話者がまじめにこの差別語を使

25　これらはホムが述べる例である。ホムによると，これらはあくまで可能的な例であり，実際にこのような信念と慣習が存在するかどうかは，経験的な問いであるとされる。また，慣習について，ホムは「失礼な社会的扱いからジェノサイドまで幅広いものがありえる」（Hom 2008, p. 431）と指摘する。

26　ホム自身の立場を正確に述べると，こうした差別的内容は表出的意味としてではなく，通常の記述的・真理条件的意味として，文全体が表現する命題の一部に含まれる。本章の著者らはこの見解に懐疑的である。

27　ホムは，こうした規範は神話的フィクションのようなものであり，事実ではありえないことを強調する。誰も，中国人・中国系であるからといってなんらかの不当な扱いを受けるべきではないからである（Hom and May 2013）。

用している限り，聞き手は不本意だとしても，会話の文脈が差別的実態を反映しているものと想定せざるをえないのだ。そのように想定しなければ話し手の述べていることが理解できないからである[28]。

4.3.　文脈の操作と信頼の破壊

以上の差別語に関する三つの論点から，ヘイト・スピーチが信頼を壊す基本的な道筋がただちに導かれる。まず，ホムの議論をわれわれの事例である「チョンコ」に当てはめると，この差別語は「…はかくかくという（コリアンに特有とされる）性質を持っているので，しかじかという慣習（職業差別や公的な支援からの排除など）にさらされて当然だ。そしてこれらはすべて…がコリアンだからだ」という表出的意味を持つ。ヘイト・スピーチにおいて，こうした差別語はまったく諧謔の要素なしに使用される。そのため，ヘイト・スピーチの標的である聞き手は，ヘイト・スピーチが行なわれている文脈において差別的信念と慣習が存在していることを想定しなくては，差別語の使用が意味不明なものとなってしまう[29]。表出的意味の半強制的な文脈操作により，ヘイト・スピーチの被害者は，この差別的実態が実際に成立していると（もちろん不本意ながら）想定しなくてはならないのだ。

ホムが提案する差別的実態の形式は，「とある差別的慣習が当然である」あるいは，その慣習にしたがって特定の人物が「取り扱われるべきである」というものである。つまり，これは単に特定のヘイト・スピーチ行為や，あるいは

28　2節で指摘されたように，差別的語彙の使用を単なる憎悪の表出と解釈することは短絡的なのだ。

29　他の名詞と同様差別語の意味は通時的な変化を受けやすく，ある年代の人々には否定的な意味を持っていると解釈される名詞が，他の年代の人々には肯定的に解釈されることがありうる。したがって，少なくとも本章で取り上げている在日コリアンに対するヘイト・スピーチに関していえば，ヘイト・スピーチを行なう側は，その被害者となる側が，自分たちと同一の日本語語彙理解を示すだろうという期待を持っている。本書で指摘されている通り，期待が信頼の必要条件だとすると，皮肉なことに，ヘイト・スピーチを行なう側はその被害者に，表出的意味の細微な条件にいたるまで，自分たちの発言を十分に理解してくれると全幅の信頼を（あるいはそれに近いものを）寄せているのだ。

同じ加害者による同じようなヘイト・スピーチについてのみ当てはまるわけではない。文脈に交渉の余地なく押し付けられた差別的実態は，被害者の日常生活全般に適用可能なものである。適用の普遍性は，とくに差別行為の行為者が未特定である点に由来する。ヘイト・スピーチの被害者が差別的慣習に従って「取り扱われるべきだ」という形式には，その差別的行為の行為者・加害者が含まれていない，あるいは隠伏的にしか含まれていない。つまり，ヘイト・スピーチの被害者が日常生活で遭遇するマジョリティのすべてが，可能的には差別的処遇を与えてくるかもしれないのである。路上で，駅で，学校で，商業施設で，役所で，警察所で，次に接触するどの人物も，自分を差別的に取り扱う可能性がある。というのも，そうすべきだ，という差別的実態が成立している（と想定させられた）からである。

このような状態は，不特定の市民一般を信頼できていない状態だといえる。われわれは次に遭遇する市民が，いろいろな合理的理由を除くと，自分を他の市民と同じように取り扱うと信頼している。自分に対して理由もなく暴力を振るわない，敵意を示さない，排除をしないだろうと信頼している。しかし，もし他の市民がわれわれを差別的に取り扱うべきである，と単に告げられるどころか，それが公然の事実として伝えられたならば，われわれはそのような信頼を失ってしまう。そして，他の市民に対するこの基本的な信頼――同等の社会的地位を持った存在として扱ってくれるだろうという信頼――が存在しない状態で，ウォルドロンの述べるところの安心が存在することはできない。

以上が，ヘイト・スピーチが信頼を壊す基本的な仕組みである。「基本的」と留保をつけているのは，公的なヘイト・スピーチのみならず，この仕組み自体は差別語の私的使用にも当てはまるからである。どのような差別語の使用にも，差別的実態を押し付けてくる側面がある。しかし公的な行為としてのヘイト・スピーチ固有の特徴が，先述の過程を悪化させている，あるいは効果的に実現させていると考えられる。公的なヘイト・スピーチ固有の特徴として，聞き手の広範さと，オープンな対話・議論の不可能性が挙げられる。これら二つの特徴を順番に検討する。

第一に，ヘイト・スピーチの聞き手は攻撃の直接的被害者であるマイノリティ集団の成員だけに限られず，ヘイト・スピーチを行なう集団内の人物，その場に居合わせるマジョリティの市民，報道によってヘイト・スピーチを耳にする不特定多数の市民が含まれる可能性がある[30]。ヘイト・スピーチが操作を行なう文脈の規模は，非常に大きなものである可能性があり，社会的常識や一般的規範といったものに影響を与えているかもしれない。「野村ですら遅刻しなかった」という発言の例を思い出して欲しい。もし，この発言により文脈中に押し付けられた「野村は時間にルーズだ」という不名誉な内容に対して，誰も異議を申し立てなければ，たとえそれがフィクションに過ぎなかったとしても，いずれ既成事実として受け入れられてしまうおそれがある。同様に，市民がその表出的意味――すなわち差別的実態――を否定しなければ，それを無効化することはできない。さらに，聞き手には市民をリードすべき公権力を持つ政治家・警察官・機動隊員なども含まれる。これらの聞き手の不作為は，差別的実態の既成事実化という深刻な帰結につながる可能性がある。

第二に，ヘイト・スピーチは主に街宣活動とインターネット上での書き込み・映像や音声の配信というかたちをとる。もちろん，コメント欄などわずかに応答の機会は存在するかもしれないが，おおむねこれらの行為は「言いっ放し」であり，参加者がターンを重ねる通常の会話とは異なる。通常の会話では，聞き手は話者としてこれまでの発話の曖昧な点を指摘したり，間違った想定を修正したりしながら，相互理解が進んでいく。一方，ヘイト・スピーチにおいては，差別的実態が文脈での事実として提示されるが，聞き手にはそれに異議を申し立てる機会は一切与えられない。このように，ヘイト・スピーチは一対一での私的な罵り合いなどとはまったく性格が異なるものなのだ。

まとめよう。ヘイト・スピーチは，ヘイト・スピーチを行なう加害者ばかりでなく，広範な市民一般を巻き込んで「市民一般が加担する差別的実態が成立している」という内容を既成事実化するものなのである。市民一般を差別的行為者とする差別的実態が成立していると想定させられる以上，その被害者となる集団の成員は，市民一般から差別的処遇を受ける可能性を認めざるをえず，

30　もちろん，どこからどこまでがとある発話の聞き手に含まれるのか，という問題を一般的に解決することは難しいだろう。少なくともヘイト・スピーチ行為者の多くは，できるだけ多くの市民に自分の「意見」を伝達したいと意図しているだろう（差別語の使用を真偽の問える「意見」とみなすことは難しいが）。

市民一般が自分を同等の社会的地位を持った市民として扱うだろうと信頼することができなくなるのだ。

5 おわりに

本章では，「信頼」概念を軸にヘイト・スピーチの詳細な理解を得ることを目指した。ヘイト・スピーチは，信頼の一種あるいはそれに近い公共財としての「安心」と，市民社会の隣人に対する，こちらの「尊厳を否定しないだろうという信頼」を破壊すると主張した。また，近年の言語哲学・言語科学における差別語分析を通じて，ヘイト・スピーチが実際にそうした信頼を破壊する道筋を細かく検討した。信頼研究を通じて，ヘイト・スピーチの害悪の少なくとも一つの側面が明らかになったといえる。

今後の研究課題としては，より広範かつ緻密な事例検討は当然として，信頼が壊される過程に介入することができるかどうか，あるいは失われた信頼を取り戻すことができるかどうか，といったものが考えられるだろう。ヘイト・スピーチがたとえ継続したとしても，尊厳が否定されないという保証が政府・権威から与えられればどうだろうか。どのようなメッセージが社会から発信されれば，公共財としての安心が生じてくるのだろうか。安心を回復させるために，市民社会はどのような貢献ができるのだろうか。こうした可能性を探求するためにも，学際的信頼研究のさらなる促進，深化が望まれる。

参考文献

Anderson, L. and Lepore, E. (2013) "Slurring Words", *Noûs*, 47(1), 25–48.

Bleich, E. (2011) *The Freedom to be Racist? How the United States and Europe Struggle to Preserve Freedom and Combat Racism*, Oxford University Press, Oxford.（邦訳：エリック・ブライシュ（明戸隆浩他訳）(2014)『ヘイトスピーチ：表現の自由はどこまで認められるか』，明石書店.）

Brown, A. (2015) *Hate Speech Law: A Philosophical Examination*, Routledge, New York.

Brown, A. (2017a) "What is Hate Speech? Part 1: The Myth of Hate", *Law and Philosophy*, 36, 419–468.

Brown, A. (2017b) "What is Hate Speech? Part 2: Family Resemblances", *Law and Philosophy*, 36, 561–613.

Greenawalt, K. (1995) *Fighting Words: Individuals, Communities, and Liberties of Speech*, Princeton University Press, Princeton, New Jersey.

Gutzmann, D. (2015) *Use-Conditional Meaning: Studies in Multidimensional Semantics*, Oxford University Press, Oxford.

Hom, C. (2008) "The Semantics of Racial Epithets", *Journal of Philosophy*, 105(8), 416–440.

Hom, C. (2010) "Pejoratives", *Philosophy Compass*, 5, 164–185.

Hom, C., and May, R. (2013) "Moral and Semantic Innocence", *Analytic Philosophy*, 54(3), 293–313.

Izumi, Y. and Hayashi, S. (forthcoming) "Expressive Small Clauses in Japanese", *New Frontiers in Artificial Intelligence: JSAI-isAI 2017 Workshops Revised Selected Papers*, Lecture Notes in Computer Science/Artificial Intelligence, Springer.

Langton, R. (2012) "Beyond Belief: Pragmatics in Hate Speech and Pornography", in I. Maitra and M. K. McGowan, (eds.), *Speech and Harm: Controversies over Free Speech*, Oxford University Press, Oxford, 72–93.

Matsuda, Mari. (1989) "Public Response to Racist Speech: Considering the Victim's Story", *Michigan Law Review*, 87, 2320–2381.

Matsuda, M. J., Lawrence, C. R. III., Delgado, R., and Crenshaw, K. W. (1993) *Words That Wound: Critical Race Theory, Assaultive Speech, and The First Amendment*, Westview Press, New York.

Murray, S. E. (2014) "Varieties of Update", *Semantics and Pragmatics*, 7(2), 1–53.

Potts, C. (2005) *The Logic of Conventional Implicatures*, Oxford University Press, Oxford.

Potts, C. (2007) "The Expressive Dimension", *Theoretical Linguistics*, 33, 165–198.

Potts, C. (2015) "Presupposition and Implicature", In S. Lappin and C. Fox, (eds.), *The Handbook of Contemporary Semantic Theory*, 2nd edition, Wiley-Blackwell, Oxford, 168–202.

Predelli, S. (2013) *Meaning Without Truth*. Oxford University Press, Oxford.

Rawls, J. (1993) *Political Liberalism*, Columbia University Press, New York.

Stalnaker, R. C. (2014) *Context*, Oxford University Press, Oxford.

Tirrell, L. (2012) "Genocidal Language Games", In I. Maitra and M. K. McGowan, (eds.), *Speech and Harm: Controversies over Free Speech*, Oxford University Press, Oxford, 74-221.

Waldron, J. (2012) *The Harm in Hate Speech*. Harvard University Press, Cambridge, Massachusetts.（邦訳：J・ウォルドロン（谷澤正嗣・川岸令和訳）(2015)『ヘイト・スピーチという危害』，みすず書房.）

明戸隆浩（2014）「訳者解説」，エリック・ブライシュ，『ヘイトスピーチ：表現の自由はどこまで認められるか』，明石書店，274-301.

金尚均（2014）「ヘイト・スピーチに対する処罰の可能性」，金尚均（編）『ヘイト・スピーチの法的研究』，法律文化社，166-176.

小林直樹（1970）「政治における寛容と不寛容」，『世界』，291，29-46.

高史明（2015）『レイシズムを解剖する：在日コリアンへの偏見とインターネット』，勁草書房.

中村一成（2014）「ヘイト・スピーチとその被害」，金尚均（編）『ヘイト・スピーチの法的研究』，法律文化社，35-52.

桧垣伸次（2017）『ヘイト・スピーチ規制の憲法学的考察：表現の自由のジレンマ』，法律文化社.

師岡康子（2013）『ヘイト・スピーチとは何か』，岩波新書.

安田浩一（2015）『ヘイトスピーチ「愛国者」たちの憎悪と暴力』，文春新書.

山岸俊男（1998）『信頼の構造：こころと社会の進化ゲーム』，東京大学出版会.

山下仁（2015）「ヘイト・スピーチを「ことばの暴力」として考える－批判的社会言語学の観点からの一考察」，言語文化共同研究プロジェクト，3-15.

第13章
高等教育における授業設計と信頼

成瀬　尚志

1 ● 二つの事例

本章では，高等教育における授業設計を信頼の観点から検討したい。まずは，次の二つの事例を見てみよう。

> 「この授業では成績評価のためにレポート課題を課します。しかし，最近ではインターネットからのコピペが多いので，コピペを発見するソフトを導入して採点しています。コピペをしてもすぐにわかるので，コピペはしないように。万一，コピペが発覚した場合には，カンニング同様，この授業を含め今学期のすべての単位を不可とします。」

こうした説明は，最近の大学ではおなじみのものであろう。コピペを検知するためのソフトもインターネット上に無料で公開されているため，利用している教員も多いのではないだろうか。

次に紹介するのは，とある大学の授業の事例である[1]。

> 教室には100人ほどの受講生がいるが，教員は何もしゃべらない。そもそも教壇にすら立っていない。授業開始時間になっても何も起こらない。し

ばらくすると教卓においてあったコメントシートのようなもの（前回の授業で学生たちが記入したものに教員のコメントがつけられたもの）を学生が自主的に学生に配り出す。また，そうこうしているうちに，ある学生が教壇に立って司会をし始める。「えーっと，今日の授業のシラバスをネットで見てみると○○と書いてあるので，○○をしないといけないってことだと思うんだけど，どうしたらいいと思う？」

これらは何も事前に決められているわけではなく学生たちが「主体的」に行なっているのである。

司会の学生が議論を進め，今日の授業で何をするかについて議論をしている。前回の授業からの流れでグループごとに分かれて座っているため，グループの中で話をしているところもある。しかし，それらの話の内容はほぼ「今日の授業について」である。教員はその議論の最中，最後列に座り，何かの作業をしている。それでもその議論の進行について誰よりも耳をそばだてて聴きながら授業の進行について考えているのであろう。

教員による介入は必要かつ最低限のものである。後ろのほうに座っていては読めない程度の大きさの文字で一言二言のコメントが板書される。その板書を巡ってまた学生たちのあいだで議論が進んでいく。

司会の学生が寝ている学生に注意する場面もあった。また，なかなか議論がまとまらないためか，各グループの所を回って，意見を集めて回っていた学生もいた。教員はほとんど何もしていないように見えるが，その分学生たちは熱心に頭を使って思考していた。

1　ここで紹介する授業についてはたなか他（2014）を参照，なお，次に続く引用文は筆者がその授業を見学に行った時の報告記事（http://www.koka.ac.jp/ap/archives/120）からのものである。

この二つの事例は，学生のモチベーションが前者においては「罰を受けないためにがんばる」という非常にネガティブなものであるのに対し，後者では主体的でポジティブなものであるという点に違いがある。また，それにともない，前者での学びよりも，後者での学びのほうが高次であるようにも思える。

もし，両者にそうした違いがあるとした場合，次に問題となるのは，その違いは何によって生み出されるのかという点である。この二つの事例は，場面や目的などが大きく異なるため，比較することは適切ではないかもしれない。しかしながら，「信頼」という観点から考察すると，両者の違いは明確である。

前者は学生に対する不信が前提となっているのに対し，後者は学生に対する信頼が前提とされているという点で決定的に異なっている。ここで一つの仮説が立てられる。授業設計において，学生に対する信頼を前提とした授業設計は高次の学びを生み出すのではないか，というものである。

教える側が，生徒や学生といかにして信頼関係を築くかということはもちろん重要な観点である。しかしながら，大学の場合，初等教育や中等教育と異なり，学生と顔を合わすのはせいぜい週に一回程度である。しかも，受講生が100人や200人もいる場合に，全学生との信頼関係を構築することは容易なことではない。しかし，ここで検討したいことは，そうした個別の信頼関係の構築ではなく，授業設計の中に信頼関係の構築が前提とされているか，あるいは，不信が前提とされているか，という点である。

以下では，信頼チャートを活用し，授業の中でのさまざまな事例について検討を行なう。実証的な検証は当然ながら求められるものの，もし，この仮説が有効であれば，教員が自身の授業設計を容易にチェックできるというメリットがあるだろう。

2　大学では信頼関係は問題になりにくい ——信頼よりも授業手法

教員と学生との信頼関係を構築することが重要であることは，両者の接する時間が長い初等教育や中等教育では以前から重視されている。しかしながら，大学においては一部の大学を除いては，担任制のようなものは存在せず，せいぜいゼミ活動において，学生と教員との人間関係が意識される程度である。大学全体の授業の中ではそうしたゼミのような授業よりも，それ以外の授業のほうが圧倒的に多い。そうした授業では，一回90分程度の授業を行ない，それが半期に15回あるという程度で，学生と教員との接点はかなり限定的である。それゆえ，教員と学生とのあいだの信頼関係といったものよりも「授業手法」のような，具体的な問題に焦点が当てられやすい。

そこで，近年注目されているのが「アクティブラーニング」というものである。アクティブラーニングという言葉が文科省の政策用語として初めて登場したのが中央教育審議会「新たな未来を築くための大学教育の質的転換に向けて(答申)』(いわゆる「質的転換答申」)(2012年8月28日）である。その「用語集」の中でアクティブラーニングは次のように定義されている。

> 「教員による一方向的な講義形式の教育とは異なり，学習者の能動的な学習への参加を取り入れた教授・学習法の総称。学習者が能動的に学習することによって，認知的，倫理的，社会的能力，教養，知識，経験を含めた汎用的能力の育成を図る。発見学習，問題解決学習，体験学習，調査学習等が含まれるが，教室内でのグループ・ディスカッション，ディベート，グループ・ワーク等も有効なアクティブ・ラーニングの方法である」

また，アクティブラーニング研究の第一人者である溝上慎一は，アクティブラーニングを次のように定義している。

> 「一方行的な知識伝達型講義を聴くという（受動的）学習を乗り越える意味での，あらゆる能動的な学習のこと。能動的な学習には，書く・話す・発表するなどの活動への関与と，そこで生じる認知プロセスの外化を伴う」（溝上 2014）

つまり，アクティブラーニングとは，学生が単に授業を聞いているだけでなく，「書く・話す・発表する」などの活動を通しながら学習を進めるというものである。溝上の定義からわかるように，アクティブラーニングは「ラーニング」

なので学生がどのようにして学ぶかという形で定義がなされている。そうしたことから，最近では学生に対する学習法としてアクティブラーニングが取り上げられ，学生に説明される機会も増えてきたが，それでもなお，アクティブラーニングは教員に対する「授業手法」の問題として取り上げられるのが一般的である。つまり，アクティブラーニングという学生の「状態」を生み出すような授業をいかにして教員は行なうことができるか，という問題としてアクティブラーニングは語られるのである。

こうしたことから，溝上は，アクティブラーニングを生み出す授業のことを「アクティブラーニング型授業」として「アクティブラーニング」と区別をしている（溝上 2014, p. 14）。教員が目指すことは「アクティブラーニング」であるが，教員にできることは「アクティブラーニング型授業」なのである。両者は異なり，独立して生じうるという点がポイントである。

3 ● アクティブラーニング型授業の効果と問題点 ――ディープ・アクティブラーニング

外化を取り入れたアクティブラーニング型授業のもっとも大きな効果は，学生が自身の理解度を把握しながら学習を進めることができるという点にある。つまり，これまで頭の中でのみでなされていた思考のプロセスを外化することで，「うまく説明できなかった」や「もっとこの部分を具体的に説明した方がよいかも」など，学生自身が評価をしながら学習を進められるので，自己修正しやすくなるというメリットがある[2]。また，学習のプロセスが外化されることで，教員側も学生の理解度を確認できるため，授業の軌道修正がしやすくなる。

しかし，アクティブラーニングを授業手法の観点から捉えた場合，活動が目的化してしまうという問題がある。「活動あって学びなし」と言われるように，学生は指示された活動をしているものの，そこに学びがないということはしば

2　こうした自己修正は形成的評価によってもたらされる。詳しくは，成瀬（2016）の第4章，第6章参照。

しば問題とされている。

Wiggins and McTighe（2005）は，教員が陥りやすい過ちとして「双子の過ち」というものを指摘している。これは，授業の中で取り上げる話題をできるだけ幅広いものにしたいという「網羅に焦点を合わせた指導」も，まさにアクティブラーニング型授業のような「活動に焦点を合わせた指導」もどちらも効果的な学習を生まないというものである。両者が一方のアンチテーゼとなっていることは容易に見て取れるだろう。両者のどちらか一方に焦点を当てることで問題を解決することはできないのである。

そこで最近重視されているのが「ディープ・アクティブラーニング」というものである。単に活動を求めるだけでなく，そこに「深さ」を求めるというものである[3]。松下（2015）によると，深さには三つの観点があり，学習戦略としての深さ（深い学習），対象の理解の仕方の深さ（深い理解），学習に対する関与の仕方の深さ（深い関与）の三つである。たとえば，深い学習とは，「学習課題に対して振り返る」「離れた問題に適用する」「仮説を立てる」「原理と関連づける」といった高次の認知機能を用いて取り組むことを特徴とする（p. 46）。たしかにこれらが実現されているときは「よく学んでいる」と言えるだろう。

アクティブラーニングは学生の学習プロセスを「内と外」に分け，また，ディープ・アクティブラーニングは学習の質を「浅い・深い」で区別している。頭の中（つまり内側）で生じる学習プロセスと，外化された学習プロセスとの両方で，深い学びが実現されることを目指すのがディープ・アクティブラーニングの狙いである。「ディープ・アクティブラーニングとは，外的活動における能動性だけでなく内的活動における能動性も重視した学習である。『ディープ』という言葉を冠することは，〈外的活動における能動性〉を重視するあまり，〈内的活動における能動性〉がなおざりになりがちなアクティブラーニング型授業に対する批判がこめられている」（pp. 18–19）と，松下（2015）では「深さ」が「（とくに内的活動の）能動性」によって規定されている。

このように，授業での狙いを学生の（内側と外側で生じる）学習の深さに設

3　松下（2015）参照。

定することで，先の「双子の過ち」で見たような「活動か網羅か」といった基準よりも，学習の質を的確に捉えられていると言える。しかしながら，そうした深さをいかにして可視化するかという問題に加え，この方向性で考えると，授業が終了してからでないと，その授業設計について評価できないという問題がある。できれば，教員自身が事前に授業設計を容易に評価できるような基準があれば理想的である。

授業設計という観点について，松下（2015）では，反転授業や協同学習などいくつか具体的な提案がなされている。しかし，ここで着目したいのはディープ・アクティブラーニングが学生の主体性については扱わないという点である。

4 ● 指示と主体性のパラドックス

松下（2015）は，アクティブラーニング型授業を取り入れても未解決の問題として次の三つを挙げている。

(1) 知識（内容）と活動の乖離：活動中心の授業では知識の伝達に使える時間が減る一方で，高次の思考を求めるには一定の知識の獲得が必要となる問題。
(2) 能動的学習を目指す授業の受動性：アクティブラーニング型授業ではなんらかの活動が求められる分，学生が主体的にその活動を行なおうとする意志が生じる余白がなくなってしまうという問題。
(3) 学習スタイルの多様性への対応：グループワークやプレゼンテーション等の活動を好まない学生の学習スタイルをどのように考慮すべきかという問題。

松下はこの中で，ディープ・アクティブラーニング（型授業）が対処する問題は（1）であると述べている。これまで見たとおり，単に活動を求めるだけでなく，知識の活用を求めるような高度な思考が発揮されるような活動を求めることで，知識の定着と活動とを連動させることがディープ・アクティブラーニングの狙いなのである。

しかし，アクティブラーニングという言葉の意味からしても，学生が主体的に学んでいるかどうかは欠かすことのできない問題であり，(2) こそがもっとも重要な問題ではないだろうか。ではなぜディープ・アクティブラーニングは (2) に対処できないのであろうか。

冒頭で取り上げた授業のように，何の指示もなく学生が活動を始めるというのは例外的であり，多くの場合，授業内での活動は教員の指示によって生み出される。そして，その指示の内容を工夫することで，上記の (1) の問題には対処できるだろう。しかし，教員の授業の工夫を「指示内容の吟味」に絞ると，(2) の問題には対処できない。指示と主体性は両立し得ないのである（もちろん，主体性がはぐくまれる初期の段階では明確な指示が有効であるということは十分考えられる）。ディープ・アクティブラーニングが，(2) に対処できないとするなら，それは，そこで求められている活動の多くが教員からの「指示」によって成り立っているからだと言えよう。

以上のようなことから，次の二つの点が指摘できる。まず，一つ目は，学生の学習の質を基準に授業デザインを評価しようとすると，事後的にしか評価できないという問題がある。これは，授業デザインを学生の学習成果によって評価することは不適切である，ということではもちろんない。授業デザインのよしあしの基準を学生側ではなく，教員側に設定することで事前に（あるいは容易に）評価が可能になる（よって修正も容易になる）のではないかという提案である[4]。二つ目は，ディープ・アクティブラーニングは，そもそも学生の主体性の問題に原理上対処できないという点である。学生が主体的に学ぶということは目指すべき目標であり，それゆえ，その目標を目指す方策を模索すべきであろう。

4　教育目標を効果的に実現することを目指したインストラクショナルデザインという授業設計手法がある。これは，授業での到達目標を評価可能な行動目標のかたちで明確にし，その目標を効果的かつ効率的に実現するための方法論である。インストラクショナルデザインは授業設計の観点から非常に効果的であるものの，ここで取り上げている主体性のようなものをどのように評価するかを明確にしない限り，インストラクショナルデザインの枠組みでも扱えない。

5 ● 学生をいかに信頼するか

ここで冒頭のレポート課題の事例を見てみよう。たとえば，最初に見たコピペ検知ソフトの例をみると，この事例では，学生に対する不信が前提になっていることがわかる。インターネットが普及した現在では，あらゆる情報に容易にアクセス可能となり，学生がそうした情報を利用しながらレポートを作成するのも無理はない。もちろん，引用の作法であるとか，剽窃がなぜ問題であるのかについての指導は当然必要であるものの，「コピペ検知ソフトによって剽窃を防ぐ」という発想には，「そうでもしないと剽窃をする」という不信が前提となっているのは間違いない。手書きレポートを求めるという事例も見られるが，これも手書きを求めることによってのみ学習（実際のところは「労力」）が生み出されると教員側が考えているからであろう。

しかしながら，この問題には別のアプローチも可能である。たとえば，「○○について論ぜよ」というレポート論題（レポート課題における「～について説明せよ」などの教員からの指示文）を「○○について具体例を挙げながら説明せよ」と工夫するだけで，剽窃の発生率は大幅に減少する[5]。そうした論題の工夫は少し考えてみてもいくらでも考えられる。たとえば，「○○の問題点について，文献を調べて論じなさい。その際，どのような文献を調べたのかについて，出典を明記し，どの資料が重要でどの資料が重要でなかったのかについても説明しなさい」という論題にすれば，調べたことを「地の文」にコピペしてしまうと求められていることに答えられないため，自然と情報収集したものを列挙し優劣をつけるだろう。そして，そのプロセスはまさに通常の論文を書くプロセスそのものとも言える。

このレポート課題の事例は，授業設計の際に，教員が学生をどのように捉えているかが決定的に重要であるという事例である。学生に対する不信が前提となっている授業設計の場合は，そこから生まれる学習はそれほど高次なものとはならない。一方，学生を信頼している場合には，学生の主体性を尊重する方向で授業設計を検討する（論題の検討など）ことが可能となるのだ。

5　詳しくは，成瀬（2016）参照。

そして，学生をいかに信頼するかという観点は，冒頭の授業の事例にも当てはまる。その授業の中で前提になっているのは，学生に求める具体的な活動の内容というよりも，学生を信頼しているということであり，まさにそのことが学生の主体的な学びを生み出していると言えるのではないだろうか。

つまり，授業設計において，とくに学生の主体性を求める際には，学生を信頼しているかどうかが決定的に大事であると言えるのではないだろうか。しかも，この基準は学生側（つまり学生の学習成果）の基準ではなく，教員側の基準であるため，授業設計を事前に評価する際にも活用できるのではないだろうか。これは仮説に過ぎないが，一考の余地があるだろう。以下では，信頼チャートにもとづいて，授業での実践を分類してみよう。

6 ● 事例の検討

では，ここで授業デザインや授業内での取組みを，教員の学生に対する信頼の種類によって三つに分類してみよう。信頼チャートにもとづき，授業実践の事例を「不信」，「行為のみを対象とするタイプの信頼」，「動機を対象とするタイプの信頼」の三つに分類しながら検討する。

6.1. 事例群 1：不信が前提となっている事例

先に見たレポート課題の事例のように，学生に対する不信が前提となっている事例はよく見られる。抜き打ちテストはその最たる例だろう。不信というのは具体的には，ある種のネガティブな行為に関する期待であるとも言い換えられるかもしれない[6]。そして，場合によっては，そのネガティブな行為を「検知」し，なんらかの「罰則」を伴わせることで学習を促進させようというケースもある[7]。「○○できなかったら減点」というのもそうである。

6　このような「不信」の理解は，「信頼が破壊されることによって生みだされる」という本書第 12 章（和泉・朱・仲宗根論文）における「不信」の理解とは異なる。

7　大村（1996）は「教室を必ず学習の場として保ち，けっして検査の場にはしない」（p. 79）と述べている。

	関係項		対象				結果
	関係項1	関係項2	能力	行為	動機	動機の内容	
事例群1	信頼者	被信頼者		×[8]			

○授業中のスマホ禁止

「授業中のスマホ使用禁止」というのは多くの授業で指示されている。もちろん，授業とは関係のないことにスマホを使うことを避けるためであろう。しかし，一方で，教員同士の会議においては誰一人としてスマホを触っていない会議も珍しいだろう。緊急の連絡が来ていないかを確認したり，あるいは，その会議の内容について情報収集しているのかもしれない。あるいは，その会議とはまったく関係のない利用の仕方をしているのかもしれない。では，先の授業の事例とこの教員だけの会議の場合とは区別されるべきなのであろうか。学生には授業で禁止すべきであるとする一方で，教員らの会議においては認められるべきだとするのであるならその違いは何であろうか。その違いは，ひとえに相手を信頼しているかどうかの違いでしかない。

授業の中でわからないことがあればすぐにスマホで調べるというのは，学び方としては望ましいことだと言える。実際，そのような授業中でのスマホ利用を推奨している授業も増加しつつある。

ここでのポイントは，「授業中のスマホ利用を推奨すべきである」や「授業中のスマホ利用を推奨すれば，主体的な学びにつながる」ということではなく，「授業中のスマホ利用を禁止することは学生を信頼していないからである」という点である。スマホの利用は情報収集の点では有益なツールである。それを授業中にも利用可能にするためには何が必要かを検討することが重要だ，ということである。

○座席指定

受講生が多い授業の場合，学生の私語が問題となる場合が多い。その対策と

8　「×」はネガティブな行為に対する態度とする。

して，各学生の着席する座席を指定するという対策がある。ランダムに座席を決めると，周りに知り合いがいない可能性が高くなり，私語は少なくなる。しかしながら，この「座席指定」は「座席を指定しないとしっかりと授業を受けない」という不信が前提となっている。

○ミッドタームスチューデントフィードバック

ミッドタームスチューデントフィードバックとは，授業に第三者が入り，授業をよりよくするための改善を行なう取組みである。教員には直接言いにくいことも第三者を介して伝えることができるというものであり，授業改善の取組みとして注目されている。この事例では，「学生が教員に対しては本当のことを言えない」という現状から，「本当のことを言える人をあいだに入れる」という解決策を見いだしているが，「本当のことを言えるような関係を築く」という方向に持って行くことも可能であろう。つまり，この事例では学生に対する不信が前提とされていることがわかる。大学の授業にさける現実的なリソースを考えると後者のほうが現実的でもある。おそらく初等教育ではあいだに人を入れる，ということは考えられないだろう。

6.2. 事例群 2：行為に関する期待

先ほど見たレポート論題の工夫のケースは，学生を「コピペをする悪者」と捉えるのではなく，適切な指示を与えることで，頭を使ったレポートを求めようとするものであった。まさに，学生を信頼するかどうかの違いである。では，レポート論題の工夫のケースは学生の何を信頼しているのだろうか。論題は「指示文」から構成されていることから，教員からの指示である。そして，その指示はある種の行為を求めている。これは信頼チャートの「行為のみを対象とするタイプの信頼」に対応する。この「行為のみを対象とするタイプの信頼」はアクティブラーニング型授業での典型的なケースと言えよう。

	関係項		対象				結果
	関係項 1	関係項 2	能力	行為	動機	動機の内容	
事例群 2	信頼者	被信頼者		✓			

○グループワークやプレゼンテーションをさせる

いわゆる「アクティブラーニング型授業」では，グループワークとプレゼンテーションを求めるというのが一般的である。もちろん，「グループワーク」や「プレゼンテーション」といっても，その設計の仕方には大きな幅がある。活動の目的や意義を明確にし，それを学生と共有するかどうかで，結果としてのアウトカムも大きく異なってくる。しかし，ここで注目したいのは，これらの授業設計においては，学生の「行為」を期待しているという点である。期待が予期や楽観と同様にポジティブな態度の一種であることを考えれば，ここでは教員が学生に対して，行為のみを対象とするタイプの信頼を抱いているということがわかる。

ある種の（外化された）行為が学びと連動していることはこれまでも見てきたとおりである。しかし，その行為が教員からの「指示」から成り立っている以上，原理的に主体的な学びとはなりにくい。たとえば，グループワークを求めた授業の中で，学生から，「もうやめてもいいですか？」と聞かれた場合，教員としてどのように答えればよいだろうか。もちろん，「時間をめいっぱい使ってテーマについて検討して下さい」ということは可能である。しかし，学生自身が「もう十分だ」と判断した場合，教員に残された選択肢はほとんどない。「もうやめてもいいですか？」という問いは，事例群2が教員の「行為のみを対象とするタイプの信頼」から成り立っており，まさにその行為を遂行した以上その学生にはすべきことは残っていない，という原理上の問題点を学生が読み取った証であり，事例群2の本質を突いた問いなのである。

このことはレポート課題に関しても同様である。さきほど見たように，論題を工夫することは意味がある。しかし，自分で問いを立ててそれについて論じるという，研究の基本スタイルには論題のような指示はむしろ不要である。そのことは卒業論文が教員からの論題（指示文）によって生み出されるわけではないことからも明らかだろう。指示の工夫には限界があるのである。

6.3.　事例群3

冒頭に紹介した授業のポイントは指示がないという点にある。また，それゆえ，なんらかの行為を対象とするタイプの信頼があるわけではない[9]。信頼チャートで考えれば，そこで信頼の対象となっているのは，「動機」であると言えるだろう。まさに，主体的に学ぼうとするその動機こそが期待されているのである。

	関係項		対象				結果
	関係項 1	関係項 2	能力	行為	動機	動機の内容	
事例群 3	信頼者	被信頼者			✓	主体性	

○授業中にスマホを使っての情報収集を認める

「はい，では今からスマホを出して，○○について調べて下さい」という時間を設けるなら，それは事例群 2 に当たる。その場合，学生に期待していることは情報収集という行為である。しかし，「授業中にわからないことがあればいつでもスマホを使って調べて下さい」とするなら，そこで期待されているのは，「わからないことを自分で調べよう」という「動機」である。もちろん，授業中のスマホ利用を認めた場合，授業とは関係のないことに利用することも十分考えられる。しかし，ここでのポイントは，そうした利用を「いかにして排除するか」という観点での授業設計は，学生を信頼していないものであり，また，結果として目指していた学生の主体的学びとは反対方向を向いているという点である。

○評価に関わらない追加課題を出す

授業の中で次のような追加課題を出すことは可能である。「この授業に関する成績評価のためのレポート課題とは別に，追加のレポート課題を出します。この課題は提出してもしなくても成績にはまったく影響ありません。提出した人にはコメントをつけて返します。」

この「追加課題」を出題する場合，その教員が期待しているのは，レポート課題を執筆して提出するという「行為」ではなく，「よいレポートを書こう」

9　ただし，行為に関する信頼が一切ないとは言い切れない。本書第 11 章（永守論文）2 節で論じられている「委託モデル」としても理解可能だからである。

と思う学生の「動機」である。「追加課題なんて出したところでどうせ誰もやってこないだろう」と思っている教員はこのような課題は出さないだろう。

こうした事例は他にも実際に見られる。正課外の活動に力を入れている大学は近年増加しており，その中で地域と連携しながらなんらかのプロジェクトに取り組んでいる大学も多い。正課外ゆえ，それらの活動は成績評価の対象にはならない。だからこそ，その活動に取り組む学生は（教員からの指示によるのではなく）主体的に取り組んでいると言える。一定の成果が上がったそうした活動を正課内の授業として開講するケースも見られるが，そうすることで教員が学生に期待することが動機から行為に代わってしまう恐れがある。

また，この事例においては「成績と関係のない課題を出す」ということに加え「提出した人にはコメントをつけて返します」という点がポイントである。追加で課題を出そうとする学生に対して誠意のこもった対応をするということを表しているからである。「授業」や「何かを教える」といったフレームではなく，一対一の人間同士の関係の中での対応である点が重要である。

冒頭の，学生が主体的であった授業は，じつは授業時間の 90 分以外のところにも着目すべきである。授業では最終的には各回の授業の報告書をまとめた冊子を提出することが求められている。各回の授業の報告書は教員に提出されるが，その提出された報告書のすべてに教員は目を通し，添削ではなくコメントをつけて学生に返却しているのである。そうした教員の学生に対する丁寧な対応が前提にあるからこそ，授業時間中，教員は一番後ろの席でなんらかの作業をしており，なんらかの講義をするわけでもなく，また，なんらかの指示を出すわけではないものの，学生からすると，しっかりと自分たちのことを見ていてくれているという信頼関係が成立しているのである。つまり，あの 90 分の授業時間の中で生まれていた学生の主体性は，そうした教員と学生とのあいだに成り立っている相互的な信頼関係のうえではじめて成立しているのであって，何も指示をしなければよい，というものではないのである。

7 ● まとめ

以上のように，本章では授業設計を信頼チャートにもとづいて分類した。実証的なエビデンスは必要であるものの，事例群1から事例群3に向かって，学生の学習が高次で主体的になっていくことがわかる。

事例群2は事例群1と比べると，学生に対して教員がある種の信頼を抱いていることがわかる。なんらかの指示を通して，学生がある行為を遂行することを期待しているのである。しかし，事例群3と比べると，事例群2はなんらかの行為しか期待していないとも言える。学生になんらかの活動を求める際，その活動（たとえばグループワークやプレゼンテーションなど）自体の設計を工夫することで，学生の学びを高次なものとすることは当然可能である。しかし，その活動が教員からの指示から成り立っているのだとするなら，学生が主体的に学ぶということには限界がある。学生に主体性を求めるのであれば，学生の主体性（つまり動機）そのものを期待することが重要になってくるだろう。事例群2は活動の種類にはさまざまあるものの，教員の思い通りにしたい，という意図が背景にあり，そもそも主体性を期待していないのである[10]。

このように，もし，教員の学生に対する信頼の程度（あるいは種類）が学生の学習の次元に関与していると考えてよいなら，授業設計をする教員にとっては大きな助けとなるだろう。なぜなら，本章で取り上げた三つの事例群の区分は非常に明確であり，かつ，事前に自身の授業設計を検討する際の有効な参照点となりうるからである。もちろんすべての授業で事例3が有効である，というわけではなく，授業の目的や文脈によってそれぞれの事例群は有効でありうる。また，事例群2と3は，どのような授業でもたやすく導入できるというものではない。そうであっても，学生に対する信頼という観点は，自身の授業を検討する際の有効な観点になりうるのではないだろうか。とくに，この三つの区別は，授業がある段階でうまくいかなくなったときに検討する方向性を示すものと言えるだろう。

10　大村（1996）でも，ここで示した指示や命令の限界について言及されているとともに，生徒の主体性を求めるための工夫について論じられている。

参考文献

Wiggins, G. P., & McTighe, J. (2005) *Understanding by design*. Ascd.
大村はま（1996）『新編　教えるということ』，筑摩書房
たなかよしこ他（2014）「学生の学習効果を高めるフシンセツ授業の実践報告：教員のための手間と学生のための手間」，『大学教育学会誌』，36(2)，74-77.
成瀬尚志（編）（2016）『学生を思考にいざなうレポート課題』，ひつじ書房.
松下佳代（2015）『ディープ・アクティブラーニング』，勁草書房.
溝上慎一（2014）『アクティブラーニングと教授学習パラダイムの転換』，東信堂.

第14章 人工的な他者への信頼
――HAI研究における信頼

大澤博隆

1 ● 信頼を生みだす人工物とは

現在の我々の社会は，さまざまなロボットや人工知能システムに支えられるようになってきている。こうしたシステムを我々は「信頼」している。たとえば新幹線は，センシング能力とアクチュエーターを揃えたロボットであり，その定時性，無事故性についての信頼は極めて高い。また，我々がスマートフォンで音声検索を行なう時には，対話システムが背後で動いており，人間の音声を分析し，問いたい質問を理解し，検索した結果を持ってくることができる。こうしたシステムについても，いまだ精度の問題が検討されることはあるが，その動作・結果にはある程度信頼が置かれている，と見て良いだろう。

だが，こうした人工のシステムがユーザから得ている信頼は，果たして人間同士がお互いに感じている「信頼」と一緒なのだろうか。それとも，人間同士で成立する信頼関係は，人工物との信頼関係とは異なるのだろうか？　私達が電車に乗って目的地へ行くときの，電車に対する「信頼」と，私達がタクシーで運転手に目的地を伝え，そこまで運んでもらうときの運転手に対する「信頼」は同じものと扱ってよいのだろうか？

まずここで重要なのは「信頼する対象に信頼を担保する主体があるかどうか」と「信頼する対象に信頼を担保する主体がある，と人間が思い込むかどううか」の違いである。本書2コラムの信頼チャートでは，いくつかの研究分野において，信頼を満たす要件として，信頼を受ける対象の「動機」や「意図」が存在することが前提とされていることがわかる。心理学や社会学において，扱う対象は人間であり，その動機や意図を要件とすることに不思議はないが，人工物にこうした「動機」や「意図」が存在することは，現在も，将来的にも，自明な事実として証明可能と言いきれるものではない。人工物そのものに，実際に主体があり，意思決定しているかどうかは心脳問題の根幹であり，神経科学，哲学，人工知能の分野で激論を生むテーマである（Christoph et al. 2006）。本章ではこのテーマには深く踏み込まない。ただし一点だけ，現在の意識研究の最先端にあると言われる「統合情報理論」の考え方を引用したい。「統合情報理論」では意識の有無の判定に「システムのモジュール同士の接続の統合情報量」を評価するが，この量は，そのシステムが実際に取った行動から判定されるのではなく，その系がとり得る選択肢がどれくらい多かったか，を基準に評価される（トノーニほか 2015）。この観点から言えば，他にもとり得る選択肢が多くあったのに，それを選択しないことをもって，人間は「主体的な行動」と判断しており，人間同士の間に信頼が生まれえるのではないか，という示唆はできるかもしれない。たとえばタクシー運転手の場合には，目的地へ着いて料金をボッタクったり，客を他の場所に連れて行き金品を剝ぎ取る，という選択肢をとる自由を持っているが，運転手は自らの意思でそうしないことを決定しており，そうしないことを我々は「信頼」して利用できる。一方で，線路の上にいる電車は，人間を他所へ連れて行って金品を剝ぎ取る，というような高度な処理はできないし，そのような想定を我々はしない。この両者には情報処理の面からも，質的な違いがあるように思われる。ただいずれにせよ，このあたりの議論は本章の主眼ではないし，私にそのスキルはない。

一方で，「信頼する対象に信頼を担保する主体がある，と人間が思い込むかどうか」は極めて実用的な問題であり，工学の対象分野である。どのようなシステムが意識を持ち，主体的に振る舞うかどうか，我々には判定できないが，どのようなシステムが意識を持ち，主体的に振る舞っているかのように「見えるか」については，我々システムを使用する人間の反応から間接的に判定できる。また，こうした「思い込み」は，社会的な存在感によって人間の活動に良い影響を与えうるという意味で，有用でもある。実際に，人間の存在によって人間の行なうタスクのパフォーマンスが上がることが，ソーシャルファシリテーションの研究で示されており，このタスクの向上の効果は人工的なエージェントでも成立しうる（Shiomi et al. 2017）。むろん，「動機」や「意図」が存在しない，機械的な人工物であっても，自動化された判断をどこまで「信頼するか」という点で，信頼性の議論をすることは可能である。笠木は本書第10章で，こうした機械的に振る舞う人工物に関する信頼の議論を行なっている。本章で扱うのは，こうした自動化された人工物とまったく同様のシステムだが，その中で，人間にとって「信頼する対象に信頼を担保する主体がある，と人間が思い込む」人工物を扱っている。

じつは，こうした「人工的システムが主体的に振る舞っているかのように見えるか」どうかを研究する学問が，本章で扱うヒューマンエージェントインタラクション（HAI）である。この分野は，人工的なシステムを人間にわかりやすく伝えるために，人間と同じような擬人化されたエージェントを用いて問題解決を図る分野として誕生した。わかりやすく言えば，世の中に存在するロボットや，ゲームのなかのキャラクターを「信じさせる」技術を研究する分野であると言える（HAI研究ではこうした，人間と接するための「代理人」を総称して，エージェントと呼ぶ）。こうした主体性の不明な人工物への信頼を人間への信頼と同様の用語で定義してよいか，という問題はあるが，人工物に主体を感じる仕組みを議論することには，有用性の観点からいくらかの利点はあるだろう。また，そのような信頼を得るシステムは本当に望ましいのだろうか，という観点も必要となってくる。

2 ● ヒューマンエージェントインタラクション研究とは何か

ヒューマンエージェントインタラクション（HAI）は，エージェント研究の中で，人とエージェントとのインタラクションを扱う研究分野である。HAIでは人間とエージェントとのインタラクションを統合的に扱い，エージェントの外見・機能のデザインや，人と人，人とエージェントとの関係性のデザインを考えて，研究・技術開発を行なっている。

HAIは人工知能，認知科学，バーチャルエージェント，ロボティクス，ヒューマンインターフェースなどの科学・工学分野を横断する学際的な研究分野である。対話シナリオ作成や音声認識技術などを軸とした従来の対話エージェント研究に比べると，エージェントがユーザの認知を与える影響をより重視しており，場合によってはエージェントのデザイン変更，対話戦略そのものを再検討することも多い。HAIは人工知能，認知科学，バーチャルエージェント，ロボティクス，ヒューマンインターフェースなどの科学・工学分野を横断する学際的な研究分野として誕生し，それまでの周辺領域では中心的なテーマでなかった「他者らしさ」の要素に対する科学的な検討や，その工学的な利用を議論できる領域である。

HAIは複数の分野を結びつけるための効果的な接着剤として働いてきた。日本国内で2006年から7年間にわたって開催され，HAI研究活動の中心的なシンポジウムであるHAIシンポジウムには，情報科学・工学分野，人工知能分野，認知科学分野，心理学分野などさまざまな分野の研究者が集い，ディスカッションを行なってきている。国際会議であるInternational Conference on Human-Agent Interactionは，2013年より現在まで，5回開催されている。

2.1.「他者」として存在する人工物

エージェントという言葉は，情報科学，認知科学，心理学など，さまざまな研究分野において幅広い意味を持って使われてきた。エージェントという単語は，媒介者として辞書で定義されるが，この単語は分野によってさまざまな定義をされ，使われてきた。このため，個々の研究者の想起する「エージェント」や「エージェントらしさ（Agency)」の意味はおおまかに共有されながらも，少しずつ異なっている。山田らは，HAI研究をまとめた著作において，HAI研究におけるエージェントを「人間という外界とインタラクションをもつ自律システム／自律にみせかけるシステム」と定義している（山田 2007）。

本章ではアメリカの哲学者ダニエル・デネットの定義を元に，エージェントを「ユーザの志向姿勢により認知される社会的他者」と定義する（Dennett 1989）。デネットは人間が環境中の物体を見る姿勢（スタンス）に，物理姿勢，設計姿勢，志向姿勢の 3 種類の見方があると定義した。物理姿勢は，環境中の物体がある法則の元で動いていると認識するやり方である。たとえば，釘抜きを人間が動かす時，人間は自分がかけた力の強さよりも強い力で，釘が抜けるということを形状から認識することができる。釘抜きの原理ではテコの原理が使われているが，そのことを意識せずとも，形状から力がかかる仕組みを経験的に理解できる。しかし，すべての人工物がそのように背景にある仕組みを理解して使われているわけではない。たとえば，目覚まし時計がある時間に設定し，その時間になったらベルが鳴る際に，内部でどのような仕組みが働いているか，すべての人が理解しているわけではない。にもかかわらず，人間はある入力に対しある機能が発現されるように「設定された」人工物として，目覚まし時計の仕組みを理解することができる。このような見方を「設計姿勢」と呼ぶ。

大半の人工物は上記の物理姿勢や設計姿勢で作られている。しかし，人間が他の人間や動物を見る時は，これとは違った姿勢が取られる。たとえば，自分が遅刻しそうであり，配偶者が自分を起こしてくれた場合，あなたはその配偶者が自分を指定の時間になったら起こしてくれるように「設計されている」とは考えないだろう。おそらくあなたは，配偶者がなかなか起きない自分を「心配して」来てくれたと考えるのではないか。同じような姿勢を，あなたはペットに対して取る可能性がある。このように，環境中に動くシステムの「意図」を考えて，その内容を理解する姿勢を，「志向姿勢」と呼ぶ。

誤解を恐れずに言ってしまえば，HAI 研究ではこうした「志向姿勢」を人工物に対して感じさせる，「誤認させる」ような技術・設計・制度・環境を研究する分野である。HAI 研究のポリシーを理解する際には，「道具としての技術」に対比する概念として捉えると理解しやすい，と著者は考えている。工学的なシステムは人間によってさまざまな受け取り方をされ，問題解決を行なう。このとき，ユーザが道具と認識し，使用されるシステムが道具型の問題解決手法であり，社会性をもつものとして人間に認識され，結果として問題解決を図るやり方が HAI の扱う問題解決手法となる。たとえば，我々は普段，自動車を移動するための道具として使用しており，自動車自身の意図や社会性を意識することはない。しかし，カーナビゲーションシステムのように，対話を使って道を調べる場合，我々は自身の持つ社会的な能力を用いて発話相手を理解し，文脈を理解する。また，使用者によっては愛着を持ち固有の名前を使って呼ぶこともありえる。このように，意識するしないにかかわらず，単純に道具として認識されず，人間の社会的なチャンネルを使用してユーザに働きかけるシステムが，HAI の研究範囲となる。エージェントのこの定義では Media Equation 研究が指摘した，ユーザが無意識に人工的メディアに対して行なう社会的行動（social actor）を含む（Nass et al. 1994; Reeves and Nass 1996)。またこの定義は，ユーザが無意識的にエージェントを受け取るだけでなく，ユーザが認知的負荷を削減するために積極的にシステムを自律的なものとみなす「不信の留保（suspension of disbelief)」の概念も含む（Duffy and Zawieska 2012)。

2. 2.　エージェント研究の広がり

では，こうした「志向姿勢」を感じさせるシステムのインターフェースには，どのようなことが可能になるのだろうか。

人間のようなエージェントを介した情報提示の研究は，古くから行なわれている。たとえば，人工知能の応用分野である対話システム（知識ベース・音声認識・音声合成）や，コンピュータグラフィックス研究におけるアバタ（グラフィックス・表情研究)，映画・ビデオゲームにおけるノンプレイヤーキャラクター（自律的に振る舞うエージェント）などは，どれもエージェントらしさを有する振る舞いをシステムに取り入れることで，システムとユーザ間のインターフェースを改善してきた分野である。対話エージェントの研究は長年の技術発展と，インターネットを使ったデータ集約の力により，徐々に社会での応用が進んでいる（Apple Siri)。このような潮流にしたがって，計算機上のエージェントを利用する分野は，その成果を徐々に共有しつつある。たとえばかつて人工知能の対話研究用途として作られた擬人化エージェントのための Galatea Toolkit は，ユーザ自身が作り上げた CG エージェントを用いる MMDAgent のようなプラットフォームに応用され，発展を見せている（Soda et al. 2008；嵯峨山ほか 2003)。

このように，エージェント自身が直接的な会話を介してタスク遂行を行なう状況を想定することは割合簡単である。しかし，HAI 研究の影響はそれにとどまるものではない。ユーザに対し間接的に振る舞うエージェントを設計することで，ユーザに対し効用をもたらすというアプローチも存在する。たとえばMedia LabのMACHは，ユーザにバーチャルエージェントとの対話を繰り返させることで，ユーザの交渉力を向上させる（Hoque et al. 2013）。これは対話自体によるタスク解決ではなく，エージェントとの対話そのものがユーザの機能習得を手助けする例である。またとくにインタラクティブゲームの研究では，ノンプレイヤーキャラクターと呼ばれる自律したエージェントをどのようにユーザとインタラクションさせ，魅力的なゲーム体験を行なわせるかという研究領域が存在する（Salen and Zimmerman 2005）。ゲームにおけるノンプレイヤーキャラクターは，単純にプレイヤーに対向するだけでなく，プレイヤーを誘導することが可能である。これらインタラクティブキャラクターと観光産業を結びつけた応用例も存在する（news.com.au 2010）。インタラクティブキャラクターのデザインにかかわる領域は，他研究分野と比較すると，早くから産業と結びつき，大きな成果を上げてきた分野である。また，チェスや将棋といった完全情報ゲームにおいて人間を勝利，これらの人工知能研究が「人間に勝利する」から，「人間の特性を模倣し人間を楽しませる」という観点で研究の変更が起きている（Namai and Ito 2010）。相手の意図推定を含むような非完全情報ゲーム，とくにコミュニケーションゲームにも視点が向きつつあり（稲葉ほか 2012），人工知能研究とビデオゲーム研究が，エージェントらしさのような「意図を装う／意図を推定させる」インターフェース作成に興味を伸ばしつつある。かつて古典的な対話研究において「人間の命令を元にタスクを実行していたエージェント」は，「人間を指導する」「人間と競う」「人間を楽しませる」など，多様な社会的役割を元に設計されるようになってきた。

また，人と接するロボティクスの研究は，マニピュレーションやテレオペレーションの研究を含め，古くから存在してきた。その中で，ヒューマノイドロボットのように，人間と類似した振る舞いを社会の中で行ない，サービスを行なうロボティクスの提案は古くから存在している。人間と同じようなインターフェースを用いることで人間に対し最も効率のよいインターフェースを提供できる，という考え方は，とくにヒューマノイド研究を応用に結びつける根拠として置かれることが多く，これはエージェント性の工学的応用という観点に非常に近い。このようなポリシーは必ずしも理論的な根拠のある話ではなく，人間型を取りうることに対する批判もあったが，研究推進の強力な要因として作用したことは事実であると考えられる（広瀬 1998）。また，90 年代前後から情報学研究の中で，計算機の手足としてのロボットが模索されるようになってきた。認知科学者である安西は，人間が認知するシステムのインターフェースとしてロボットを捉えるヒューマンロボットコンピュータインタラクションというパラダイムを提案し，ロボットとのインタラクションを HRI という枠組みで捉え直した（Anzai 1993）。この観点で，コミュニケーションをタスクとして実行するコミュニケーションロボットという概念を提案している。HRI は心理学や認知科学の分野の評価手法を参照する形で，エージェントらしさを実世界で応用する際のさまざまな知見を発見してきた（Ishiguro et al. 2001；石黒ほか 2005）。人に類似したエージェントらしさの効果を調べる際，もっとも統合的なアプローチを行なっている例としては，石黒らのアンドロイド研究が挙げられる（Sakamoto et al. 2007）。彼らは人間ときわめて類似した形状を持つアンドロイドを用いて，その形状や動作が高度な社会的やり取りを人間に想起させることを示している。一方で，エージェントと設計されていないシステムの動作から，ユーザがエージェントらしさを読み取ってしまう例も存在する。たとえば掃除ロボットの Roomba は，それ自体がエージェントとして設計されているわけではないが，スンらによるロボット掃除機 Roomba の調査研究では，ユーザがロボットの振る舞いからエージェントらしさを感じ，エージェントと見做してしまうことが報告されている（Sung et al. 2008）。実世界上に存在するロボットエージェントは，計算機上のエージェントに比べ実世界情報を参照することが得意であると言われている（Shinozawa and Naya 2005）。これらの利点を生かした応用が主に HRI や social robotics の分野で行なわれている。たとえばアザラシ型の実世界エージェント Paro や，AuRoRA プロジェクトは，認知症や自閉症の治療の分野で用いられつつある（Dautenhahn 1999; Matsukuma et al. 2002）。たとえば韓国では，英語教育にロボットを用いる，というプロジェクトが国を挙げて行なわれている（Han et al. 2010）。

エージェントらしさに関する科学的知見や，エージェント性に関する工学的応用を扱ってきた領域は非常に多い。重要な知見を産んできた分野としては，認知科学・心理学・脳神経科学などの研究分野が存在する。また工学的応用として，マルチエージェント研究における人間の行動・社会のシミュレーション（田中ほか 2010），震災時における避難誘導などが挙げられる（山下ほか 2012）。科学・工学両面にかかわる研究としては，人工生命における言語創発や意図の読み合いなどが挙げられるだろう（Arnold et al. 2013; Osawa and Imai 2013）。また，HAI は人間と計算機同士のインタラクションを扱うヒューマンコンピュータインタラクション（HCI）の分野とも親和性が高い。とくに，人間の社会的な機能を応用する研究は，HAI 研究とほぼ同様の問題を扱っており，具体例として Affective Computing や Media Equation といった研究が挙げられる（Picard 1997; Reeves and Nass 1996）。

2.3.　省略と強調：HAI 研究の特性

以上見てきたとおり，エージェント研究自体は各分野に既に存在していると言える。人工知能分野において，自律的に動作し，ユーザとコミュニケーションを用いて応答するシステムは決して珍しいものではない。とくに，スクリーン上のエージェントを用いた音声対話に関する研究は古くから行なわれている。実際，HAI の設計においては，対話エージェントの研究から得られた知見が深くかかわっている。また，人間とインタラクションするロボティクス技術，人間間のシミュレーションを行なうマルチエージェントシステム，人間―計算機間のインターフェース研究，認知科学や心理学といった関連研究とも深いかかわりがある。

それでは，隣接する関連研究分野があるにもかかわらず，なぜ HAI という研究分野が存在するのだろうか？　その答えは，HAI 研究が人間「でない」形のインタラクションをも生み出しうることにあると著者は考える。人間の要素を取り出し，省略，強調を行なって本質的な性質を調べる HAI 研究は，間接的に主体性と信頼の議論にも資すると私は考える。HAI では人間にとってどのようにエージェントが受け取られるか，システムのエージェント性・エージェントらしさ自体を重視し，エージェントらしさを感じる人の認知過程を重視し，人とシステムのインタラクションを総合的に設計する，という研究の進め方を行なう。したがって，エージェントシステムの動作は，必ずしも人間同士の対話を模した形になるとは限らない。前章で述べた車の例では，カーナビゲーションシステムを使った対話において，人間のような形状や音声は必須要項ではない。しかし一方で，人間は音声からそのインタラクション対象となるエージェントを想起せざるを得ないという事実がある（藪田，竹内 2006）。したがって，結果としてのシステムが人間との対話に似ているかどうかにかかわらず，このようなシステムは HAI の観点から注意深く設計される必要がある。

2.4. 社会的知能との繋がり

Byrne and Whiten（1989）は，他の動物よりも人間の知能が大きく発達した理由として，人間が相手の意図を読み合うことによって利得を得たから，という社会脳仮説と呼ばれる仮説を提案している。彼らいわく，環境に対する推論や操作は，他者の意図を推測する推論に比べるとずっと「簡単なゲーム」であり，人間を除く動物が体に比して小さい脳しか持たないのはこれ故であるとされる。

ここから推論すると，人間の外側の環境に対して課題を解くようなロボットや人工知能に要求される知能より，インタラクションから生まれる意図の読み合いを行なう知能はより難しい技術が必要になると思われる。また，こういった種類の知能は現在流行のビッグデータやデータサイエンスの手法に還元することが難しい課題であり，知能の構成論を原理から考える必要がある。

交渉ゲームのマルチエージェントシミュレーションにおける重要な課題の一つは，各エージェントが相手の意図推定を行ない，信頼出来る相手を見つけ出さなければ解決しない種類の課題である。意図推定は社会を生きる人間が得意とする能力の一つであり，社会脳仮説の観点からは，脳の発達の主要因であると考えられており，知的なエージェントが必要となる（Byrne and Whiten 1989）。

とくに，相互協調ではなく，各エージェントが交互に大きな得と小さな損を立場を変え繰り返すことで，利益が最大化される繰り返し交渉ゲームにおいては，交渉相手が信頼出来る相手であるかどうか，交渉拒絶の可能性を含め，各エージェントの意図推定能力が大きく必要となってくる。Fisher and Shapiro（2005）は実際の交渉教育の際に，腕相撲ゲームを用いて，時間的な間隔をおいた利益交換が有効であることを示している。勝者が得点を得る腕相撲ゲームでは，両者が全力を上げてリソースを消費するのではなく，交互に腕を倒し合うことで全体の利益が最大化する。問題は，自分が手を倒した時，次に相手が手を倒すエージェントであるかどうか判断することである。

交渉ゲームにおける典型的モデルであるIterative Prisoner's Dilemma（IPD）は，相互協調を行なうことで集団の利益が最大化するように設計されたゲームであり，このように時間差のある交渉をモデル化しない（Axelrod 1984）。IPDは各エージェントの戦略が遺伝的に埋め込まれた生物における集団のシミュレーションには有効である（Le and Boyd 2007）。一方で，他者の意図推定を行なう，人間のような知的なエージェントの交渉ゲームの集団シミュレーションにはあまり役立たない。相互協調でなく交互の手で利益が最大化される Iterative Prisoner's Dilemma Anti-Max Prisoner's Dilemma（rAMPD）も定式化されているが，あらかじめ決められたパターンから交互の戦略を選択するのみであり，複雑な意図の推定や，意図推定による交渉拒絶などがどのように創発してくるかを分析できていない（Angeline 1994）。

3 ● エージェント研究における信頼生成の技術例

本章では，HAI研究において，信頼性を獲得させるために具体的にどのような戦略が行なわれているか説明する。

3.1. 没入感

信頼を得るために使われる戦略の一つは，ユーザとエージェントが同じ感覚を持つように振る舞うことである。人工物がエージェントと同じような感情を持つかのように振る舞うことで，内的状態を想起させやすいことは昔から指摘されており，このような想起は目や手など，擬人性を想起させる小さなトリガーからも発生しうる（Osawa and Imai 2013）。とくに，ユーザと同じ状態を推定させるようなやり方は有効である。今井らはエージェントがユーザに対し，お菓子や景色の情報を与えるやり方と，お菓子や景色を見たときの感情を表すやり方を比較している。エージェントが菓子や景色を見るなど，内面を想起させる情報提示をすることで，ユーザは対話相手のエージェントの主体性を受け取り，その結果として実験後に提示される土産を取っていく確率が高まる(Imai and Narumi 2005)。ただし，こうしたエージェントに対する動作は，人間が積極的に人工物に主体を感じているからではなく，主体を感じるように振る舞う方が認知的コストが低いから，という指摘もなされている（Duffy and Zawieska 2012)。

3.2. 同調と集団圧力

エージェントが一体ではなく，複数だと見せかけることも可能である。複数のエージェントを想起させることで，ユーザからの信頼を増し，意見を飲み込みやすくさせる，という手法も多く提案されている。Watanabe らは複数の研究で，ロボットやバーチャルエージェントを用いた entrainment（引き込み）の研究を行っている（Watanabe 2007)。また Shiomi らは，複数のロボットエージェントに意見を言わせる研究を用いて，こうした言動が単に人間の行動を引き出すだけではなく，人間の意思決定に介入できる可能性を示している(Shiomi and Hagita 2016)。

4 ● おわりに

信頼を測るエージェント技術は多く使われている。人間の意思決定がより多く誘導されうる，ということを押さえておき，信頼が演出できる，ということを押さえておくことは，重要になると思われる。

参考文献

Angeline, Peter J. (1994) "An Alternate Interpretation of the Iterated Prisoner's Dilemma and the Evolution of Non-Mutual Cooperation", *International Conference on the Synthesis and Simulation of Living Systems*, 353–358.

Anzai, Yuichiro. (1993) "Human-Robot-Computer Interaction: A New Paradigm of Research in Robotics", *Advanced Robotics* 8, 4: 357–369.

Arnold, Solvi, Suzuki, Reiji, and Arita, Takaya. (2013) "Evolution of Social Representation in Neural Networks", *12th European Conference on Artificial Life*, 425-430.

Axelrod, Robert. (1984) *The Evolution of Cooperation*. Basic Books.

Byrne, Richard W., and Whiten, Andrew. (1989) *Machiavellian Intelligence: Social Expertise and the Evolution of Intellect in Monkeys, Apes, and Humans*. Oxford University Press.

Dautenhahn, Kerstin. (1999) "Robots as Social Actors: Aurora and the Case of Autism" *Proceedings of the 3rd Cognitive Technology Conference*. Retrieved July 12, 2012 from http://citeseerx.ist.psu.edu/viewdoc/summary?doi=10.1.1.190.1767

Dennett, Daniel C. (1989) *The Intentional Stance*. A Bradford Book.

Duffy, Brian R., and Zawieska, Karolina. (2012) "Suspension of Disbelief in Social Robotics" *International Conference on Social Robotics*, 484-489.

Fisher, Roger, and Shapiro, Daniel. (2005) *Beyond Reason: Using Emotions as You Negotiate*. Viking Adult.

Han, Jeonghye, Lee, Seungmin, Kang, Bokhyun, Park, Sungju, Kim, Jungkwan, Kim, Myungsook. and Kim, Mihee. (2010) "A Trial English Class with a Teaching Assistant Robot in Elementary School", *International Conference on Human Robot Interaction*, 335-336.

Hoque, Mohammed Ehsan, Courgeon, Matthieu, Martin, Jean-claude, Mutlu, Bilge, and Picard, Rosalind W. (2013)" MACH: My Automated Conversation coacH" *15th International Conference on Ubiquitous Computing*, 1-10.

Imai, Michita, and Narumi, Mariko. (2005) "Immersion in Interaction Based on Physical World Object" *International Conference on Active Medial Technology*, 523-528.

Ishiguro, Hiroshi, Ono, Tetsuo, Imai, Michita, Maeda, Takeshi, Kanda, Takayuki, and Nakatsu, Ryohei. (2001) "Robovie: An Interactive Humanoid Robot", *International Journal of Industrial Robot* 28, 6, 498-503.

Le, Stephen, and Boyd, Robert. (2007) "Evolutionary Dynamics of the Continuous Iterated Prisoner's Dilemma", *Journal of Theoretical Biology* 245, 2, 258-67.

Matsukuma, K., Handa, H., and Yokoyama, K. (2002) "Subjective Evaluation of Seal Robot: Paro-Tabulation and Analysis of Questionnaire Results-" , *Journal of Robotics and Mechatronics* 14, 1, 13-19.

Namai, Satoshi, and Ito, Takeshi. (2010) "A Trial AI System with Its Suggestion of Kifuu (playing style) in Shogi" *International Conference on Technologies and Applications of Artificial Intelligence*, 433–439.

Nass, Clifford, Steuer, Jonathan, and Tauber, Ellen R. (1994) "Computers Are Social Actors" *Annual Conference on Human Factors in Computing Systems*, 72–78.

news.au.com. (2010) "Atami Offers Love Plus Characters as Virtual Girlfriends", *news.com.au*. Retrieved July 11, 2012 from http://www.news.com.au/travel/news/atami-offers-love-plus-characters-as-virtual-girlfriends/story-e6frfq80-1225912322880

Osawa, Hirotaka, and Imai, Michita. (2013) "Morphing Agency: Deconstruction of an Agent with Transformative Agential Triggers", *International Conference Extended Abstracts on Human Factors in Computing Systems*, 2237–2246.

Osawa, Hirotaka, and Imai, Michita. (2013) "Evolution of Mutual Trust Protocol in Human-based Multi-Agent Simulation", *12th European Conference on Artificial Life*, 692–697.

Picard, Rosalind W. (1997) *Affective Computing*. MIT Press.

Reeves, B, and Nass, Cliff. (1996) *The Media Equation: How People Ttreat Computers, Television, and New Media Like Real People and Places*, Stanford. Retrieved from http://isbndb.com/d/book/the_media_equation.html

Sakamoto, Daisuke, Kanda, Takayuki, Ono, Tetsuo, Ishiguro, Hiroshi, and Hagita, Norihiro. (2007) "Android as a Telecommunication Medium with a Human-like Presence", *Proceeding of the ACM/IEEE International Conference on Human-Robot Interaction - HRI '07*, 193.

Salen, Katie, and Zimmerman, Eric. (2005) *The Game Design Reader: A Rules of Play Anthology*. The MIT Press.

Shiozawa, Kazuhiko, and Naya, Futoshi. (2005) "Differences in Effect of Robot and Screen Agent Recommendations on Human", *International Journal of Human-Computer Studies* 62: 267–279.

Shiomi, Masahiro, and Hagita, Norihiro. (2016) "Do Synchronized Multiple Robots Exert Peer Pressure?", *Proceedings of the Fourth International Conference on Human Agent Interaction-HAI '16*, 27–33.

Shiomi, Masahiro, Nakagawa, Kayako, Shinozawa, Kazuhiko, Matsumura, Reo, Ishiguro, Hiroshi, and Hagita, Norihiro. (2017) "Does A Robot's Touch Encourage Human Effort?", *International Journal of Social Robotics* 9(1) 5–15.

Soda, Shimpei, Nakamura, Masahide, Matsumoto, Shinsuke, Izumi, Shintaro, Kawaguchi, Hiroshi, and Yoshimoto, Masahiko. (2012) "Implementing Virtual Agent as an Interface for Smart Home Voice Control", *Asia-Pacific Software Engineering Conference*, 342–345.

Sung, Ja-Young, Grinter, Rebecca E., Christensen, Henrik I. and Guo, Lan. (2008) "Housewives or Technophiles?" , *International Conference on Human-Robot Interaction*, 129.

Watanabe, Tomio. (2007) "Human-Entrained Embodied Interaction and Communication Technology for Advanced Media Society", *RO-MAN 2007-the 16th IEEE International Symposium on Robot and Human Interactive Communication*, 31–36.

石黒浩，宮下敬宏，神田崇行（2005）『コミュニケーションロボット―人と関わるロボットを開発するための技術』，オーム社.

稲葉通将，鳥海不二夫，高橋健一（2012）「人狼ゲームデータの統計的分析」，『ゲームプログラミングワークショップ 2012 論文集』，144–147.

クリストフ・コッホ（土谷尚嗣，金井良太訳）（2006）『意識の探求―神経科学からのアプローチ』，岩波書店.

嵯峨山茂樹，川本真一，下平博，新田恒雄，西本卓也，中村哲，伊藤克亘，森島繁生，四倉達夫，甲斐充彦，李晃伸，山下洋一，小林隆夫，徳田恵一，広瀬啓吉，峯松信明，山田篤，伝康晴，宇津呂武仁（2003）「擬人化音声対話エージェントツールキット Galatea」，『情報処理学会研究報告．SLP，音声言語情報処理』2003, 14, 57–64.

田中恵海，高橋謙輔，鳥海不二夫，菅原俊治（2010）「学級のいじめ問題を題材とする工学的シミュレーションとその考察」，『情報処理学会論文誌　数理モデル化と応用』，3，1，98–108.

ジュリオ・トノーニ，マルチェッロ・マッスィミーニ（花本知子訳）（2015）『意識はいつ生まれるのか――脳の謎に挑む統合情報理論』，亜紀書房.

広瀬茂男（1998）「ヒューマノイドから機械知能発現型ロボットへ」，『日本ロボット学会誌』，16，5，607–611.

藪田洋平，竹内勇剛（2006）「音声インターフェースから発せられる音声の韻律の違いによる対人的効果」，『ヒューマンインターフェース学会論文誌』，8，2，223–231.

山下倫央，副田俊介，大西正輝，依田育士，野田五十樹（2012）「一次元歩行者モデルを用いた高速避難シミュレータの開発とその応用」，『情報処理学会論文誌』，

53, 7, 1732-1744.
山田誠二（2007）『人とロボットの〈間〉をデザインする』, 東京電機大学出版局.

あとがき

「はじめに」でも触れたように，本書は安心信頼技術研究会がこれまでに開催してきた一連のワークショップ，シンポジウムの発表者によって執筆された。以下がテーマと発表者，および発表タイトルの一覧である。

「信頼研究の学際化」第一回ワークショップ
テーマ：応用倫理と信頼
・永守伸年：介助関係における信頼と信頼性
・笠木雅史：ロボット倫理と信頼
・中村征樹：研究公正における信頼の問題

「信頼研究の学際化」第二回ワークショップ
テーマ：人工知能と信頼
・大澤博隆：信頼を生成する知能――ヒューマンエージェントインタラクションと意図推定の応用
・服部宏充：マルチエージェントシミュレーションに対する信頼の問題

「信頼研究の学際化」第三回ワークショップ（応用哲学会第八回年次研究大会ワークショップ）
テーマ：行動科学と信頼
・上出寛子：社会心理学における信頼
・秋谷直矩：エスノメソドロジーにおける信頼論の展開

「信頼研究の学際化」第四回ワークショップ
テーマ：社会科学と信頼
・西山真司：政治学における信頼論――ソーシャル・キャピタル論を中心に

・酒井泰斗：社会学における信頼論――ニクラス・ルーマンを中心に

「信頼研究の学際化」第五回ワークショップ
テーマ：教育と信頼
・広瀬悠三：教育的形成力としての信頼――教師と子どもの非対称的信頼の検討
・成瀬尚志：高等教育において「信頼」が求められる事例――信頼定義集の活用法の検討

「信頼研究の学際化」第六回ワークショップ
テーマ：思想史と信頼
・稲岡大志：思想史における信頼Ⅰ　17世紀篇
・永守伸年：思想史における信頼Ⅱ　ヒュームとカントの社会契約論（批判）に即して

「信頼研究の学際化」第七回ワークショップ（日本哲学会第76大会公募ワークショップ）
テーマ：信頼関係はいかにして構築されるか？　経営学，医療，政治学を中心とした学際的探究の試み
・杉本俊介：ビジネスにおけるステークホルダーのあいだでの信頼関係――経営学での組織的信頼の研究の整理とその含意
・西山真司：制度の公平性の認知と信頼関係の醸成――政治学における信頼研究の構図
・菅原裕輝：医療における情動的信頼

「信頼研究の学際化」第八回ワークショップ
テーマ：医療と信頼
・筒井晴香：菅原裕輝「信頼の論理：医療実践とその概念的問題」に対するコメント
・井上悠輔：医療AIと医師患者関係

「信頼研究の学際化」第九回ワークショップ
テーマ：情報技術と信頼
・大谷卓史：匿名的コミュニケーション環境での協力行動――ウィキペディアとパソコン遠隔操作事件

シンポジウム（応用哲学会第9回年次研究大会シンポジウム）
テーマ：ヘイトスピーチと信頼
・高史明：他者に対する不信とレイシズム
・和泉悠・仲宗根勝仁・朱喜哲：ヘイトスピーチの言語哲学的考察
・明戸隆浩：ヘイトスピーチ法の正当性を考える 「不平等な自由の侵害」という視点

ご覧いただければおわかりのように，都合もあって執筆がかなわなかった発表者もおられれば，発表時点ですでに本書の内容が固まっていたために執筆者に加えられなかった発表者もおられる。しかし，実際に執筆を担当したかどうかにかかわらず，これらのワークショップやシンポジウムなしに本書が生まれることはなかった。すべての発表者および参加者の方々に深く感謝したい。

また，上記のワークショップとシンポジウムに加え，執筆者が集まって行なった原稿検討会も数回開催された。こうしたさまざまな分野の研究者がつどい，信頼について議論する数多くの機会を設けることができたことが本書にとって不可欠だったと言ってよいだろう。これら一連のイベントが実現できたのは，まずなによりサントリー文化財団による支援（人文科学，社会科学に関する学際的グループ研究助成，研究代表者：小山虎，研究課題名「信頼研究の学際化を目指したプラットフォームの構築――応用哲学的アプローチによる異分野間の方法論の統合」）のおかげである。また，科研費の支援もいただいた（文部科学省科学研究助成金基盤研究B，研究代表者：水谷雅彦，課題名「『信頼』概念に関する国際比較研究：応用倫理・実験哲学的アプローチ」）。ここで感謝の意を記しておきたい。

ところで，上記の研究課題名や，ワークショップ，シンポジウムを開催した学会名に「哲学」が入っていることからもわかるように，本書の制作において中心的な役割を果たしたのは哲学者である。実際，安心信頼技術研究会自体，もともとは神戸大学の哲学科の大学院生が中心となって行なわれていた「デイヴィドソン勉強会」に参加していたメンバーで結成されたものである（ドナルド・デイヴィドソンは20世紀アメリカの代表的哲学者のひとりである）。その意味で本書は哲学書であると言ってもよいと思う。

一般的には哲学書は個人で執筆されることが多いが，近年では本書のように研究費の報告書としてグループで作成されたものがかなり増えている。ただし，本書は哲学者や哲学に関心のある人に向けて書かれたものではなく，むしろ哲学以外を専門とする研究者に向けて作成されたという点で類書とは異なる。なぜなら，「信頼」についての理解を深めるには，哲学以外の分野の知見が不可欠だと考えたからである。このように哲学者が中心となりながらも，哲学は前面に出さず，他分野の専門家と協力して制作されたことが，哲学書としての本書の一番の特徴である。

もちろん，本書が哲学書であるのは，単に哲学者が作ったからというだけではない。本書は，これ一冊で信頼（や信頼研究）がわかる，という本ではない。むしろ，本書の中で描き出された，さまざまな分野に渡る信頼研究の全貌を見て取ることによって，「信頼についてはこのぐらいまでしかわかっていない」ということがわかる本である。そのため，本書を読んで物足りなく思う人がいるのは当然である。本書を読んで物足りなく思う研究者には，専門がどの分野であれ，ぜひご自分で信頼研究を実践してもらいたいと思う。もし本書が信頼研究を始めるきっかけになるのであれば，編者にとってこのうえない喜びである。その結果，本書の内容が誤っていることが判明したとしても，それこそ本望である。ウィトゲンシュタインは『論理哲学論考』で「梯子をのり越えてしまった後には，それをいわば投げ棄てねばならない」と述べた。また，科学理論とは，いずれ誤りや不十分な点が判明し，のちの理論によってのり越えられていくものである。本書は，あくまで信頼を考える最初の一歩であり，読者がのり越えることを願って制作されたという点で，やはり哲学書とみなしてよいと考えている。

哲学書というと，タイトルに「〜の哲学」と掲げ，伝統的な哲学的問題を題材に思索をめぐらしたものをイメージされるかもしれないが，そのようなものだけが哲学書ではない。むしろ哲学者は昔から哲学以外の専門家と協力し，時には黒子に徹して，真理を追求してきた。もちろん哲学者だけが携わっているような哲学固有の領域もあるが，本来哲学はもっと「開かれた」ものである。少なくとも個人的には，本書をそのような「開かれた」哲学書の末席に並べられるものにすることを目指して制作してきた。編者としては，本書を皮切りに，同様の方針で制作された哲学書が増えることを願うばかりである。

本書の制作にあたっては，研究仲間に大きく助けられてきたことを記しておきたい。安心信頼技術研究会のメンバーは，当然ながら当初からの協力者であり，各自が多くの章を担当してくれただけでなく，編者作業に関しても彼らの協力なしには実行不可能だった。本書は，実質的には「安心信頼技術研究会（編）」であり，編者単独の「小山虎（編）」としたのは，単に責任の所在を明らかにするという程度のことでしかない。ほとんどの哲学書・哲学論文は，たとえ筆者がひとりかふたりであっても，実際には多くの研究仲間との協力のうえで成り立っている。本書も同様であり，哲学が本来共同作業であるということが強く思い起こされる。それぞれの名前を列挙はしないが，執筆者としてだけでなく，編集作業にも大きく貢献してくれた安心信頼技術研究会のメンバーに深く感謝したい。

同様に，大阪大学基礎工学研究科の石黒浩教授および知能ロボティクス研究室（石黒研究室）のスタッフにもここで感謝の意を表しておきたい。本書の制作期間のほとんどの間，編者は石黒研究室の一員として，ロボット工学と哲学の学際共同研究に携わってきた。本書がこのようなかたちになったのも，石黒研究室での学際研究の経験によるところが大きい。また，石黒研究室の中には，本書の元になったワークショップに（懇親会も含めて）何度も参加してくれた人もおり，彼らの貢献も決して少ないものではない。哲学者とロボット工学者が当たり前のように協力し合える環境は，世界的に見ても石黒研究室以外にはほとんどないのではないかと思う。こうした環境なしには本書の存在がありえなかったことは言うまでもない。

最後に，勁草書房の渡邊光さんにも感謝しておきたい。本書出版にあたっては，渡邊さんにかなりお世話になった。本書のような，どこの本棚に置けばよいかわからない本の出版企画の検討をこころよく引き受けていただき，実際に出版に至ることになったのは，渡邊さんのおかげである。このあとがきも，渡邊さんの督促のおかげで，ようやく完成に至ろうとしている。いろいろご面倒をおかけしてしまったが，それに報いるだけの本になっていることを祈るばかりである。

2018年6月　　小山　虎

人名索引

＊ア行

アドルノ Adorno, T. | 96
アンダーソン Anderson, B. | 66, 69
石黒浩 | 330, 343
ウィトゲンシュタイン Wittgenstein, L. | 342
ウィルダフスキー Wildavsky, A. | 84-5
ウィレムス Willems, D. | 215
ウェーバー Weber, M. | 55
ウォルドロン Waldron, J. | 283, 285, 287-8, 290, 300
エガーズ Eggers, D. | 15-7
エリクソン Erikson, E. | 97, 148
オークショット Oakeshott, M. | 13-4, 21

＊カ行

ガーフィンケル Garfinkel, H. | v, 53-73, 76, 81, 90, 165
カント Kant, I. | v-vi, 21, 25-6, 38-52, 75, 175, 182, 184-5, 264, 340
ギデンズ Giddens, A. | 68, 81-2
クルター Coulter, J. | 69
コシュマン Koschmann, T. | 57, 62-5
ゴティエ Gauthier, D. | 14, 21
ゴフマン Goffman, E. | 98

＊サ行

サイモン Simon, H. | 85-6
シャロック Sharrock, W. | 66, 69
シュッツ Schutz, A. | 56, 61, 66-7, 165
シュトラウス Strauss, L. | 22
ジョンソン Johnson, L. | 86
ジンメル Simmel, G. | 76, 81-2, 98
スピノザ Spinoza, B. | 8, 16
スミス Smith, A. | 12
盛山和夫 | 33, 55

＊タ行

デイヴィドソン Davidson, D. | 342
デュルケム Durkheim, E. | 55
ドイッチ Deutsch, M. | v, 82, 87, 89-98, 167
友枝敏雄 | 55

＊ナ行

中村和生 | 56, 66
ノイマン Neumann, J. von | 60, 85
ノディングズ Noddings, N. | 210

＊ハ行

パーソンズ Parsons, T. | iv-v, 3-4, 26-7, 32, 53-7, 59-60, 75-6, 81, 119-21, 123, 207, 214
ハーディン Hardin R. | 21, 33, 112, 124-8, 130-1
ハート Hardt, M. | 210-1
ハーン Hahn, R. | 214
バイアー Baier, A. | 36-7, 212, 267-8, 271
ハイデガー Heidegger, M. | 100, 190
バウムゴルド Baumgold, D. | 5-6, 17
パレート Pareto, V. | 55
ピイイリマエ Piirimäe, P. | 17
ヒューム Hume, D. | v, 25-39, 45, 48-50, 75, 267, 290, 340
フッサール Husserl, E. | 100
ブレイブルック Braybrooke, D. | 83
ペスタロッチ Pestalozzi, J. | 182, 185-6, 191
ベック Beck, U. | 68
ボーグスロー Boguslaw, R. | 58, 90
ホックシールド Hochschild, A. | 211
ホッブズ Hobbes, T. | iv-vi, 3-23, 25-9, 37-9, 45, 54-6, 59, 75
ボルノウ Bollnow, O. | 100, 181-2, 190-1, 194-8, 201-2

＊マ行

マーシャル Marshall, T. | 55
マクナマラ McNamara, R. | 86
メイヤロフ Mayeroff, M. | 209
モラー Moehler, M. | 17
モル Mol, A. | 209, 213-4

＊ヤ・ラ・ワ行

山岸俊男 | 93-7, 138, 146-51, 254, 289

ヤング Young, A. | 213-4
ライプニッツ Leibniz, G. | 8
ランゲフェルト Langeveld, M. | 182, 199-200
リンドブロム Lindblom, C. | 83, 85
ルーマン Luhmann, N. | v, 68, 81-109, 149, 190
ルソー Rousseau, D. | 145, 168-9
ルソー Rousseau, J. | vi, 41, 43, 48, 75, 182-5
レヴィン Lewin, K. | 87
ロールズ Rawls, A. | 57-8, 60
ロールズ Rawls, J. | 287, 290
ロック Locke, J. | 4, 9, 29, 39
ワトソン Watson, R. | 68-9

事項索引

*アルファベット

F尺度 | 96
PPBS（事業計画別予算編成方式） | 86

*ア行

アクティブラーニング | 308-12, 316-7
安心（感） | i, vi, 97, 149-51, 185, 191-3, 253-5, 275, 283, 287, 289-90, 300
　公共財としての—— | 282, 287-90, 300, 302
　——ゲーム | 17-9
安心信頼技術研究会 | iii-iv, 157, 339, 342-3
安全 | 146, 152, 229, 232, 235, 254
医学生偽面接実験 | 57
意思決定 | 17-9, 76, 85-6, 90, 114, 118, 131, 145, 165, 241-2, 324, 334
依存 | 88-9, 169-70, 185, 192-4, 203, 212-3, 259-60, 290
　相互依存 | 146, 169, 266
委託モデル | 267-8, 270, 318
一般システム理論 | 89
意図 | 4, 90-2, 95-6, 138-45, 149, 168, 236, 242-3, 266, 301, 324-5, 327, 329, 331-3
移動不可性（nondisplaceability） | 294
違背実験 | 57, 59-61, 67
意味論 | 291-9
インターフェース | 226, 237, 240, 326, 328-31
エージェント／エージェントらしさ（Agency） | 325-34
エスノメソドロジー | v, 4, 53-73, 103, 133, 159

*カ行

会話明確化実験 | 66-7
学際 | ii-iv, vii, 49, 76, 119, 123-4, 131-2, 152, 157, 266, 282, 303, 326, 339-41
確実性／信頼性／課題遂行性（reliability） 145, 216, 228, 230-2, 236, 240-1, 243
過去指向 | 101
過去把持的（retrospective） | 64-5

観察可能かつ報告可能（observable-and-reportable）｜65
間主観的同一性｜56-8, 60-2, 66
感情｜26, 30, 131, 139, 210-1, 217-8, 240, 268, 271-4, 276, 285, 293-4, 298, 333
——労働｜211
機械｜94, 138, 225-52, 325
機械バイアス｜237
危険｜15, 42, 102, 104, 192, 201-2, 239, 241-2, 254, 282
記述的意味｜293, 295-6, 298
規制｜28, 43, 282-3, 290
希望｜5, 16, 54, 202-3, 87
基本的諸ルール（basic rules）｜60
機密性｜217
客体｜214-5, 218-9
キュア／ケア｜209-10, 218-9
共感｜35-7, 45, 47, 49-50, 210, 218, 270, 289-90
行政学｜83-4, 86, 128
競争｜91-2
共通価値｜56, 60
共有基盤（common ground）｜296
協調｜i, iv-v, 9, 14-21, 27, 43, 53, 58, 62, 69, 122-3, 129, 132, 146, 244, 332-3
協力｜16-7, 20, 84, 88-9, 91-2, 95-7, 114, 126, 129, 171
グループ・ダイナミクス｜87
経営学｜163-4, 170, 176-7
計画｜59, 84, 86, 230
敬語｜292-4
計算能力｜85
ゲーム理論｜6, 14-5, 17, 33, 60, 76, 85, 90, 148
決定｜102, 104
権威｜200
言語行為論｜291
言語哲学｜vi, 30, 282, 292
現象学｜66, 85-6, 100, 104
構成的現象学｜61, 65-9
限定合理性｜86
公共財（public good）｜114, 129, 287, 289
公正／公平｜8, 124, 126, 129-131, 141, 144, 170, 216-7, 287
構成的
——アクセント｜60
——期待｜59-61
行動科学｜v, 58, 75-6, 81, 86, 89, 98, 104, 111-2, 118-23, 131, 157, 339
功利主義｜54-6
合理性｜17, 34, 54-6, 128, 130, 213-4, 218-9
システム合理性｜87
国立科学財団｜82
国家予算の編成｜84
コナトゥス｜16
コミュニケーション｜35, 91-2, 96, 145, 173, 204, 216, 330
コンフリクト｜97

＊サ行

サプライヤー｜164, 171, 173-4, 177
差別語｜291-4, 297-8, 301
差別的実態｜292, 297-301
参照問題｜85
視界の相互性の一般定立｜61
志向姿勢｜327-8
自己報告医療｜208
自信｜217
システムに対する信頼（systems trust）｜152, 217, 229
自然権｜7, 10-1, 13, 15-6, 18-21
自然現象｜94
自然状態｜7-10, 13-21
自然法｜6-7, 10-2, 14
疾病｜209, 215
自動化｜227, 240
自動車｜239-41, 327
『市民論』｜3-4, 6-7, 10-11, 15, 21
社会学｜iv-v, 68, 75-6, 82, 182, 234, 282, 324
社会契約｜v, 5-7, 13-4, 17-21, 25-7, 55, 340
社会心理学｜v, 69, 82, 93, 137-156, 289
「社会秩序はいかに可能か」｜54, 59, 70
弱者｜212-3, 218-9
囚人のジレンマ｜6, 13, 14-17, 19-20, 89-92, 96, 114, 132
主観的確率｜234
受容｜185, 210
情動｜210-1, 218-219, 244

——的信頼｜169, 174, 267-8, 274-5, 277
——的（な）態度｜37, 45-9, 158, 234-5, 267, 274
——的ファクター｜239-40, 254
——的労働｜211-2
——論｜36-7
情動的転回｜211
情報の非対称性｜171, 208
情報不足｜83
自律化｜228
人工知能｜vii, 76, 152, 225, 323-4, 326, 328-9, 331-2
身体｜8, 39, 45, 210-1, 213, 218-9
信任｜116-7, 122, 126-7, 129-30, 132
『信頼』｜81
行為のみを対象とするタイプの信頼｜314, 316-7
情動的態度としての信頼｜45-6, 48-9, 265, 289-90
人格的信頼｜97
対人的信頼｜137
動機を対象とするタイプの信頼｜117, 314
同等の社会的地位を持った存在として扱ってくれるだろうという信頼｜300
信頼ゲーム｜236
信頼性／信頼に値する（trustworthiness）｜4, 6-7, 21, 91, 124-7, 141-6, 149-51, 167, 199, 274-6, 325, 330
信頼チャート｜iv, vi, 5, 17, 47, 62, 64, 92, 125, 129, 159, 163-4, 166-7, 169-70, 172, 175, 201, 307, 314-8
信頼の解放理論｜150-1
人類学｜82, 100, 148, 209, 213, 215
推論主義｜291
ステークホルダー｜147, 164, 172, 175-6
ステレオタイプ｜139
生活世界｜100
成果の前払い｜84
正義の原理｜287-8
誠実さ｜4, 144, 184, 216
脆弱さ｜234
責任｜94-5, 143-4, 199, 234, 244
説得｜140-4
善意｜118, 126, 144-5, 150, 168-75, 177, 212, 267, 274-5
前提（presupposition）｜296
専門家｜95, 204, 215
専門的知識｜86, 266
憎悪の神話（the myth of hate）｜285
総括的（synoptic）｜85-6
増分主義｜83, 86
ソーシャル・キャピタル｜112-5, 123, 126-8, 132
尊厳｜288-9, 302

＊タ行

体験の志向的構造｜85
対人認知｜138
態度｜4-5, 16, 30, 67, 96, 117, 121-2, 140-1, 151, 157-8, 190, 231, 234-5, 240, 244, 259, 317
日常生活の態度｜61
立場の交換可能性｜61-2
チキンゲーム｜25
忠誠｜207, 217
強者｜212-3, 218-9
統一科学運動｜82
動機｜91-3, 95, 158-9, 318-20, 324-5
統合情報理論｜324
道徳的｜5, 41-3, 47, 93, 95, 149, 175-7, 184-5, 195-6, 234, 274-5

＊ナ行

ナッシュ均衡｜25-6, 28
馴れ親しみ（親密性 Vertrautheit）｜94, 99, 100, 102
認知科学｜76, 132, 226, 231, 235, 237, 326, 330-1
認知的態度｜234
認知的労働｜211
能力｜4-5, 62, 64, 90, 95, 117, 138-40, 144-5, 149, 158, 169, 171, 173-4, 184, 193, 216-7

＊ハ行

パフォーマンス｜112, 114-8, 122, 126-7, 164-5, 171-5, 177, 325
万人に対する闘争｜54, 56, 59, 115

非言語行動｜141
非言語的な表現／身振り｜36, 271
非合理性｜213-4, 218-9
被護性｜190-3, 198, 202
ビジネス｜164, 170, 173, 175
　ビジネス倫理｜165, 175, 177
秘匿性｜217
批判的人種理論｜283
ヒューマンインタフェース｜326
ヒューマンエージェントインタラクション（HAI）｜vii, 226, 325-8, 331-3
ヒューマンロボットインタラクション（HRI）｜226, 330
評価尺度｜236
表現の自由｜282
表出的意味｜292-99, 301
病人役割｜214
（社会的）不確実性｜96, 146, 150-1, 289
（社会的）複雑性｜83-6, 96-7, 102
含み（implicature）｜296
（学生に対する）不信｜307, 313-4, 316
『物体論』｜7
紛争｜v, 87-9, 93
（会話の）文脈｜292-301
ヘイト・スピーチ｜281-6, 297, 299-300, 302
　――解消法｜285
　――規制｜283
ベビーシッター｜87, 89, 267-8
包含｜215, 219
『法の原理』｜3, 5-7, 20
ホッブズ問題（ホッブズ的秩序問題）｜iv-v, 3-4, 6-7, 14-5, 20-2, 25-31, 38, 45, 54-7, 60, 75-6, 111-2, 115-6, 118, 121-3, 126-6, 129-31, 157
　パーソンズ的――｜54-6, 60

＊マ・ヤ行

満足解｜84
未来指向｜101
未来予期的（prospective）｜65
有限性｜85
予測｜84, 94, 149
楽観｜37, 47, 158, 267-8, 317

＊ラ行

ラポール｜217-9
ランド研究所｜58, 86, 90
『リヴァイアサン』｜3-8, 10-7, 19-20, 27, 54
リスク｜68-9, 82, 84, 101-4, 143, 146-7, 151, 168-9, 213-4, 231-2, 235, 244, 254-5, 266-8, 289
リスク社会論｜82
ルソー問題｜21, 41, 43, 48
レリヴァンスの一致｜61
ロボット｜vi-vii, 225-31, 236-8, 244, 323, 325, 330, 332, 334
論理文法分析｜68-9

編著者略歴

小山虎（こやまとら）

山口大学時間学研究所講師。大阪大学大学院人間科学研究科博士課程修了。博士（人間科学）。専門は分析哲学，形而上学，応用哲学，ロボット哲学。

論文に “Against Lewisian Modal Realism from a Metaontological Point of View”, *Philosophia*, Vol. 45, No. 3, pp. 1207–1225, 2017, “Ethical Issues for Social Robots and the Trust-based Approach”, *Proceedings of the 2016 IEEE International Workshop on Advanced Robotics and Its Social Impacts*, 2016など。訳書にデイヴィッド・ルイス『世界の複数性について』（共訳，名古屋大学出版会，2016年）などがある。

執筆者略歴（執筆順）

稲岡大志（いなおかひろゆき）

神戸大学大学院人文学研究科研究員。神戸大学，関西大学など非常勤講師。神戸大学大学院文化学研究科博士課程修了。博士（学術）。専門はヨーロッパ初期近代の哲学（主にライプニッツの数理哲学），数学の哲学，ポピュラーカルチャーの哲学。

著書『ライプニッツの数理哲学——空間・幾何学・実体をめぐって』（昭和堂，近刊），論文に「岡田磨里と声優の音声の「自然さ」」『ユリイカ』2018年3月臨時増刊号，2018年など。訳書に『ライプニッツ著作集 第Ⅱ期 第3巻 技術・医学・社会システム』（共訳，工作舎，2018年）など。

永守伸年（ながもりのぶとし）

京都市立芸術大学美術学部講師。京都大学大学院文学研究科博士後期課程修了。博士（文学）。専門はカント哲学，現代倫理学。

著書・論文に『モラル・サイコロジー——心と行動から探る倫理学』（共著，春秋社，2016年），「カントの批判哲学における構想力の研究」（京都大学文学研究科博士学位論文），「知的障害者の自律と介助者との信頼」『倫理学研究』46，2016年など。

秋谷直矩（あきやなおのり）

山口大学国際総合科学部講師。埼玉大学大学院理工学研究科博士後期課程修了。博士（学術）。専門は社会学，エスノメソドロジー。

著書・論文に『ワークプレイス・スタディーズ——働くことのエスノメソドロジー』（共編著，ハーベスト社，2017年），「人びとの実践における『行為の理解可能性の公的な基準』の探求」『看護研究』50（4），2017年，「社会的行為としての歩行——歩行訓練における環境構造化実践のエスノメソドロジー研究」『認知科学』21（2），2014年など。

酒井泰斗（さかいたいと）
会社員。ルーマン・フォーラム管理人（socio-logic.jp）。大阪大学大学院理学研究科修士課程中退。関心領域は道徳科学，社会科学，行動科学における方法論争史。
著書・論文に『概念分析の社会学2――実践の社会的論理』（共編著，ナカニシヤ出版，2016年），『ワードマップエスノメソドロジー――人びとの実践から学ぶ』（共著，新曜社，2007年），「〈法と科学〉の比較行政法政策論――シーラ・ジャサノフ『法廷に立つ科学』の射程」（吉良貴之・定松淳・寺田麻佑・佐野亘との共著，『科学・技術・社会』26，2017年）など。

高史明（たかふみあき）
神奈川大学非常勤講師。東京大学大学院情報学環特任講師。東京大学大学院人文社会系研究科修了。博士（心理学）。専門は社会心理学。
著書・論文に『レイシズムを解剖する――在日コリアンへの偏見とインターネット』（勁草書房，2015年），「在日コリアンに対する古典的／現代的レイシズムについての基礎的検討」（雨宮有里との共著，『社会心理学研究』28，2013年），「Organizational Climate with gender equity and burnout among university academics in Japan」（野村恭子らとの共著，『Industrial Health』54，2016年）など。

西山真司（にしやましんじ）
名古屋大学男女共同参画センター研究員。名古屋大学大学院法学研究科博士後期課程満期退学。博士（法学）。専門は政治学，政治理論，エスノメソドロジー，ジェンダー論。
著書・論文に『政治理論とは何か』（共著，風行社，2014年），『Qからはじめる法学入門』（共著，みらい，2017年），「政治学におけるエスノメソドロジーの寄与」（『法政論集』268号，2016年）など。

上出寛子（かみでひろこ）
名古屋大学未来社会創造機構特任准教授。大阪大学大学院人間科学研究科博士課程修了。博士（人間科学）。専門は社会心理学。
著書・論文に『ロボット工学と仏教――AI時代の科学の限界と可能性』（共著，佼成出版社，2018年），H. Kamide, and T. Arai, Perceived Comfortableness of Anthro-

pomorphized Robots in U. S. and Japan, *International Journal of Social Robotics*, 2017, H. Kamide, K. Kawabe, S. Shigemi, and T. Arai, Anshin as a concept of subjective well-being between humans and robots in Japan, *Advanced Robotics*, 29 (24), pp. 1-13, 2015 など。

杉本俊介（すぎもとしゅんすけ）
大阪経済大学経営学部講師。京都大学大学院文学研究科博士後期課程修了。博士（文学）。専門は現代倫理学，ビジネス倫理学。
著書・論文に『ビジネス倫理学読本』（共著，第6章担当，晃洋書房，2012年），“Philippa Foot's Theory of Practical Rationality without Natural Goodness”, *CHUL HAK SA SANG - Journal of Philosophical Ideas*, CCPEA2016 Special Issue, 2017,「内部告発問題に対する徳倫理学的アプローチ――ハーストハウスによる道徳的ジレンマの分析を応用する」『日本経営倫理学会誌』24，2017年など。

広瀬悠三（ひろせゆうぞう）
京都大学大学院教育学研究科准教授。京都大学大学院教育学研究科博士後期課程研究指導認定退学。博士（教育学）。専門は教育哲学，教育人間学，臨床教育学。
著書・論文に『カントの世界市民的地理教育――人間形成論的意義の解明』（ミネルヴァ書房，2017年），『「感激」の教育――楽器作りと合奏の実践』（共著，昭和堂，2012年），「道徳教育における宗教――カントの道徳教育論の基底を問う試み」『道徳と教育』59（333）：31-42，2015年など。

菅原裕輝（すがわらゆうき）
京都大学文学部非常勤講師。京都大学大学院文学研究科博士後期課程指導認定退学。修士（情報科学）。専門は科学哲学，研究倫理，科学技術社会論。
論文に Yuki Sugawara and Hisashi Nakao, “Mechanistic stance: An epistemic norm among scientists” *Proceedings of CAPE International workshops*, 2012: 50-59, 2013年，Yuki Sugawara, “Causal Mechanisms in Neurosciences” *Korean Journal for the Philosophy of Science*, 17(3): 53-68，2014年，菅原裕輝・松井健志「誰をオーサーにするべきか？：「オリジナリティー」の分野特性を考慮した自律的オーサーシップの提案」『科学技術社会論研究』（14）：77-89，2017年など。

笠木雅史（かさきまさし）
名古屋大学教養教育院特任准教授。University of Calgary 哲学科博士課程修了。PhD

(Philosophy)。専門は分析哲学，実験哲学。
著書・論文に *Cognitive Neuroscience Robotics A: Synthetic Approaches to Human Understanding*（共編，Springer，2016），*Cognitive Neuroscience Robotics B: Analytic Approaches to Human Understanding*（共編，Springer，2016），“Problems of Translation for Cross-Cultural Experimental Philosophy”, Special Issue on Experimental Philosophy (ed. by J. Knobe, E. Machery, & S. P. Stich), *Journal of Indian Council of Philosophical Research* 34 (3): 481–500, 2018, “Knowledge, Evidence, and Inference”, *The Philosophical Forum* 47 (3–4): 439–458, 2016 など。

和泉悠（いずみゆう）
南山大学人文学部准教授。University of Maryland, College Park 哲学科博士課程修了。Ph. D (Philosophy)。専門は言語哲学，意味論。
著書・論文に『名前と対象――固有名と裸名詞の意味論』（勁草書房，2016 年），“Definite descriptions and the alleged east-west variation in judgments about reference,” *Philosophical Studies* 175 (5): 1183–1205, May 2018 (with Masashi Kasaki, Yan Zhou, and Sobei Oda), “Expressive Small Clauses in Japanese,” *New Frontiers in Artificial Intelligence*: JSAI-isAI 2017 Workshops Revised Selected Papers, Lecture Notes in Computer Science/Artificial Intelligence, Springer, in press (with Shintaro Hayashi) など。

朱喜哲（ちゅひちょる）
会社員。大阪大学大学院文学研究科博士後期課程在籍。専門はネオプラグマティズム，言語哲学。
論文に「奈落の際で踊る哲学――ネオ・プラグマティズム第三世代による「表象」概念回復の試み」『メタフュシカ：the Journal of Philosophy and Ethics』(47)：23–34，2016 年，大阪大学大学院文学研究科哲学講座，「ジェノサイドに抗するための，R. ローティ「感情教育」論再考」『待兼山論叢』第 51 号哲学篇：53–68，2017 年など。

仲宗根勝仁（なかそねかつひと）
大阪大学大学院文学研究科博士後期課程在籍。専門は言語哲学，意味論。
論文に「意味論的内在主義の擁護に向けて――指示の概念の検討」『メタフュシカ：the Journal of Philosophy and Ethics』(47)：35–48，2016，「二次元意味論にもとづくチャーマーズのフレーゲ的意味論について」『哲学の探求』(41)：137–150，2014 年など。

成瀬尚志（なるせたかし）
長崎大学大学教育イノベーションセンター准教授。神戸大学大学院文化学研究科単位取得退学。博士（学術）。専門は哲学，高等教育。
著書・論文に『学生を思考にいざなうレポート課題』（編・共著，ひつじ書房，2016年），『アクティブラーニングとしてのPBLと探求的な学習』（共著，東信堂，2016年），「クワインはなぜ物理主義を採用したのか」『モラリア』2012年など。

大澤博隆（おおさわひろたか）
筑波大学システム情報工学研究科助教。慶應義塾大学大学院理工学研究科博士課程修了。博士（工学）。専門は認知科学，知能ロボティクス，ヒューマンインターフェース・インタラクション。
著書・論文に『人狼知能 だます・見破る・説得する人工知能』（編・共著，森北出版，2016年），大澤博隆，今井倫太，“エージェントのインタラクション戦略探索のための没入型発見法，” 人工知能学会論文誌，vol. 28, no. 2, pp. 160・169, 2013., M. Wongphati, H. Osawa, and M. Imai, “Gestures for Manually Controlling a Helping Hand Robot,” *Int. J. Soc. Robot.*, vol. 7, no. 5, pp. 731・742, May 2015.

信頼を考える
リヴァイアサンから人工知能まで

2018年7月20日　第1版第1刷発行

編著者　小山　虎
発行者　井村寿人

発行所　株式会社　勁草書房
112-0005 東京都文京区水道2-1-1　振替　00150-2-175253
（編集）電話 03-3815-5277／FAX 03-3814-6968
（営業）電話 03-3814-6861／FAX 03-3814-6854
大日本法令印刷・牧製本

信頼を考える
リヴァイアサンから人工知能まで

2024年9月20日　オンデマンド版発行

編著者　小　山　　虎

発行者　井　村　寿　人

発行所　株式会社　勁（けい）草（そう）書　房

112-0005 東京都文京区水道 2-1-1　振替　00150-2-175253
（編集）電話 03-3815-5277／FAX 03-3814-6968
（営業）電話 03-3814-6861／FAX 03-3814-6854
印刷・製本　(株)デジタルパブリッシングサービス

AM260

ISBN978-4-326-98601-9　Printed in Japan

https://www.keisoshobo.co.jp